『国富論』と
イギリス急進主義

鈴木 亮［著］
浜林正夫・飯塚正朝［編］

日本経済評論社

鈴木 亮（2000年4月2日、放送大学入学式での所長の祝詞）

目　次

まえがき ………………………………………………… 浜林正夫　I

第Ⅰ部　『国富論』研究——農業問題を中心として—— … 9

 序　章　アダム・スミスの時代と学問——『国富論』刊行200年によせて——　11
 第1章　スミスの利潤論に関する一考察　31
 第2章　アダム・スミスの地代論にかんする覚書　61
 第3章　『国富論』における土地所有　89
 第4章　アダム・スミスの土地所有論　115
 補　論　ダニエル・デフォウの旅行記から見た18世紀初頭におけるヨークシャーの経済状態　139

第Ⅱ部　イギリス急進主義 …………………………………… 167

 第5章　ジョン・ミラー『階級区分の起源』について——スミスの時代の「家族・私有財産・国家の起源」——　169
 第6章　ヨークシァ連合運動とクリストファ・ワイヴィル　215
 第7章　議会改革にかけた夢——トマス・ミュア——　237
 第8章　イギリス急進主義の運動と思想　251

第Ⅲ部　ゴドウイン研究 …………………………………… 281

 第9章　ゴドウインにおける『政治的正義』の構造　283
 第10章　ウイリアム・ゴドウインのイギリス革命観——その『イギリス共和制の歴史』を中心として——　331
 補　論　日本のマルサス研究史における南亮三郎　353

第Ⅳ部　経済学の成立と発展 …… 367

　終　章　経済学の成立と発展　369

第Ⅴ部 …… 401

　補論1　18世紀末イギリスにおける資本主義批判の思想の成立——ジョン・セルウォールのばあい——　403

　補論2　クリストファ・ワイヴィルの社会改革運動とその思想　413

　補論3　経済理論史を中心とした機械可読書誌編纂の技法の研究及びデータベースの作成——計量的学説史のための文献情報データベースの研究——　419

　補論4　イギリスのRadicalism文献について　429

　補論5　Kress文庫におけるラディカルズ文献の機械検索体験メモ　435

業績目録　447

鈴木亮略歴　450

編集注記　451

編集後記（飯塚正朝）　453

まえがき

浜林 正夫

1

　これは鈴木亮君の追悼文集にも書いたことだが、1956年に鈴木君が小樽商科大学の私のゼミに参加したいと申し込んできたとき、「どういうテーマで勉強したいのか」と質問したら、即座に「イギリス急進主義をやりたい」と答えたのが、記憶にはっきりと残っている。たいていの学生はゼミ面接のとき、やりたいテーマがあまりはっきりとは決まっていないのに、鈴木君は即座にテーマを答えたので、むしろこちらがやや面食らったぐらいであった。そのころ私はピュリタン革命研究に集中していて、イギリス急進主義については何も勉強していなかったので、適切なアドバイスをすることができず、いまでも申し訳なく思っている。そのせいかどうか分からないが、鈴木君の卒論は急進主義ではなくて、「イギリスにおける初期中間層の形成過程——19世紀中葉の『熟練労働者』を中心として——」というものであった。

　小樽を卒業後名古屋大学の大学院に進学して水田洋さんのゼミに入った。水田さんも追悼文集であまりちゃんと指導しなかったようなことを書いているが、鈴木君はやっとそこで急進主義の勉強を始めたのだと思う。修士課程を修了しただけで、博士課程には進学せず小樽へ戻ってきて、1960年に小樽商科大学の助手になった。その年の秋に最初の論文「ゴドウィンにおける『政治的正義』の構造 (1)」を発表した。翌年その (2) を発表し、つづいて「ウィリアム・ゴドウィンのイギリス革命観」を発表した。ゴドウィンは日本ではほとんど研究の対象として取り上げられたことのない思想家で、現在でも研究書は白井厚氏の単著を除くときわ

めて少ないのだが、鈴木君がこの論文を書いたころには、この論文の注を見れば分かるように、ゴドウィンだけを取り上げた研究はゼロである。ゴドウィンのイギリス革命観については、現在でも研究書あるいは論文は皆無であろう。そういう状況の中で鈴木君の論文はパイオニア的意義を持つのだが、残念ながら彼自身のその後の研究においても、あまり深められなかったようである。死の床で、愛着は残るがその後に集めた資料もあり、それをもとに書き直したいと旧友に語っていたとのことである。

　今では書誌作成に計算機を利用することも珍しくなくなったが、計算機可読型書誌の草分けである B. R. Pollin, *Godwin Criticism: A Synoptic Bibliography*, 1967, Toronto, University of Toronto にまで目配りして収書していたことが残された資料から読みとれる。

　時間的な順序でいうと、そのあとに「ダニエル・デフォーの旅行記から見た18世紀初頭におけるヨークシャーの経済状態」（1962年）がある。この旅行記は経済史家がよく用いる資料であるが、その多くが当時の経営形態の分析を企てているのに対して、鈴木君は再生産構造の一環として流通過程を見ようとしている点でユニークである。しかし、これも彼の研究全体の中では孤立しているといわなければならない。

2

　そのあと、しばらくアダム・スミス研究がつづく。スミスに関しては本書に収録した5本の論文以外に、私との共著（といっても大部分は鈴木君が執筆）の『アダム・スミス』（清水書院、1989年）や、「アダム・スミスの『国富論』――学習案内――」（『経済』193号、1980年）、「A. スミス『国富論』――文献解題――」（『経済』217号、1982年）、「アダム・スミス研究の現状」（学会展望）（経済学史学会『年報』15号、1977年）があり、日本に数多いスミス研究者の一角に鈴木君がその地位を占めているのである。収録された5つの論文のうち、「アダム・スミスの時代と学問」はやや啓蒙的なものであるが、スミスの全体像を示している。この論文をはじめ、鈴木君のスミス研究は、スミスをマルクスの先駆者としての

みとらえるのではなく、「市民社会と資本主義社会をはじめてトータルに把握し」「包括的で統一的な学問体系」(「アダム・スミスの時代と学問」〔本書11ページ〕)をひらいた思想家としてとらえようとするもので、しかもそこに「現代の危機克服の方向を模索する導きの糸」を見出そうとするものであることに注意しておきたい。

　鈴木君のスミス研究は、利潤論、地代論、土地所有論と進んでおり、どちらかといえば農業問題に傾いているが、しかし、それを通してスミス段階の資本主義経済の全体に迫ろうとする姿勢が見える。まず利潤論では「利潤率の傾向的低下」というスミスの有名な命題について藤塚知義、富塚良三、羽鳥卓也氏らの説を検討し、スミスの「利潤の自然率」という概念には、部門利潤率、局地的平均利潤率、平均利潤率の3つが混入していることを明らかにして、利潤率の低下は「富裕を地表に広めていく媒介の意義をになう」(53ページ)ことになるから「重商主義体制批判基準のもっとも集約的な理論表現である」(54ページ)と結論している。

　鈴木君のスミス研究のユニークな点は、あまり注目されていなかったスミスの土地所有論に眼をむけたことであろう。土地所有論の前に地代論があるが、ここで鈴木君は、混乱と矛盾に満ちているといわれるスミスの地代論の中に、絶対地代と差額地代の区別や、差額地代の第一形態と第二形態の認識さえあるといい、概念の未分化はかえって認識の豊かさをあらわすともいう。地代論は、周知のようにリカードからマルクスへと理論的に精密化し、深められていくのだけれども、鈴木君はスミスに見られる需要論と労働価値論との矛盾は「社会的分業の、いわば生産関係的側面と生産力的側面とを経済学のもっとも具体的な論理の次元でスミスなりに統一的にとらえようとした努力のあと」(84ページ)として評価するのである。その上で鈴木君は、スミスは地主階級の利益は社会の一般的利益と結びついているといいつつ、地主自身が経営を広げることには危惧の念を表明しているという。それではスミスは土地所有と経営との関係をどのように見ていたのであろうか。ここから鈴木君の眼は土地所有の問題へ移っていくこととなる。

　スミスが資本投下の自然的順序として農業、製造業、国内商業、外国貿易を考えたことは、よく知られているが、この自然的順序が守られていないのは農業が

有利な投資対象になっていないためである。そしてその理由は土地がかつては封建的領主層に握られ、それが解体したのちも大地主層に握られているためであると、スミスは考える。それではこの大地主の土地を分割して小土地所有を創出することを、スミスは主張したのかというと、そうではなかった。そういう改革は私的所有の安全を脅かし、社会に大混乱をもたらすとスミスは考える。そこでスミスの結論は「地主の土地改良投資と地主の耕作地主化の奨励である」(110ページ)と鈴木君は考える。これは「アダム・スミスの地代論にかんする覚書」の最後のところで引用されている、地主の耕作を奨励しないことが重要であって、地主がみんな農業経営をしたがるようになったら、農村は勤勉な借地人の代わりに怠惰でふしだらな管理人でいっぱいになるであろうというスミスの言葉と矛盾しているのであって、これをどう考えるかという問題が残されたように思われる。

経済学史学会が『国富論』刊行200年を記念して発行した『「国富論」の成立』に寄稿した鈴木君の論文「アダム・スミスの土地所有論」はスミス地代論研究と土地所有論研究とのまとめにあたるものといってよい。

3

スミス研究に一段落つけて、鈴木君は「初志」であるイギリス急進主義研究に入った。とり上げた思想家はジョン・ミラー、クリストファ・ワイヴィル、ジョン・セルウォール、トマス・ミュアーである。いずれも日本ではほとんど、あるいはまったく、取り上げられたことのない思想家で、鈴木君は未開の土地にひとり鍬を入れていたという感がする。この思想家だけでなく、イギリス急進主義そのものが、有名なわりに未開拓な分野で、まとまった著作もない。わずかに永井義雄さんの旧著『イギリス急進主義の研究』（御茶の水書房、1962年）があるぐらいだが、これもそのサブタイトルがしめしているように、空想的社会主義研究の前史ともいうべきもので、急進主義研究としては未完のものというべきであろう。鈴木君の研究も断片的であるが、彼が急進主義全体についてどのような研究プランをもっていたかは、1993年に文部省科学研究費の報告書として提出された「イギリス急進主義の運動と思想」によってうかがうことができる。このプラン

にそって鈴木君が研究を完成させていたならば、これは画期的な業績となったであろうと、惜しまれてならないが、今後このテーマを取り上げる研究者があれば、この報告書は絶好の導きとなるであろう。（ここに言及されて資料を含めて、かれの収集した文献・資料は、マイクロフィルムに至るまで東京国際大学付属図書館鈴木亮文庫として利用が可能である。）

　このプランでは、どちらかといえば思想よりも運動に力点がおかれているが、18世紀後半から19世紀前半にかけての急進主義運動は4つの段階に分かれるという。第1段階では主として「ウィルクスと自由」運動、第2段階ではヨークシァ連合運動、第3段階ではフランス革命期の運動、そして第4段階では、鈴木君は取り上げ切れなかったといっているが、ラダイト運動などが考えられるであろう。このプランのなかで鈴木君が詳細に取り上げたのは第2段階のヨークシァ連合運動と、その中心人物クリストファ・ワイヴィルである。このテーマに関しては、ワイヴィルの『ポリティカル・ペーパーズ』全6巻を詳細に分析した鈴木君の研究は現在でもトップレベルのものであろう。

　スミスと急進主義との間にあるのがジョン・ミラーである。彼は年代的に言うと、先にあげた4段階区分の第2、第3段階あたりに位置するのだが、イギリス急進主義とのつながりはうすい。むしろその思想はスミスの経済発展段階論をさらに詳細に展開して、マルクスやエンゲルスの史的唯物論へつなげた思想家として知られている。トマス・ミュアーは日本ではまったく知られていない人物で、ジョン・ミラーの弟子であるが、スコットランドの急進主義運動に参加し、イングランドの急進主義団体との連携にあたった。そのためオーストラリアへ14年の流刑という重罰を課せられた人物である。ジョン・セルウォールも日本ではほとんど知られていない思想家であるが、第3段階の運動の中心組織であったロンドン通信協会の指導者の一人で、鈴木君によれば「資本家と労働者という階級関係と資本の蓄積過程についてのもっとも鋭い認識」（411ページ）を持っていた思想家とされている。

4

　終章におかれている「経済学の成立と発展」は大学の教養部の経済学の教科書を意図しての編著『現代資本主義の理論』(青木書店、1978年)の第1章として書かれたもので、40ページ足らずのスペースで重商主義からケインズ以後までをあつかっている。鈴木君が研究の中心においていたのはアダム・スミスであるから、いわゆる近代経済学に関する部分は専門家から見ればいろいろ物足りないところもあるかもしれない。しかし、私のように、鈴木君とほぼ同じ時代を専攻領域としているものから見ると、鈴木君が産業連関表まで論じているのには、正直なところおどろいた。しかし、いずれにせよ、簡単な経済学史であるだけでなく随所に通常の入門書では扱われないかれなりの短い評価があり、それなりに通史として有益であろう。

　最後に「日本のマルサス研究における南亮三郎」について触れておきたい。この論文は、かつて小樽高等商業学校の教授を務め、のち北海道立労働科学研究所の初代所長となった南亮三郎氏(1896-1985)の『わが生は"人口"の学に明け暮れて』と題する「南亮三郎追悼集」(雄松堂出版、1986年)のために寄稿されたものであるが、採用されなかったために、ついに公刊されることのなかったものである。なぜ採用されなかったのかは、推測の限りでないが、ゴドウィン研究からスタートした鈴木君にしてみれば、マルサスとゴドウィンとの人口論争との関連で人口問題に関心はあったものと思われる。一方、南亮三郎は、鈴木君の論文の最後に述べられているように、南と吉田秀夫とは「マルサス研究者が征服の目標とすべき二つの高峰」であり、北海道を去って中央大学・駒沢大学教授時代にまとめた『人口学体系』全7巻の著者である。その業績をたどった鈴木君の論文は、簡単ながら日本の人口論論争史となっており、その意味でも貴重な業績である。ただ鈴木君はマルクス主義の立場から論争を見ており、南との立場の相違が時に南に対する批判となっていることは明瞭である。さらにそれ以上に、南が戦時中に大東亜共栄圏構想を支持し、「皇国経済論」を書いたことを、鈴木君は看過できなかったのであろう。このような鈴木君の南評価が、占領下の教職追放

実施の政治過程背後の評価が不十分で、記念の追悼文集にはふさわしくないと見られたのかもしれない。しかし同学の先輩に対する畏敬の念をも失わない均衡のとれた論考であるので、本書に収録した。

第 I 部　『国富論』研究——農業問題を中心として——

序　章　アダム・スミスの時代と学問
―― 『国富論』刊行200年によせて ――

はじめに

　今年は、『国富論』刊行200年にあたっており、それを記念するさまざまな行事が計画され、実行にうつされつつある。
　スミスの母校であるグラスゴウ大学では、4月2日から4日間にわたって国際的なシンポジウムが開かれ、同大学を中心に、多くのスミス研究者の協力により、長年にわたって準備されてきた新しい『スミス全集』も、今年度中に刊行されるはずである。
　日本では、経済学史学会で記念論文集「『国富論』の成立」（岩波書店）を刊行する予定で、現在印刷中である。また、11月に予定されている同学会の第40回大会でもシンポジウムが計画されており、それには、『労働価値論史研究』などの著書で有名なイギリスのマルクス主義経済学者R. L. ミークやトロント大学のサミュエル・ホランダーらが出席し、国際的な色合いをそえるはずである。こうした学界での行事のほかに、いくつかの経済誌が記念特集号をだし、NHKテレビもとりあげた。今後も、いろいろなところで、大小さまざまな記念行事が行なわれるであろう。
　わたくしたちは、今日もなお、スミスから多くのものを学ぶことができる。とくに、全体的見通しを失った体制的危機の時代に人びとはスミスに帰る、といわれる。近代社会、つまり市民社会と資本主義社会をはじめてトータルに把握したスミスの、包括的で統一的な学問体系にひかれるのである。現在もまた危機の時代であることは、説明するまでもあるまい。それならば、スミスはすでにのりこえられているのではないか、という人がいるかもしれない。たしかに、マルクス

は、スミスに深く学びながら、スミスとは異なった仕方で近代社会のトータルな把握に成功し、その矛盾の根本的な克服の方向をしめしたのであった。そうしたマルクスの学問体系を、完成した、どこでも使える出来合いの体系として学ぶのではなく、現在の時点で、現代の危機克服の方向を模索する導きの糸であると同時に、そうした営みのなかでより豊かになしうる体系として学ぶばあいには、マルクスがスミスに学び、スミスをのりこえていった過程の追体験と再検討、したがってスミス全体像の構築といった作業は、きわめて豊かな稔りをもたらすものと考えられるのである。

ところで、現代の危機の学問の次元での1つの現れは、諸個別科学がひじょうに細分化され、それぞれが絶対的独立を主張しあうごとくに相互の連関を見失い、人間と社会と自然のトータルな把握の志向を失って技術化し、はては観念的遊戯に堕す傾向が大きくなってきていることである。近年さかんになりつつある科学論は、そうした傾向への歯止めであり、諸個別科学の失われた連関と統一の視点の回復への努力にほかならない。

そうした状況を念頭におきながら、この小論では、経済学を独立の科学として成立させたとされている『国富論』200年記念を機に、スミスが時代の問題とのとりくみのなかでどのような学問体系をきずいたか、そのばあい、経済学の独立とはどのような意味でなのか、を考えてみたいとおもう。

1

およそ思想史上の古典といわれるものは、その著者が、自己の属する時代と民族の問題を自己の問題としてひきうけ、格闘するなかで生みだされたものである。スミスのばあいも、その例外ではない。

そこでまず、スミスがとりくんだ時代の問題がどのようなものであったか、をみておきたい。もちろん時代の問題というばあい、具体的には、数多くのさまざまな問題をあげることができるであろう。しかし、スミスの生きた時代の歴史的特質に注目するならば、およそ問題は、つぎの3つにしぼられるようにおもわれる。第1は、イングランドに比較してのスコットランドの経済的おくれをめぐる

問題である。第2は、重商主義政策のゆきづまりとその打開という問題である。そして第3は、以上の2つと深く関連する貧困の克服の問題である。

　スミスは、1723年にスコットランドのカーコールディに生まれ、1790年にこの世を去るまで、その大部分をスコットランドですごした生粋のスコットランド人であった。スミスが長期間スコットランドを離れたのは、グラスゴウ大学を卒業してオックスフォードに留学した6年間と、バックルー公の付添教師としてフランスに旅行した3年間だけである。ところが、このスコットランドは、1707年のイングランドとの合邦を機に激動期にはいっていたのである。合邦によってスコットランドは、アメリカ植民地と貿易する権利をえたが、そのおくれた諸産業が亜麻織物や畜牛など一部をのぞいてイングランドの諸産業との競争で大きな打撃をうけ、さらにイングランドの貿易統制下にはいって従来のフランスとの貿易を失った。そして、政治的には、スコットランド議会が廃されて、スコットランド全体が、キャンブル氏族の首長アーガイル公の「一大腐敗選挙区」になったのである。こうした事態にたいする不満が、ジャコバイトとよばれるスチュアート王朝再興をめざす叛乱に多くのスコットランド人をひきこんだとされている。叛乱は、1715年と1745年の2度起こっており、スミスが『国富論』を書くにあたって、名前をあげてはいないけれどもたえず念頭においていた論敵、『政治経済学原理』(1767年)の著者ジェイムズ・ステュアートが加担して亡命をよぎなくされたのは、この2度目の叛乱であった。

　この2度の叛乱は、いずれも敗北に終わったけれども、スコットランドの近代化の決定的なきっかけになった。スコットランドは、ハイランドとよばれる北部と、ローランドとよばれる南部とからなるが、ハイランドには氏族制が、ローランドには封建制が根強くのこっていた。1745年の叛乱の敗北で、氏族制は完全に武装解除され、ひきつづきローランドでは、1747年の「世襲裁判権廃止法」でその封建制が息の根を止められたのである。この間、ローランドでは、アメリカ植民地貿易の拠点となったグラスゴウを中心に近代的諸産業がしだいに成長してきており、農業近代化の努力もはじまって、18世紀末には産業革命の一大中心になる素地を固めつつあった。それにたいしてハイランドでは、以後「本来の意味での『土地の清掃』が何を意味するかは、近代的ロマン文学の聖地たるスコットラ

ンドのハイランドでのみ知ることができる」(マルクス『資本論』青木文庫 (4)、1,113ページ) といった事態が進行したのである。

　スミスの思想と学問の基礎が形成された18世紀前半のスコットランドの状態は、ほぼ以上のようなものであった。スミスは、ジャコバイト叛乱の翌年にオックスフォードのベリオルを中途退学して帰国し、1748年の冬から行ったエディンバラの哲学協会での公開講義が認められて、1751年にグラスゴウ大学の教授(最初は論理学の、翌年に道徳哲学の)に迎えられたのであるが、以上のようなスコットランドの状態は、スミスにどのような問題を投げかけていただろうか。

　まず、イングランドにたいするスコットランドの経済的おくれであり、イングランドの豊かさにたいするスコットランドの貧しさである。スミスは、オックスフォードに留学する途中、イングランドの農地がよく整備されていることに目をみはった、といわれている。こうした"おくれ"の自覚は、イングランドにたいする伝統的な反感とあいまって、"追いつき、追いこせ"という意識を生んだ。これが、はつらつとした文化活動を生み、スコットランド歴史学派とよばれるフランスの啓蒙思想家群に匹敵する重要な一群の思想家を生みだしたのである。このなかには、スミスの先生であるフランシス・ハチスンやスミスの親友であるデヴィド・ヒュームがふくまれている。ジェームズ・ワットもまた、かれらのなかでその才能を開いたのであった。すすんだイングランドにたいするおくれたスコットランド、そしてそのスコットランドのなかでも一段とおくれているハイランド、こうした発展段階の異なった3つの部分を眼前にしたことが、かれらに特徴的なするどい歴史感覚を形成したのであろう。スミスもまた、するどく豊かな歴史感覚をもって、豊かさへの道を模索するのである。要するに、"おくれ"を克服し、貧しさから解放されて豊かになる道はどのようなものか、これがスミスに投げかけられていた第1の問題であった。

　第2は、氏族制度や封建制度が解体し、「土地の清掃」が行われることによって共同体の絆から解き放たれた貧民がグラスゴウその他の産業都市にぞくぞく流れこんできたことである。ハイランドの人びととローランドの人びとが、ここではじめて混ざり住むようになった、といわれている。こうして「見知らぬ人びと」の集団が出現したのであるが、この人びとを互いにむすびつけ、秩序をあたえる

ものはなんなのか。これが、投げかけられていた第2の問題だったのである。

　イングランドに比較してのスコットランドの経済的なおくれをめぐる問題は、ほぼ以上のような内容をもつものであった。それでは、重商主義政策のゆきづまりとその打開という問題の中身は、どのようなものであろうか。

　重商主義ということばはスミスが『国富論』ではじめて用いたことばであるが、スミスは、このことばによって、富＝貴金属貨幣と考え、一国を豊かにするためには貿易統制策をもちいてできるだけ多くの貴金属貨幣を流入させることだ、とする考え方を意味した。具体的には、17世紀の市民革命以来順次ととのえられてきた航海法、穀物法、製品輸出の奨励と輸入の抑制、原料輸出の抑制と輸入の奨励、植民地制度、といった自国産業保護育成政策の体系なのである。しかし、この政策体系は、国内市場の開発よりも国外市場の拡大に力点をおきがちで、対外的には力による植民地の獲得、国内的には低賃金、という方向を追求した。つまり、富国強兵である。オランダやフランスも対外膨張政策をとったから、しばしば武力衝突が起こった。17世紀末から18世紀中葉にかけて、"ウォルポールの平和"といわれる20年ほどをのぞいて、ひんぱんに戦争がくりかえされているのである。二大強国、イギリスとフランスが相争った七年戦争（1756-1763年）は、そうした一連の商業戦争の頂点であって、その前夜には、ヨーロッパの思想家たちのあいだに"文明社会の危機"という深刻な危機意識を生みだしたことは、よく知られている。スミスもまた、同じ危機意識をかみしめながら『道徳感情の理論』（初版1759年）を書いたのである。

　以上のような戦争のくりかえしは、当然財政負担を増大させる。七年戦争によって、イギリスは、広大な植民地を獲得したけれども、その結果は、莫大な国債と重税であった。イギリス政府は、重税を植民地に肩代わりさせようとしてアメリカ植民地人の反抗をまねき、10年以上の抗争のすえ、1776年7月4日の「独立宣言」にいたるのである。『国富論』刊行（3月9日）の4カ月後のことであった。このアメリカ植民地との抗争は、イギリス国内にそれをめぐるさまざまな論議をよび起こし、税負担軽減、王権拡張反対、選挙法改正などを要求するいわゆる急進主義運動の展開をうながした。これら急進主義者の諸要求にたいするスミスの態度は、はっきりしない点が多いけれども、アメリカ植民地の問題についていえ

ば、トマス・ペインやリチャード・プライスら小市民的急進主義者が「自己統治の原理」をもって積極的にアメリカ独立を支持したのにたいし、スミスは、もっぱらイギリスの経済的利害得失の観点からアメリカの分離独立やむなし、という消極的支持の態度をとった、といっていいであろう。しかし、このスミスの態度は、重商主義政策を重荷に感じはじめていたブルジョアジーの気持を正確に反映していたのである。こうしたブルジョアジーの気持は、1750年以降騰勢に転じていた穀物価格が七年戦争勃発の年に急騰したことを機に活発になった「穀物法」をめぐる論議のなかにも現れていた。

以上、要するに、重商主義の理論と政策の問題性を根柢からあばきだすこと、そしてそれにかわる、あるべき方向をしめすこと、これがスミスに投げかけられていた課題であり、『国富論』は、まさにこの課題に答えるものだったのである。

最後に、貧困の克服という問題をあげなければならない。

この問題は、これまでみてきた2つの問題と深く関連しており、たとえばその1つ、イングランドにたいするスコットランドの貧しさについては、すでにふれた。それは、いわば経済の発展段階のちがいによるものであり、生産力段階のちがいによるものであった。

しかし、もう1つの、いわば階級的貧困とでもいうべきものがある。「土地の清掃」によって土地を奪われた農民が産業都市に流れこみ、「見知らぬ人びと」の集団が形成されたことは、すでにのべた。これらの人びとは、産業労働者のプールになると同時に、近代的スラムを形成するようにもなったのである。「土地の清掃」は、イングランドでも、いわゆる第二次囲い込みによって進行した。これは、広く資本制農業を成立させたもので、農業革命ともよばれ、1760年代から産業革命に並行して進行した。これによって土地を収奪された農民は、ロンドンをはじめ、成長しつつあった近代的産業都市、バーミンガム、リーズ、ハリファックス、マンチェスター、リバプールなどに流れ込み、産業労働者のプールやスラムを形成したが、かなりの部分は、「定住法」に妨げられたり、移住の費用がないために農村に滞留し、きわめて賃金の低い農業労働者のプールになった。まだ機械制大工場のもとでの悲惨な光景はみられなかったけれども、こうした、いわば資本主義の成立とともに生ずる階級的貧困の問題をスミスが視野に入れた

ことは、まちがいない。それは、具体的には、雇用機会、賃金水準、生活必需品の価格、労働者の知的道徳的退廃の問題であった。

　スミスがとりくんだ時代の問題の輪郭は以上のとおりである。

　それでは、スミスは、どのような学問体系をきづいてそれらの問題に答えようとしただろうか。つぎに、スミスの学問体系にそくしながら、検討していこう。なお、スミスの学問体系の全体像を明らかにするためには、スミスがみずからだした『道徳感情の理論』と『国富論』のほかに、友人たちの手で出版された『哲学論集』や、スミスの講義の学生によるノート『グラスゴウ大学講義』や『文学・修辞学講義』、それにW. R. スコットが大著『学生および教授としてのアダム・スミス』のなかにおさめている『国富論の草稿』その他の資料等が検討されなければならない。しかし、この小論では、そうした作業を行うことは困難であり、以下では、『道徳感情の理論』と『国富論』を中心にみていくことにしたい。

2

　まず、『道徳感情の理論』からみていこう。

　道徳とは、主体の側からとらえられた社会関係である。この書物におけるスミスの方法は、ごくふつうの人びとの日常の行為を観察し、人びとをつき動かしている諸感情にはいりこんで行為の主体の内側から社会の本質をつかみだそうとすることである、といっていいであろう。スミスは、この書物を、つぎのようにまず人間の本性が本質的に社会的であることを主張することからはじめている。

　「人間がどんなに利己的なものと想定されうるにしても、あきらかにかれの本性のなかには、いくつかの原理があって、それらは、かれに他の人びとの運不運に関心をもたせ、かれらの幸福を、それをみる喜びのほかはなにも、かれはそれからひきださないのに、かれにとって必要なものたらしめるのである」（水田訳、5ページ。傍点は引用者）。

　他人の運をみて喜び、不運をみて同情を感じる。この感情は、スミスによれば、最大の悪人ですらもちあわせているものである。運または不運の境遇にある者、つまり当事者とそれらをみる者、つまり観察者、という設定に注意していただき

たい。すなわち、他人の運をみて喜び、不運をみて同情するのは、観察者が想像力によって当事者の立場にたち、当事者とともに喜び、ともに悲しむことにほかならない。したがって、スミスは、この感情を同胞感情(フェロー・フィーリング)ないし同感(シンパシイ)とよぶ。人間は、自然によって、自分自身の配慮にゆだねられており、他人のことよりも直接自分に関係することにはるかに深い関心をもつ、という意味で利己的であるが、本性から同胞感情を必要とする、という点で本質的に社会的存在である、というスミスの人間把握にまず注意しておきたい。

ところで、この同感は、観察者が想像力によって当事者の立場に身をおくところに成立する、としたが、じつは、同感をもとめるのは、双方なのである。

「なにかのできごとに主要な利害関係を有する人物が、われわれの同感によって喜び、その欠如によって傷つけられるのと同様に、われわれがかれにたいして同感しうるばあいには、われわれもまた喜び、そうしえないばあいには、われわれが傷つけられたように思われる」(17ページ)。

この同感の相互性は、観察者が想像力によって当事者の立場に身をおくだけでは保証されない。「想像力によって……」とは、当事者の感情の原因をよく知り、「もし自分がそのような立場にあったら」と考えることであるが、観察者が完全に当事者になりきることはできないからである。そこで、当事者の側に、観察者がついてこれるていどに感情を抑制する努力が必要になる。この双方の努力で同感の相互性が保証されるのだが、こうして同感が成立する感情の高さを、スミスは、適宜性(プロプライエティ)とよび、他人の行為の是認原理とするのである。

同感が、以上のように、当事者と観察者の双方の努力で成立するとして、それが成立する感情の高さは、当事者と観察者のあいだの距離によってさまざまであるだろう。当事者は、同感をうるためには、身内や気心の知れた仲間のあいだでよりも「見知らぬ人びと」のあいだでははるかに大きなていどで感情を抑制しなければならない。この「見知らぬ人びと」こそ、冷静で公平な観察者の集団なのである。したがって、スミスは、人は、なにかの原因で平静さを失ったばあい、社会のなかでこそ己をとりもどすことができる、という。要するに、スミスがここで問題にしているのは、血縁的あるいは地縁的共同体が解体して出現しつつあった広大な「見知らぬ人びと」の集団、そこでの人びとの行為の是認原理＝秩序

原理なのである。共同体が解体して、人びとは、バラバラになったかにみえるけれども、本性から同胞感情たる同感をもとめ、行為の社会的是認の原理である適宜性の感覚を生みだすわけである。

しかし、適宜性の感覚だけでは、まだ不十分である。行為はなんらかの効果をともない、この判断には、行為者の感情にそくした是認原理たる適宜性は役にたたないからである。つまり、そこでは、当事者と観察者のほかに、効果をうける者が登場する。この効果の是認原理としてスミスがあげるのが、値うちと欠陥の感覚である。効果をうけた者は、その効果がいいものであれば、当事者に、感謝、すなわちよくむくいたいという感情をもつし、効果が悪ければ、憤慨し、処罰したいという感情をもつ。このばあい観察者は、当事者と効果をうけた者の双方の感情にはいりこみ、それぞれの適宜性を判断することになるが、そこから、だれでもそれを侵害されたならば憤慨し処罰するのが当然である、という正義概念が形成されてくる。正義の中身は、スミスによれば、フェア・プレイである。これについてのスミスの説明は、スミスの考えの特徴をもっともよく表しているので、すこし長くなるけれども、つぎに引用しておこう。

　人は、「中立的な観察者がかれの行動の諸原理に入りこめるように行為しようとするならば……かれの自愛心の高慢をくじき……それを他の人びとがついていけるようなものにまで、ひき下げなければならない。そのかぎりでかれらは、かれが自分の幸福を、他の人のどんな幸福よりも切望し、それをいっそう真剣な精励をもって追求するのを許す……。富と名誉と地位をめざす競争において、かれは、かれのすべての競争者を追いぬくために、できるかぎり力走していい……。しかし、かれがもしかれらのうちのだれかを、おしのけるか、投げ倒すかするならば、観察者たちの寛大さは、完全に終了する。それは、フェア・プレイの侵犯であって、かれらが許しえないことなのである」（130-131ページ）。

この侵害のうち最大のものは、生命身体と所有権の侵害および契約の蹂躪である。したがって、これら3つを守ることが、もっとも基本的な正義の法ということになる。慈恵や愛情がなくても「社会は……商人のあいだでのように、それの効用についての感覚から……存立しうる」（134ページ）が、正義が守らなければ

解体してしまう、とスミスはいう。それゆえ正義は、力を用いてでも人びとに守らせなければならないのである。

　以上のようにスミスは、ふつうの人びとのあいだでの日常の行為のなかから共同の営みとして社会秩序が形成されてくることを説明するのだが、ここでもう一つ重要な点にふれておかなければならない。というのは、これまでおもに、他人の行為の是認原理を中心に説明を展開してきたが、じつはそのなかで、人びとは、自分自身の行為を自分で判断する原理、つまり良心を生みだす、ということである。当事者の自己抑制は、当事者が公平な観察者の立場に自分の身をおいて自分の行為を判断することであるが、このくりかえしは、自然に人びとの胸に行為の一般的規則を形成する。これが、良心なのである。このスミスの良心の形成についての説明は、水田洋氏が指摘しているように、マルクスの価値形態論の論理を想起させるものがあり、ひじょうに興味深いのだが、ここでは、以上にとどめておかざるをえない。

　さて、これまでの叙述から、スミスが社会秩序の形成を説明するばあい、人間を、人間として対等なものであると考えていたことは明らかであろう。しかし、このことは、貧富の差を認めることを排除するものではない。スミスによれば、人びとは、悲哀よりも喜びについていきやすく、この喜びは、富裕のなかに多く見出されるのである。

　「人類が、われわれの悲哀にたいしてよりも歓喜にたいして、全面的に同感する傾向をもっているために、われわれは、自分の富裕をみせびらかし、貧乏をかくすのである……。主として人類の諸感情にたいするこの顧慮から、われわれは、富裕をもとめ、貧乏を避けるのである」(72ページ)。

　人が自己の生存のために必要とするものは、そんなに多くはない。それをこえてより多くの富をもとめるのは、多くの人びとの同胞感情を獲得するためである、とスミスはいうのである。この意味で、富は手段であるが、しかし人類のこの性向のうえに、諸身分の区別・秩序がきずかれる。上流階級の者は、人びとの目をひき、あこがれの的となるような生活をつくりだして、その地位を保つ。これが、虚栄である。下層の者は、富裕になるためには、専門的職業において卓越した知識を獲得し、勤勉にはげみ、誠実、実直、寛大、そして慎慮の徳を身につけなけ

ればならない。かくして、中・下層の者においては、富への道が徳性と一致するのだが、スミスの自由競争が、富者への尊敬とあこがれ、貧者へのさげすみと無視、という「差別への愛」を前提していたことに注意しておく必要があろう。

以上のように、スミスは、同胞感情をもとめる人間の本性が物的富によってもっともよく満たされるとするのだが、この点にまず、わたくしたちは、スミスの人間把握のブルジョア性を指摘することができるであろう。それだけではない。富の獲得には手段が必要だが、目的に適合的な手段の体系は、それ自体美しさをもつがゆえに人びとをひきつけ、手段の追求と整備それ自体が目的化する、というのである。そして、この手段の具体化が生産力を発展させる。スミスは、つぎのようにいうのである。

「……自然がこのようにしてわれわれをだますのは、いいことである。人類の勤勉をかきたて、継続的に運動させておくのは、この欺瞞である。最初にかれらを促して土地を耕作させ、家屋を建築させ、都市と公共社会を建設させ、人間生活を高貴で美しいものとするすべての科学と技術を発明改良させたのは、これなのであって、地球の全表面をまったく変化させ、自然のままの荒れた森を快適で肥沃な平原に転化させ、人跡未踏で不毛の大洋を、生活資料の新しい資源とし、地上のさまざまな国民への交通の大きな公道としたのは、これなのである。人類のこれらの労働によって、土地はその自然の肥沃度を倍加させ、まえよりも多数の住民を維持するように、しいられた」。しかし、地主は、広大な所有地の生産物を全部自分で消費することはできない。のこりを製造業者や建築業者と交換しなければならない。かくして商工業者は生活必需品を手に入れるのであり、地主は「生まれつきの利己性と貪欲にもかかわらず……自分たちのすべての改良にもかかわらず……自分たちの改良の成果を、貧乏な人びととともに分割する。かれらは、みえない手に導かれて、大地がそのすべての住民のあいだで平等な部分に分割されていたばあいになされたであろうのとほぼ同一の、生活必需品の分配を行うのであり、こうして、それを意図することなく、それを知ることなしに、社会の利益をおしすすめ、種の増殖にたいする手段を提供するのである」(280-281ページ)。

引用が長くなったけれども、これまたスミスの考えの特徴をもっともよく表し

ている部分である。階級把握の点では、経済学史上はじめて、地主、資本家、賃金労働者という三階級把握をなしとげた『国富論』とのあいだにずれが認められるけれども、その点については、ここで立ち入らない。ここで確認すべきは、同胞感情をうるための富、その富を獲得するための手段の体系、それが自己目的化した世界とは、まさに蓄積のための蓄積の世界であり、これがスミスの政治経済の世界だ、ということである。生産力を高めることが公共の利益なのだが、この生産力は、もっとも能率的に富を増大させるように、技術的、制度的な手段をととのえることをつうじて高められる。したがって、手段への愛が、「公共の福祉を促進する傾向のある諸制度」への愛、すなわち公共精神を生みだす。スミスによれば、「市民政府のさまざまな体系、それらの長所と短所について、われわれ自身の国の政治構造、諸外国との関連でのその国の地位と利害関係、その商業、その防衛、それが苦労している不利な点、さらされるかもしれない危険、前者をどのように除去し、後者をどのように防止するかについての、研究」(284ページ)である政治学（経済学をふくむ）ほど公共精神の促進に役だつものはないのである。富裕の増進にとってもっとも効率的な社会構造は、どのようなものか。行為の社会的是認の理論を前提にしながら、それとは相対的に独立した別個の構造的な分析を必要とするこの主題の解明こそ、基本的に『国富論』がなしとげたものであった。それでは、『国富論』は、どのようにその課題をはたしたであろうか。

3

『国富論』はまず、富とは労働生産物であること、したがってそれが豊かに供給されるかどうかは、第1に、それを生産する労働の生産力、第2に、国民のうちどれだけが生産的労働にふりむけられるか、の2要因によって左右される、と主張することからはじめている。このスミスの富のとらえ方は、経済学史のうえで、富の増大を貨幣を中心として考え、したがって流通過程を重視する重商主義の経済理論から、生産力と生産過程の分析を中心とする古典派経済理論への転回をなしとげたものであることは、よく知られていることである。スミスは、このように、富をつくるものは労働である、という考え方にたって、それを増大させ

る諸要因はなにか、また増大した富はどのようにして資本家、労働者、地主のあいだに分配され、全体として豊かになっていくか、と分析をすすめていくのである。

ところで、前節でも指摘したように、スミスは、『国富論』において、経済学史上はじめて、資本主義社会が資本家、労働者、地主の三大階級から成る社会である、として把握した。階級社会であるとして把握することは、そこに、不平等や搾取の事実を認識することである。スミスの富の増大機構の分析に立ち入るまえに、スミスがこの問題をどのように処理していたか、をみておきたい。すこし長くなるけれども、この問題についてのスミスの考えをもっともよく表している文章を引用しよう。

「猟師や漁夫からなる野蛮な諸国民においては、働くことのできるすべての個人は、……有用な労働に使用されていて、……かれ自身、およびかれの家族または種族のなかで、年をとりすぎたり、若すぎたり、虚弱であったりして、狩にも漁にも行けない人びとのために、生活の必需品と便宜品を補給しようと努力する。しかし、そういう諸国民は、たいへんみじめに貧しく、そのみじめさは、かれらがしばしば、たんなる欠乏に追われて、かれらの子供や老人や長患いの人びとを、ときには直接に殺さざるをえなくなったり、ときには放棄して餓死または野獣の餌食にゆだねざるをえなくなったりするほどである。……これと反対に、文明開化して繁栄している諸国民においては、多数の人びとがまったく労働しないで、かれらのうちの多くの者は、働いている人の大部分にくらべて、十倍多くの、しばしば百倍多くの労働の生産物を消費するのだが、それでもなお、この社会の全労働の生産物は、ひじょうに多いので、すべての人びとが……豊かに供給されているし、もっとも低く貧しい職人でさえも、もしかれが節約勤勉であるならば、生活の必需品および便宜品の分前を、どのような野蛮人が獲得しうるよりも多く、享受しうるのである」(水田訳(上)、9-10ページ)。

みられるとおり、文明社会、すなわち資本主義社会においては、その最下層の者ですら野蛮社会のだれよりも高い生活水準を享受している、これが、さきの問題にたいするスミスの態度だったのである。つまり、貧しくみじめな野蛮ないし

未開社会と、不平等ではあっても豊かな文明社会という歴史認識にもとづいて、階級的貧困の問題が生産力の問題に解消されてしまった、といっていいであろう。この歴史認識の背後に、おくれたハイランドと豊かなイングランドがみえないであろうか。ともあれ、こうして問題は、生産力にしぼられたのであり、スミスにあっては、生産力さえ発展すれば貧困の問題は基本的に解決するのである。生産力神話の祖といわれるゆえんである。それでは、スミスは、生産力はどのようにして発展すると考えたであろうか。

よく知られているように、スミスの生産力把握に特徴的なことは、生産力発展の基本的契機を分業の発展にもとめたことである。そしてそのばあい、作業的分業と社会的分業を理論的に区別せず、ともに生産力を発展させるものとして、前者を後者に解消してとらえたことである。したがって私的所有を自明の前提とするスミスのばあい、分業の発展は、とりもなおさず商品生産社会の発展なのである。賃金労働者も労働力を販売する商人であり、そこでは、労働生産物の分配は、商品交換をとおしてしかありえない。このようにスミスは、資本主義社会を、すべての人があるていど商人になって交換関係にはいりこむ社会ととらえるとともに、他方、それらの商人が資本家、労働者、地主の三階級からなり、労働生産物が、交換をとおして、利潤、賃金、地代という形をとってそれら三階級に配分される社会としてもとらえたのである。労働者の生産したものが、等価交換をとおして三階級のあいだに分配されるという、この事実認識から、スミスにおいてはじめて、資本主義分析の中核に価値論をすえる道が開かれた、ということができる。しかし、スミスは、使用価値と交換価値を区別しているものの、労働生産物とその歴史的形態たる商品とを区別することができず、また利潤と地代が労働者の生産した価値の分解部分であることを正しく指摘しながら、働いただけのものが全部支払われるかにみえる賃金の欺まん的形態と賃金の本質とを分離することもできなかったために、投下労働価値論を一貫させることができなかったことは、周知のとおりである。

ところで、スミスによれば、生産力の発展は以上のように分業の発展によってもたらされるのだが、その分業の発展は、資本の蓄積によって条件づけられている。スミスの主張は、つぎのとおりである。

「労働の諸生産力におけるこの大きな改良をおしすすめるには、まえもって資財が蓄積されることが必要であるように、その蓄積は、自然にこの改良をみちびくのである。労働を維持するのに自己の資財を使用する人は、必然的に、それを、できるだけ多くの量の製品を生産するようなやり方で、使用したいと欲する。だからかれは、かれの職人たちのあいだで業務のもっとも適当な分配を行うことと、かれが発明したり購買したりできる最良の機械を、かれに供給することとの、双方に努力する。これらの双方の点におけるかれの能力は、一般に、かれの資財の規模、あるいはそれが使用しうる人びとの数に、比例する。したがって勤労の量は、どこの国においても、それを使用する資財の増大とともに増大するだけでなく、その増大の結果として、同一量の勤労がはるかに大きな量の製品を、生産することになるのである」((上)、233ページ)。

こうして生産力発展論は、資本蓄積論に包摂されることになる。資本の蓄積は、労働の生産力を高めるだけではない。生産的労働への需要を高めて、国民のうち生産的労働に従事する人びとの比率を高めるのである。スミスは、商品をつくる労働はすべて生産的であるとして、農業労働だけを生産的と考える重農主義者の生産的労働論から大きく前進していたけれども、なお、農業労働がもっとも生産的であるといったような、多くのあいまいさや誤りをのこしていた。また、スミスは、資本を主に資財とよんでいるが、それは、スミスが資本を生産資本の形態で思いうかべているからである。とはいっても、貨幣資本、生産資本、商品資本の区別や役割の認識があるわけではない。スミスの再生産＝蓄積論は、整然たるケネーの経済表に比較すると、ひじょうに混乱し、不透明であるけれども、それは、ケネーよりもすすんだ三階級把握や生産的労働論にたって、より高次の再生産＝蓄積論を構築しようとしたためである。

さて、資本の蓄積が、労働の生産力を高め生産的労働への需要を増大して生産的労働に従事する人びとの比率を高めるとすると、貧困を克服して富裕になる道は、資本蓄積の進展ということになる。かくして節約による蓄積が説かれるのである。たえざる資本の蓄積こそ、生産を拡大し、労働力需要を増大させて失業をなくし、賃金をひきあげるのである。産業革命の開始期にあったスミスのばあい、まだ機械の労働節約的な性格は考慮されていない。資本の蓄積はまた、土地利用

や土地生産性を増大させて、地主の地代収入を増加させる。資本家の利潤についても、スミスは、資本蓄積の進展がやがて一国内では過剰になることを予見して、利潤率の傾向的低下を主張しているけれども、量的には増大するとしている。こうして資本の蓄積は、三大階級のいずれの収入をも増加させ、生産力の上昇にともなう生産物の価格低下とあいまって、勤勉なすべての人びとの生活水準を向上させるのである。

　スミスの考えた、すべての人びとが富裕になっていく基本的なメカニズムは以上のとおりであるが、資本蓄積をおしすすめていく原動力は、いうまでもなく人びとの利己心である。したがって、そこでは、生命身体の安全はもとより、自分にもっとも有利と考える経済活動を行う自由、たとえば、営業の自由、職業の自由、居住地選択の自由等や、経済活動の成果の安全の保障、つまり私的所有権の保障、それに独占＝特権の廃止、すなわちフェア・プレイ等が前提されている。スミスは、これらの前提のもとでのみ、資本蓄積がもっとも急速にすすみうるし、しかも農業、工業、商業、貿易等各種産業間の均衡のとれた発展をもたらし、自然な産業構造をもたらす、と考えたのである。これらの前提の確保は、人びとのモラルの問題であるとともに、国家の役割の問題である。スミスは、商品交換の拡大が人びとのあいだに誠実や慎慮の徳をひろげる、と考えており、そうだとすると、資本蓄積の促進と商品交換の拡大にとっての国家の役割はひじょうに重要なものになってくる。スミスによれば、イギリスでは、名誉革命後の体制のなかで、経済活動の自由や私的所有権の保障は確立されてきており、なお問題としてのこっているのは、独占＝特権を擁護する重商主義政策である。この重商主義政策こそ、貿易関係資本を肥大させて、農業生産力の上昇を中心とする自然な富裕の進歩をおくらせ、自然な産業構造をゆがめて、植民地をめぐる紛争や重税による圧迫をもたらし、資本蓄積をおくらせているのである。こうして、この小論の第1節でみた時代の問題へのスミスの処方は、結局、重商主義政策の漸次的撤廃、つまり自由の主張に収れんしていったのであるが、その論理は、もはや明らかであろう。

おわりに

　スミスは、個人の利己心の自由な発動を主張し、自由放任を主張したとされている。たしかにスミスは、これまでみてきたように、人びとの経済活動の自由を主張し、国家の役割を、国防、司法、私的資本ではできない公共事業に制限し、できるだけ小さくしようとしたことは事実である。しかし、個人の自由な経済活動は、生命身体の安全、私的所有権の安全、契約の遵守といった正義の法、つまりフェア・プレイの基礎条件というガッチリとした枠組みのなかでのみ可能なのである。そればかりではない。スミスは、土地所有などにのこる封建的なものの排除や、分業による労働者の精神的肉体的奇形化の教育による除去など、重要な役割を国家にあたえているのでいる。

　しかし、その国家は、貧しき者の嫉妬から富者の財産を守るという点（ここにスミスは、政府の起源を認める）で階級的であるだけではない。「ときには、国家の基本構造とよばれるもの、すなわち政府の利害関心が、ときには政府を圧政化している特定諸階層の人びとの利害関心が、その国の実定法を、自然的正義があらかじめきめたであろうものから、逸脱させる」（434ページ）のである。重商主義政策も、商工業者の階級的で党派的な利益が公共の名をもって実施されたものにほかならない。スミスによれば、商工業者階級、つまり資本家階級こそ、人がもっとも警戒しなければならぬ階級なのである。

　利潤生活者のなかで「商人と親方製造業者とは……、最大の資本を使用するのがふつうな、そしてかれらの富によって公共的尊敬の最大のわけまえを自分たちのものとする、２つの階級の人びとである。かれらはその全生涯にわたって計画やもくろみに従事しているので、いなかの郷士の大部分よりも、理解力がするどいことがしばしばある。……しかしながら、商業や製造業のどの特定部門における商人の利害も、つねになにかの点で、公共の利害とくいちがうし、対立的でさえある。市場をひろげ競争をせばめることは、つねに商人の利益である。市場をひろげることは、しばしば、公共の利益とも十分に一致できるであろう。しかし競争をせばめることは、つねにそれに反せざるをえない……。

商業上のなにか新しい法律か規制について、この階層からでてくる提案には、つねに大きな警戒をもって耳をかたむけるべきであって、しかももっとも周到な注意だけでなく、もっとも疑い深い注意をもって、ながく念いりに検討してからでなければ、決して採用すべきではない」（（上）、222-223ページ）。

　この部分は、スミスの前期的資本への批判と解されることが多い。しかし、スミスは、商工業資本家の一般的性格として語っているのである。利己心の自由な発動は、「見知らぬ人びと」つまり大衆の是認をうけうる範囲に自己規制されねばならぬし、国家の公共性は、公共の名で提案されるさまざまな政策を人びとがつねに疑い深く検討し、そこにひそむ階級的利害をあばきだすことによって、はじめて保たれるのである。資本家階級と国家の行動にたいする民衆の監視！　この点は、今日からみてもひじょうに興味深いものがあるであろう。スミスにおける経済の世界は、自己目的化した手段の体系であって、そのかぎりで、同感による行為の社会的是認原理とは別個の構造的分析を必要とする世界であったことは、たしかである。経済学の独立は、これによる。しかし、その世界は、やはり人間による行為の世界であり、以上のように、道徳哲学の世界につつみこまれている世界にはちがいないのである。

〔追記〕
　『道徳感情の理論』の邦訳は、米林富男訳『道徳情操論』（2巻、未来社）と、水田洋訳『道徳感情論』（筑摩書房）、の2種類が現在手にはいる。前者は、1790年の第6版の邦訳であり、後者は、1759年の初版を底本にして、各版の対照を行ったものである。
　『国富論』の邦訳は、水田洋訳『国富論』（上下、『世界の大思想』⑭⑮、河出書房新社）、大内兵衛・松川七郎訳『諸国民の富』（岩波書店、2巻、文庫にはいっているのは5冊）、玉野井芳郎・田添京二・大河内暁男訳『国富論』（『世界の名著』中央公論社）、の3種類が容易に入手可能である。水田訳は、1776年の初版をもとにし、各版のちがいを注でしめしたのにたいして、大内・松川訳は、1789年の第5版をもとにして注釈を付したキャナン版の訳である。玉野井・田添・大河内訳もキャナン版であるが、これは、抄訳をまじえている。この小論では、『道徳感情の理論』『国富論』のいずれもほぼ水田訳にしたがい、引用にはそのページをしめした。
　つぎに、スミスを知ろうとするばあい、ただちにあたるべき文献を若干あげておく。内田義彦著『経済学の生誕』（増補版、未来社、1962年）。水田洋著『アダム・スミス研究』

(1968年、未来社)。大河内一男編『国富論研究』(3巻、筑摩書房、1972年)。小林昇著『国富論体系の成立』(1973年、未来社。これは、現在同社から刊行されつつある『小林昇経済学著作集Ⅰ』におさめられている)。船越経三著『アダム・スミスの世界』(東洋経済新報社、1973年)。高島善哉著『アダム・スミスの市民社会体系』(岩波書店、1974年)。

第1章　スミスの利潤論に関する一考察

はじめに

　スミスは、『国富論』第1篇第9章において、《資本蓄積＝富裕の進展につれて利潤率が傾向的に低下する》という命題を提起している。しかし、スミスのこの部分の叙述はきわめて不明快であり、この命題がいかなる論理と事実認識にささえられており、『国富論』体系の中でどのような意味をになっているのかを理解することは容易ではない。これまでも多くの経済学史やスミス研究の文献でふれられていながらいまだ定説はできあがっておらず、スミス研究の難問の1つとされているゆえんである。

　しかしながら、スミス研究の進展にともない、とりわけ最近ではスミス資本蓄積論研究の深化にともなって、『国富論』のこの部分の検討も深められてきており、いくつかの斬新な解釈も提示されてきている。たとえば、それらの諸解釈のうち、とりわけ問題提起的な二系列の解釈を、利潤範疇、利潤率低下の論理、利潤率低下の命題の『国富論』体系における意義の3点に注目しつつ整理してみるならば、つぎのようになる。

　第1は、藤塚知義氏によって提起された解釈であって、氏によれば、スミスが『国富論』第1篇第9章で問題としている利潤は、産業利潤と対立する前期的商業利潤および高利貸利潤であって、そこで述べられている利潤率低下の傾向は、競争の増大によってかかる前期的利潤が解消することを意味し、前期的商業批判の武器としての意義をもった、とするものである[1]。この利潤を前期的商業・高利貸利潤としてのみとらえることは無理であり、産業利潤をも含むものとしつつも、《競争による利潤率の低下傾向》の命題は、もっぱらその商業資本的側面に

かかわるものとする富塚良三氏の理解[2]もこの系列に含めていいであろう。

　第2は、「スミスが研究対象とした低下傾向を辿るべき《利潤》とは、……産業資本を中軸とする近代資本主義の下での利潤一般にほかならない」とし、さらに「後に、リカアドウやジェイムズ・ミルにおいて完成された一般的過剰生産否認という古典派的論理の土台がまだ明確なかたちではないにしても、すでにスミスによって形成されていた」（《v＋m》のドグマと《貯蓄＝投資》の想定）がゆえに、スミスが《利潤率の低下傾向》を問題とする場合、競争規定にのみ立脚していたとは思われない、と第1の見解を批判し、『国富論』第1篇第9章でスミスがあげているアメリカ植民地の例に依拠しつつ、スミスの利潤率低下論の論理を、資本蓄積→劣等地耕作の進展→農業上の収穫の減少→農業利潤の平均利潤率以下への低下→農業からの資本の流出にもとづく他産業諸部門における資本相互の競争の激化→一般的利潤率そのものの低下という諸環からなっている論理としてとらえ、その重商主義的独占利潤批判の武器としての役割を認めるとともに、はるかかなたにではあるが、スミスは、資本蓄積の極限状況を予想していた、とする羽鳥卓也氏の解釈である[3]。

　本稿は、スミスの利潤率低下論の理解をめぐるこのような解釈の対立を念頭におきつつ、『国富論』第1篇第9章を中心としたスミス利潤論の論理と意味を、スミスの資本主義分析の基本視角との関連において考察することを、目的としている。こうした方法をとるのは、第1に、スミス利潤論の論理と意味も『国富論』体系をつらぬいているスミスの資本主義分析の基本視角によって規定されている、と考えられるからであり、第2に、マルクスその他のより発展した経済理論でスミスを裁断するのではなく、スミスにそくしてスミスを理解するためには、こうした方法がさしあたり妥当と考えられるからである。それゆえ、私は、本稿の叙述を、まずスミスにおける資本主義分析の基本視角をおさえることからはじめることとする。

1　『国富論』における資本主義分析の基本視角

　周知のように、スミスは、『国富論草稿』において、「地主も、高利貸も、収税

吏も」おらず、各個人が「自分自身の勤労の全生産物を享受」していた「未開な、〔人々が〕孤立した状態」⁴⁾にある社会と対比しつつ、文明社会＝資本主義社会分析の課題を、つぎのように自らに提起していた。

「文明社会においては、貧乏人は自ら調達するとともに支配階級の莫大な奢侈に対しても」⁵⁾供給しており、そこには、労働生産物の「公正で平等な分配といえるようなもの」⁶⁾はなく、「もっとも多く労働する者がもっとも少なくえる」⁷⁾ようになっているのであって、労働者は「共同社会(コモンウェルス)のなかの他のすべての人々がぜいたくをするための材料を提供して、いわば人間社会の全組織をその双肩に担っているにもかかわらず、その重荷によってどん底におしひしがれて、建物の一番下に忘れさられている」⁸⁾。だが、「これほど抑圧的な不平等のただなかで、文明社会の最下層の、もっともさげすまれている人たちでさえ、もっとも尊敬されもっとも活動的な未開人が到達しうるよりも、すぐれた豊富さと潤沢さとをふつう享受している事実を、どう説明すべきであろうか」⁹⁾。

これに対するスミスの解答は、「あらゆる文明社会において、財産の大きな不平等にもかかわらず、最下層の人々にまでゆきわたる普遍的な富裕が生ずるのは、分業の結果としてさまざまな職業の生産物が著しく増加するからである」¹⁰⁾いうことであったが、こうした文明社会＝資本主義社会の表象的把握とそれにもとづく分析視角とは、そのまま『国富論』の初発的な分析視角につながっていることは、『国富論』冒頭の「序論およびこの著作の輪郭」におけるつぎの叙述にあきらかである。

「猟師や漁夫からなる未開な諸国民においては、働くことのできるすべての個人は……有用な労働に使用されている」¹¹⁾のに、大変みじめで貧しい。それに対して「文明開化して繁栄している諸国民においては、多数の人々がまったく労働しないで、彼らのうちの多くのものは、働いている人々の大部分にくらべて、十倍多くの、しばしば百倍多くの労働生産物を消費するのだが、それでもなお、この社会の全労働の生産物は、非常に多いので、すべての人々がしばしばゆたかに供給されているし、もっとも低く貧しい階層の職人でさえも、もし彼が節約勤勉であるならば、生活の必需品および便宜品のわけまえを、どのような未開人が獲得しうるよりも多く、享受しうるのである」¹²⁾。

みられるとおり、スミスは、ここでも、すべての人々が働いてなおかつ貧しい未開社会に対して、文明社会＝資本主義社会を、「多数の人々がまったく労働しないで」働いている人々の何倍もの生産物を消費している不平等な階級社会であるにもかかわらず、「もっとも低く貧しい階層の職人でさえも」「生活の必需品および便宜品のわけまえを、どのような未開人が獲得しうるよりも多く享受しうる」社会、ととらえているのである[13]。そして、その場合、スミスは、「富」を労働生産物＝生活必需品および便宜品ととらえ、富裕の度合は、人口と労働生産物量との比率ではかられるとしており、そこから富裕になるためには、何よりも生産力の増大をはからなければならない、ということになる。『国富論』におけるスミスも、『国富論草稿』におけると同様、生産力増大の基本的モメントを分業の発展にみていたこというまでもない。『国富論』の篇別構成、とりわけその第１篇が、分業論にはじまり、ついで分業の発展の結果増大した生産物が」さまざまな階層と境遇の人々のあいだに自然に分配されていく順序」[14]とはいかなるものか、を主題としたことは、以上のようなスミスの文明社会＝資本主義社会の表象的把握と生産力＝富裕化視点からなる問題視角に規制されてのことなのである。

ところで、スミスは、『国富論』第２篇「序論」において、「資財（ストック）の蓄積が、ものごとの性質上、分業に先行せざるをえない」[15]として、つぎのように述べていた。

「織布工が、彼の特殊な仕事にまったく専念しうるには、そのまえに、彼がその織物を完成するだけでなく売却してしまうまで、彼を維持し、彼の仕事の材料と道具を彼に供給するに十分なだけの資財が、彼自身の所有であれ誰か他人の所有であれ、どこかに貯えられていなければならない」[16]。

すなわち、スミスは、資財の蓄積こそ生産力体系としての分業の発生と展開に必要かつ不可欠な条件である、と考えていたのである。「資財」とは、右の引用からもうかがわれるように、分業の先行条件として、何よりもまず原料・道具・生活資料等の自然的・素材的形態をとる物であるが、他方その所有者（スミスは、私的所有の自然性を疑うことがなかった）にとっては、収入をもたらすファンドでもある。「人が、数カ月または数年彼を維持するにたりる資財を所有している

ならば、彼は、当然それの大部分から収入をひきだそうと努力する」[17]のであって、「この収入を彼に提供することを、彼が期待する部分は、彼の資本とよばれる」[18]のである。このようなスミスの資財＝資本把握の二重性[19]が、スミス再生産論および蓄積論の性格を根柢において規定している生産資本循環視角をかたちづくるものであることはいうまでもない[20]。そして、生産資本循環視角にたてば、蓄積のファンドは収入の資本への転化、すなわち節約なのだから、「資本の性質と、それがどのようにしてしだいに蓄積されるか、それがさまざまな仕方で使用されるに応じて、活動させられる労働の量がどうちがってくるかを、とりあつかう」[21]第2篇に先だって、蓄積ファンドとしての収入に関する基本的な検討をおこなっておかなければならない、ということになる。第1篇第8章「労働の賃金について」以下は、分配論であるとともに、再生産論ないし蓄積論的視点からすれば、以上のような意味で、蓄積ファンドに関する基礎的考察の意義をになっているのである。

　さて、生産力発展＝富裕化の基本的モメントを分業の展開とみ、分業が展開するためには資財＝資本の蓄積が不可欠であるとし、すべての物に対する私的な所有を自然なものとして疑わないとすれば、文明社会＝資本主義社会は、土地所有者、資財＝資本所有者、賃金労働者の3つの階級から構成されることになる。「各国の土地と労働の年々の全生産物、あるいは、同じことだがその年生産物の全価格は、自然に……土地の地代、労働の賃金、資財の利潤という3つの部分にわかれ、そして地代生活者、賃金生活者、利潤生活者という3つのちがった階級の人々の収入を構成する。それらが、あらゆる文明社会の本源的な構成物たる三大階級なのであり、かれらの収入から、互いに他のすべての階層の収入が究極的にはひきだされるのである」[22]（傍点は引用者）。このように、賃金、利潤、地代という資本主義社会における3つの基本的な所得範疇に対応させて3つの基本的階級を明白に把握したことの経済学史的かつ経済史的意義は、きわめて大きいといえるであろう。しばしば、リカードウやマルクスの階級把握に照らしてスミスの階級把握の不鮮明さを強調することがおこなわれるけれども[23]、私は、そうした方法によって、スミスが、経済学史上はじめて3つの基本的な所得範疇に対応させて3つの基本階級を把握したことの意義が、過小評価されてはならない、と考

えるものである。スミスがこうした三階級把握を明確におこなったのは、『国富論』においてはじめてであって、そこに、『国富論草稿』から『国富論』へのスミスの経済学的研究の深まりと、それに媒介されることによる資本主義社会の表象のいっそうの具体化を認めることができるであろう。先にみた『国富論草稿』における資本主義社会の表象と分析視角の『国富論』への継承とともに、以上のようなそれらの経済学的深化を確認しておく必要がある。

　これまでみてきたことから、分業の展開の結果増大した生産物が「さまざまな階層と境遇の人々のあいだに、自然に分配されていく順序」という場合の「さまざまな階層」とは、土地所有者、資財＝資本所有者、賃金労働者であり、その場合の分配諸形態が、地代、利潤、賃金なのだ、ということは明白である。私的所有と資財＝資本の蓄積とが、生産力の発展にとって不可欠の条件であるならば、こうした3つの階級からなる階級社会それ自体も、当然のものとして受容されることになる。スミスは、特定の階級が他の階級に対して特権をもつことには反対するが、以上のような階級社会それ自体にはまったく疑いをいれていないのである。したがって、スミスの資本主義分析の基本視角は、《土地所有者、資財＝資本所有者、賃金労働者からなる文明社会＝資本主義社会において、生産力が発展するのはいかにしてか、そして生産された富＝労働生産物がこの三大階級のあいだに自然的に分配されるのはいかにしてであり、そうした生産及び分配のくりかえしを通じて全体として富裕になっていくのはどのようにしてであるか》ということであった、ということができるであろう[24]。それでは、このような文明社会＝資本主義社会分析の視角にもとづいて、スミスは、どのように剰余価値と利潤を把握したのであろうか。

2　剰余価値の把握と利潤範疇

　以上にみてきたような、文明社会＝資本主義社会の表象的把握にもとづく生産力視点にしたがって、スミスは、『国富論』の叙述を分業論からはじめている。その場合、スミスが2つの異なった分業、すなわち社会的分業と作業場内分業のちがいを事実上把握しつつも、両者を共に労働の生産力を上昇させるものとして

同一視していたばかりか、分業社会は、すべての人が「あるていど商人となる」[25] 商業社会として、作業場内分業を社会的分業に解消させて把握していた（このことは、労働＝生きた労働と、労働の生産物＝対象化された労働との混同ないし同一視に対応する）ことは、すでに多くの論者によって指摘されているところである。ここに労働者も労働力商品をもつ自由な商人として把握されることになり、人間を、いわゆるホモ・エコノミクスとしてとらえ、私的所有を自然として疑わなかったスミスにとって、労働生産物の分配は、交換＝価値・価格関係をとおしてしかありえようがないことになる。『国富論』の分析が分業論から交換＝価値・価格論へと展開されていかざるをえないのはそのためである。ところで、逆にいえば、そのことは、交換＝価値・価格関係が生産力体系としての分業の（特殊歴史的な形態規定をうけたものとしてでない）自然的・必然的媒介としてとらえられ、社会全体が、そうした交換に媒介された自由な労働者による巨大な１つのマニュファクチュアとしてとらえられることを意味する。こうした分業の把握は、一方において、異質労働の社会的結合としては、人間労働一般＝価値把握への道を準備するとともに、他方では、商品交換をすべて単純商品交換として、貨幣を単なる交換手段としてのみ把握することになり、価値形態＝価値自立化の過程分析への道を閉ざしてしまう。それはまた、各人が自らの労働生産物を、共同財産[26]（コモン・ストック）にもちこみ、その共同財産のなかから自分の必要なものを、労働の対価としてうけとる、という対自然的賃金論ないし分配論にみちびくものであり、前にみた資財＝資本の二重把握に対応するものである。

　さて、以上のような分業論から価値・価格分析にすすんだスミスは、支配労働価値規定と投下労働価値規定という有名な二重の価値規定をおこなう。この二重の価値規定が、スミスによる、分業によってひきおこされた富の存在形態の変化の認識、すなわち「富は、もはやその人自身の労働の生産物のうちにではなく、この生産物が支配する他人の労働の量、すなわちこの生産物が買いうる社会的労働の量のうちに存する」[27] ということの認識をしめし、「私の労働と他人の労働との等置」[28] を意味しているのだということは、マルクスの古典的指摘以来ひろく認められているところであろう。スミス価値論に関しては、すでに多くの研究がなされており[29]、ここでは、先にみた分業論との関連において、つぎの点だけ

を指摘しておくにとどめたい。

　第1は、支配労働価値規定が、富裕化の視角からする商品所有者の意識にそくした富の存在形態の変化の認識だ、ということである。「各人は、人間生活の必需品、便宜品、娯楽を享受する能力がどのていどあるかに応じて富裕または貧乏なのである。しかし、ひとたび分業が十分におこなわれるようになってからは、それらのうちで、彼自身の労働が彼に供給しうる部分は、非常に小さいものにすぎない。それらのうちの圧倒的大部分を、彼は、他の人々の労働からひきださねばならず、彼が支配しうるその労働の量、すなわち彼が購買する能力のあるその労働の量に応じて、彼は富裕であり、貧乏であるにちがいない。したがって、ある商品を所有し……それを他の諸商品と交換するつもりの人にとって、その商品の価値は、それによって彼が購買または支配しうる労働の量に等しい」[30]（傍点は引用者）。

　第2は、投下労働価値規定が、「苦労と手数」というように、商品生産者の意識にそくしながら、「労働は、すべてのものに対して支払われた、最初の価格であり、本源的な購買貨幣である」[31]という、先にふれた対自然的賃金論ないし分配論にそくしてあたえられていることである。したがって、自己労働にもとづく所有がおこなわれるならば、投下労働価値（この場合は、労働力の価値に等しい）と支配労働価値とは等しいということになる。

　しかしながら、分業の展開は、資財＝資本の蓄積をその先行条件とし、したがって分業の展開が階級社会の発展を意味することは前節でみたとおりである。分業の発生とともに自己労働にもとづく所有はおこなわれなくなり、利潤と地代が発生するのである。かくして投下労働価値と支配労働価値とが一致する前提がなくなり、「ある商品を獲得または生産するのに通常使用される労働の量は、それが通常、購買し、支配し、あるいは交換される〔労働の〕量を規制しうる唯一の事情ではなく」[32]なるのである。「唯一の事情ではなくなる」という言葉からわかるように、スミスは、ここで投下労働価値規定を完全に放棄しているわけではない[33]。賃金を、労働者ないし生産者がその労働とひきかえに自然からうけとる対価としてとらえるスミスにとって、それは、一方において、素材形態＝生活必需品及び便宜品の形態で把握されるとともに他方では、投下労働量と等置される。

労働の生産力が3倍になり、労働者のうけとる素材的形態における賃金が1.5倍になったとすれば、この場合、労働力の価値が2分の1に低下したにもかかわらず、労働者の生活水準＝消費水準＝富裕が1.5倍になったうえに、なお同量の剰余生産物（自然からの報酬の増大分＝富裕の徴表）が残り、結局、資財＝資本全体は、これまでの2倍の労働者の支配を可能にする。つまり、利潤、地代が発生すると投下労働量が交換価値を規制する「唯一の事情ではなくなる」という前述のスミスの表現は、投下労働量と支配労働量が一致しなくなる、ということを意味していたのであり、そのことによって、すなわち投下労働量を賃金と等置することによって、スミスは、事実上剰余価値を、すぐれて相対的剰余価値として把握していたのである[34]。つぎにあげる有名な、『国富論』第1篇第8章「労働の賃金について」の冒頭の叙述は、以上のような、スミスの剰余価値把握の特徴をしめしている。

「労働の生産物は、労働の自然的な報酬あるいは賃金をかたちづくる。

土地の私有と資財の蓄積とに先だつ、ものごとの本源的な状態においては、労働の全生産物は、労働者に属する。……。

この状態がつづいたならば、労働の賃金は、分業がもたらすその生産力のあらゆる改良とともに増大したであろう。すべてのものは、しだいにやすくなったであろう」。

「しかし、労働者が彼自身の労働の全生産物を享受した、ものごとの本源的な状態は、土地の私有と資財の蓄積との最初の導入のあとまでは、継続しえなかった」。

「土地が私有財産となるやいなや、地主は、労働者がそこから産出または採集しうるどんな生産物についても、わけまえを要求する。かれらの地代が、土地に使用される労働の生産物からの、第1の控除となるのである」。

資財＝資本の蓄積がなされると「あらゆる職業と製造業とにおいて、職人の大部分は、彼らにその仕事の原料とそれが完成されるまでの彼らの賃金と維持費とを前払いする親方を必要とする。彼は、彼らの労働の生産物のなかから、つまり、労働が投下される原料にその労働が追加する価値のなかから、わけまえをえるのであり、このわけまえに彼の利潤〔労働の生産物からの第2の控除〕

が存する」35)（傍点は引用者）。

　みられるとおり、スミスは地代と利潤の発生を、支払われる労働をこえる剰余労働の発生として、事実上剰余価値の発生としてとらえている。その場合、労働者が労働によって生産した生産物をただちに自然的賃金とみなし、地代と利潤を、それからの控除として、あるいはわけまえとして把握する、いわば分配論の対自然的構成とでもいうべき方法をとっていることに注意すべきであろう。そこから、剰余生産物としての地代と利潤を、土地所有者と資財＝資本所有者が浪費するか生産的労働者の雇用ファンドにあてるか、というスミス蓄積論に特徴的な視角がうまれ、累積的蓄積＝富裕化へのつぎのような展望がひらかれるのである。

　「文明国では、その交換価値が労働だけから生じる商品は、わずかしかなく、地代と利潤が、圧倒的大部分の商品の交換価値に寄与しているのであるから、その国の労働の年々の生産物はつねに、その生産物を産出し調製し市場にはこぶのに使用されたよりも、はるかに多量の労働を、購買または支配するにたるであろう。もしこの社会が、年々それが購買しうる労働のすべてを、年々に使用するとすれば、労働量は毎年おおいに増大するであろうから、それぞれの後続の年の生産物は、その前の年のそれよりも、ずっと大きな価値をもつであろう。けれども、年々の全生産物が、勤勉な人々を維持するのに使用される国は、どこにもない。なまけ者が……、それの大きな部分を消費するのであって、それが年々にこれら２つのちがった階層の人々に分割される比率のちがいに応じて、それの通常の、または平均の価値は、年々に増大するか、あるいは……ひきつづき同一であるかの、いずれかになるにちがいない」36)。

　これまでみてきたように、スミスにあっては、資本の蓄積と分業＝生産力の発展と剰余価値（剰余労働、剰余生産物、剰余価値、この３つの区別は、スミスにはないが）発生とは不可分のものとして把握されており、第２篇第３章で論じられる生産的労働論への連関において、この剰余価値は、さらにいっそうの蓄積＝富裕のファンドとして把握されていたのである。

　さて、スミスは、以上のように、事実上剰余価値を生産過程（とくに物質代謝過程としての）にそくして把握していたにもかかわらず、それを、その特殊形態としての地代と利潤から区別して、独自の範疇としてとらえることはできなかっ

た[37]。それゆえ、スミスは、剰余価値を直接的に利潤及び地代の形態でとらえてしまうのである。それを、利潤についてのみみるとつぎのとおりである。

「資財がひとたび特定の人々の手に蓄積されるや、彼らのうちのある者は、それを勤勉な人々を仕事につかせるのに、自然にそれを使用するであろう。彼らは、その人々の原料と生活資料とを供給して、その人々の生産物の販売により、すなわち、彼らの労働が原料の価値につけくわえるところにより、利潤をえようとするのである。……したがって、職人が原料につけくわえる価値は、この場合、それ自体が２つの部分にわかれる。そのうちの１つは、彼の賃金を支払いもう１つは、彼の使用者が前払いした原料と賃金との資財全体に対して、彼の利潤を支払う」[38]（傍点は引用者）。

みられるとおり、スミスは、「職人が原料につけくわえる価値」のうち賃金部分をこえる部分として、事実上剰余価値を把握したあとで、ただちにそれを、資財全体、すなわち前払いされた総資本価値に対する超過分として、直接に利潤の形態でとらえているのである。だが、利潤は、剰余価値の必然的形態であるとともに、剰余価値の源泉を隠蔽するものである。しかも私的所有と資財＝資本の蓄積を、生産力の発展にとって必要かつ自然であるとするスミスにとっては、資財＝資本の所有者が利潤を獲得することは当然のことであって、そこには一点の疑いもさしはさむ余地はない。したがって、利己心にもとづいて行動する資財＝資本所有者の意識にそくしていえば、「彼らの生産物の販売から、彼らが、彼の資財を回収するよりいくらか多くを期待したのでなければ、彼は、彼ら〔職人〕を使用するのに何の関心ももちえなかったであろう。そして、彼の利潤が彼の資財の大きさに対して、ある比率をもっていなかったならば、彼は、少ない資財よりもむしろ多い資財を使用することに何の関心ももちえなかったであろう」[39]（傍点は引用者）ということになる。ここでは、平均利潤率（このスミス的理解については、次節で詳述する）が無媒介に導入されており、それが、「資本の大いさに比例した利潤を」という資財＝資本所有者の意識にそくしてとらえられているのである。理論的媒介をへることなく平均利潤率概念を導入し前提することによって、スミスは、分解価格論と構成価格論とを混同しつつ、構成価格論の線にそって自然価格論（この意義については、次節を参照）を展開するのであるが、そ

の場合、利潤を直接的に収入としても把握していたことに注意しなければならない。「彼の利潤は、彼の収入であり、彼の生計費の正当な資源である。彼は、その財貨を調製し市場にもってくるあいだに、彼の職人にその賃金すなわち彼の生計費を前払いするように、彼自身に対しても、同じようにして自己の生計費を前払いするのであって、この生計費は、一般に彼が自分の財貨の販売から期待するのが妥当な、利潤にふさわしいものなのである」[40]。

こうして、スミスは、利潤を、一方において、事実上剰余価値の必然的形態としてとらえるとともに、他方において、直接的に収入、すなわち資財＝資本所有者の生活維持ファンドとしてもとらえているのであるが、これは、生産資本循環視角からすれば、剰余価値の流通が収入の流通として目にうつることと対応しているとともに[41]、先にみた分配論の対自然的構成とも対応している。ひとたび利潤が直接的に収入として把握されるや、剰余価値源泉の隠蔽は完全になる。分業＝生産力発展の先行条件としての資財＝資本は、その所有者に収入をもたらすファンドとして把握されることになり、そのかぎり、資財＝資本の大いさに比例した利潤＝収入という面が前面にでて、その資本が流通面に投下されるか生産面に投下されるかの問題は消滅してしまう。かくして剰余価値から所得諸形態への経過的範疇としての利潤一般はとらえられず、産業利潤も商業利潤もいっしょくたに、平均利潤率のもとでの利潤として直接的に把握されるのである[42]。第1篇第9章における利潤範疇は、かかるものとして理解されなければならない。

以上のように、剰余価値を直接に利潤形態においてとらえ、さらに直接に収入としてとらえたスミスにとって、さらにまた生産力的＝蓄積論的視角を基本にすえたスミスにとって、問題関心は、もっぱら利潤の量的規定におかれることになる[43]。したがって問題は、利潤率の決定にしぼられてくるのである。

3 「利潤の自然率」なる概念について

スミスは、「それぞれの社会またはそれぞれの近隣地方には、労働と資財のさまざまな使用のそれぞれにおいて、賃金と利潤との双方の、通常または平均の率が存在する」[44]（地代の場合も同様）として、それを、賃金、利潤、地代の自然率、

とよんでいる。そして、「ある商品の価格が、それを産出し、調製し、市場にはこぶのに使用された、土地の地代、労働の賃金、資財の利潤を、それらの自然率にしたがって支払うのに」[45]等しい場合、それを自然価格と名づけ、商品が実際に売られる価格たる市場価格は、自然価格を中心として、時々の需給関係によって決まるとした。スミスによれば、もしも供給量が、その商品の自然価格に対応する需要量たる有効需要量に一致せず、したがって市場価格が自然価格から背離すれば、賃金、利潤、地代のいずれかがその自然率より背離し、そのことによって労働力、資財=資本、土地のいずれかに競争ないし移動がおこり、賃金、利潤、地代のいずれかの自然率が自らを回復することによって、やがて供給量が有効需要量に一致するのである。それゆえ、自然価格は、完全な自由競争がおこなわれ、労働力、資財=資本、土地の諸用途間の移動がまったく自由である場合に、商品が長期にわたって売られる最低の価格であり、市場価格がたえずひきよせられる中心価格である、とされるのである。

このスミスの価格論の構成は、第1に、平均利潤率[46]の成立にともなう生産価格の成立の認識をあらわし、第2に、『国富論』体系を初発において規定している富裕化の視角の貫徹、つまり分業の発展した社会での分配は、価格関係をとおしてしかありえないこと、すなわち生産力の発展の成果の配分は、価値=価格関係を通じてしかおこなわれえないことの認識をあらわし、第3に、自由競争をさまたげ、労働力と資財=資本の自由な移動をさまたげている重商主義体系批判のための理論的一基準設定の意図をあらわしているものと考えられる。スミスにおいて、賃金論、利潤論、地代論が、それぞれ分配論であると同時に価格論としての意味をになっているのは、以上のような認識と意図によるものであろう[47]。スミスによれば、「自然価格そのものは、その構成諸部分、つまり賃金と利潤と地代のそれぞれの自然率とともに変動する」[48]のである。

さて、ここで問題なのは、以上のような自然価格の一規定要因たる利潤の自然率である。スミスは、利潤の自然率は、完全な自由競争のもとで、つまり資本移動が完全に自由である場合に、「使用さるべき資財の量とそれによってなされるべき業務あるいは事業の量との割合」[49]によって決まるとし、したがってその大いさは、社会が「進歩的」であるか「静止的」であるか「衰退的」であるかに応

じて変動する、としているのであるが、ここでまず問題なのは、利潤の自然率という概念そのものである。従来、それは、いわゆる平均利潤率と解されてきているのであるが、私は、その点に疑問を感じるのである。というのは、スミスが「それぞれの社会またはそれぞれの近隣地方には、労働と資財のさまざまな使用のそれぞれにおいて、賃金と利潤との双方の、通常のまたは平均の率が存在する」[50]という場合、第1に、「それぞれの社会またはそれぞれの近隣地方」という句がひっかかり、第2に、「労働と資財のさまざまな使用のそれぞれにおいて」という句がひっかかる。第2の点からいうと、スミスは、部門利潤率をここに混入しているのである。スミスは、部門利潤率といわゆる平均利潤率とをどこでも区別しておらず、あきらかに部門利潤率を意味すると思われるものに通常の利潤率ないし平均の利潤率という語をあてているのであって、一例をしめせばつぎのとおりである。「同一の社会あるいは近隣地方においては、資財のさまざまな使用における平均かつ通常の利潤率は、さまざまな種類の労働の金銭的労働賃金よりも同一水準にちかいはずだ、ということである。……ふつうの労働者のかせぎとよくはやる法律家や医者のそれとの差は、あきらかに、どれでもふたつのちがった事業部門の通常利潤のあいだの差よりも、ずっと大きい」[51]（傍点は引用者）。

　それでは、つぎに「それぞれの社会またはそれぞれの近隣地方」という句をどう理解すべきであろうか。前半の「それぞれの社会」というのは、スミスが、社会(ソサイァティ)を、しばしば国(ネイション)の意にもちいているところから、「それぞれの国」と解していいであろう。事実第1篇第9章でスミスは、国と国の利潤の自然率の比較をおこなっているのである。問題は、「それぞれの近隣地方」である。これは、他に「……もし彼が、それを、彼の近隣地方での通常利潤率を彼にゆるさぬ価格で売るならば……」[52]といった表現がみられ、また先の第1篇第9章では、国と国の利潤率の比較とならべて都市と農村の利潤率の比較をおこなっているところから、一応局地的地域と解することができるであろう。とすれば、利潤の自然率という語の中に、スミスは、部門利潤率、局地的平均利潤率、一般ないし平均利潤率という三重の意味をこめていたことになる。こうしたスミスの利潤の自然率という概念の特異性は、スミスの時代には、国民経済的規模での平均利潤率は、いまだその成立をさまたげられていたこと（もし成立していたならば、スミスは、

重商主義諸規制の攻撃をおこなう必要はなかった)、しかし、特定部門においては、独占が解消し、特定地域においては、はげしい競争と自由な資本移動がおこなわれて、利潤率がそれぞれ平均化の傾向にあったこと、そうした事情を背景として、個を、あるいは部分を全体におし拡げていったことによるものと考えられる。ともあれ、「スミスの利潤率低下論を考える場合、以上のような利潤の自然率という概念の特異性をまずおさえておかなければならないであろう[53]。問題の『国富論』第1篇第9章において、資財＝資本の蓄積が進行するにつれて低下傾向を辿る利潤率というのは、このような利潤の自然率なのであって、直接的には独占的商業ないし高利貸利潤ではないのである。それでは、《資本の蓄積にともなって利潤の自然率が傾向的に低下する」という場合の、スミスの論理は、いかなるものであり、またそうした命題に、スミスはどのような意味をもたせていたのであろうか。以下、その検討にうつろう。

4　利潤率低下論の論理と意義

　第1篇第9章における、利潤率低下に関するスミスの命題は、つぎのとおりである。「資財の増加は、賃金をあげるものであるが、それは、利潤をさげる傾向がある。多くの富裕な商人の資財が同一の事業(トレイド)にむけられるとき、彼らの相互の競争は、当然その利潤をひきさげる傾向がある。そして、同一の社会で営まれるすべてのさまざまな事業において、これと同様な資財の増加があれば、同一の競争が、それらすべてにおいて同一の効果をうみだすにちがいない」[54]。
　みられるとおり、スミスは、ここで、特定部門における過剰投資がその部門における利潤率を低下させる、という部門利潤率にのみ妥当する命題を、そのまま社会的総資本にかかわる平均利潤率にまで拡げている。これは、先にみた利潤の自然率という概念の特異性に対応するものであるが、こうした推論の誤りであることは、いうまでもない。こうした誤った推論の上に、スミスは、もう1つ誤った推論をかさねる。すなわち、「利潤は、きわめて動揺的なので、ある特定の事業を営む人が自ら、彼の年々の利潤の平均がどうであるかを」[55] 知ることは、困難であるが、市場利子率の動きから平均利潤率の動きを推定することが可能であ

ろう、なぜなら、利子は、利潤の派生所得なのだから「どこの国でも通常の市場利子率が変動するのに応じて、資財の通常の利潤は、それとともに変動するにちがいない」[56]というのである。利子率が貨幣資本の需給関係によって変動するのに対して、利潤率は、資本の有機的構成、剰余価値率、資本の回転速度の諸要因の変化によって変動するのだから、以上のスミスの推論の誤りは明白である。スミスは、利子を利潤の派生所得とする正しい把握にもかかわらず、あるいはそのゆえにかえって、利子率の変動に利潤率の変動をリンクさせる誤りを犯してしまった、ともいえるだろう。

　ところで、以上の2つの理論的誤謬は、スミスにあっては、つぎのような歴史的、事実的認識にささえられていた。第1は、ヘンリ八世の時代以来、利子率は傾向的に低下してきており、それとならんで「この国の富と収入は、ひきつづき増進してきた。そして、その進歩の行程において、それらの速度は、しだいに……増加」[57]してきた、という歴史的認識であり、第2は、一般に小資本の方が大資本よりも利潤率が高いが、蓄積の進展につれて競争が激化し、事業を営むに必要な単位資本量が増大し、利潤量は増大するが利潤率は低下する、という個別資本にそくした事実認識である。たとえば、スミスは、つぎのようにいう。「どんな種類の事業でも、大都会で営む方が、いなかの村で営むよりも、一般に多くの資財を必要とする。各事業部門に使用される大きな諸資財と富裕な競争者たちの数とが、一般に前者における利潤率を後者におけるそれよりもひきさげる」[58]。また、「利潤が減少したあとで、資財は、ひきつづき増大しうるだけでなく、まえよりずっと急速に増大しうる。そのことは、富の獲得において前進しつつある勤勉な諸国民についても、勤勉な諸個人についてと同じである。大きな資財は、小さな利潤をともなうにしても、一般に大きな利潤をともなう小さな資財よりも急速に増大する」[59]。これは、一般に小資本に比して大資本の方が資本の有機的構成が高く、生産期間の長い部門を把握することができるために回転速度もおそくなり、したがって年利潤率は、大資本の方が低くあらわれるにもかかわらず蓄積は急速であることの、表面的認識をしめすものと考えることも不可能ではないだろう。ともあれ、個別資本ないし特定部門にそくした認識を、地域的経済に、さらに社会的総資本へと拡げていくスミスの思考方法に、ここでも注意しなけれ

ばならない。スミスにとって、国民経済は、個人の、あるいは個別資本の営利活動の総和にすぎないのである。

　それでは、スミスの利潤率低下論を、以上のような理論的誤謬と歴史的・事実的認識にもとづいた、単なる競争規定にのみ立脚したものにすぎない、といえるだろうか。スミスの利潤率低下に関する命題は、『国富論』第2篇第4章にもみられ、それは、つぎのようになっている。「どこの国においても資本が増加すれば、それの使用によってつくられる利潤は、必然的に減少する。その国のなかで、何かのあたらしい資本を使用するための有利な方法をみつけることが、しだいにますます困難になる。その結果、そこにはさまざまな資本のあいだでの競争がおこるのであって、1つの資本の所有者は、他の資本によって占められている業務を、手にいれようと努力する」。その結果「かれらの競争は、労働の賃金をたかめ、資財の利潤をひくめる」[60]（傍点は引用者）。

　このスミスの所説において、まず注意さるべきは、羽鳥卓也氏も指摘しておられるように[61]、利潤率低下の原因を、直接に資本家間の競争にもとめるのではなく、資本蓄積にともなって「あたらしい資本を使用するための有利な方法」を、国内で発見することがしだいに困難になっていくという事情にもとめており、競争の激化は、その結果として説かれていることである。それでは、「あたらしい資本を使用するための有利な方法」を発見することが困難になっていく事情とは、いかなる事情を意味するのであろうか。羽鳥氏は、スミスがあげているアメリカ植民地の例に依拠して、それは、「蓄積にともなう土地耕作の劣等地への移行の不可避性ということであった」[62]とし、スミスの利潤率低下論の内容を、本稿の最初でみたように、資財＝資本蓄積にともなって人口が増加すると、劣等地耕作が進展して収穫が逓減し、農業利潤が一般的利潤率以下へ低落する、かくして、産業諸部門間における資本の流出と流入をひきおこして一般利潤率自体を低下せしめる、というふうに理解しておられる。しかし、この解釈は、スミスをあまりにリカードウにちかづけすぎた解釈といわねばならない。スミスのアメリカ植民地に関する叙述とは、つぎのようなものである。

　「労働の高賃金と資財の高利潤とは、おそらく新植民地の特殊事情のもとでなければ、めったに並存するものではない。あたらしい植民地というものはす

べて、しばらくのあいだは、他の国々の大部分にくらべると、その領土の広さのわりに資財が不足で、その資財の規模のわりに人口が不足であるにちがいない。人々は、耕作するための土地を、そのための資財よりも多くもっている。したがって、彼らがもっている資財は、もっとも肥沃でもっとも有利な位置の……土地の耕作だけにあてられる。そういう土地もまた、しばしばその自然の生産物の価値にさえおよばぬ価格で購買されるのである。そういう土地の購買と改良に使用される資財は、きわめて大きな利潤をうみだすにちがいない。……植民農園主は、彼が新植民地でみつけうるよりも急速に人手をふやすことができるようになる。したがって、彼がみつけえた人々は、非常に気まえのいい報酬をうけとる。植民地がふえるにつれて、資財の利潤は、しだいに減少する。もっとも肥沃でもっともいい位置の土地がすべて占有されてしまうと、土壌も位置もおとる土地の耕作からは、まえより少ない利潤しかつくられえないし、そのように使用される資財に対してまえより少ない利子しか提供されえない」[63]（傍点は引用者）。

このスミスの所説において、まず第1に注意すべきは、高利潤と高賃金が並存する特殊事情としてアメリカ植民地をあげていることであり、しかも高利潤の一因として、地価、したがって地代がやすいことがあげられていることである。したがってこの場合には、劣等地耕作の進展による収穫逓減のほかに、土地領有の拡大にともなう地価と地代の上昇が高利潤解消の重要な要因として考えられることになる[64]。第2に、羽鳥氏の解釈が成立するためには、《平均利潤率ないし利潤の自然率が農業利潤に規制される》という命題がスミスのどこかになければならないが、ここに引用したアメリカ植民地の例に関する叙述にはもちろん、『国富論』のどこにもそうした命題は認められないのである。

それでは、「あたらしい資本を使用するための有利な方法」を発見することが困難になっていく事情とは、どのような事情を意味するのだろうか。アメリカ植民地の例につづくつぎのスミスの叙述がその手がかりをあたえてくれるように思われる。すなわち、「あたらしい領土あるいはあたらしい事業部門の獲得は、富の獲得において急速に前進している国においてさえ、時々資財の利潤をひきあげ、それとともに貨幣の利子をひきあげうる。そういう獲得は、資財をわかちもって

いるさまざまな人々に新事業を提供するのだが、この国の資財は、その新事業全体にとっては十分でないので、最大の利潤をあたえる個別諸部門だけにあてられるのである。これまで他の諸事業に使用されていた資財の一部は、必然的にそこからひきぬかれて、あたらしくてもっと利潤の多い諸事業のあるものにふりむけられる。だから、それらすべての従来の事業では、競争はまえより少なくなる。市場には、多くの各種財貨の供給がまえほど十分でなくなる。それらの価格は、必然的に多かれ少なかれ上昇し、……それらを取引する人々にまえより大きな利潤をもたらす」[65]。

みられるとおり、ここでスミスが指摘していることは、資財＝資本蓄積が急速にすすんでいる場合でも、「あたらしい領土あるいはあたらしい営業部門の獲得」、すなわち投資対象の拡大は、利潤率をひきあげる、ということであるが、ここから、つぎのようなことがいいうるように思われるのである。すなわち、スミスが資財＝資本蓄積にともなって利潤率が低下していくという場合、そこには、資財＝資本の増加率に比して、投資対象の拡大率がしだいに小さくなっていく、という想定があったのではないか、ということである。資財＝資本蓄積のゆくえに関するスミスの考え方との関連において、さらに検討をくわえてみよう。

その場合、まず注目されるのは、資財＝資本蓄積の「静止的」状態に関して、スミスが二重の規定をおこなっていることである。すなわち、第1は、「その国の土壌と気候の性質と他の国に対する位置とが、その国に獲得をゆるしたかぎりの富裕の余地を、完全に獲得してしまった国」[66]（傍点は引用者）で、それ以上前進も後退もしそうのない国である。そうした「国においては、労働の賃金も資財の利潤も、おそらく大変低いであろう。その国の領土が維持しえ、あるいはその資財が使用しうるところに比例して、人々がいっぱいになった国では、仕事をもとめる競争は、必然的に大きく、そのために労働の賃金は、かろうじて労働者の数を維持するにたりるところまで、ひきさげられるであろう」、またそこには、「営むべきすべての事業との比率において」十分な資財があり、「あらゆる個別部門に、その事業の性質と範囲がゆるすかぎりの、大量の資財がつかわれるであろう。したがって、競争は、どこにおいても可能な最大にたっするであろうし、だから通常の利潤は、可能な最低であるだろう」[67]、というのである。第2は、「そ

の法律と制度の性質がゆるすかぎりの富裕の余地いっぱいを獲得してしまった」（傍点は引用者）が、しかし「べつの法律と制度とをもってすれば、その土壌、気候、位置の性質がゆるしたかもしれないところにくらべると68)、この余地」のずっとおとるであろうような国である。スミスは、このような国としてシナをあげ、そこでは、「金持の独占」が成立していて、利潤率は高いが賃金は低い、としているのである。

このように、スミスは、資財＝資本蓄積が「静止的」である国という時、そこに２つの場合を区別していたのである。すなわち、第１は、その国の自然的条件が許容するかぎり開発しつくされてしまった国で、いわば、資財＝資本蓄積の、したがってまた生産力発展の、絶対的極限状況に69)ある国である。第２は、一定の社会的諸制度のわくの中で、それが許容するかぎり開発しつくされてはいるが、自然的条件に照らしあわせると、まだまだ開発の余地があり、したがってその社会的諸制度を変革することによって、蓄積＝富裕化がさらにすすむであろうような、いわば、資財＝資本蓄積の相対的極限状況にある国である。資財＝資本蓄積の「静止的」な状態を、単に「静止的」な状態としないで、「富裕を獲得してしまった」状態とし、それを、以上のように二重に規定したところに、生産力＝富裕化視点からする社会制度批判の論理を読みとることが可能であろう。資財＝資本蓄積の絶対的極限状況は、前にみた賃金論ないし分配論の対自然的構成に対応したものであり、生産力＝富裕化視点にもとづく自然的発展史の終着点として予想されているものなのである。とすれば、「あたらしい資本を使用するための有利な方法」を発見することが困難になっていく事情とは、こうした資財＝資本蓄積の絶対的極限状況にちかづいていくことを意味するといえるだろう。蓄積の絶対的極限状況にちかづくにしたがって、利潤率は、最低の通常利潤率にちかくなっていく。最低の通常利潤率とは、スミスによれば、資財を使用するにあたっての「偶発的な損失を償うにたりるよりも、いくらか多いものでなければならない」70)。それでは、蓄積がすすみ、利潤の自然率が最低の通常利潤率にちかづいていくと、どのような社会的影響がでてくるであろうか。

スミスは、「おそらくどの国も、この程度の富裕にたっしたことは、かつてなかった」71)としつつも、それにもっともちかづきつつある国としてオランダをあ

げている[72]。そこでは、ヨーロッパでもっとも利潤率が低く、したがって、「通例の市場利子率は、非常に低くて、とびきり最大の富裕な人々のほかはだれも、……利子によって生活することができなくなるほど」[73]であり、「中小の財産をもつすべての人々は、かれらの資財の使用を、自ら監督せざるをえ」[74]なくなり、すべての人が事業ないし職業に従事するにいたっている、とみているのである。それでは、通常の利潤率は、その最低率以下にさがることはないのだろうか。この問題に関して、スミスは直接には論じていないが、つぎのような叙述から、その場合には、資財＝資本の国外流出がおこる、と考えていたように思われる。たとえば、オランダに関して、スミスは、つぎのように書いている。

「〔オランダ人が〕、フランスとイングランドとの双方の公債のかたちで所有する大財産……と、彼ら自身の国よりも利子率が高い国々の私人に彼らが貸している大きな金額とは、彼らの資財の過剰、すなわち、それが、彼ら自身の国の適当な事業において一応の利潤をともなって使用しうるところをこえて、増加したことを……しめす諸事情である……。一私人の資本は、ある特定の事業によって獲得されたものであっても、そこで彼が使用しうるところをこえて増加しうるのであり、しかもその事業もまた増大しつづけるのだが、1つの大国民の資本も、それとおなじようになりうるのである」[75]。

ここでスミスは、おきまりの個別資本からの類推によって、国民経済における資本過剰の可能性を述べている。これを、『国富論』第2篇最終章のつぎの叙述とかさねあわせてみよう。

「ある国の資本的資財が大変増加して、そのすべてがその特定の国の消費をみたしたり生産的の労働を維持したりするのに使用されてしまうことができぬ程度になると、その余剰部分は、自然に仲継商業にそそぎこみ、他の国々のためにおなじ職務を遂行するのに使用される。仲継商業は、大きな国民的富の自然の結果であり徴候である」[76]。

この叙述のある『国富論』第2篇最終章は、スミスが、いわゆる資財＝資本投下の自然的順序の理論を展開したところである。そこでスミスは、干渉がまったくなく自由である場合には、資財＝資本は、それが少ないあいだは、まずもっとも生産的な農業に投下され、農業における剰余生産物が増加して市場の壁にぶつ

かると、資財＝資本は、農業から工業に流出し、さらに同様にして工業から国内商業へ、さらに外国貿易へと流れていく順序を、資財＝資本投下の自然的順序とし、かつ国民経済の自然的な発展序列としていたのである。その場合、「自分自身の私的な利潤についての考慮が、ある資本の所有者が、その資本を、農業に使用するか製造業に使用するか、卸売または小売商業のある特定部門に使用するか、を決定するさいの、唯一の動機である」[77)]のだから、利潤率の低下が、この発展＝富裕化の過程を媒介することになる。かくして、利潤率の低下は、資財＝資本の蓄積、すなわち富裕化のメルクマールであるとともに、その富裕化の過程を媒介するものとしての意義をになうにいたるのである。利潤率の低下に媒介されつつ、富は、豊かな、開発しつくされた国から未開な国へとあふれでて、地球の全表面に拡がっていくのである。だが、いかなる大国も、耕作、製造、運輸の３つに十分なだけの資財＝資本を獲得したためしはなく、ありあまる資財＝資本を仲継貿易にふりむけうるほど富裕になったことはない。ましてや地球の全表面が開発されつくすのは、はるかに遠い将来のことなのだから、自由であるかぎり、通常の利潤率がその最低以下になる心配をする必要はない。それどころか、さしあたりは、寄生的な金利生活者の消滅という好ましい現象をすらもたらす。スミスは、ほぼ以上のように考えていたのではないだろうか。とすれば、そこにスミスの富裕化の視点、しかも富裕を、何よりも対自然との関係、すなわち生産力においてとらえる視角の貫徹を認めることができるであろう。資財＝資本所有者階級は、蓄積の進展の過程で利潤率が低下するとしても、蓄積の絶対的極限状況にいたるまでは、利潤量は増大するのだから決して貧しくなるわけでも蓄積ファンドが減少するわけでもないのである。

　個別資本と社会的総資本、地域経済と国民経済の同一視という誤謬と、利子率と利潤率が同一方向に動くという誤った仮定の上に展開されたスミスの利潤率低下論を以上のように理解しうるとすると、最後に、古典派市場法則との関連が問題になってくる。スミスは、たしかに《$v+m$》[78)]のドグマの創始者であったし、《貯蓄＝投資》[79)]を自明のこととしていた。いわゆる一般的過剰生産否認の命題が、この２つから容易にでてくることもまちがいない。しかし、スミスにおいて、古典派市場法則が、のちにジェイムズ・ミルが定式化したようなかたちで、すなわ

ち、「商品の生産は、生産された商品に対して市場をつくりだす唯一の、普遍的な原因なのである」[80]というかたちで、明確に意識され、その理論体系のすみずみまで規定していた、とは考えられないのである。その点については、リカードウのつぎの指摘、すなわち、「アダム・スミスは、……資本が増加すると同時に、資本によっておこなわれるべき仕事も、それとおなじ割合で増加することを、理解していなかったように思われる」[81]が正鵠をえているものと、私は考えている。

おわりに

これまでの分析から、『国富論』第1篇第9章の利潤率低下論は、単なる競争規定にもとづくものではなく、資財＝資本蓄積の絶対的極限状況（それはまた、生産力発展の極限状況でもある）を想定してのものであることが、あきらかになったであろう。そこで問題になっている利潤は、直接的には、前期的商業及び高利貸の利潤なのではなく、産業資本の利潤を中心とするものであるが、他方絶対的極限状況への接近は、単に劣等地耕作の進展のみを意味するものではない。資財＝資本蓄積の絶対的極限状況の想定は、富裕化視角にもとづく対自然的分配論、いわゆる労働をもって購買された労働生産物の分配という、分配論の対自然的構成に対応するものである。

さらに、スミスは、《資財＝資本蓄積にともなって利潤の自然率が低下する》という場合、利潤の自然率なる概念に、部門利潤率、局地的平均利潤率、平均利潤率の3つを混入していた。これは、スミスの時代のイギリス資本主義の成熟度の反映であるとともに、個人ないし個別資本の営利活動の総和として国民経済ないし社会的総資本を考えるスミスの思考方法によるものである。利潤の自然率を、以上のような内容をもつものだとすると、その低下は、それぞれの部門、それぞれの地域、それぞれの国の、蓄積＝富裕化をしめす、と同時に、利潤率の大小こそ資財所有者の投資行動を決めるメルクマールなのだから、利潤率の低下は、資財＝資本の移動をひきおこすことによって、富裕を地表に広めていく媒介の意義をになうことになる。その意味で、《利潤の自然率が資本蓄積にともなって低下していく》という命題は、第2篇における資本投下の自然的順序の理論、および

第3篇の経済の自然的発展の理論への連繋をもつものと考えられるのである。この資本投下の自然的順序の理論とそれにもとづいた経済の自然的発展の理論こそ、重商主義体制批判基準のもっとも集約的な理論表現であることはいうまでもない。

いくつかの理論的誤謬と混乱のうえになりたっているスミスの利潤率低下論は、最初にみたような、資本主義分析の基本視角にもとづく『国富論』体系の中で、ほぼ以上のような論理と意味をもつものと考えられるのではないだろうか。

1) 藤塚知義『アダム・スミス革命』東京大学出版会、1952年、183-186ページ。遊部久蔵『労働価値論史研究』世界書院、1964年、も基本的に同じ立場をとっている。
2) 富塚良三『蓄積論研究』未来社、1965年、124-130ページ。
3) 羽鳥卓也『古典派資本蓄積論の研究』未来社、1963年、41-58ページ。
4) William R. Scott, *Adam Smith as Student & Professor*, 1937, pp. 325-326. ただし、本引用は、Reprints of Economic Classics, A. M. Kelley, 1965. による。
5) *Ibid.*, p. 326.
6) *Ibid.*, p. 327.
7) *Ibid.*
8) *Ibid.*, pp. 327-328.
9) *Ibid.*, p. 328.
10) *Ibid.*, p. 331.
11) Adam Smith, *An Inquiry into the Nature and Causes of the Wealth of Nations, The Works of Adam Smith*, by Dugald Stewart, Reprint of the edition 1811-1812, Vol. 2, p. 2. 以下 *W. o. N.*, Works. と略する。邦訳は、河出書房刊『世界の大思想』中の水田洋教授のものと大内兵衛・松川七郎両氏による岩波文庫版の『諸国民の富』を参照した。訳文は、おおむね水田訳にしたがっているが、その際、底本の版の相異を考慮したことはいうまでもない。水田訳（上）、9ページ。大内・松川訳（1）、91ページ。
12) *W. o. N.*, Works, Vol. 2, pp. 2-3. 水田訳（上）、9-10ページ。大内・松川訳（1）、91ページ。
13) こうしたスミスの転倒的問題把握（生産力の発展にもかかわらず被搾取階級の貧困が存在する、というかわりに、搾取の存在にもかかわらず富裕が一般化する、という）を最初にあきらかにしたのは、内田義彦教授である。氏の名著『経済学の生誕』未来社、1953年、187-216ページを参照。
14) *W. o. N.*, Works, Vol. 2, p. 3. 水田訳（上）、10ページ。大内・松川訳（1）、92ページ。
15) *Ibid.*, p. 403. 水田訳（上）、232ページ。大内・松川訳（2）、232ページ。

16) *Ibid.*, p. 408. 水田訳（上）、232ページ。大内・松川訳（2）、232ページ。
17) *Ibid.*, p. 411. 水田訳（上）、234ページ。大内・松川訳（2）、235ページ。
18) *Ibid.*
19) スミスは、stock と capital を明確に区別して使いわけてはいない。その原因の少なくとも1つは、資本を直接に生産資本形態においてとらえたことによる分業の先行条件としての資本と、その所有者に収入をもたらすものとしての資本という二重把握である。ここでは、資財＝資本と書いてそうした二重把握を表示する。
20) この点については、富塚、前掲書、14-18ページ参照。ただし富塚氏は、「分業の先行条件としての資財」という側面だけをもっぱら強調される。
21) *W. o. N., Works*, Vol. 2, p. 3. 水田訳（上）、10ページ。大内・松川訳（1）、92ページ。
22) *W. o. N., Works*, Vol. 2, p. 394. 水田訳（上）、221ページ。大内・松川訳（2）、216-217ページ。
23) たとえば、富塚良三氏の前掲書も基本的にはこのような方法であろう。また、私と類似の視角からスミス賃金論を検討された高島道枝氏の論稿、「古典学派の賃金論(1)―アダム・スミス」（『経済学論纂』第3巻第3号）も、スミスの市民社会分析視角としては、資本‐賃労働関係把握の不鮮明さをもっぱら強調する。のちのリカードウにみられるような、投下労働価値規定にもとづいた鮮明な階級把握ではないとしても、搾取階級と被搾取階級という漠然たる階級把握からぬけでて、資本主義社会の3つの基本的な所得範疇と、それらの所得をひきだす源の相違にもとづいて三大基本階級を把握したことは、スミスの大きな功績の1つであろうと思う。
24) スミスが「文明社会」という場合、それは資本主義社会のみをさすのではない。しかし、文明社会のもっとも発展した段階、すなわち資本主義社会の表象を、資本主義以前の諸社会に投影して資本主義以前の諸社会の現象を把握しているのであって、そこに、資本主義的諸範疇の検討に際して前資本主義的なものがつねに例としてひきだされたり、直接に比較の対象とされたりすることが生ずるのだが、分析の正面にすえられているものが、文明社会のもっとも発展した段階たる資本主義であることはまちがいない。その意味で、文明社会＝資本主義社会として論述をすすめてきた。
25) *W. o. N., Works*, Vol. 2, p. 33. 水田訳（上）、26ページ。大内・松川訳（1）、133ページ。
26) *Ibid.*, p. 25. 水田訳（上）、22ページ。大内・松川訳（1）、123ページ。
27) K. Marx: *Theorien über den Mehrwert.* Vierter Band des *"Kapitals"* I. Teil. Dietz Verlag, Berlin, 1956. S. 41. 以下 *Theorien* と略記する。邦訳は、大島清・時永淑共訳の大月書店刊、国民文庫版を参照した。大島・時永訳（1）、135ページ。
28) *Ibid.*, S. 41. 大島・時永訳（1）、135ページ。
29) このことは、スミス価値論理解に関して問題がないということを意味しているの

ではない。スミスが、文明社会において投下労働価値規定をまったく放棄したのかどうか、という点は、まだ解決されているとは思われない。なお、本節の註33) を参照。

30) *W. o. N., Works*, Vol. 2, pp. 43-44. 水田訳（上）、32ページ。大内・松川訳 (1)、150ページ。

31) *Ibid.*, p. 44. 水田訳（上）、32ページ。大内・松川訳 (1)、151ページ。

32) *Ibid.*, p. 74. 水田訳（上）、47ページ。大内・松川訳 (1)、189ページ。

33) この点に、ここではたちいらない。さしあたり羽鳥卓也氏の前掲書の29-41ページを参照のこと。羽鳥氏によれば、スミスは、文明社会においても、投下労働価値規定を商品価値の変動方向を規定する要因として保持しており、構成価格論とは補完的な関係にある。

34) スミスのこのような相対的剰余価値の把握を、「追加価値論」として精密化されたのは、内田義彦氏である。氏の『経済学史講義』未来社、1961年、177-183ページ、及び『経済学史講座』(1) 有斐閣、1964年、125-130ページ参照。ただし、内田氏は、『講義』では「スミスの投下労働説の否定が、一方で価格構成論、他方で追加価値の理論として、二様の論理で行われている」（182ページ）としておられるのに対して、『講座』の論文では「〔文明社会においては〕、スミスは、いわゆる単純商品社会において支配していた投下労働による価値の決定の原理が、修正されるとみる」（125ページ）とされる。なお、富塚良三氏も、前掲書（とくに111ページ以下）において、基本的に内田氏の理解を継承しつつ、生産力発展の成果である相対的剰余価値の増分を、労資が相分かつ、とスミスは想定していた、としてその説明を緻密に展開している。

35) *W. o. N., Works*, Vol. 2, pp. 96-99. 水田訳（上）、60-61ページ。大内・松川訳 (1)、219-222ページ。

36) *Ibid.*, pp. 81-82. 水田訳（上）、51-52ページ。大内・松川訳 (1)、199-200ページ。

37) cf. *Theorien*, S. 48. 大島・時永訳 (1)、147ページ。

38) *W. o. N., Works*, Vol. 2, p. 72. 水田訳（上）、46-47ページ。大内・松川訳 (1)、186-187ページ。

39) *W. o. N., Works*, Vol. 2, p. 72. 水田訳（上）、47ページ。大内・松川訳 (1)、187ページ。

40) *Ibid.*, p. 83. 水田訳（上）、52-53ページ。大内・松川訳 (1)、202-203ページ。

41) こうしたスミスの利潤把握の二重性が、生産資本循環視角にもとづくものであることをあきらかにしたのは、富塚良三氏である。前掲書、43-62ページ参照。

42) こうしたスミスの理論展開の仕方は、商業もまた生産的とする考え方にも関連をもつものと考えられる。したがってスミスの「商業」把握の検討も必要であるが、別の機会を期したい。

43) スミスが、地代もまた剰余価値であることを事実上把握していたことは、すでにみたが、蓄積の直接のファンドとしては、基本的に利潤を考えている。そのことは、『国富論』第5篇において、利潤課税に反対して地代に課税することを主張していることからもうかがわれる。
44) W. o. N., Works, Vol. 2, p. 82. 水田訳（上）、52ページ。大内・松川訳（1）、201ページ。
45) Ibid., p. 83. 水田訳（上）、52ページ。大内・松川訳（1）、202ページ。
46) これには、すぐのちにみるように、特異性ないし限定がともなう。
47) むしろ分配論が価格論的形態をとっておこなわれている、というべきかもしれない。その点で、「分配論は、価格論の系論としておこなわれているにすぎず、スミスには分配論の実質がない」とする遊部久蔵教授の所説には疑問をもつ。同教授の前掲書、7－8ページを参照。

　なお、『国富論』第1篇第8章以下を、自然価格の動態論として読んだものに、宮内博「アダム・スミスの自然価格決定論」（『経済学・歴史と理論　堀経夫博士古稀記念論文集』未来社、1966年、所収）がある。宮内氏は、スミスの利潤率低下論を、自然条件と生産力を一定とした場合、一国内には、有利さの異なるさまざまな事業部門があり、資本蓄積がすすむにつれて、逐次不利な事業部門に投資されていく、という想定にたってのものであるとしている。しかし、スミスは、問題の第9章において、生産力を一定と仮定して議論をすすめてはいない。
48) W. o. N., Works, Vol. 2, p. 95. 水田訳（上）、59ページ。大内・松川訳（1）、217ページ。
49) W. o. N., Works, Vol. 4, p. 294. 水田訳（下）、260ページ。大内・松川訳（4）、284ページ。
50) W. o. N., Works, Vol. 2, p. 82. 水田訳（上）、52ページ。大内・松川訳（1）、201ページ。
51) Ibid., pp. 170-171. 水田訳（上）、99ページ。大内・松川訳（1）、316ページ。
52) Ibid., p. 83. 水田訳（上）、52ページ。大内・松川訳（1）、202ページ。
53) リカードウが利潤率の低下を問題とする場合、それは、まぎれもなく一般的ないし平均利潤率であるのに対比せよ。
54) W. o. N., Works, Vol. 2, pp. 133-134. 水田訳（上）、80ページ。大内・松川訳（1）、267ページ。
55) Ibid., p. 134. 水田訳（上）、80ページ。大内・松川訳（1）、267ページ。
56) Ibid., p. 135. 水田訳（上）、81ページ。大内・松川訳（1）、268ページ。
57) Ibid., p. 136. 水田訳（上）、81ページ。大内・松川訳（1）、271ページ。
58) Ibid., p. 136. 水田訳（上）、81ページ。大内・松川訳（1）、272ページ。すぐあとつ

づけて、スミスは、つぎのようにも述べている。「スコットランドで、イングランドよりも、すくない資財で営みえない事業は、ほとんどない。だから、ふつうの利潤率は、いくらか大きいにちがいない」*Ibid.*, p. 137. 水田訳（上）、82ページ。大内・松川訳 (1)、272ページ。

59) *Ibid.*, p. 141. 水田訳（上）、84ページ。大内・松川訳 (1)、278ページ。

60) *W. o. N., Works*, Vol. 3, pp. 38-39. 水田訳（上）、300-301ページ。大内・松川訳 (2)、380ページ。

61) 羽鳥、前掲書、45ページ。

62) 同上、47ページ。

63) *W. o. N., Works*, Vol. 2, pp. 140-141. 水田訳（上）、83-84ページ。大内・松川訳 (1)、277-278ページ。

64) こうした羽鳥批判は、平瀬巳之吉「利潤率低下の理論と戦略」（『政経論叢』第3巻第3、4、5、6号）にもみられる。平瀬氏は、スミスの利潤率低下論を、利潤率は利子率の2倍であって、利子率は低下しつつあった、という経験的事実と、利子率を規制するものは利潤率だ、という古典派利子論に依拠したものであって、その戦略的意義は当時進行しつつあった利子率低下の説明にあった、とする。平瀬氏の解釈は、経済学における利潤率低下理論の発生及び存続の根拠は、現実の利潤率の運動と別なところにあったのであって、「スミス、リカード・マルクスと利潤率低下理論がリレーされ、それがいったん中断したあとでケインズで復活したのは、実際に利潤率が低下していたかどうか、かれらがそういう現実のデータをふまえて発言したのかどうか、そういうことにはかかわりなく、それぞれに特定の戦略目標があってのことである」という特異な視角からなされている。

65) *W. o. N., Works*, Vol. 2, pp. 141-142. 水田訳（上）、84ページ。大内・松川訳 (1)、279ページ。

66) *Ibid.*, p. 144. 水田訳（上）、85ページ。大内・松川訳 (1)、281ページ。

67) *Ibid.*, p. 144. 水田訳（上）、85-86ページ。大内・松川訳 (1)、282ページ。

68) *Ibid.*, pp. 144-145. 水田訳（上）、86ページ。大内・松川訳 (1)、282ページ。

69) Irma Adelman, *Theories of Economic Growth and Development*, 1961, pp. 39-42. も、スミスが、「経済成長」のこのような極限状況を考えていた、としている。しかし、それが、スミスの理論体系の中で、どのような意義をになっているかは、追求されていない。

70) *W. o. N., Works*, Vol. 2, p. 146. 水田訳（上）、87ページ。大内・松川訳 (1)、248ページ。

71) *Ibid.*, p. 141. 水田訳（上）、86ページ。大内・松川訳 (1)、282ページ。

72) もっとも、スミスは、相対的極限状況という問題が、オランダではまったく問題

にならない、と考えていたわけではない。『国富論』第5篇では、生活必需品に対する重税がオランダの製造業を破滅させた、と述べているのである。cf. *W. o. N., Works*, Vol. 4, p. 392. 水田訳（下）、312ページ。大内・松川訳（4）、402ページ、各参照。

73) *W. o. N., Works*, Vol. 2, p. 147. 水田訳（上）、87ページ。大内・松川訳（1）、285ページ。
74) *Ibid.*, p. 147. 水田訳（上）、87ページ。大内・松川訳（1）、285ページ。
75) *Ibid.*, pp. 139-140. 水田訳（上）、83ページ。大内・松川訳（1）、275ページ。
76) *W. o. N., Works*, Vol. 3, p. 69. 水田訳（上）、317ページ。大内・松川訳（2）、414-415ページ。
77) *Ibid.*, p. 70. 水田訳（上）、317ページ。大内・松川訳（2）、416ページ。
78) スミスは、固定資本も、結局は、地代、利潤、賃金に分解すると考えていた。とくに『国富論』第1篇第6章を参照。
79) 『国富論』第2篇第3章で、スミスは、つぎのように述べていた。「年々に貯蓄されるものは、年々に費消されるものと、おなじく規則的に、しかもほぼ同時に消費されるのだが、それは、異なった一群の人々によって消費される」。*W. o. N., Works*, Vol. 3, p. 14. 水田訳（上）、287ページ。大内・松川訳（2）、351-352ページ。
80) James Mill, *Commerce Defended, an answer to the arguments by which Mr. Spence, Mr. Cobbett and others, have attempted to prove that commerce is not a source of national wealth*. 2nd. ed., 1808, p. 81. ただし、A. M. Kelley の Reprints of Economic Classics による。岡茂男訳、未来社、94-95ページ。
81) David Ricardo: *On the Principles of Political Economy and Taxation, The Works and Correspondence of D. Ricardo*, ed. by P. Sraffa, Vol. 1, pp. 289-290. 小泉信三訳、岩波文庫版、（下）、22-23ページ。

第2章　アダム・スミスの地代論にかんする覚書

はじめに

　アダム・スミスの地代論については、これまでにかなりの量の論文が発表されてきている[1]が、それらの研究のほとんどは、その努力をスミスの地代にかんする諸規定の矛盾の解明にむけており、地代増進論をふくむスミス地代論のダイナミックな全体構造が必ずしもあきらかにされているとはいえない。とりわけ、スミスが地代の運動をその具体的な諸相において集中的に論じた『国富論』第1篇第11章「土地の地代について」という長大な一章は、しばしば断片的に引用されはするけれども、その文脈はまったく理解されずに残されている、といっても過言ではない。

　そこで本稿では、この混乱と矛盾に満ちているとされる第11章の文脈的理解をはかることを通じて、スミス地代論のダイナミックな理論構造を全体としてあきらかにしてみたい。こうした作業をおこなうのは、スミスが資本主義社会における諸階級をどのような歴史的パースペクティヴのもとでとらえていたか、という問題に迫るための基礎作業たる意味をもつ、と考えられるからである。さっそく、まず『国富論』全篇を通じて、スミスが地代の発生と源泉をどのように把握していたか、をみることから叙述をはじめよう。

1　地代の発生と源泉

　この表題の問題にかんするスミスの規定は、3つあるように思われる。以下順次検討を加えていこう。

(a) 第1規定

これは、『国富論』第1篇第6章「諸商品の価格の構成諸部分について」に見出されるもので、つぎのとおりである。

「ある国の土地が、すべて私有財産となってしまうとすぐ、地主たちは、他のあらゆる人びとと同様に、種子をまきもしないところで刈り取ることを好み、土地の自然の生産物についてさえ地代を要求する。森の木や野の草や、大地のすべての自然の産物は、土地が共有であった時には、集める苦労しかかからなかったのだが、それが、それらについて定められた追加価格をもつにいたるのである。そうなると人びとは、それらを集める許可に対して支払わなければならないし、そして、それらを貨幣か労働か他の財貨と交換するにあたっては、それらを集める労働とその労働を使用する資財の利潤とに帰属すべきものをこえて、この許可の価格に対するいくらかの留保がなされなければならない。これが最初の土地の地代となるのである。したがって、大部分の商品の価格において、土地の地代は、このようにして、価値の第3の源泉をなすのである」[2]（傍点は引用者。以下同様である）。

みられるとおり、スミスは、地代を土地の私的所有にもとづいて発生するものとし、追加価格のうちの利潤をこえる部分だとしている。この文章の一部は、再版以後改変されたが、そこで取り扱われている地代の性格に基本的な変更があるようには思われない。まず、その点を検討しておこう。改変部分は、つぎのとおりである。

「……そうなるとかれは、それらを集める許可に対して支払わなければならないし、かれの労働が収集もしくは生産するものの一部分を地主にひきわたさなければならない。この部分、あるいは同じことであるが、この部分の価格は土地の地代を構成し、そして大部分の商品の価格の中で、第3の構成部分をなすのである」[3]。

みられるとおり、主な改変点はつぎの2点である。すなわち、地代は追加価格のうち利潤をこえる部分という意味の表現が削除されたことが第1、「価値の第3の源泉」を「第3の構成部分」に変えたことが第2。まず第2点についていえば、表現がより正確になったといえるだろう。スミスによれば、追加価格を生み

だすのは労働なのだから、そして、価値の分解部分即価値の構成要素とするのだから、地代が価値の源泉という表現は誤りのはずである。問題は第1の改変点である。あたかもスミスは、初版では資本制地代を取り扱っていたのに、再版以降では非資本制地代を取り扱うようにしたかにみえる。はたしてそうであろうか。その点は、これらの文章をスミスの文脈にそくして理解することで解決される。

これらの文章の存する第6章でのスミスの課題は、労働の全生産物が労働者に帰属する、そして土地の私有と資本＝資財[4]の蓄積に先だつ、社会の本源的状態では、投下労働価値と支配労働価値とは一致するが、土地の私有と資本＝資財の蓄積とがおこなわれるようになると、地代と利潤とが発生するためにそれらが一致しなくなって、諸生産物とその価値とは賃金、利潤、地代の3つに分解されるようになり、それらが資本主義社会の三基本階級の収入を形づくる、ということを説明することであった。だからスミスは、一般的かつ平板に、したがって抽象的に、労働に対応させて賃金を、資本＝資財に対応させて利潤を、土地の私的所有に対応させて地代をとらえ、それらがいずれも労働生産物とその価値の控除部分たることをあきらかにしただけなのである。地代にかんする、本稿で第1規定と名づけたものは、かかる論理段階のものとして理解されなければならない。したがって、ここでスミスが取り扱っている地代は資本制地代なのであって、さきの引用文につづくつぎの文章がそのことをいっそうよくしめしている。

「どの社会においても、各商品の価格は、究極的には、これら3つの部分〔賃金、利潤、地代〕のどれか1つ、あるいはすべてに分解する。そして、改良されたどの社会においても、この3つのすべてが、多かれ少なかれ、圧倒的大部分の商品のなかに構成部分としてはいっているのである」。「たとえば穀物の価格のなかで、一部分は土地の地代を支払い、他の部分はそれを生産するのに使用された労働者と役畜の賃金または維持費を支払い、第3の部分は農業者の利潤を支払う」[5]。

文中の「改良された社会」は、いわゆる文明社会であって、それらの言葉でスミスは資本主義社会だけをさしているのではないが、三基本階級により構成される資本主義社会をそのもっとも発展した段階と考えていることはあきらかで、資本主義以前の諸社会をみるばあいも、資本主義社会の諸範疇を、いわばフィル

ターにしてみていることは周知のとおりである。以上のように考えてくると、再版以降改変された第1の点にはさほどの意味は考えられないのであって、さしあたりここでは、追加価値の量的規定――これは第7章以降の課題となる――を捨象して考察をすすめているスミスが、利潤についてはすでに説明ずみ、と考えてはぶいたのであろう、と推測しておくことにしたい。

さて、以上の行論のなかですでにあきらかであるが、第1規定でスミスが語っていることは、土地の私的所有の一般的成立が地代成立の一般的条件だということと、地代の内実が労働生産物とその価格の一控除部分だということである。これは、きわめて抽象的な規定である。というのは、いかなる地代も、土地の私的所有が一般的に成立することなしには成立しないが、いかなる地代も土地の私的所有の一般的成立だけでは説明しえないからである。以上のことを確認してつぎにすすもう。

  (b)　第2規定

「土地の利用に対して支払われる価格とみなされた地代は、当然その土地の実際の状況において、借地人が支払う能力のある最高のものである。賃貸借の条件を調整するにあたって、地主は、生産物のうちから借地人の手もとに、種子を供給し、労働に支払い、家畜その他の農耕用具を購買し維持する資財を、近隣地方における農業資財の通常の利潤をともなって存続させるにたりるよりも多くの分前を残さぬように努力する。これは、あきらかに借地人が損失者になることなしに満足しうる最少の分前であり、地主は、めったにかれにこれよりいくらかでも多くを残そうとは思わない。……〔これは〕土地の自然地代、すなわち、土地の大部分がそれだけで貸しだされると、当然に考えられる地代だとみていいであろう」。人間の改良のおよばぬものの収集にも地代が要求される、という点では「土地の地代は、当然独占価格である」が「土地の生産物のうちで、ふつうに市場にもたらされる部分は、その通常の価格が、それをそこへもってくるのに使用されなければならない資財を、その通常の利潤をともなって回収するにたりるような部分だけなのである。もし、通常価格がこれより多ければ、その余剰部分は、当然土地の地代となるであろう。……価格がそれをこえるかこえないかは、需要に依存する」。「土地の若干の部分は、それに

対する需要がつねに必ずそれらを市場にもってくるのに充分なものより大きな価格を提供しうるほどであり、そして、他の部分は、それに対する需要がこの充分以上の価格を提供しうるほどであったり、そうでなかったりする。前者は必ずつねに地主に地代を提供する。後者は、事情のちがいに応じて、ある時には提供するであろうし、ある時はしないであろう」。それゆえ、注意すべきは「地代が、賃金および利潤とちがったやりかたで諸商品の価格構成にはいりこむということである。賃金および利潤の高低は、価格の高低の原因である。地代の高低はその結果なのだ」[6]。

やや長い引用になったが、以上は、第11章「土地の地代についての冒頭の序論的部分からのものである。みられるとおり、ここでスミスは、「通常の利潤」＝平均利潤を、資本＝資財所有者が「損失者になることなしに満足しうる最少の分前」ととらえ、地代をそれをこえる事実上超過利潤としてとらえている。そして、「充分な価格」という語で事実上生産価格をとらえ、それが「資本主義的生産にとって充分な、資本の立場からしても充分な価格」[7]であること、すなわち資本主義のもとで生産がおこなわれるためのもっとも基本的な価格条件であることを、正しく認識しているのである。この認識にもとづいて、第1規定では、賃金、利潤、地代が対等に、したがって平板にとらえられていたのが、いまや、賃金と利潤は生産価格に規定的にはいりこむのに、地代は市場価格が生産価格をこえたばあいにのみ発生する、いはば第2次的分解部分としてとらえられるにいたる。文中の「通常価格」は市場価格を意味し、この市場価格と生産価格の差額たる地代を、スミスは自然地代と名づける。もっとも第1規定の存する第6章でも、たとえば「もっとも改良された社会においても、つねに、ある少数の商品は、その価格が労働の賃金と資財の利潤という2つの部分だけに分解し、それよりも少数のものは、その価格がまったく労働の賃金からなる」[8]と、賃金および利潤と地代の差異が示唆されてはいた。しかし、それは、あくまでも示唆にとどまるのであって、なぜ異なるのかは、事実上生産価格をとらえ、それによって地代をとらえなおした、この第11章においてはじめて明確にされたといっていいであろう。

以上のように、第2規定において、スミスは、資本制地代の基本的な性格をとらえたのであるが、それでは、資本制地代のより具体的な分析にとって決定的に

重要な意味をもっと思われる差額地代と絶対地代の認識はどうであろうか。周知のように、スミスは、それらを理論的に区別することはできなかったが、地代にそれら両面をみていたことはたしかである。たとえば、スミスが「土地の利用に対して支払われる価格とみなされた土地の地代は、当然独占価格である」という時、あるいは、のちにみるように、穀作地にはつねに地代が生ずるが、他の土地生産物のばあいは「ある時は地代を生じ、他の時は生じない」とする時、スミスは事実上絶対地代の存在を認識していた、ということができるだろう。また、「土地の地代は、その生産物がなんであろうとその肥沃度によって、また肥沃度がどうであろうと、その位置によって変動する」[9] という時、これはあきらかに差額地代にかかわる認識である。さらに、小島恒久氏が指摘されたように[10]、スミスがここでとらえた生産価格は、「借地人が損失者になることなしに満足しうる最少の分前」なのだから、いわゆる個別的生産価格である。したがって、スミスの自然地代は、市場価格と個別的生産価格の差額であって、絶対地代と差額地代の両方をふくむもの、ということになる。しかし、スミスに市場調節価格の認識が、したがって一般的生産価格の認識がなかったわけではない。たとえば、「都市の近隣にある土地は、農村の遠い部分にあって肥沃度のひとしい土地よりも大きな地代を与える。一方を耕作するのに、他方を耕作するよりも多くの労働がいるわけではないだろうが、遠隔の土地の生産物を市場にはこぶには、つねに他方より多くの労働がいるにちがいない。だから、他方より多くの量の労働がそれによって維持されなければならないし、そして、農業者の利潤と地主の地代との双方がひきだされる剰余は、減少せざるをえない」[11] という文章、また「まったく未耕の湿原で養われた家畜は、同一の市場にもたらされたばあい、その重量と品質とに応じて、もっとも改良された土地で飼育されたものと同一の価格で売られる」[12] という文章は、スミスが農業においては、もっとも費用のかかる土地、いわゆる限界地の生産物の個別的生産価格が市場調節価格となる、と考えていたことをしめしている。他方、鉱山業においては、「もっとも豊かな炭鉱もまた、その近隣地方における他のすべての炭鉱の、石炭価格を規制する」[13] と述べ、もっとも豊かな鉱山の生産物の個別的生産価格が市場調節価格となると考えていたのである。こうみてくると、資本制地代の理論分析にとって必要な諸々の認識が、

スミスにおいてほぼでそろっていることがわかる。問題は、それらの認識が理論的範疇、ないし概念にまで分離・純化されていないことである。差額地代と絶対地代は未分化のまま自然地代と、とらえられていたし、市場価格と一般的生産価格も未分化のまま市場価格という語で語られていたのである。ここにのちのリカードウの仕事の理論史的意義がうかびあがってくるのであるが、逆にこの未分化のなかにスミスの豊かさがあるともいえるであろう。このことは、よくいわれるように、スミスの観察の豊かさによるものでもあるけれども、理論的には、いわば転倒した剰余価値論ともいうべき追加価値論によって利潤論を確立し、それにもとづいて生産価格——個別と一般の区別はないが——を認識したこと、つまり第2規定によるところが大きい。しかし、これらの諸認識を明確な概念や範疇に純化しえなかったことは、スミスをして、個々の土地生産物部門での地代の発生や高低をもっぱら、そして直接に需要に依存せしめることとなったのであるが、そのことはまた、のちにみるように、地代を資本蓄積論との関連ですぐれて動態的に把握せしめることともなったのである。なお、この需要への依存は、さきにみた第1規定と矛盾するかにみえるけれども、これは、スミスが地代を労働生産物とその価格の一控除部分というふうに、まず素材的形態においてとらえた——いわゆる賃金論の対自然的構成——ことからくるものであって、この剰余労働生産物部分に対する需要なしにはその価格を実現しえず、現実の地代とはなりえないからである。したがって、第2規定において、スミスは、第1規定を放棄したのではなくて、地代についてのもっとも一般的で抽象的な規定たる第1規定をふまえて、そのうえにあらたに生産価格と需要というより具体的な要因をいれて、いっそう具体的に規定しなおそうとしたのだということができるであろう。

(c) 第3規定

「ひとしい資本で、農業者の資本よりも多くの量の生産的労働を活動させるものはない。かれの労働する使用人だけではなく、かれの労働する家畜も生産的労働者なのである。農業においては、また、自然が人間とともに労働する。そして、自然の労働は費用がかからないとはいえ、それの生産物は、もっとも費用のかかる職人の生産物と同じくその価値をもつ」。「したがって……農業者の資本とそのすべての利潤とのうえに、かれら〔農業に使用される労働者と役

畜〕は、規則的に地主の地代の再生産をひきおこすのである。この地代は、自然のある力の生産物とみなされうるのであって、それの利用を、地主は農業者に貸すのである。それは、それらの力の想定される規模に、換言すれば、その土地の自然の、あるいは改良による肥沃度と想定されるものに応じて、大きかったり、小さかったりする。それは、人間の仕事とみなしうるすべてのものを、控除あるいは補償したあとに残る自然の仕事である。……それゆえ、農業に使用される資本は、製造業に使用されるひとしい資本のどんなものよりも、活動させる生産的労働の量が大きいだけでなく、またそれが使用する生産的労働の量の割合からいっても、その国の土地と労働の年々の生産物に、すなわちその住民のほんとうの富と収入に、はるかに大きな価値をつけくわえるのである」[14]。

この引用は、資本の自然的投資順序を論じた『国富論』第2篇第5章「資本のさまざまな使用について」からのものであって、スミスの重農主義的偏向をしめすとされる部分である。みられるとおりここでは、スミスは地代を「自然の仕事」としている。だが、すでにみた第1規定では、地代は、労働が生みだす追加価格（剰余生産物の価格）の分解部分とされていたはずである。この矛盾をどう理解すべきであろうか。

この第2篇第5章でスミスが主張していることは、資本の効率がもっとも高いのは農業であり、ついで製造業、国内商業、外国貿易の順であって、この順に資本投下がなされていくのがもっとも有効かつ自然である、ということである。そのばあい、スミスが資本の効率の高低を決める要因としたものは、さきの引用からあきらかなように、生産的労働の雇用量と労働の価値生産性の2つであった。つまり、資本の効率が農業においてもっとも高いというのは、第1に、そこでは他産業と比べて単位資本当りの生産的労働の雇用量が最大であって、賃金の平均化を前提すれば、もっとも多くの剰余価値を生みだすからであり、第2に、そこでは、生産的労働1単位当りの価値生産性がもっとも高いからである。第1の点は、スミスが、第1篇第1章で、農業における労働生産力の改良は製造業におけるそれにおくれる、という認識をしめしていたことを考えると、農業における資本の有機的構成が他産業のそれに比べて相対的に低いことを事実上みぬいていた

といってよく、したがって、内田義彦氏もいわれるように[15]、絶対地代源泉へのはるかな認識をしめす、といっていいであろう。問題は第2の点である。すでにみたとおり、この章で、スミスは、各産業間の資本の効率の比較を正面からとりあげるにいたって、あらためて農業における地代の発生理由を問題とせざるをえなくなった。つまり、自由な競争のもとで、したがって平均賃金と平均利潤が成立しているもとで、農業と製造業とに、それぞれ同一量の資本が投下され、同一量の生産的労働が雇用されたとしても、前者には地代が発生するのに後者には平均利潤以上の剰余は発生しないが、それはなぜか、ということである。土地の私的所有が地代発生の一般的条件であり、地代の実体は剰余労働生産物とその価格である、という第1規定がこの問題に答えるものでないことはあきらかであろう。また、地代を生産価格と市場価格の差額とし、市場価格が生産価格をこえるかこえないかは需要によるとした第2規定も、一見この問題に答えているかにみえるけれども、改良の進行につれて製造業の生産物に対する需要も増大するのだからそのうえ、需要の増大にもかかわらず、そこでは超過利潤が発生するどころか利潤率は傾向的に低下するのだから、答えにはならない。それゆえ、製造業の労働に比して農業部門の労働が特別に高い価値生産性をもつことの理由が、生産過程にそくしてあらためて説明されなければならないのであって、スミスは、それを「自然の仕事」にもとめたわけである。スミスが地代を「自然の仕事」にもとめたのは、羽鳥卓也氏がいわれるように[16] スミスが追加価値＝利潤＝平均利潤ととらえたために地代を追加価値論で説明できなくなったから、ということではなく、農業地代の高低は土地の肥沃度と位置に比例する、という地代のうちの差額地代の側面にかかわるスミスの認識によるものであるように、わたくしには思われる。とすれば、これはまた、やはり「はるかな」という語を付してではあるけれども、独占されうる「―自然力の利用と結びついた、労働の自然発生的生産力の増大」[17] への認識をしめすものである、ということができるであろう。

　以上のように、農業における資本の効率がもっとも高いというばあいのスミスの、一見重農主義的な論拠は、第2規定のところでみたスミスの地代認識の二重性――絶対地代の側面と差額地代の側面――にそくして理解しうるのであって、表現は転倒しているとしても、根底には第1規定が横たわっていたのである。そ

もそも、資本の効率を決める要因として、単位資本当り生産的労働の雇用量と雇用された労働の価値生産性とをとりあげたこと自体、労働こそ富＝価値をつくるものだ、という思想を、スミスがここでも決して捨ててはいないことを物語るものであろう。

以上、これまで必ずしも充分に検討されてきたとはいえない、地代にかんするスミスの３つの規定を統一的に理解しようとつとめてきた。つぎに、しばしば第２規定と矛盾するとされる自然価格論との関連を検討しておきたい。

2 地代の自然率について

すでにみたように、スミスは、『国富論』第１篇第６章で、資本主義社会における労働生産物とその価格のほとんどが賃金、利潤、地代の３つに分解される、としたあとで、第７章にうつり、「完全な自由競争」という要因を導入して、いわゆる自然価格論を展開している。スミスによれば、自然価格とは、供給量が有効需要量に一致した時に成立する価格で、完全な自由競争がおこなわれ、労働力、資本＝資財、土地の諸用途間の移動がまったく自由であるばあいに、商品が長期にわたって売られる最低の価格であり、市場価格がたえずひきよせられる中心価格である。

ところで、問題なのは、この自然価格が、自然率にもとづいた賃金、利潤、地代をその構成要素とする、という点である。すでにみたように、第11章の第２規定では、地代は市場価格が生産価格をこえるばあいにのみ発生する、いわば価格の第２次分解部分とされていた。したがって、この点は、これまでスミス地代論の最大の矛盾の１つとされてきたのである。わたくしは、この問題をつぎのように考えてみたいと思う。

まず、注意すべきことは、この第７章の自然価格論が、改良のもっとも進んだ社会、つまり資本主義社会においては、「圧倒的大部分の価格が」賃金、利潤、地代の３つに分解され〔＝３つから構成され〕るとした第６章を直接にうけるものだ、ということである。つまり、第６章でスミスが、「圧倒的大部分の商品」の価格が賃金、利潤、地代に分解する、としたのは、労働者、資財＝資本所有者、

第 2 章　アダム・スミスの地代論にかんする覚書　71

土地所有者を資本主義社会の三大基本階級ととらえ、それらへの分配が商品価格の賃金、利潤、地代への分解を通してしかおこりえない、という認識にもとづくものであって、そのかぎりでは、賃金、利潤、地代が対等に取り扱われていたのである。さらに、「圧倒的大部分の商品」の価格が賃金、利潤、地代に分解するという時、すでに前節でふれたように、スミスは、例外的に賃金と利潤にしか分解しない商品の存在をあげて地代の特異性を示唆していたのであるが、他方、製造業における生産物の価値も地代部分をふくむとして、つぎのように述べていた。「個々の商品のどれでも、製造工程がくわわればくわわるほど、その価格のうちで賃金と利潤に分解する部分は、地代に分解する部分に比して大きくなる」[18]。すなわち、スミスは、原材料である土地生産物も製造業における最終生産物も、ばくぜんとともに地代をふくむものとしてとらえていたのであって、スミスの頭のなかでは、製造業の最終生産物の地代をふくむ原材料価値は、いわば二重に計算されていたのである。しかし、生産物の価値が、一般的に、したがって抽象的に、どのような構成諸要素に分解されるか、という問題部面から去って、事実上生産価格概念を導入してより具体的に、どのようなばあいにそれぞれの土地──耕地、放牧地、鉱山など各種土地生産物生産部門に充当される土地と、同一部門内部での個々の土地片──に地代が発生するのか、を問題とするにいたって、スミスは、製造業部門と土地生産物生産部門とを明確に区分して考察をすすめるようになるのである。つまり、前節で検討した第 2 規定と第 3 規定は、問題と論理の、このような推移のうえででてくるものであって、自然価格論では、賃金、利潤、地代が対等に取り扱われていたのに、第 2 規定では地代が 2 次的分解部分として取り扱われており、さらに、自然価格論では「圧倒的大部分の商品」の価格が、賃金、利潤、地代の 3 つに分解されるとしているのに第 2 規定以下ではそうではない、といったちがいは、必ずしも矛盾なのではなく、以上のように、問題の次元と論理の段階の相違にもとづくものと理解しうるように思われるのである。

　従来スミス地代論の矛盾とされてきたものを以上のように理解しうるとしても、もう 1 つ問題が残る。それは、地代の自然率とはなにか、という問題である。スミスによれば、地代の自然率とは、「それぞれの社会あるいは近隣地方」における「地代の通常または平均の率」[19]である。しかし、ほぼ完全な自由競争と自由

移動の可能性がある労働力と資財＝資本のばあいと異なって、土地所有の私的独占と土地の自然的性質の有限性からくる経営独占とにもとづいて生ずる地代に、賃金や利潤と同じような平均率がはたして現実に成立しうるものであろうか。この第7章で取り扱われている地代が絶対地代の部分だけであるならば、単位面積当りの地代がほぼ一定＝平均していると語ることは可能であろう。しかし、ここでスミスが問題としている地代が差額地代部分をもふくむものであることは、この地代の自然率が「一部は、その土地が位置する社会または近隣地方の一般的事情〔富裕＝資本蓄積が進みつつあるか、静止しているか、衰退しつつあるか〕によって、一部は、その土地の自然のまたは改良された肥沃度によって、規制される」[20]としていることからあきらである。とすれば、地代の平均率として考えられるものは、第1に、土地の等級別に地域、あるいは国にいくつも成立するものであり、第2に、改良によって自然的条件が多少なりとも均質化することによる地代の平均化〔等級別地代の差の縮小〕傾向であり、第3に、たとえば穀作地、家畜飼育地、果樹園等々のように相互に土地利用転換を媒介する地代であり、第4に、総地代を総土地面積で除した算術的で抽象的な平均である、ということになるであろう。事実、スミスは、地代の自然率という時、つぎにみるように、こうした4つの意味に用いているのである。

　たとえば、穀物その他農作物は、気候の順、不順によって年生産高の変動が激しく、したがって市場価格の変動が激しいので、「借地契約の条件をきめるにあたって、地主と農業者とは、かれらの最善の判断にもとづいて、その〔地代の〕率を、その生産物の、一時的偶発的価格ではなく、平均的通常的価格に適合させるように努力する」[21]という時、これは、個々の土地片ごとの長期にわたる平均で、土地の等級別に成立する平均であるだろう。また、「都市の近隣にある土地は、農村の遠い部分にあって肥沃度のひとしい土地よりも大きな地代をあたえる」が、「良好な道路、水路、可航河川は、輸送費用を減少させることによって、農村の僻遠の部分を都市の近隣の部分にもっと近い水準におく。その理由でこれらは、すべての改良のうちで最大のものである。これらは、つねに農村のうちでもっとも広範な地域であるにちがいない僻遠の地域の耕作を助長する。これらは、都市にとって、その近隣の農村の独占を打破することによって有利である」[22]という

時、これは、改良による地代の平均化傾向を意味している。さらに、地代の自然率が自由な土地利用の転換によってもたらされるとし、「牧草の地代および利潤と穀物のそれらとのあいだの、すなわち、直接の生産物が家畜の食物である土地の、地代および利潤と、直接の生産物が人間の食物である土地の地代および利潤とのあいだの、この・ひ・と・し・さは、ある大きな国の改良された土地の大部分にわたってのみ生じる」[23] という時、相互に土利地用転換可能な諸部門——これらも改良の進行につれて生じる——間に成立し、かつそれらの転換を媒介する地代であろう。そして、最後に、のちにくわしく検討するように、《資財＝資本蓄積の進行にともなって地代の自然率が上昇する》という時、スミスは、さきにみたように改良にともなう平均化傾向を考えているとはいえ、結局、土地の自然的性質の制限性にもとづく経営独占を事実上消滅しえぬものと認めて、個々の土地片の地代の高低が土地の肥沃度と位置によって決まるとするのだから、これは、総地代を総土地面積で除した算術的な平均率の上昇を意味していると解するよりほかはないのである。

ともあれ、スミスは、以上のように地代の自然率が賃金や利潤の自然率とはかなり異質なものであることに気づきながらも、その存在を語り、それが、改良の進行につれて、すなわち資財＝資本蓄積の進行につれて、上昇する、とするのである。第１篇第11章は、この、いわば地代増進論をその主な内容とするといってもいいほどのものであるが、それでは、それはどのような論理によるものであろうか。

3　地代増進論

スミスは第１篇第11章の冒頭で、さきに検討した第２規定を確立し、つづいて地代の発生と運動とを、「つねに地代を提供する」もの、「ときには地代を提供し、ときには提供しない」もの、との２部門にわけて考察をすすめている。以下、それにそってスミスの論理をたどってみよう。

まず、「つねに地代を提供する」土地生産物とは、食物である。スミスは、つぎのようにいう。

「人間は、他のすべての動物と同様に、かれらの生存の手段に比例して自然に増加するものであるから、食物は、つねに多かれ少なかれ需要されている」。だが、土地は、ほとんどどんな位置にあっても、そこに生産される食物を市場にもたらすのに必要なすべての労働に気まえよく支払ってなお余りある食料を生産する。この剰余もまた、「その労働を使用した資財を、それの利潤とともに回収するにたりるよりも多いのである。だから、いくらかが地主のために残るのである」[24]。

みられるとおり、「食料は、つねにみずからに対する需要を生みだす」[25]というわけであるが、これは、農業における資財＝資本蓄積＝改良の進展→賃金の上昇→人口一般の増大と非農業人口の発生→食料に対する需要増大、という論理の一環をなすものであることは、のちにみるとおりである。つまり、農業における資財＝資本の蓄積と改良の進行は、農業人口を扶養するにたりるよりもはるかに多い食料を生みだすようになるのであるが、それに対する需要は、賃金上昇による労働人口全体の増大と増大する商工業人口からくることが予想され、したがって市場価格が、平均的にはつねに地代を支払いうるところに決まる、とされているのである。

ところで、食物といっても、穀物その他の植物性食物と動物性食物とがあり、それらを生産する土地は、相互に利用転換が可能であるから、農業地代の増大を問題とするにあたって、あらかじめそれら各種の食物生産部門間の地代の関係をおさえておかなければならない。スミスは、この問題を以下のように説明するのである。すなわち、農業が粗野で初歩的な段階では、「農村地方の圧倒的大部分を占める未改良の荒野がすべて家畜にゆだねられる」から「パンより多くの食肉があり、したがって、パンは、それをもとめて最大の競争がおこなわれる食物」で「最大の価格」をもつが、やがて「耕作がその国の大部分にわたって拡大され」、かつて牧畜にあてられていた「未改良の荒野」が減少すると、食肉に比してパンが相対的に多くなり食肉価格のパンに対する相対価格（交換比率）は大きくなる。この食肉価格のパンに対する相対価格がある点まで上昇すると、未耕地だけでなくすでに耕作されていた土地が牧畜用に転換されるが、この土地の利用転換がおこなわれる点は、食肉価格が「それ〔家畜〕を世話するに必要な労働だけでなく、

そのような土地を耕作に使用することから地主がひきだしえたであろう地代、農業者がひきだしえたであろう利潤を支払う」[26)]に充分な点である。スミスは、イングランドでは1世紀以上まえに、食肉価格がかかる点に達した、という[27)]。そして、このような土地の利用転換がなされると、転換された改良地で生産された食肉価格が市場調節価格になるから未耕の放牧地にも地代が発生し、かくて「改良がすすむ過程で、未改良の牧草地の地代と利潤が改良されたそれの地代と利潤によって、また後者は、穀物の地代と利潤によって」[28)]規制されるようになり、しかも、「すべての大きな国においては、耕地の大部分は、人間の食物か家畜の食物かを生産するのに使用される。それらの耕地の地代と利潤が他のすべての耕地の地代と利潤を規制するのである」[29)]というわけである。要するに、人間の主要食物たる穀物を生産する穀作地の地代が、農業地代を最終的に規制するのである。

　それでは、以上のスミスの説明で、牧畜地と穀作地が相互に転換されるようになるまで——イングランドでは、すでに1世紀まえに可能になった——の地代増進のメカニズムは理解できるとしても、いったん土地利用転換が可能になったあとでの農業地代の増進は、どのようにしておこなわれるのだろうか。農業地代を最終的に規制するものは穀作地の地代なのだから、この問題に対する答えは、穀作地の地代がどのようにして増進するのかを説明することにあるのだが、この点にかんするスミスの説明はあまりはっきりしてはいない。しかし、スミスの行間から、それについて、スミスはほぼつぎのように2つのことを考えていたことがうかがえるように思われるのである。ひとつは、交通手段等の発達にともなう限界地耕作の進展である。限界地耕作の進展が既耕地の差額地代〔第1形態〕を高め、社会全体の地代総額をたかめることは説明するまでもないことであるが、このことを、スミスは、有税公道(ターンパイク)の建設が僻遠の諸州の耕作をすすめるにつれてロンドン近隣の地代が上昇した事実をあげてわずかにほのめかしている[30)]のである。しかし、この限界地耕作の進展よりももっとはっきりとスミスが考察していたのは、農業改良によって「もっともふつうの土地が、同一または同一にちかい耕作によって、もっとも肥沃な土地が穀物を生産するよりも、はるかに多量に生産し」[31)]うる植物性食物の導入であった。そのような植物性食物として、スミスは、

たとえば馬鈴薯をあげてつぎのようにいう。「この根がもし、……ヨーロッパのどこかの部分で国民のふつうの愛好の食物となることがあり、現在では小麦やその他の種類の人間の食物用の穀物がしめているのと同一の割合を耕地のなかでしめるとすれば、同一量の耕地は、はるかに多数の人びとを維持するであろうし、そして、労働者は一般に馬鈴薯で養われるので、耕作に使用されたすべての資財を回収しすべての労働を維持したあとに残る剰余は大きくなるであろう。人口は増大するだろうし、地代は現在それがあるところをはるかにこえて上昇するであろう」[32]。みられるとおり、これは、穀物を馬鈴薯に代替するという表現をとっているけれども、理論内容は、生産性の向上をともなう追加投資による差額地代第2形態の増進である。つまり、スミスは、農業地代を最終的に規制する穀作地の地代増進を、限界地耕作の進展と生産性向上をともなう追加投資の増大の2つによって、おぼろげではあるけれども、考えていたように思われるのである。なお、そのばあい、スミスは、どちらかといえば後者に重点をおいていた、といえるだろう。

　さて、「つねに地代を提供する」食物生産地の地代を以上のように考察したスミスは、つぎに「ときには地代を提供し、ときには提供しない」土地生産物の地代の考察にうつる。「ときには地代を提供し、ときには提供しない」土地生産物とは、主に製造業の原料となる土地生産物である。これらの土地生産物を生産する土地に地代を発生・増大させる事情を、スミスは、つぎのように考えるのである。

　「諸国の人口は、それらの国の生産物が衣服と住居を与えうる人びととの数に比例してではなく、それが扶養しうる人びととの数に比例して多いのである。食物が与えられているばあいには、必要な衣服と住居をみつけることは容易である。けれども、後者が手中にあるとしても、食物をみつけることはしばしば困難でありうる」。たとえば、未開で野蛮な国民は、その全国民の99パーセントを食料生産にふりむけている。だが、「土地の改良と耕作によって、1家族の労働が2家族の食物を供給しうるばあいには、その社会の半分の労働で全体に食物を供給するのに充分になる。したがって、残りの半分、少なくともその大部分は、他のものを供給するのに、または人類の他の欲求や嗜好を満たすのに使用されうる。衣服、

住居、家庭内の調度品およびいわゆる身のまわりの道具は、それらの欲求や嗜好の大分部の、主要な対象である」。しかも、「食物に対する欲求は、各人において、人間の胃の狭い能力によって制限されているが、しかし、建物、衣裳、身のまわりの道具、家庭の調度という便宜品や装飾品に対する欲求は、制限、すなわち一定の境界をもたぬように思われる。したがって、自分たちが消費しうるよりも多くの食物を支配する人びとは、剰余あるいは同じことだがその価格を、この別種の欲望を満足させるものと交換する意志をつねにもっている」。それゆえ、「職人の数は、食物の量の増大とともに、すなわち土地の改良と耕作の伸張とともに増大する。そして、かれらの仕事の性質が労働の極度の細分をゆるすので、かれらの仕上げることのできる材料の量は、かれらの人数のよりもずっと大きな比率で増大する。それで、人間の発明が、建物、衣服、身のまわりの道具、家庭内の調度品に、有用にあるいは装飾的に使用しうるあらゆる種類の材料、すなわち地底に蔵される化石や鉱物、貴金属および宝石に対して需要がおこるのである」[33]。

やや引用が長くなったけれども、以上のスミスの論理を図式化してしめせば、農業における食物生産の生産力上昇→農工分離＝製造業部門の独立・拡大→原材料生産部門への需要増大→原材料を生産する土地の地代の発生・増大、ということになるだろう。スミスは、この原材料生産部門に属するものとして、衣服の原料である羊毛と皮革、建築材料たる石材や木材、石炭や各種金属をあげ、それらを生産する土地の地代、すなわち牧場地代、森林地代、炭鉱地代、鉱山地代をそれぞれ考察しているけれども、地代増進の基本的な論理は以上につきる、といってもいいであろう。これらが「ときには地代を提供し、ときには提供しない」とされるのは、羊毛と皮革と木材などは、偶然に外国貿易と結びつくことがなければ、その価格が改良の進行との関係では食肉価格と同じ動きをしめし、したがってあまり改良のすすんでいない段階では地代を生じないからであり、石炭や金属のばあいは、もっとも豊富な鉱山の生産物価格が市場調節価格となり、限界的な貧鉱でも平均利潤さえ確保できれば生産はおこなわれるからである。

以上で、《資財＝資本蓄積がすすむにつれて地代の自然率＝平均率が上昇する》というスミスの命題が、どのような論理にもとづくものであるかがほぼあきらかになったであろう。それは、一見たんなる需要論による説明であるかにみえるけ

れども、実は、農業における資本蓄積＝生産力の上昇を基点とする社会的分業の発展を、したがって国内市場形成論を本質的内容とするものなのである。そこでつぎのような問題が発生する。つまり、社会的分業の発展は、とりもなおさず貨幣を媒介とする商品交換の発展を意味し、そこでは、すべての商品の価値は貨幣による名目価格としてあらわされる。スミスは、穀物に対する他の土地生産物の相対価格の上昇をもっていわゆる地代増進論を展開したけれども、穀物価値自体が現実には貨幣によって表現されているのである。この名目価格は、貨幣材料たる銀価値の変動によっても、諸商品の実質価値の変動によっても変動する。したがって、穀物に対する他の土地生産物の相対価格が上昇するということは、穀物の名目価格に対する他の土地生産物の名目価格の比率の上昇としてあらわれるだろう。銀価値を一定とすれば、これは一般的な物価上昇をまねくのではないだろうか、ということである。この問題を解明するためには、第1に、改良の進展にともなう銀価値の変動を、第2に、生産力の発展を意味する改良の、諸商品の実質価値におよぼす影響を、それぞれ分析しなければならない。第11章第3部「つねに地代を提供する生産物の種類と、ときには地代を提供し、ときには提供しない生産物の種類との、それぞれの価値のあいだの比率の変動について」という、これを書いたスミスの意図がはっきりしない、ひじょうに長い部分でスミスがはたそうとしたことは、おそらくこの2つの分析なのである。つぎに、節をあらためてそれをみることにしよう。

4　地代増進と諸物価

　スミスは、まず改良にともなう銀価値の変動の分析を、第11章第3部のなかに「過去4世紀の過程における銀の価値の変動にかんする余論」という長大な余論をもうけて、歴史的におこなっている。銀価値の大いさを測る尺度は、いうまでもなくそれが支配しうる労働量であるが、スミスは、つぎの理由で穀物がそれにかわりうるとし、このばあいは穀物との対比において銀価値の変動を分析しているのである。その理由とは、つぎのとおりである。

　「社会のどの状態においても、改良のどの段階においても、穀物は、人間の

勤労の産物である。……改良のさまざまな段階のどれにおいても、……同一の土壌と気候で等量の穀物をつくりだすには、平均してほぼひとしい量の労働の価格を必要とするであろう。耕作の進歩しつつある状態において、労働の生産力の不断の増大が農業の主要な用具である家畜の価格の不断の増大によって、多少とも相殺されるからである。したがって……改良のどの段階においても、等量の穀物は、……等量の労働を代表し、あるいはそれと等価であるにちかい……」[34]。そのうえ「穀物あるいは、他のなんであれ、人民にとって通常かつ愛好の植物性食品は、あらゆる文明国において、労働者の生活資料の主要部分をなす。……したがって、労働の貨幣価格は、労働者の生活資料たる穀物の平均貨幣価格に、食肉あるいは土地の粗生産物中の他のどんなもののそれに対してよりも、ずっと大きく依存する。だから、金銀の実質価値、すなわちそれらが購買または支配しうる労働のほんとうの量は、それらが購買または支配しうる穀物の量に……依存する」[35]。

　要するに、銀の実質価格は、それがどれだけの労働量を購買しうるかで決まるが、その労働量は賃金額で表示され——スミスは、投下労働量＝賃金とみなす——、賃金額は労働者の主要生活資料たる穀物価値で決まり、その穀物価値は、長期にわたってほとんど変らない、というのが、穀物が銀価値を測る尺度たりうる理由なのである。

　それでは、穀物を尺度として測った銀価値は、過去4世紀間にどのように変化してきたか。スミスは、14世紀半ばから16世紀半ばまでを第1期、1570年頃から1640年頃までを第2期、それ以後を第3期として分析をすすめているが、スミスの結論だけをしめすならば、第1期には上昇傾向、第2期には低下傾向、第3期には上昇傾向、ということになる。さらに、スミスは、この銀価値の変動の原因をつぎのように考えていく。

　スミスによれば、一国の銀量を増大させる原因は「第1に、それを供給する鉱山の豊度であり、「第2に、人民の富の増大、すなわちかれらの年々の労働の生産物の増大」であるが、第1の原因は、銀価値を低下させる作用をもち、第2の原因は貨幣材料の需要増大を意味するから、銀価値を上昇させる作用をもつ[36]。したがって、改良がすすんで社会が富裕化していく過程は、銀価値を上昇させる

過程でもあるのであって、スミスは、第1期から第3期までを、基本的にはそうした過程としてとらえている。それでは、第2期で銀価値が低下したのはなぜか、という問題が生ずるが、スミスは、それを、アメリカにおける諸銀山の発見によって「供給の増大が需要の増大」を一時的にこえたためにすぎない[37]、とするのである。しかも、この新しい銀山の発見の可能性は、「技術と商業がしだいに地球のますます大きな部面へ拡大していくにつれて」大きくなるとはいえ、究極的には偶然によるものであって「人間の技倆や勤労も保証しえない」ものであるから[38]、改良の前進と富裕化につれて、銀価値は基本的には上昇する、といわざるをえない。銀価値の上昇は、財貨一般の実質価値が同率以上で上昇するのでなければ、財貨一般の名目価格の下落をもたらすのであり、諸物価の下落は貧困の証拠ではないのである[39]。

　スミスは、ほぼ以上のように、改良にともなう銀価値の上昇が、諸物価を低める方向に作用する、と主張しているのであるが、現実に諸物価が長期的に低下するためには、財貨一般の実質価値の上昇率がつねに銀価値の上昇率以下におさえられなければならない。前節でみたように、スミスは、改良にともなう地代増進を穀物に対する他の土地生産物の相対価格の上昇をもって説明するのだけれども、この改良はまた労働生産性の向上を意味し、したがって諸財貨の実質価値を低下させる作用をもつはずである。スミスは、この労働生産性の向上の影響という点では土地生産物を3つにわけて考えることができる、としてつぎのように考察をすすめているのである。

　まず第1は、人間の労働で増加させえないものであって、魚、野鳥、猟獣のたぐいである。これは、自然が一定量しか生産せず、たくわえることもできないものであるから、改良がすすむにつれて実質価値は上昇をつづけざるをえない。第2は、人間の労働が需要に比例して増加させることのできるもので、食肉や酪農製品のようなものである。これらは、前節でみたように、ある時期までは改良の進展とともに穀物に対する相対価格は上昇するけれども、その時期がくると耕作地が家畜飼育地に転換されたり、「新しい飼育の諸方法が考えだされて〔スミスがあげている例は、いわゆるノーファク農法〕……農業者は、その特定の種類の動物性食物の、まえよりもずっと多くの量を、同じ量の土地で生産することがで

きるようになる」[40]から、価格の一方的上昇はおさえられるようになる。第3は、労働の効果が制限されているか、不確実なものであって、羊毛や皮革、それに金属などの鉱業生産物といったものである。羊毛や皮革がかかる生産物とされるのは、それらが一方ではその国で飼育可能な家畜数に依存し、この家畜数はその国の農業における改良の状況に依存するからであるが、他方では、穀物や食肉と異なって大部分の国で生産できるものではなく、外国貿易に依存せざるをえないばあいも多いからである。鉱業生産物のばあいは、与えられた鉱山の労働生産性の向上は可能であるけれども、鉱山の発見は偶然でしかないからである。したがって、長期的には、貴金属と卑金属とではていどは異なるとしても、これらの生産物の価格はじょじょに上昇する、ということになるであろう。

　スミスは、土地生産物に対する労働生産性向上の影響を、ほぼ以上のように考察して「過去4世紀の過程における銀の価値の変動にかんする余論」を終わり、ついで製造業における改良の影響の考察をおこなっている。スミスの主張は、つぎのとおりである。

　「ほとんどすべての製造品の実質価格を、しだいに減少させるのが改良の自然の結果である。製造業の仕事の実質価格は、おそらくそのすべてにおいて例外なく減少するであろう。機械設備が改善され、手ぎわがよくなり、仕事の分割と分配がいっそう適切になるというのは、すべて改良の自然の諸結果なのだが、それらのことの帰結として、どの特定の仕事を実行するのに必要な労働量もずっと少なくなる。そして社会の繁栄状態の結果として、労働の実質価格がひじょうにめだって上昇するとしても、その量についての大きな減少は、一般に、その価格において発生しうる最大の上昇でさえも、償って充分に余りあるほどであろう」[41]。もちろん、「原材料の実質価格における必然的な上昇が、改良によって仕事の遂行上に導入されうるあらゆる利益を相殺して余りがあるだろうような製造業がいくつかは存在する」。たとえば、土地の改良の影響のおよばない木材を使用する大工、指物師、戸棚つくりなどがそうである[42]。他方、「原材料の実質価格がまったく上昇しないか、ひじょうに大きく上昇しなかったかの、あらゆるばあいにおいては、製造業のそれはひじょうに大巾に低下する」のであって、たとえば、バーミンガムやシェフィールドの金属加工業や時計製造業のような、卑金属を原

料とする製造業がそれである[43]。また、金属加工業のようにはめだたないけれども、織物製造業でも分業と機械の双方において改良が認められ、15世紀以来、毛織物の価格は低下してきているのである[44]。

以上のように、改良の諸生産物価値におよぼす影響を、貨幣材料、土地生産物、製造業生産物と検討してきて、スミスは、第11章第3部を終え、第11章の結論にはいるのであるが、この結論をみるまえに、ここで、土地生産物の価値をひきあげたり、ひきさげたりする「改良」とは、いったいなになのか、をあらためて検討しておきたい。

すでに前節であきらかにしたように、改良の進展につれて地代が増大するとスミスがいうばあい、この改良とは、農業生産力の発展を基点とする社会的分業の発展を意味していた。社会的分業の発展は、人間の欲望の多様化を発展させることによって多様なものへの需要を生みだすとともに、各人の生産活動をますます一面化することによって、生活に必要なもののうち、ますます多くの部分を商品交換によってでなければ手にいれることができないようにしていくものである。つまり、これによって人間の欲望の対象がすべて商品として、交換価値をもつものとして存在するようになるのである。だから改良によって土地生産物の実質価値が増大して利潤や地代を支払いうるようになるということは、実は、これまで商品でなかった諸物の商品化そのものを意味していたのであり、スミスの認識のなかでは、このことと土地生産物生産における自然の制約性とが二重写しになっていたのである。他方、社会的分業の発展は、いうまでもなく生産力のいっそうの発展を、したがって労働生産性のいっそうの向上をもたらす。つまり、スミスが「改良」という語で意味しているものは、以上のような2つの面をもつ社会的分業の発展そのものだったわけである。

さて、最後に、第11章のスミスの結論はつぎのとおりである。「社会の諸事情におけるあらゆる改良は、直接あるいは間接に、土地の実質地代をひきあげ、地主の実質的な富、他人の労働あるいは労働の生産物に対する購買力を増大させる傾向がある」。直接的とは、「改良と耕作の拡大」につれて、生産物が増大し、そのなかでの地主の分前も増大する、ということであり、間接的とは、改良が製造品の実質価格を低下させることにより、「地主は、かれが必要とする便宜品、装

飾品、奢侈品の、まえより大きい量を購買できるようになる」[45]ということである。さきにみたように、改良とは社会的分業であり、この社会的分業の発展こそ社会全体の富裕化をすすめるものであるから、地主階級の利益は「社会の一般的利益と密接不可分に結びついている」[46]、これがスミスの結論である。社会的分業の発展は資財＝資本蓄積を不可欠の条件とするから、これは、《地主階級の利益は資財＝資本蓄積の進展に密接不可分に結びついている》といいかえることができるであろう。

おわりに

　これまでの分析から、一般に「混乱と矛盾を重ねている」[47]とされているスミスの地代論に、いがいに豊かな資本制地代の認識がふくまれていることがあきらかになったであろう。スミスは、絶対地代と差額地代とを区別することはできなかったけれども、いわば資財＝資本蓄積にともなう地代の運動の態様のなかに、この2つを事実上認識していたのである。そればかりか、差額地代第1形態と第2形態の認識すら認められるといってもいいかもしれない。しかし、このスミスの認識の豊かさは、いわば未分化の豊かさであって、資本制地代の理論が理論として豊かな姿をあらわすためには、リカードウによる差額地代にかかわる認識の分離・純化の過程をとおって、マルクスによる資本の有機的構成の理論にもとづく生産価格論の完成をまたねばならぬことはいうまでもない。

　さらに、スミスの地代にかんする認識の豊かさは、地代の諸形態にかかわる認識の豊かさにつきるものではない。スミスが《地代の自然率は資財＝資本蓄積の進展につれて上昇する》という時、この「地代の自然率」という概念は、いかにもスミスの地代認識の混乱をしめすものではあるけれども、この命題の含意は、資財＝資本蓄積にともなって社会における地代総額が、したがって算術的平均率が増進するということであって、この点の認識は、スミスのきわめて大きな功績といえるであろう。しかもスミスは、この地代増進の説明を、たんに農業における限界地耕作と追加投資の進展によってだけではなく、農業生産力の発展を基点とする社会的分業の展開によっておこなっており、それは、一見たんなる需要論

による説明であるかにみえても、そのばあいの需要とは、社会的分業の展開——資財＝資本蓄積にともなう高賃金の結果としての人口増加をふくむ——にともなう人間の欲望の多様化とその欲望の対象物がすべて商品化するということを、その内容とするものなのであって、『国富論』体系の基本理論たる分業論にもとづいていたのである。しかし、社会的分業にはもう1つの側面がある。つまり、社会的分業の発展は生産力の発展を意味し、労働生産性の向上を意味する。作業場内分業を社会的分業に解消し、社会的分業をなによりも生産力体系としてとらえたところに、スミス分業論の特徴があることは周知のとおりである。だから、社会的分業の発展は、商品1単位のふくむ価値量を低下させるのであって、スミスは、正当にもこの点の考察に充分なスペースを与えたのであった。たしかに敍述は混乱と矛盾に満ちているけれども、そこには、富をつくるものは労働であり、価値をつくるものは労働である、という考え方が、1本の赤い糸のように貫かれていたのである。しかも、この混乱と矛盾の最大のものが、スミスの需要論と労働価値論とのあいだの往復であってみれば、そしてそのばあいの需要がさきにみたような内容のものだとすると、スミスの認識においては、それらは、必ずしも矛盾していないのであって、社会的分業の、いわば生産関係的側面と生産力的側面とを経済学のもっとも具体的な論理の次元でスミスなりに統一的にとらえようとした努力のあととして理解しうるように思われるのである。

ところで、社会的分業の発展にともなって、したがって資財＝資本蓄積にともなって増大する地代を取得する階級は、土地所有者階級、つまり地主階級である。スミスは、この階級の利益は社会の一般的利益と結びついているという。スミスがこの地主階級をどのようにみていたかは、本稿でみた地代増進論をふまえてあらためて詳細に検討さるべき問題であろう。したがって、その点については、ここでは、つぎの2つのことを指摘しておくにとどめたい。つまり、1つは、スミスが地代を利潤とともに蓄積の源泉ととらえていたこと、2つはスミスが地代を国家の租税源ととらえていたことである。たとえば、スミスは、つぎのようにいっていたのである。

「地主がかれ自身の土地の一部を耕作するように奨励するのは、重要なことである。かれの資本は一般に、借地人のそれよりも大きく劣った技倆をもって

後者より多くを生産しうる。地主はいろんな実験を手がける余裕があり、また概してこれをやりたがるものだ。かれの成功しない諸実験は、かれにちょっとした損失を与えるだけである。かれの成功した諸実験は、全国の改良と耕作改善に役立つ。しかし、租税の軽減が一定の広さでしか、地主の耕作を奨励しないようにすることが、重要であろう。もしも大部分の地主が、かれら自身の土地全部で農業経営をしたがるようになると、農村は、（自分たちの利害関係のために、自分たちの資本と技倆がゆるすかぎりよく耕作せざるをえない、まじめで勤勉な借地人のかわりに）怠惰でふしだらな管理人でいっぱいになるであろう」[48]。

1）　山崎怜「アダム・スミス」（杉原四郎編『近代日本の経済思想』ミネルヴァ書房、1971年、所収）は、1960年までのスミス研究のテーマ別点数をだしている。
2）　Adam Smith, *An Inquiry into the Nature and Causes of the Wealth of Nations*, 2 vols. London, 1776. A. M. Kelley's Repr., Vol. 1, pp. 59-60. 水田洋訳『国富論』（河出書房刊『世界の大思想』14と15）（上）、48ページ。大内兵衛・松川七郎訳『諸国民の富』（1）（岩波文庫）、190-191ページ。訳文は、おおむね水田訳にしたがった。
3）　Adam Smith, *An Inquiry into the Nature and Causes of the Wealth of Nations, The Works of Adam Smith*, by Dugald Stewart, Reprint of the edition 1811-1812, Vol. 2, p. 95. 以下 *W. o. N., Works* と略記する。水田訳（上）、414-415ページ。大内、松川訳（1）、189-190ページ。
4）　スミスの資本把握の二重性については、拙稿「スミス利潤論に関する一考察」『経済科学』第15巻第3号を参照。
5）　*W. o. N., Works*, Vol. 2, p. 75. 水田訳（上）、48ページ。大内・松川訳（1）、191-192ページ。
6）　*Ibid.*, pp. 223-226. 水田訳（上）、128-130ページ。大内・松川訳（2）、7-10ページ。
7）　Karl Marx, *Theorien über den Mehrwert*. Vierter Band des "*Kapitals*" 2. Teil. Dietz Verlag, Berlin, 1956. S. 346. 以下 *Theorien* と略記。大島清・時永淑訳『剰余価値学説史』（5）（大月書店刊、国民文庫）、225ページ。
8）　*W. o. N., Works*, Vol. 2, p. 77. 水田訳（上）、49ページ。大内・松川訳（1）、194ページ。
9）　*Ibid.*, p. 228. 水田訳（上）、131ページ。大内・松川訳（2）、13ページ。
10）　小島恒久「スミスの地代論」『経済学研究〔九大〕』第23巻第3/4号。
11）　*W. o. N., Works*, Vol. 2, p. 228. 水田訳（上）、131-132ページ。大内・松川訳（2）、

13ページ。

12) *Ibid.*, p. 231. 水田訳（上）、133ページ。大内・松川訳（2）16ページ。
13) *Ibid.*, p. 261. 水田訳（上）、149ページ。大内・松川訳（2）、52ページ。
14) W. o. N., *Works*, Vol. 3, p. 52-53. 水田訳（上）、308-309ページ。大内・松川訳（2）、396-397ページ。
15) 内田義彦『経済学史講義』未来社、207-208ページ。
16) 羽鳥卓也「スミス蓄積論と重農主義的観念」『岡山大学経済学会雑誌』第2巻第1号。
17) Karl Marx, *Das Kapital, Kritik der Politischen Ökonomie*, Dietz Verlag, Berlin, 1953. Dritter Band, S. 695. 長谷部文雄訳『資本論』(12)（青木書店刊、青木文庫）、907ページ。
18) W. o. N., *Works*, Vol. 2, p. 76. 水田訳（上）、49ページ。大内・松川訳（1）、193-149。
19) *Ibid.*, p. 82. 水田訳（上）、52ページ。大内・松川訳（1）、201ページ。
20) 同上。
21) *Ibid.*, p. 89. 水田訳（上）、56ページ。大内・松川訳（1）、209-210ページ。
22) *Ibid.*, pp. 228-229. 水田訳（上）、131-132ページ。大内・松川訳（2）、13-14ページ。
23) *Ibid.*, p. 232. 水田訳（上）、134ページ。大内・松川訳（2）、18ページ。
24) W. o. N., *Works*, Vol. 2. p. 227. 水田訳（上）、131ページ。大内・松川訳（2）、11-12ページ。
25) *Theorien*, S. 348. 大島・時永訳（5）、229ページ。
26) W. o. N., *Works*, Vol. 2, pp. 231-232. 水田訳（上）、132-133ページ。大内・松川訳（2）、15-16ページ。
27) *Ibid.*, p. 383. 水田訳（上）、215ページ。大内・松川訳（2）、204ページ。ただし大内・松川訳では、「イングランド」ではなく「ヨーロッパの一大部分」となっている。底本は「イングランド」である。
28) *Ibid.*, p. 232. 水田訳（上）、133ページ。大内・松川訳（2）、16ページ。
29) *Ibid.*, p. 237. 水田訳（上）、136ページ。大内・松川訳（2）、23ページ。
30) *Ibid.*, p. 229. 水田訳（上）、132ページ。大内・松川訳（2）、14ページ。
31) *Ibid.*, p. 248. 水田訳（上）、142ページ。大内・松川訳（2）、38ページ。
32) *Ibid.*, p. 250. 水田訳（上）、143ページ。大内・松川訳（2）、40ページ。
33) *Ibid.*, pp.255-257. 水田訳（上）、146-147ページ。大内・松川訳（2）、46-48ページ。
34) W. o. N., *Works*, Vol. 2. P. 292. 水田訳（上）、167ページ。大内・松川訳（2）、94-95ページ。
35) *Ibid.*, p. 293. 水田訳（上）、167ページ。大内・松川訳（2）、95-96ページ。
36) *Ibid.*, p. 294. 水田訳（上）、168ページ。大内・松川訳（2）、96-97ページ。
37) *Ibid.*, p. 300. 水田訳（上）、171ページ。大内・松川訳（2）、103ページ。

38) *Ibid.*, p. 373. 水田訳（上）、210ページ。大内・松川訳（2）、193-194ページ。
39) この「銀の価値の変動にかんする余論」には、「国民の富が金銀の豊富にあり、国民の貧困が金銀の欠乏にあると主張する、経済政策の体系」（*Ibid.*, p. 375）すなわち「重商主義」の観念に対する批判の意図がこめられている。
40) *Ibid.*, p.353. 水田訳（上）、199ページ。大内・松川訳（2）、171ページ。
41) *Ibid.*, p.384. 水田訳（上）、216ページ。大内・松川訳（2）、205ページ。
42) *Ibid.*, p. 385. 水田訳（上）、216ページ。大内・松川訳（2）、205ページ。
43) *Ibid.*, p. 385. 水田訳（上）、216-217ページ。大内・松川訳（2）、206ページ。
44) *Ibid.*, pp. 386-387. 水田訳（上）、217ページ。大内・松川訳（2）、207ページ。
45) *Ibid.*, pp. 392-393. 水田訳（上）、220-221ページ。大内・松川訳（2）、214-216ページ。
46) *Ibid.*, p. 394. 水田訳（上）、221ページ。大内・松川訳（2）、217ページ。
47) 高島善哉『スミス《国富論》』春秋社、78ページ。
48) *W. o. N.*, *Works*, Vol. 4. pp. 266-267. 水田訳（下）、246ページ。大内・松川訳（4）、253ページ。

第3章 『国富論』における土地所有

はじめに

　アダム・スミスの地代論を検討[1]していくなかで、わたくしは、『国富論』体系における土地所有の問題の重要性にあらためて気づいた。しかしこれまでのスミス研究は、この問題に必ずしも充分な注意をはらってはこなかったように思われるのである[2]。

　土地所有の問題とは、一般的には資本蓄積と土地所有形態との関連の問題であるが、そのもっとも基本的な問題部分が農業における資本蓄積＝農業生産力と土地所有形態との関連の問題であることは、いうまでもないであろう。したがってこの問題は、資本主義のもとでの土地所有関係の原理的解明たる地代論、資本主義国民経済における農業の位置づけ、種々の土地所有形態の歴史的性格とその資本蓄積にたいする制約性と適合性を検討する歴史論、資本蓄積に適合的な土地所有形態への改変を検討する政策論、といった諸側面をふくむものである。『国富論』体系における土地所有の問題とは、これらの諸側面をスミスがどうとりあつかっていたかを統一的に理解する、という問題にほかならない。

　ところで、『国富論』のなかで、それらの諸側面にかんする比較的まとまったスミスの叙述は、地代論については第1篇第11章、農業の位置づけについては第2篇第5章、歴史論については第3篇全体、政策論については第4篇の穀物諸法批判の諸章と第5篇の租税政策を論じた第2章のなかに見出される。そこで本稿では、それらの部分を、それらが『国富論』体系に占める位置にたえず注意をはらいながら整理をすることを通じて、土地所有の問題についてのスミスの考えを統一的に理解することにつとめてみたい。ただしそのばあい、最初に述べたよう

に、地代については別の機会に検討をおこなっているので、ここでは、それを前提して議論をすすめることにする。

1

　資本蓄積にたいする土地所有のあり方の問題が『国富論』のなかではじめてでてくるのは、第3篇第1章「富裕の自然的進歩について」においてである。この章は、すぐまえの第2篇第5章で展開されている資本投下の自然的順序論、すなわち国民経済における産業諸部門の位置づけの理論を直接にうけ、それを分業の発展という契機をいれて歴史理論にくみなおした章である。したがってこの2つの章は、一体として読むべきものであり、まず第2篇第5章におけるスミスの理論展開からみていくことにしよう。

　周知のように、スミスは、それまでの諸章において、一国が豊かになるためには、労働力人口のうちできるだけ多くの部分を生産的労働にふりむけ、それらの労働の生産力をひきあげることが肝要であるとし、そのためには節約によって資本を蓄積しなければならぬ、と説いていた。この第5章において、スミスは、さらに一歩具体的に論をすすめて、資本を生産的労働の雇用にふりむけるといっても、国民経済にはさまざまな部門があって、それらが素材的重要度と資本の効率の点で同一でないとすれば、それらの部門にどのように資本を配分投下するのが一国にとってもっとも有益であろうか、を問題にしているのである。したがって、ここではじめて国民経済における農業の位置が問題になってくる。

　スミスは、まず素材的な視点から、国民経済の諸部門を粗生産物生産部門（農業、鉱業、漁業）、製造部門、輸送部門（卸売商業）、需要者への分配部門（小売商業）の4部門にわけ、いずれも国民経済にとって不可欠なものであるとする。しかし、これら4部門は、いずれも国民経済にとって不可欠なものではあるが、食料と原料を生産する粗生産物生産部門が他の3部門の前提であり、これと製造部門が残りの流通2部門の前提であり、最後の需要者への分配部門は他のすべてを前提する、という意味では、おのずから重要度の序列がある。スミスは、このように考え、つぎに粗生産物生産部門をその中心的業種たる農業に代表させて、

うえの4部門を農業、製造業、卸売商業、小売商業の4部門におきかえ、資本の効率の視点からの検討にうつるのである。

　資本の効率の視点でスミスが問題にするのは、いうまでもなく単位当り資本の生産的労働の雇用量と労働の価値生産性の2点である。したがってこの2点で、農業、製造業、卸売商業、小売商業の4部門を、スミスは、つぎのように比較するのである。まず小売商人の資本は、雇用する唯一の生産的労働者は小売商人自身であって、かれが商品につけくわえる価値はかれの利潤だけである。卸売商人の資本は、水夫や仲継業者を使用するから、自分の利潤のほかにかれらの賃金分だけ商品価値を増大させる。親方製造業者の資本は、卸売商人よりも多くの職人を使用するから、自分自身の利潤のほかにこれらの職人たちの賃金分だけ商品価値を増大させる。最後に農業者の資本は、使用人のほかに役畜までも活動させるからもっとも多くの生産的労働を雇用することになり、しかも自分の利潤と使用人の賃金のほかに地主の地代をも生産するから価値生産性ももっとも高い。したがって資本の効率は、農業がもっとも大きく、製造業、卸売商業、小売商業の順で小さくなる[3]。

　さて、これまでみてきたことからあきらかなように、スミスは、素材的重要度の点でも、資本の効率の点でも、これら4部門の国民経済における位置は、農業、製造業、卸売商業、小売商業の順になる、と考えるのである。なおスミスは、必要資本が小額で効率も低いからだろうか、途中から小売商業を無視し、かわりに卸売商業を国内商業、消費用外国貿易、仲継商業の3部門に細分し、さきの4部門を農業、製造業、国内商業、消費用外国貿易、仲継商業の5部門におきかえているが、問題の実質は変らない。つまり、それらの部門間にさきにみたような順位があるとすれば、「どこの国でも、同一の資本が活動させる生産的労働の量と、それがその国の土地と労働の年々の生産物につけくわえる価値とは」[4] それが農業、製造業、国内商業、消費用外国貿易、仲継商業に使用される比率のちがいにおうじて、大きくも小さくもなるだろう、ということなのである。したがって、まず農業に多くの資本が投下され、そこからあふれた資本がつぎに製造業に投下され、さらにあふれたものが国内商業へ……と順次投下されていくことが一国の総資本の効率を最大にし、もっとも急速に富裕化をすすめることになるはずであ

る。ところが現実にはそうなっていない。スミスは、それをつぎのように問題にするのである。

「自分自身の私的な利潤についての考慮が、ある資本の所有者がその資本を、農業に使用するか製造業に使用するか、卸売商または小売商業のある特定部門に使用するかを決定するさいの、唯一の動機である。……したがって、農業がすべての業務のなかでもっとも利潤が多く、農業経営と改良がすばらしい財産へのもっとも直接的な道である国々においては、諸個人の資本は、自然に、全社会にとってもっとも有利なやり方で使用されるであろう。けれども、農業の利潤は、ヨーロッパのどの部分においても、他の業務のそれに優越しているようには思われない」[5]。

この引用は、第5章の最後のパラグラフからのものであるが、みられるとおり、スミスは、ヨーロッパ〔イギリスをふくむ〕において資本投下が自然的順序でおこなわれないのは、農業が有利な投資対象になっていないからだとしているのである。それでは、なぜヨーロッパでは農業が有利な投資対象になっていないのだろうか？　さしあたりスミスは、その理由を、農村よりも都市の諸営業を有利ならしめているヨーロッパの諸政策にもとめ、それらの解明こそ第3篇と第4篇の主題だとして、第5章を終えているのである。そこでつぎに、第3篇第1章で、以上みてきた資本投下の自然的順序の理論＝国民経済における産業諸部門の位置づけの理論を、どのように歴史理論にくみなおして政策批判の基礎理論たらしめているか、をみることにしよう。

本節の最初にふれたように、資本投下の自然的順序の理論を歴史理論にくみなおすさいにスミスがあらたに導入する視点は、社会的分業の発展という視点である。第3篇第1章は、「すべての文明社会の大きな商業は、都市の住民と農村の住民とのあいだで営まれるそれである」[6]、という文章ではじまっている。つまり「農村は都市に、生活資料と製造業の材料とを提供する。都市は、製造品の一部を農村の住民に送り返すことにより、この供給にむくいる」[7]といった相互互恵的分業こそ、社会的分業のもっとも基本的なものである、とスミスは考えているのである。

そのばあい、さらに重要なのは、こうした分業関係が発生し成長していく過程

についてのスミスの説明である。その説明をおこなうにあたって、スミスは、つぎの3つの命題を用いている。第1は、「生活資料は、ものごとの本性上、便宜品や奢侈品に先だつものであるから」[8] 農業は製造業に先だたなければならない、ということであり、第2は、「都市の生活資料を構成するのは、農村の剰余生産物のみ」[9] であるから、都市の拡大は、農村の剰余生産物量の増大に比例する、ということであり、そして最後は、「土地に資本を使用する人はその資本を〔製造業や外国貿易におけるよりも〕よく自分の監督と支配のもとにおく」[10] し貿易商人のそれのように事故にあうこともないからもっとも安全であって、しかも田園生活は魅力に満ちているから、人間の諸制度の妨げがなければ、〔利潤がほぼ同じになるから〕資本はまず農業にむかっていく、ということである。要するに、人間の自然的諸性向にまかせておいて制度や政策で妨げることがなければ、まず資本は農業にむかっていき、農業生産力が上昇して剰余が発生すると農工分離が生じて製造業が独立し、製造業の発展がさらに農業生産力の上昇に反作用していく、スミスは、このようにして富裕が自然に進んでいく、と考えたのである。

ところでスミスは、製造業が独立してくると自然に都市が発生してくるとして、つぎのようにそのようすを描いている。

「実際、若干の手工業者の助力なしには、土地の耕作はおこなわれえても、ひじょうな不便と不断の中絶をともなう。鍛冶屋、大工、車輪製造工、犂製造工、石工、煉瓦積工、なめし皮工、靴製造工、仕立工は農業者がその奉仕をしばしば必要とする人々である。……そしてかれらの住居は、農業者の住居のように必ずしも決まった地点にしばられないから、おのずからかれらはお互いの近隣に定着し、こうして小さな都市あるいは村を形成する。やがて肉屋や酒屋やパン屋が……かれらにくわわる……」[11]。

みられるとおり、農工分離により都市は自然に発生してくるのである。しかしこの都市の自然な成長は、さきにあげた第2の命題により農村の剰余に、つまり農業生産力に比例する。「かれらが農村の住民に売る完成品の量は、かれらの買う原料と食料品との量を必然的に規制する。それゆえかれらの業務も生活資料も、完成品にたいする農村からの需要の増大に比例してしか、増大しえない。そしてこの需要は、改良と耕作の拡大に比例してのみ増大しうるのである。それゆえ、

人間の諸制度が決してものごとの自然の行程をみださなかったならば、諸都市の富裕の進歩とそれらの増大とは、すべての政治的社会において、領土あるいは農村の改良と耕作との帰結として、かつそれに比例して生じたであろう」[12]。要するに、都市の成長は農業生産力に規定されるのが自然だ、とされているのである。ところが、農村と都市のそうした自然な関係がくずれるばあいがおこる、とスミスは考える。スミスの説明はつぎのとおりである。

「未耕地をいまなお容易な条件で入手しうるわれわれの北アメリカ植民地では、……手工業者が、近隣の農村に供給するために自分の事業を営むのに必要なよりも少し多い資財を獲得すれば、北アメリカでは、かれはそれでもっと遠隔地に販売するための製造業を樹立しようとはしないで、それを未耕地の購買と耕作とに使用する」。

「その逆に、未耕地がないか、あるいは容易な条件で入手しえない国々においては、近隣でのときおりのかせぎに使用しうるよりも多くの資財を獲得した手工業はすべて、仕事をもっと遠隔地への販売に適するようにととのえることにつとめる」[13]。

みられるとおり、農村と都市とのあいだの自然な関係を破壊するものとしてスミスがあげているのは、土地問題である。土地不足こそ農業への資本の流入を妨げ、製造業を遠隔地むけに変質させて「富裕の自然的進歩」のコースをふみはずさせるものだ、としていたのである。土地不足の問題は、土地所有の問題である。そしてこの土地所有のあり方こそ、スミスが「農業社会」以後の統治形態を考えるにあたって、もっとも重視していたものであった[14]。「富裕の自然的進歩」に比して"転倒"しているヨーロッパの歩みについて、スミスがつぎのようにいうとき、その「最初の統治の性質」とは封建的大土地所有制であり、それが導入した「生活様式や慣習」とは長子相続制などの永久所有権などであることは、次節において詳細にみることになるであろう。"転倒"したヨーロッパの歩みについてのスミスの言葉とは、つぎのとおりである。

「それらの国の最初の統治の性質が導入し、その統治がはなはだしく変化させられたのちに残った生活様式や慣習が、必然的に、この不自然で逆行的な秩序のなかにそれらの諸国をおしこめたのである」[15]。

2

　これまでの叙述から、「富裕の自然的進歩」とは、農業生産力の上昇→農工分離＝農工間交換の発展という過程を内容とするものであることがあきらかであろう。農工分離はスミスによれば、農村と都市という居住形態をとる。そしてそれらは、都市の成長が農村の生産力に規定されると同時に、都市の成長が逆に農村の生産力の上昇をうながす、といった相互作用と相互規定の関係をもつものであった。土地不足により製造業が遠隔地むけに変質肥大化して、いわゆる"転倒"が生ずるのも、農業生産力の上昇→農工分離の過程があるていど進んだうえでのことなのである。しかも都市が農村の生産力の規定をはなれて"転倒"が生じたあとも、農村と都市との相互関係は、ゆがみをもちながらも存続していくのである、第3篇第2章以下の章別構成は、スミスの以上のような論理に規定されて、まず農村が、ついで都市が、最後に都市の農村への影響が考察される、という順序をとっている。以下その順でスミスの考察をたどっていこう。

農村　スミスは、まず封建的大土地所有制の成立を説明することからはじめている。これは、スミスが土地不足の原因として土地独占、つまり大土地所有制を考えているからであり、大土地所有制の歴史的起源を封建的大土地所有制にもとめているからである。

　スミスによれば、ヨーロッパにおける封建的大土地所有制は、ゲルマン民族やスキタイ民族がローマ帝国西部の諸属州を侵略し、ふるくからの住民の「都市と農村のあいだの商業を中断」して混乱をまねき、そのあいだにそれらの民族の首長らが「それらの国の土地の大部分を自分のものに獲得ないし横領」して独占したところに成立したものである。しかも「あの混乱した時代においては、すべての大地主は一種の君主であった。かれの借地人は、かれの臣民であった」[16]から、土地は生存の手段であるだけではなく権力と保護の手段と考えられ、土地を分割することは、権力と保護を弱めるものだ、と考えられた。こうして長子相続制や限嗣相続制が導入され、大土地所有制は永続的なものになった。スミスは、封建的大土地所有制の成立と存続を以上のように説明するのである。

ついでスミスは、以上のようにして成立してきた封建的大土地所有者の階級は、領土の拡大や防衛にいそがしく、農業改良のための時間も能力ももちあわせないから「大改良家」ではありえない、という。それでは、直接耕作者はどうであろうか？　スミスは、封建的大土地所有制のもとでの直接耕作者は、任意解除借地人 tenants at will であって、これは、古典古代の奴隷制よりもゆるやかな奴隷制である、という。「かれらは、主人によりもいっそう直接に土地に属している、と考えられていた。……しかしながら、かれらは財産を取得することができなかった」[17]。したがってかれらには、生産にたいする刺激がなく、改良はほとんど期待されないのである。

　ところが、以上の任意解除借地人にかわってしだいに分益借地人 metayers があらわれる、とスミスはいう。スミスによれば、分益借地人は、一種の農業者であって、主権者と大領主の対立の結果、大領主の力をおとろえさせ、隷農の地位を上昇させたことから生じてきたものである。したがって分益借地人は、本質的に奴隷と異なる自由人であって、種子、家畜および農耕用具などは地主のものを使用したが、生産物は「資財を維持するのに必要だと判断されたものを除外したのち、土地所有者と農業者のあいだで等分された」[18] のである。こうして分益借地人は、生産への刺激をもつが、自分の資本を地主のそれにつけくわえて投下する誘因をもたない——生産物は折半であって利潤が保証されないから——という点でつぎの本来的農業者 farmers properly so called とは異なる、とされるのである。

　この分益借地人のあとにあらわれる本来的農業者とは、「地主に一定の地代を支払いながら、自分の資財で土地を耕作」[19] するものである。スミスによれば、この農業者が自分の資本を農場の改良に投下することに利益を感ずるようになるためには、借地権の安全と投下した資本の回収が充分に可能であるような長期の借地契約とが実現していなければならない。スミスは、これら2つの条件がすでにイギリスでは成立しているとして、つぎのように述べているのである。「イングランドでは、〔借地占有回収訴訟法（ヘンリ七世）以来〕借地人の安全は土地所有者のそれと等しい。……そのうえ年40シリングの価値の終身借地権は、自由土地保有権であり、借地権者に国会議員の選挙権をあたえているし、また独立自

営農民の大部分もこの種の自由保有権をもっているから、このことがかれらにあたえる政治的重要性のゆえに、この階層全体がかれらの地主にとって尊敬すべきものとなる」[20]。また「もっとも長期の借地権を、あらゆる種類の継承者にたいして保護する法律は、わたくしの知るかぎり、グレート・ブリテンに特有である」[21]。

　ところで、以上みてきたような任意解除借地人から本来的農業者への直接耕作者の変化は、封建領主のたんなる地主への変質をともなっている。つまり封建的大土地所有制は解体するけれども、土地独占としての大土地所有制は、いわゆる近代的地主による所有として存続しつづけているわけである。それゆえ独立自営農民をふくむ大多数の農民は、いぜんとして借地人であって土地所有者ではない[22]。だからこそスミスは、第2章の末尾において、地代分を資本に転化しうる土地所有者による農業こそ改良の速度がもっともはやい、としていたのである。「小土地所有者についでは富裕で大きな農業者が、あらゆる国において主要な改良者である。おそらく、ヨーロッパの他のいかなる王国にもまして、イングランドには、このようなものが多くいる」[23]という有名な文章は、たしかにスミスが原蓄の意義を理解しえなかったことを示すが、同時にそれは、当時のイギリスの地主制の重みについてのスミスの認識を示すものでもあろう。その点についてはまたあとでふれるとして、つぎにスミスの都市についての考察をみることにしよう。

都市　スミスによれば、封建都市は、奴隷的状態の行商人や旅商人や機械工などが集まって住みはじめたところから出発する。かれらはやがて、国王や大領主に人頭税を支払って通行税、橋税、露天税などの免除特権をあたえられ、自由商人とよばれるようになった。この人頭税の徴収は、徴税請負人によっておこなわれたが、この徴税請負は、やがて個人から都市自体にあたえられるようになり、したがって免税特権も都市自体にあたえられるようになって自由都市が誕生する。この自由都市は、それ自体の参事会、行政権、司法権、防衛権をもつ、いわば一種の「独立共和国」であるが、こうした自由都市の存在を国王が認めたのは、国王が大領主と勢力を争い、都市民は大領主から収奪されていたから、大領主は国王と都市民の共通の敵であって、都市民の安全と独立をはかることは、国王の利

益でもあったからである。こうして「秩序と善政、そしてそれらとともに個人の自由と安全とが、このようにして諸都市において、農村の土地占有者があらゆる種類の暴力にさらされているときに確立された」[24]。

スミスは、自由都市の成立を以上のように説明して、さらにつぎのように問題をすすめる。すなわち、掠奪の不安にさらされている農村の土地占有者たちは、必要な生活資料以上のものをもとうとしないだろうから、生活必需品以上の便宜品や趣味品をめざす産業は、まず都市において確立された。しかも「農村の住民のうちの勤勉な部分の手に蓄積されたいかなる資財も……都市に避難するのが当然であった」[25]。こうして自由都市は遠隔地商業と結びついた。そして、遠隔地商業と結びついた都市は、まず上質の製造品や奢侈品を輸入して大土地所有者の虚栄心を満足させ、ついでこうして導入した上質品にたいする趣味が一般的になってかなりの需要をひきおこすようになったとき、その都市の商人たちは「輸送費を節約するために」[26] 自国に同種の上質品製造業を建設した。西ヨーロッパにおける遠隔地販売むけ製造業は、このようにして発生した、と。

ところでスミスは、この遠隔地販売むけ製造業には、その資本の系譜の点で2つのものが識別される、という。第1のものは、スミスが外国商業の子孫とよぶもので、同種の外国商業を模倣して「特定の商人および企業家の資財の……乱暴な運用によって導入された」[27] ものである。たとえば、昔のフランドルやイングランドの上質の毛織物製造業、リヨンやスピタル゠フィールズの絹織物製造業がそれである。第2のものは、「家庭用の質のわるい製造業がしだいに洗練されることにより成長した」[28] もので、スミスは、これを農業の子孫とよぶ。「自然的に肥沃で耕作の容易な内陸の国は、その耕作者たちの維持のために必要なものをこえて、食料品の多量の剰余を生みだすのであって、陸上輸送の費用と河川航行の不便とのために、この剰余を国外に送るのが困難なことがしばしばありうる。そこで豊富が食料品をやすくし、多数の職人をさそってその近隣に定住させ〔る〕。……そして土地の肥沃度が製造業を生みだしたのに対応して、製造業の進歩は土地に反作用し、なおいっそうの肥沃度を増加させる。製造業者は、はじめその近隣に供給し、のちにはかれらの仕事が改良され、洗練されるにつれて、もっと遠い市場に供給する。……このように、リーズ、ハリファックス、シェフィールド、

バーミンガムおよびウルヴァハンプトンの諸製造業は、自然に、いわば自分たちの力で成長した。こういう製造業は農業の子孫である」[29]。みられるとおりこの第2の製造業は、農業生産力の上昇の結果であって、第1の製造業とは資本の系譜を異にするが、しかしこの農業生産力の上昇そのものは、自由都市の農村への影響による封建的大土地所有制の解体の結果である、とスミスは考えているのである。

都市の農村への影響 スミスは、つぎの3つの点で都市が農村の改良に貢献した、とする。第1は、農産物にたいする大きな市場となることによって、第2は、商人が土地を買って地主になり、土地改良をおこなう——この型の地主は最良の改良家だ、とスミスはいう——ことによって、第3は、商業と製造業とが「農村の住民のあいだに、しだいに秩序とすぐれた統治と、またそれらとともに個人の自由と安全とを導入」[30]することによって。この3つのうち、とくにスミスが重視するのは第3の貢献である。これは、いわば封建的大土地所有制の解体であって、スミスの説明はつぎのとおりである。

まず「外国商業も、どんな比較的上質の製造業もない国」では、大土地所有者は、かれの土地の剰余生産物とひきかえに購入するものがないから「そのすべてを家庭における田舎風のもてなしに消費する」。つまり、それで多くの従者や寄生者を扶養している。扶養されている者は、「かれらの維持費とひきかえにあたえる等価物を」[31]もたないから大土地所有者に従属せざるをえず、その点では土地占有者も同様である。土地占有者が支払っていた地代は、保有地の大きさにふさわしくなく低かったので、かれらを事実上それぞれの土地で扶養されている者とスミスはみなしているのである。

ところが、外国商業と製造業が発生すると、それらは「大土地所有者に、かれらの土地の余剰生産物と交換できて、借地人または従者とわかちあわず自分で消費することができる」[32]ものを提供した、とスミスはいう。つまり、すべてのものをできるだけ自分だけで使いたい、というのが「人類の主人たちのいやしい原則」であったから、地代収入の全部を自分だけで使える奢侈品にそそぎこむようになった、というわけである。そうなると従者＝封建家臣団は解体されざるをえず、借地人の一部も「当時における耕作と改良との不完全な状態におうじて耕作

に必要な人数に減ら」[33]された。こうして「あらゆる虚栄心のうち、もっとも子供じみた」[34]もののために、封建的大土地所有者は、権力と権威を手放したのである。そして、奢侈がいっそう増大すると、大土地所有者は、借地人に地代のひきあげを要求したが、これは、長期借地契約とひきかえにのみ借地人に認められた。封建的大土地所有制、つまり封建的支配の解体についてのスミスの説明は、以上のとおりである[35]。

ところで、以上のようにして封建領主はたんなる地主になり、借地人は独立かつ自由になったのであるが、スミスによれば、この過程は、「都市の商業と製造業とが、農村の改良と耕作の結果ではなく、原因および誘因」となっており「ものごとの自然の経過の逆であるから必然的にのろく、また不確実である」[36]。さきにみた「農業の子孫」たる製造業も結局はこの過程の結果としてでてきたものなのである。「自然の経過の逆」を生じさせたものを、スミスが、封建的大土地所有制であった、としていることは、いまや明白であろう。それでは、現状はどうであろうか？　スミスは、ヨーロッパ諸国の「のろい進歩」を北アメリカ植民地の「急速な前進」と比較せよ、としてつぎのように論じているのである。

「ヨーロッパにおいては、長子相続法およびさまざまな種類の永久所有権が大領地の分割を妨げ、そのことにより小土地所有者の増加を妨害している」。したがって土地市場への供給が少なく、土地価格がひじょうに高くて「土地を購入することは、ヨーロッパのどこでも小資本のもっとも不利益な使用」になっている。「その反対に北アメリカにおいては、50～60ポンドが植民農園をはじめるのに充分な資財であることが、しばしばみられる。耕地の購入と改良とが、そこでは最大の資本にとっても最小の資本にとっても、等しくもっとも有利な用途であり、その国において獲得しうる財産と名声とのすべてにいたる、一番の近道である」[37]。

すでに前節でみたように、スミスは、第2篇第5章の末尾で、資本投下が自然的順序でおこなわれないのは、農業が有利な投資対象になっていないからだ、としていた。第3篇第1章では、その理由として土地が容易にえられないことをあげていた。いまや歴史的検討を終えた第3篇の終わりにおいて、土地が容易にえられないのは、封建的大土地所有制のもとで成立した長子相続制などによる土地

独占の継続である、という具体的な規定があたえられたのである。それでは、スミスは、土地分割による小土地所有者の造出を主張するのだろうか？

たしかにスミスは、土地が平等に分割して相続されるようになれば、土地市場への供給も豊富になって土地価格もさがり、小資本で土地を購入することが容易かつ有利になるだろう、とのべている。しかし、そうしたことは、おそらくスミスには、完全な自由貿易の実現と同じように「オーシアーナかユートピアがそこにいつか実現されると期待するようにばかげている」[38]と考えられたのであろう。転倒したコースを歩んだヨーロッパ諸国のなかでは相対的な優位にたっているイングランドの現状を、スミスは、つぎのように承認するのである。すなわちイギリスの農業保護政策は、立法府のよき意図を示しているが、それよりも「はるかに重要なことは、イングランドの独立自営農民が、法がなしうる最大限に安全独立かつ尊敬すべきものとされていることである。だから長子相続権が存在し、十分の一税を支払い、また法の精神に反するとはいえ永久所有権が若干のばあいに許されている国で、イングランド以上の奨励を農業にあたえる国は存在しない」[39]。それでは、スミスは、イギリスの現状を手ばなしで承認してしまうのだろうか？

3

周知のように、スミスは、『国富論』第4篇において、「さまざまな時代と国民における富裕の進歩のちがい」[40]が成立させた2つの政治経済学として、重商主義と重農主義をとりあげて批判している。そのばあい、とくにスミスが力をいれて批判したのは重商主義であるが、それは、重商主義こそ転倒したヨーロッパの歩みを反映した学説であり、転倒を維持する政策であると考えられたからにほかならない。つぎに、イギリス重商主義政策の一環たる農業保護政策にたいするスミスの批判をたどり、土地所有問題にたいするスミスの態度を考えてみたい。

スミスの重商主義政策批判の基本的な論点は、第1に、特定産業の保護は、その部門を肥大させて国内における資本と労働の自然な配分＝資本投下の自然的順序を歪めるということであり、第2に、「もしある外国がわれわれにある商品を、

われわれがそれをつくることができるよりも安く供給しうるならば」[41] われわれの方が安く生産しうる他の生産物でそれを買った方がいい、という一種の比較生産費論[42]であるが、スミスは、農業保護政策批判にあたっては、それらとは異なった論点を提示している[43]。すなわち、スミスは、農業保護政策は、工業保護政策と異なって、それが保護しようとする地主や農業者をなんら利するものではなく、一般的物価騰貴をまねいて諸産業の国際競争力を減退させる、というのである。

　農業保護政策は、輸入抑制策と輸出奨励金制度との二側面をもつが、まずスミスは、農産物の輸入を完全に自由にしても農業者や牧畜業者が困ることはほとんどない、としてつぎのようにいう。すなわち、農産物の輸入禁止や抑制が「グレート・ブリテンの牧畜業者や農業者にとって有利であることは、他の同種の諸規制がその商人や製造業者にとって有利であるのにとてもおよばない」[44]。なぜなら、製造品に比較して農産物は、量がかさばるために輸送費が大きく、よほど大きな生産費格差がないかぎり輸入はごく少量にとどまるからである。したがって、製造品の輸入の完全な自由化は、国内の製造業のいくつかに打撃をあたえ、あるものを破滅させるかもしれぬが、「しかし土地の粗生産物のもっとも自由な輸入でさえ、その国の農業になにもそういう効果をあたえることはできないであろう」[45]。イギリス農業生産力にたいする自信にあふれたこのスミスの主張が、どのような認識にもとづいているかは、後にみることにして、穀物輸出奨励金制度にたいするスミスの批判をみておこう。

　スミスによれば、穀物輸出奨励金は「豊年に、異常な輸出をひきおこすことによって必然的に、国内市場における穀物価格を、それが自然に下落するであろうよりも高くしておく。……凶年には、奨励金はしばしば停止されるとはいえ、それでも奨励金が豊年にひきおこす大きな輸出が、ある年の豊富をもって他の年の欠乏を救うことを多かれ少なかれ妨げる……」[46]。したがって、国内市場における穀物の貨幣価格は、恒常的に高く決まることになる。しかし、この穀物価格の上昇は、実質価格の上昇ではなく名目価格の上昇にすぎないから、地主や農業者の実質収入をなんらひきあげるものではない。穀物の実質価格とは、スミスによれば、その「穀物が維持し使用しうる労働の量」[47]だから、ほとんど変化しない

ものである。しかし、穀物以外の諸生産物の貨幣価格に変化がなければ、穀物の貨幣価格の上昇は、地主や農業者にとって有利ではないだろうか？　スミスは、穀物の貨幣価格は他のすべての商品の貨幣価格を規制するからそうはならない、という。穀物の貨幣価格が他のすべての商品の貨幣価格を規制する、とはどういうことなのだろうか？

　スミスの説明によれば、その規制の道筋は2本ある。まず第1は、労働者の賃金を規制する道筋である。すなわち賃金は「労働者がかれおよびかれの家族を維持するのに充分な穀物の量を購買することができる」[48]ものでなければならないからである。第2は、他の土地の粗生産物の貨幣価格を規制することによるものである。すなわち、穀物の貨幣価格が騰貴すれば、牧草地その他が穀作地に転換され、羊毛その他の製造業原料や交通手段が騰貴するからである。かくして、穀物の貨幣価格は、これら「双方を規制することによって、完成した製造品の貨幣価格を規制する」[49]のであって、その上昇は、物価の一般的騰貴をまねき、製造業者にたいする地主や農業者の相対的地位を少しも高めるものではないのである。そればかりか、この理論によれば、穀物輸出奨励金は、国内市場における穀物の貨幣価格を高めに維持するのに外国市場ではそれを低下させるから、外国の産業に「われわれ自身の産業にたいする二重の有利さをあたえる」[50]ものである。

　スミスの農業保護政策批判はほぼ以上のとおりであるが、それでは、スミスは、それらの政策を、だれが、だれのために案出したと考えるのだろうか？　スミスは、それらの政策によって利益をえた唯一の者は穀物貿易商人である、という。つまり奨励金制度は、豊年には、それがないばあいよりも大きな輸出をひきおこし、凶年には大きな輸入をひきおこしてかれらの事業を増大させたからである。スミスによれば、農業者や地主が穀物諸法を導入したのは、商人や製造業者をまねたのであって、「かれら自身の利害についての完全な理解をもって」[51]ではなかったのである。このようにいったからといってもちろん、スミスは、穀物商業の重要性を否定しているわけではない。それどころか、第4篇第5章において、奨励金制度を批判したあとに長い余論を付して、自由な穀物商業がいかに重要であるか、を論じているのである。この部分は、本稿の主題との関連で重要な論点をふくんでいるので、以下にスミスの論旨をたどっておこう。

スミスは、まず穀物商業を、国内取引商、国内消費むけ輸入商、外国消費むけ輸出商、仲継商の4つにわけているが、スミスがもっとも重視するのは、いうまでもなく国内取引商である。スミスは、国内取引商人の利害は人民のそれと一致する、という。その理由は、第1に、穀物は季節的な商品であるが、国内取引商人は、穀物の少ない季節には、穀物価格を適度にひきあげて人々に節約させ、年間をつうじて穀物の供給がうまくおこなわれるようにする、ということである。このばあい、需給や価格についての判断が重要であるが、スミスによれば、国内取引商人ほど正確に判断しうる者はいないのである。第2に、穀物は、どこの国でも消費量が最大の商品であるから、「少数の私人の資本が購買しうるところを、はるかにこえている」[52]だけでなく、その生産者の数はきわめて多く、しかも全国各地に散在しているから、それに応じて国内取引商も数が多く散在していて、結社をつくることはほとんどできず、したがってかれらは、独占の傾向をもたない、ということである。第3に、払底や欠乏の真の原因は、ときには戦争による荒廃であるが、圧倒的に多いのは季節不順であって、自由な国内の穀物取引は、その唯一の緩和剤であるということである。スミスは、季節不順といっても、一国全体が凶作ということはめったになく、不作の地方と平年作あるいは豊作の地方があるのであって、自由な穀物取引は後者で前者を補うことによって飢饉を防止する、というのである。したがってスミスは、欠乏の年に下層民が「かれらの困窮の原因を穀物商人の貪欲」のせいにして襲撃することを、つぎのように嘆いている。たしかに穀物商人は、若干の農業者と契約を結んで「一定の年数にわたって一定量の穀物を一定の価格で供給するように決めている」[53]から欠乏の年には高利潤をうる。しかし、この高利潤は、穀物がいたみやすく、かつ価格の変動をうけやすいものであること、などから生ずる損失を補償するていどにすぎない。その証拠に、この商売だけで大財産がつくられたことはないし、欠乏の年には民衆の憎悪の的となるために、それは、製粉業者、製パン業者、ひきわり業者、穀物問屋、行商人などの下層商人にしかまかされていない、と。

スミスは、国内取引商人の利害は人民の利害と一致する、という命題を以上のように説明しているのであるが、さらに積極的に「農業者の営業については、穀物商人のそれのように多く、穀物の栽培に貢献する営業はない」[54]として、これ

までのヨーロッパの政策が農業者に穀物商業の兼業を強制して、その独立を禁止してきたことを非難している。スミスの主張によれば、農業からの穀物商業の独立は、第1に、流通費を節約して都市の住民に安い穀物を提供でき、第2に、農業者が自分の資本と労力のすべてを農業に投じて、それらを「もっとよく改良し耕作するために、もっと多くの家畜をかいもっと多くの使用人を雇用するのに」[55] 使うことができ、そして第3に、農業者を地主への依存から解放するのである。第1と第2の論点にはほとんど問題がないと思われるので、つぎに第3の論点についてのスミスの説明を引用しておこう。すなわち、穀物商人が独立して農業者とのあいだに恒常的な交渉が確立すると、農業者は「かれらの営業が……こうむりやすい諸事故のどれかがおこったばあいに、かれらは……富裕な穀物商人のなかに、かれらを支持しようという利害関心と、それをする能力との双方をもった人物を見出すであろう。そしてかれらは、現在のように、かれらの地主の忍耐やその執事の慈悲にまったく依存することはなくなるであろう」[56]。

　さて、スミスの重商主義批判の基本的な論点のひとつは、特定部門の保護は、その部門を肥大させ、資本と労働の自然的配分を歪める、ということであったが、これまでみてきたように、スミスによれば、農業保護政策はなんら農業を利せず、したがって農業を肥大させるものではないのである。これは、すでに本稿第1節でみたように、資本の自然的投下順序のなかでスミスが農業にあたえた特別の地位に対応するものであろう。スミスが、ヨーロッパの歩みの"転倒"を問題とするにあたって、ヨーロッパではなぜ農業が有利な投資対象になっていないかを問題にし、その原因として重商主義政策をあげ、その歴史的基盤を土地不足＝大土地所有制の存続にもとめていたことは、すでにみたとおりである。スミスが重商主義を批判し、産業活動の自由を主張するとき、かれは、この自由こそ、肥大した貿易部門その他から資本を農業や国内取引商業などへ導いて、産業の自然的構造を実現するものである、と考えていたのである。スミスによれば、産業活動が自由であるためには、その安全が保障されていなければならない。しかし、それも、イギリスではすでに解決ずみである。「自分自身の境遇を改善しようとする各個人の自然的努力は、自由と安全保障をもって活動するにまかせられているばあいは、……それだけで……、その社会を富と繁栄にいたらせることができる。

……グレート・ブリテンでは、産業は完全な安全保障をもっている。そしてそれは、完全な自由からほど遠いとはいえ、ヨーロッパでの他のどの部分においても、同じく自由であるか、それより自由である」[57]。スミスは、こうした認識によって、イギリス農業生産力の優位への自信をもち、産業活動の自由の拡大による商品交換のいっそうの展開が、地主の支配力をますます弱め、農業者の地位をいっそう高めていくことを展望したのだ、といえるだろう。ところで、このことは、地代は資本蓄積の進展につれて上昇するから、地主階級の利益は「社会の一般的利益と結びついている」という第1篇第11章の結論と矛盾しないだろうか？これは、大土地所有制の存続を認めたうえで、資本蓄積促進の観点から地主にどのような役割をふりあてるか、という問題でもあろう。この問題についてのスミスの考えは、『国富論』第5篇第2章の地代税に関する議論からうかがうことができるように思われる。

4

　スミスは、いかなる租税も、最終的には地代、利潤、賃金という3つの基本収入のいずれかから、あるいはそれらすべてから支払われることになるとして、あらゆる租税を検討するなかで、もっとも妥当な租税として地代税と官吏俸給税を、それらにつぐものとして奢侈品消費税をあげている。官吏俸給税は国家支出の節約にすぎないから、結局スミスがもっとも妥当と考えたのは地代税であり、それについで奢侈品消費税ということになろう。

　スミスが"妥当な"というばあい、そこには、地代税と奢侈品消費税以外のいかなる税も、いわゆる租税転嫁によって、結局はこれらの税に帰着する、という意味と、この2つの税以外の税はすべて悪税である、という意味の2つがふくまれている[58]。たとえば、すべての利潤への課税は資本を国外に流出させて産業活動の衰退をまねくから悪税であり、特定部門への課税は、それが農業利潤であれば、地代に転嫁されて地主の負担になり、製造業の利潤であれば製品価格への転嫁をつうじて消費者の負担になる、というわけである。その製造品が労働者の生活必需品であれば、労働力の再生産に支障をきたすことになり、悪税ということ

にもなる。この例からもうかがわれるように、租税を論ずるばあいのスミスの態度は、なによりもまず資本の蓄積を妨げない租税の探究ということであるが、これはまた、おのずから資本の蓄積を促進するような租税のあり方をさぐる、というより積極的な姿勢を生むであろう。スミスのそうした積極的な姿勢は、かれの地代税に関する議論のなかに認められる。

　スミスによれば、地代税には、地代が変化しても変らない固定的なものと地代の変化に応じて変るものとの2種類がある。これまでのイギリスの地租は前者であるが、スミスは、この種の税は、制定当初は公平であっても「時がたつにつれて、その国のさまざまな部分の耕作の改良と怠慢の度合のちがいに応じて」[59] 不公平になるから、租税の四原則、すなわち公平の原則、確実の原則、便宜の原則、最少徴収費の原則のうち公平の原則に反するうえに、地代の上下に応じて地主が得をしたり損をしたりし、貨幣価値の変動に応じて国家収入が増減するからひじょうに不安定であり、永続的国家にはふさわしくない、としてしりぞける。それゆえスミスがとるのは、地代の変化に応じて変る地代税である。まずこの種の税についてのスミスの絶賛の声をきいておこう。

> 「社会の状態がどんなに変っても、農業が進歩しても衰退しても、銀の価値がどんなに変っても……この種の税は、ひとりでに、……事物の現実の状態に容易に適応していくであろうし、これらすべてのさまざまな変化のなかにあって、ひとしく正当であり公平であるだろう。したがってこの税は、永久不変の一規則として、あるいはいわゆる国家の一基本法として制定するのに、〔固定的な地代税よりも〕はるかに適しているであろう」[60]。

地代の変化に応じて変る地代税を、スミスは、以上のように絶賛するのであるが、この種の税にもまったく問題がないわけではない。スミスは、それらの問題をあげて具体的な解決策を示しているのである。その1つは、固定的税に比して確定性が劣るのではないか、という問題である。スミスは、それについては「地主と借地人が連名でその借地契約を公共登記簿」[61] に登録することを義務づけ、隠匿や偽記には適当な罰金を科するようにすることで解決できる、としている。もう1つは、この種の税は、地代が上昇すれば税も上るのだから、地主の改良意欲を減退させるのではないか、という問題である。この問題にたいしては、スミ

スは、地主が改良をはじめるにさきだって、同数の、近所の地主と農業者からなる委員会をつくって公平な土地の評価をおこなわせ、地主が改良のために投じた「費用が完全に補償されるのに充分……な年数にわたって、この評価額にしたがって地主に課税することにすれば」[62] いい、と提案しているのである。以上のように、スミスによれば、地代の変化に応じて変る地代税が伴う問題はいずれも容易に解決可能なものばかりである。そればかりか、さらに積極的に、スミスは、この種の税は土地の改良と耕作の奨励に役立ちうる、と主張するのである。

　スミスが、この種の税は土地の改良と耕作の奨励に役立ちうる、というとき、およそ3つのことが考えられていたように思われる。第1は、スミスが、「主権者自身の収入の増大への関心から、主権者の注意を土地の改良にむけさせることは、この種の地租がめざす主要な利点の一つである」[63] といっていたことである。スミスによれば、主権者のこのばあいの役割は、地主と農業者に「かれらの利益をかれら自身のやりかたでかれら自身の判断にしたがって追求させること」と「かれら自身の勤労の報酬を充分享受させるというもっとも完全な安全保障をあたえること」および「かれの領土のすべての部分をつうじて水陸両路のもっとも容易で安全な交通を確立して、かれらの生産物全部にたいするこのうえなく広範な市場」[64] を提供することなどである。第2は、この種の税を操作することによって地主に自ら耕作するように奨励することができる、ということである。すなわち「地主が自分の土地の一部を自ら占有することを望むばあいは……税の穏当なひきさげが……認められていいだろう。……地主がかれ自身の土地の一部を耕作するように奨励するのは、重要なことである。かれの資本は一般に借地人のそれよりも大きく、劣った技倆をもってしても後者より多く生産しうる。地主はいろんな実験を手がける余裕があり、また概してこれをやりたがるものだ。……かれの成功した実験は、全国の改良と耕作改善に役立つ」[65]。第3は、この種の税を操作することによって農業者に不利な借地慣習をなくすことができる、ということである。たとえば、ある地主は、借地契約を更新するばあいに、地代をあげずに一時金をとることがあるが、これは、地主の浪費のために農業者の資本を大量に奪うものであるから、こうした一時金には、通常の地代税よりも重い税をかければいい、というのである。また、地主が借地人に「全借地期間にわたって特

定の耕作方法や特定の栽培順序を指定」[66]するばあいには、これを労役地代とみなして重税を課すればいいし、地主が現物地代を要求するばあいにも同様にすればいい、というわけである。

　さて、スミスの地代税に関する主張は以上のとおりであるが、本章の主題との関連で注意すべきは、スミスが第1に、地主を主要な税負担者としていること、第2に、地主の農業上の一般的役割を土地改良投資としていること、第3に、寄生的地主から進取の精神に富んだ耕作地主への転化を期待していること（ただし勤勉な借地農業者を追いださないかぎりで）、第4に、農業者の地主からの独立に地代税を利用することを主張していることなどであろう。なお、スミスが土地改良というばあい、それは「借地人の家を建築し補修すること……必要な排水や囲い込み、およびその他本来地主がつくり維持すべき高価な諸改良」[67]を意味している。

おわりに

　これまでみてきたことは、つぎのようにまとめることができるであろう。
　まずスミスは、第2篇第5章において、ヨーロッパで資本投下が自然的順序でおこなわれていないのは、農業が有利な投資対象になっていないからだとして、その理由を商工業優先の政策＝重商主義にもとめた。ついで第3篇第1章において、重商主義は、土地不足が農村と都市＝農業と商工業の自然な関係を破壊し、「富裕の自然的進歩」のコースをふみはずさせた結果だとした。そしてこの土地不足の原因は土地独占であるとして、その歴史的起源を封建的大土地所有制にもとめ、第3篇第2章以下では、封建的大土地所有制のもとで成立した都市＝商工業の発展が、結局は封建的大土地所有制を解体して農業生産力の発展をもたらしてきているとする。しかし、この封建的大土地所有制の解体は、領主が権力と権威を放棄してたんなる地主になったということであって、大土地所有制自体は存続しているのである[68]。したがってこの過程は、実際に農耕を営む者の側からすれば、農奴から自由な借地農業者への変化であって、小土地所有農民の成立ではない。スミスは、小土地所有農民が広汎に成立すると、土地市場への土地の豊富

な供給が地価を低下させて資本が農業に流入しやすくなると考えるが、地主制をただちに解体して小土地所有者を造出することを主張しているわけではない。そうした改革は、大きな混乱を生み、私的所有の安全を脅すと考えたのであろう。それよりもスミスは、大土地所有制や重商主義政策にもかかわらず、イギリスがヨーロッパのどこの国よりも富裕になってきた事実に目をむける[69]。そして、その理由として、イギリスでは、勤労の成果の享受＝私的所有の安全が完全に保障されており、産業活動が比較的自由であることをあげるのである。そこから、重商主義政策の漸次的撤廃＝産業活動の自由のいっそうの拡大、という政策的主張がでてくる。重商主義政策のおかげでえていた独占利潤の消滅とその部門での資本過剰の発生は、農業に資本が流れるための一条件になるだろう。農業にほんとうに資本が流れこむためには、農業者が地主から完全に独立していなければならない。商品交換の発展自体がこの独立をうながすが、国家も租税政策をつうじて農業者にたいする地主の支配を抑える必要がある。しかし、大土地所有という制限は依然として存在するわけで、それにもかかわらず農業における資本を豊富にするには地代の資本化をはかる以外にない。つまり、地主の土地改良投資と地主の耕作地主化の奨励である[70]。資本蓄積がすすむにつれて地代が上昇するから、地主階級の利益は「社会の一般的利益と結びついている」という第1篇第11章の主張は、地主の重商主義責任の免除とともに、地主階級を産業資本の蓄積の論理に従わせるための説得の論理でもあったといえるのではないだろうか。

1） これは、「アダム・スミスの地代論にかんする覚書」として佐賀大学教養部『研究紀要』第4巻（1972）に発表。【本書第Ⅰ部第2章として再録——編者注記】。
2） もちろんスミス地代論や農業論を論じたものは、多かれ少なかれ土地所有の問題にふれてはいる。しかし、『国富論』体系における土地所有の問題、あるいは蓄積論との関連での土地所有の問題をとりあげたものは、みあたらない。
3） 本稿では、スミスの議論にふくまれる理論上の誤りをいちいち論評しない。本稿の目的は、スミスの議論展開の筋をたどることを通じて、土地所有の問題にかんするスミスの態度をさぐりだすことである。
4） Adam Smith, *An Inquiry into the Nature and Causes of the Wealth of Nations, The Works of Adam Smith*, by Dugald Stewart, Reprint of the edition 1811-1812, Vol. 3, p. 59. なお以下 *W. o. N.* と略記する。水田洋訳『国富論』（上）、河出書房刊（『世界の

大思想』14および15)、312ページ。大内兵衛・松川七郎訳『諸国民の富』(2)（岩波文庫)、404ページ。
5) *Ibid.,* pp. 70-71. 水田訳（上)、317-318ページ。大内・松川訳 (2)、416-417ページ。
6) *Ibid.,* p. 73. 水田訳（上)、319ページ。大内・松川訳 (2)、419ページ。
7) *Ibid.,* p. 73. 水田訳（上)、319ページ。大内・松川訳 (2)、419ページ。
8) *Ibid.,* p. 75. 水田訳（上)、320ページ。大内・松川訳 (2)、421ページ。
9) 同上。
10) *Ibid.,* p. 76. 水田訳（上)、320ページ。大内・松川訳 (2)、422ページ。
11) *Ibid.,* p. 77. 水田訳（上)、321ページ。大内・松川訳 (2)、423ページ。
12) *Ibid.,* pp. 77-78. 水田訳（上)、321ページ。大内・松川訳 (2)、424ページ。
13) *Ibid.,* pp. 78-79. 水田訳（上)、321ページ。大内・松川訳 (2)、424-425ページ。
14) この点は『グラスゴウ大学講義』によくあらわれている。Cf. A. Smith, *Lectures on Justice, Police, Revenue, and Arms,* ed. by Edwin Cannan. 1896. とくに Part I の Division I, Division III.
15) *W. o. N., Works,* Vol. 3, pp. 80-81. 水田訳（上)、322ページ。大内・松川訳 (2)、427ページ。
16) 以上の引用はすべて *W. o. N., Works,* Vol. 3, pp. 81-82. 水田訳（上)、323ページ、大内・松川訳 (2)、428-429ページ。
17) *Ibid.,* p. 87. 水田訳（上)、326ページ。大内・松川訳 (2)、435ページ。
18) *Ibid.,* p. 90. 水田訳（上)、327-328ページ。大内・松川訳 (2)、439ページ。
19) *Ibid.,* p. 92. 水田訳（上)、329ページ。大内・松川訳 (2)、442-443ページ。
20) *Ibid.,* pp. 93-94. 水田訳（上)、329-330ページ。大内・松川訳 (2)、444ページ。
21) *Ibid.,* p. 94. 水田訳（上)、330ページ、大内・松川訳 (2)、445ページ。
22) 18世紀の後半に、大地主とジェントリ（中地主）とで全耕地の3/4前後を所有していたという。Cf. G. E Mingay, *English Landed Society in the Eighteenth Century,* 1963, pp. 19-26.
23) *W. o. N., Works,* Vol. 3, p. 98. 水田訳（上)、332ページ。大内・松川訳 (2)、450ページ。
24) *Ibid.,* p. 109. 水田訳（上)、337ページ。大内・松川訳 (2)、464ページ。
25) *Ibid.,* pp. 109-110. 水田訳（上)、338ページ。大内・松川訳 (2)、465ページ。
26) *Ibid.,* p. 112. 水田訳（上)、339ページ。大内・松川訳 (2)、468ページ。
27) *Ibid.,* p. 113. 水田訳（上)、339ページ。大内・松川訳 (2)、469ページ。
28) *Ibid.,* p. 114. 水田訳（上)、340ページ。大内・松川訳 (2)、471ページ。
29) *Ibid.,* pp. 115-116. 水田訳（上)、340-341ページ。大内・松川訳 (2)、476ページ。
30) *Ibid.,* p. 119. 水田訳（上)、342ページ。大内・松川訳 (2)、476ページ。

31) このパラグラフの引用はすべて *Ibid.*, p. 119. 水田訳（上）、343ページ。大内・松川訳 (2)、476-477ページ。
32) *Ibid.*, p. 125. 水田訳（上）、345-346ページ。大内・松川訳 (2)、483-484ページ。
33) *Ibid.*, p. 127. 水田訳（上）、347ページ。大内・松川訳 (2)、487ページ。
34) *Ibid.*, pp. 125-126. 水田訳（上）、346ページ。大内・松川訳 (2)、484ページ。
35) 第3篇については、すでに和田重司氏の論稿（「『国富論』における基礎理論と歴史分析」『大阪経大論集』第51号）があり、以上の整理は屋上屋を架した感がないでもない。しかし、以上の整理は、資本蓄積と土地所有という、和田氏とはやや異なった観点からのものである。
36) *Ibid.*, pp. 130-131. 水田訳（上）、349ページ。大内・松川訳 (2)、491ページ。
37) このパラグラフの引用はすべて *Ibid.*, pp. 131-132. 水田訳（上）、349-350ページ。大内・松川訳 (2)、491-493ページ。
38) *Ibid.*, p. 206. 水田訳（上）、390ページ。大内・松川訳 (3)、85ページ。
39) *Ibid.*, p. 134. 水田訳（上）、351ページ。大内・松川訳 (2)、495ページ。
40) *Ibid.*, p. 138. 水田訳（上）、353ページ。大内・松川訳 (3)、5ページ。
41) *Ibid.*, p. 183. 水田訳（上）、377ページ。大内・松川訳 (3)、53ページ。
42) もちろんリカードウの比較生産費論と同じではない。
43) スミスの農業保護政策の論理が工業保護政策のそれと異なる点をはじめて問題にされたのは、おそらく羽鳥卓也氏であろう。羽鳥卓也『古典派経済学の基本問題』未来社、1972年、補論Ⅰ。
44) *W. o. N., Works*, Vol. 3, p. 186. 水田訳（上）、379ページ。大内・松川訳 (3)、62ページ。
45) *Ibid.*, p. 187. 水田訳（上）、379ページ。大内・松川訳 (3)、62-63ページ。
46) *Ibid.*, pp. 264-265. 水田訳（下）、11ページ。大内・松川訳 (3)、157ページ。
47) *Ibid.*, p. 275. 水田訳（下）、15ページ。大内・松川訳 (3)、170ページ。
48) *Ibid.*, p. 268. 水田訳（下）、11ページ。大内・松川訳 (3)、162ページ。
49) *Ibid.*, p. 269. 水田訳（下）、12ページ。大内・松川訳 (3)、163ページ。
50) *Ibid.*, p. 275. 水田訳（下）、15ページ。大内・松川訳 (3) 170ページ。
51) *Ibid.*, p. 279. 水田訳（下）、17ページ。大内・松川訳 (3)、174ページ。
52) *Ibid.*, p. 294. 水田訳（下）、21ページ。大内・松川訳 (3)、193ページ。
53) *Ibid.*, p. 297. 水田訳（下）、23ページ。大内・松川訳 (3)、196ページ。
54) *Ibid.*, p. 306. 水田訳（下）、28ページ。大内・松川訳 (3)、206ページ。
55) *Ibid.*, p. 304. 水田訳（下）、27ページ。大内・松川訳 (3)、204ページ。
56) *Ibid.*, p. 305. 水田訳（下）、27ページ。大内・松川訳 (3)、205-206ページ。
57) *Ibid.*, pp. 319-320. 水田訳（下）、35ページ。大内・松川訳 (3)、229-230ページ。

58) この点の指摘は、高島善哉『スミス《国富論》』春秋社、1964年、369ページ。
59) W. o. N., Works, Vol. 4, pp. 259-260. 水田訳（下）、243ページ。大内・松川訳（3）、245ページ。
60) Ibid., pp. 269-270. 水田訳（下）、248ページ。大内・松川訳（3）、256ページ。
61) Ibid., p. 264. 水田訳（下）、245ページ。大内・松川訳（4）、250ページ。
62) Ibid., p. 268. 水田訳（下）、247ページ。大内・松川訳（4）、255ページ。
63) Ibid., p. 268. 水田訳（下）、247ページ。大内・松川訳（4）、255ページ。
64) Ibid., p. 269. 水田訳（下）、247ページ。大内・松川訳（4）、256ページ。
65) Ibid., p. 266. 水田訳（下）、246ページ。大内・松川訳（4）、253ページ。
66) Ibid., p. 265. 水田訳（下）、245ページ。大内・松川訳（4）、252ページ。
67) Ibid., p. 429. 水田訳（下）、331ページ。大内・松川訳（5）、46ページ。
68) このスミスの把握は、コミューテーションをつうじてなしくずし的に領主が地主化していったイギリスの歴史過程のスミスなりの理解であろう。
69) スミスが「当時のイギリスの財産関係をうけいれた」（Eli Ginzberg, *The House of Adam Smith*, 1964, p. 35）のは、こうした歴史的事実の認識にもとづいている。
70) このスミスの地主論を、ステュアートやのちのマルサスのそれと比較すると興味深いであろう。

第4章　アダム・スミスの土地所有論

はじめに

　18世紀のイギリスは、原始蓄積と産業革命（前半）の時期である。他方、大土地所有制もまたその強固な基礎をきずき、政治的、社会的に、大きな影響力をもった時期である[1]。この2つの側面、つまり資本の蓄積と土地所有との関係を、アダム・スミスは、どのように考えていただろうか。

　周知のように、スミスは、『国富論』において、資本家、賃金労働者、地主という三階級の調和ある発展を展望した。したがってスミスには、リカードウにみられるような、資本と土地所有の対立はない、とされている。しかしスミスは、農業保護政策をその一環とする、いわゆる重商主義政策にたいする、ほぼ全面的な批判者であった。農業保護政策を批判し、リカードウのような対立もないとすれば、そこには、資本と土地所有についてのスミスに固有のおさえ方がなければなるまい。しかも資本と土地所有の対立は、リカードウとマルサスの段階ではじめて顕在化したわけではなかったのである。

　この両者の対立は、1750年を境に、穀物価格が傾向的低落から上昇に転ずる[2]と、しだいに明瞭になってくる。とりわけ七年戦争のはじまった1756年とその翌年の騰貴はいちじるしく、各地に暴動をひき起こしたほどで、それを機に穀物価格をめぐる活発な論争が起こってくるのである[3]。スミスが『国富論』で大いに利用しているチャールズ・スミスの『穀物貿易と穀物法にかんする三論説』（1766年。第一論説は1758年）は、この論争の産物であった[4]。またジェイムズ・ステュアートも、1969年の『ラナーク州の利害にかんする諸考察』のなかで、つぎのように書いていたのである。「一般的にいってこの王国における、また特殊的に

はこの州における、二大階級は、土地につながる人々と商工業につながる人々である。だが悲しいことには、両者は、あまりにもしばしば対立しあっている」[5]。ステュアートは、このような現状認識に立って、一方で近代社会における地主の積極的役割を確定してブルジョワジーと地主の相互依存関係をあきらかにし、両者が原理的には対立しないことを説きつつ、他方でより具体的に、穀物法に加えて公営穀物倉庫等の市場統制策を用いて、穀物の需給と価格の安定をはかることにより、両者の対立を解消しようとしたのであった[6]。

以上のように、資本と土地所有の対立は、スミスが『国富論』を準備していたとき、すでに鋭い現実の問題となりつつあったのである。緻密な観察者スミスは、当然この問題を視野に入れていたはずである。三階級の調和ある発展の展望は、この問題にたいするスミスなりの処方のうえでのもの、と考えられるのである。スミスの処方は、どのようなものであったか。以下、地代論から政策論にいたるまでの、スミス土地所有論の基本構造をあきらかにすることにつとめてみたい[7]。

1 スミスの地代「範疇」

資本と土地所有の関係の原理的解明は、地代論の課題である。そこで本節と次節とで、スミス地代論の基本的な論理と特徴とをあきらかにしたい。まず本節では、スミスの地代「範疇」の検討を行う。

周知のように、『国富論』のなかには、地代の発生と源泉にかんする、つぎのような、互いに矛盾するかにみえる、3つの規定が認められる。

第1規定。地代は「ある国の土地がすべて私有財産になってしまう」ことによって発生するもので、労働者が「収集または生産したものの一部」であり、賃金、利潤とならぶ商品価格の第3の構成部分である[8]。

第2規定。地代は、土地独占のもとでの土地使用の価格であって、独占価格である。すなわち地主は、賃貸借にあたって、資本プラス「近隣地方における農業資財の通常の利潤」＝「借地人が損失者になることなしに満足しうる最少の分前」＝個別的生産価格以上を借地人に残さないのであって、これは、「土地の大部分がそれだけで貸しだされる」自然地代である。つまり地代は、資本プラス通常の

利潤をこえた超過分であり、通常価格＝市場価格がそれをこえるかどうかは需要に依存する。それゆえ地代の高低は、賃金、利潤と異なって価格の高低の結果である[9]。

　第3規定。地代は、地主が農業者に貸した「自然のある力の生産物」であって、その力の大きさに、すなわち「その土地の自然の、あるいは改良による肥沃度……に応じて、大きかったり、小さかったりする。……それゆえ農業に使用される資本は、製造業に使用される等しい資本……よりも、活動させる生産的労働の量が大きいだけでなく、またそれが使用する生産的労働の量の割合からいっても、その国の土地と労働の年々の生産物に……はるかに大きな価値をつけ加えるのである」[10]。

　みられるとおり、この3つの規定のあいだには、つぎのような矛盾を認めることができる。1つは、第1規定では、賃金、利潤、地代がまったく対等に扱われて価格の構成部分とされているのに、第2規定では、地代は、市場価格が個別的生産価格[11]をこえたばあいに発生する第二次分解部分とされていることである。もう1つは、地代の内実が、第1規定では、労働生産物とその価格の一部とされているのに、第2規定では、需要による価格の超過分とされ、第3規定では、自然の産物とされていることである。これらの矛盾は、弁護の余地のないものにみえるけれども、わたくしは、それらの諸規定の『国富論』体系のなかでの位置に注目して、以下のように解すべきであろうと考える。

　まず第1規定について。この規定は、第1編第6章「諸商品の価格の構成諸部分について」にあるものである。いうまでもなく『国富論』第1編の課題は、生産力発展の基本的モメントが分業の発展であることをあきらかにし、発展した生産力の成果が、どのように諸階級のあいだに分配されていくか、をあきらかにすることであった。そのばあいスミスは、分業の発展が商業社会を生みだすこと、そしてその商業社会が、労働力商品所有者、資財所有者、土地所有者を三大基本階級とする社会であること、したがって諸階級への分配は、商品交換をとおして以外にはありえないこと、以上の諸点を念頭においていたのである。第1編の展開が、分業→貨幣→価格→賃金・利潤・地代となっているのは、以上の課題と認識によるものである。価格論のなかにでてくる第1規定は、そうした文脈のなか

で理解されるであろう。つまり総生産物が価格関係をとおして賃金、利潤、地代の形をとって三大階級に帰属すること、このことをあきらかにすることが第6章の課題だったのであり、そのかぎりでそれらは、対等に取り扱われていたのである。なおスミスは、当時、賃金、利潤、地代が相互に混同されていたことをあげ、混同の基盤が耕作地主、自作農、独立小生産者などにあることを指摘しているが、このように、スミスが、いわば資本主義のもっとも進んだ地点に身をおいて社会の諸事象をみていたことに注意しておきたい。

さて、第1規定の内容にかんしては、ここでは、さらにつぎの2点を確認しておきたい。第1は、第1規定でスミスが語っていることは、土地の私的所有の一般的成立が地代成立の基礎的条件だということと、地代の内実が労働生産物とその価格の一部分だということであるが、これは、きわめて抽象的な規定である、ということである。第2は、ここでいわれている土地の私的所有は、すべての土地の私的所有であり、しかも多数の者の土地所有からの排除が前提されている、つまり土地独占だということである。以上のことを確認して、つぎに第2規定に進もう。

第2規定は、第1編第11章「土地の地代について」にあるものである。『国富論』体系のなかで、スミスがこの章に与えた課題は、資本蓄積にともなって地代がどのように運動するか、を解明することであった。ここでは、資本蓄積にともなう地代の発生と増減が、個別にそくして、具体的に考察されている。つまり抽象的な第1規定にたいして、第2規定は、より具体的な規定なのである。第2規定の核心的な部分は、地代が発生するのは、市場価格が個別的生産価格をこえたばあいであり、したがって地代は、賃金、利潤とは異なって価格の二次的分解部分である、ということである。これは、資本制地代の本質=資本に規定された土地所有を表現するものであろう。なお、地代は、土地使用の独占価格である、という表現は、地代が第1規定のところで確認した土地独占にもとづくことを意味するにすぎず、かつてオッペンハイマーらが考えたような独占地代[12]を意味するものではない。地代が独占価格であることを説明するにあたって、スミスは、スコットランドのケルプや漁業を例にあげているけれども[13]、これは、地代は、土地改良等に投下された資本の利潤や利子とは区別さるべきもので、土地所有そのも

のから生ずる、ということを説明するためであって、生産物の価値規定をゆがめる事例としてだしていたのではない。そうした本来の独占地代については、上質のぶどう生産地の例をあげて別に論じており、ここの独占価格という表現は、たんに土地独占にもとづくということを意味するにすぎず、中味は、「土地の大部分がそれだけで貸しだされる」自然地代、つまりさきにみた資本制地代なのである。

　ところでこの自然地代は、市場価格と個別的生産価格の差額[14]であって、差額地代と絶対地代の両形態を含むものである。かかるものとしての自然地代は、当然その現実の存在においては、これら両形態の性質を示すであろう。たとえば「土地の地代は、その生産物がなんであろうとその肥沃度によって、またその肥沃度がどうであろうとその位置によって変動する」[15]というとき、これは、差額地代にかかわる認識を示す[16]。他方、地代は、土地使用の独占価格である、というとき、これは、土地独占のもとでは、いかなる土地を使用するばあいにも地代を支払わなければならず、したがってある土地が利用されているかぎりは、その土地の生産物の価格が地代を支払いうる高さであるはずだ——スミスは、その理由をさしあたり需要にもとめているが、それがたんなる需要論でないことは、次節において示す——という認識を示す。これは、絶対地代にかかわる認識であろう[17]。もちろんスミスには、差額地代と絶対地代の概念はない。あるのは、いわば、それら両形態の属性の認識なのである。地代は、一方で零となるばあいがあるとともに、他方では絶対に零とはなりえない。スミスが、土地生産物を、つねに地代を支払いうるものと、ときには支払い、ときには支払わないもの、とにわけたのは、以上のような、資本制地代の両形態の属性の認識にもとづくと考えられるのである。

　最後に、第3規定を検討しよう。この規定は、各産業間の資本の効率を比較して資本投下の自然的順序を論じた第2編第5章にあるものである。ここでスミスが資本の効率を計測する基準としたものは、資本の安全性を別とすれば生産的労働の雇用量と労働の価値生産性である。この2点で比較して、スミスは、資本の効率は、農業においてもっとも高い、というのであるが、その理由は、商工業と異なって、農業には平均利潤以上に地代が発生するからであり、それは、農業に

おいては「自然が人間とともに労働する」からだ、というわけである。スミスは、しばしば「土地と労働の生産物……」といういい方をしており、ペティの殻を完全に脱しきれていないことはたしかである。しかしここでは、自然の仕事という認識が、地代は土地の肥沃度に応じて変化する、という差額地代にかかわる認識と結びついてでてきていることに注目したい。つまりこれは、独占されうる「一自然力の利用と結びついた、労働の自然発生的生産力の増大」[18] の認識につうずるものであろう。地代の内実は、第1規定にあるように、このばあいもまた、労働生産物とその価格の一部分であることに変りはないのである。

さて、以上の3つの規定の検討から、スミスが明瞭に資本制地代＝資本に規定された土地所有を把握していたことがあきらかになったであろう。土地所有が資本に規定されるとは、土地所有が無になることではない。いぜんとして資本にとって外的な、しかし前提的存在として、剰余価値および剰余生産物にたいする分前を主張しつづけるのである。資本蓄積にともなう土地利用の増大は、かかる土地所有の要求を容認しつつ、土地所有を資本の論理に従わせていく過程である。スミスの地代「範疇」は、資本と土地独占のかかる関係を表現していたもの、といえよう。

2　資本蓄積と地代

前節で指摘したように、第1編第11章の課題は、資本蓄積にともなう地代の運動＝増進の解明であった[19]。本節では、この問題にかんするスミスの議論を検討する。

スミスは、まず土地生産物を「つねに地代を提供する」もの＝食料と、「ときには地代を提供し、ときには提供しない」もの＝工業原料とにわける。スミスが、食料の生産はつねに地代を提供する、と主張する論拠は、食料生産地の地代を扱った第11章第1部の冒頭では、人間は、他の動物と同様に「かれの生存の手段に比例して自然に増加するものであるから、食料は、つねに多かれ少なかれ需要されている」[20] という人口論的、需要論的説明になっている。しかしそれが、たんなる需要論ではなく、資本蓄積に規定されたものであることは、以下の行論であ

きらかになるであろう。

　まず食料生産地の地代からみていこう。スミスによれば、食料は、植物性食物と動物性食物とからなり、それらを生産する土地は、相互に利用転換が可能であるから、そこには以下のような関係が認められる。すなわち農業が初歩的な段階では、「農村地方の圧倒的大部分を占める未改良の荒地がすべて家畜」に使用されるから「パンより多くの食肉があり、したがってパンは、それをもとめて最大の競争が行われる食物」で最大の価格をもつが、やがて耕作が拡大されて荒地が減少すると、食肉に比してパンが相対的に多くなり、食肉価格のパンにたいする相対価格は大きくなる。この食肉価格のパンにたいする相対価格がある点まで上昇すると、耕地の牧場への転換が行われるが、この転換が生ずる点は、食肉価格が、家畜の飼育労働だけでなく、その土地を耕地として使用したばあいに生じたであろう地代と借地農業者の利潤とを支払うに充分な点である[21]。スミスは、イングランドでは、1世紀以上まえに食肉価格がこのような点に達した、という[22]。そしてこのような土地の利用転換がなされると、転換された改良地で生産された食肉価格が市場調節価格になるから、未耕の放牧地にも地代が発生し、かくして「改良がすすむ過程で、未改良の牧草地の地代と利潤が改良されたそれの地代と利潤によって、また後者は、穀物の地代と利潤によって」[23] 規制されるようになる。スミスによれば、この論理は、独占地代を生むような特別な作物は別として、大部分の植物性食物と穀物とのあいだにも妥当する。要するに、農業地代は、人間の主要食物を生産する土地の地代によって規制される[24] のである。

　土地利用の相互転換と地代の関係を以上のようにおさえると、農業地代の増進の問題は、人間の主要食料を生産する土地の地代の増進がいかに行われるか、という問題に帰着するであろう。この点にかんするスミスの説明は不明瞭であるけれども、断片的な叙述から、スミスの考えは、およそつぎのようなものと考えられる。第1は、限界地耕作の進展である。スミスには、収穫逓減の考えは認められないが、ターンパイクの建設が僻遠の諸州の耕作をすすめるにつれて、ロンドン近隣の耕地の地代が上昇した事実をあげている。第2は、生産性向上をともなう追加投資による差額地代第二形態の増大である。たとえばスミスは、農業改良によって「ふつうの土地が、同一または同一にちかい耕作によって、もっとも肥

沃な土地が穀物を生産するよりも、はるかに多量に生産し」[25]うる植物性食物を主食に導入するならば、単位面積当り人口扶養力と地代とがともに増大するであろう、としてその例を、すでに下層階級の重要な食料になりつつあった馬鈴薯にもとめているのである。以上の2要因のうち、スミスが力点をおいたのは、後者であったように思われる。というのは、スミスは、農業改良を、基本的には労働生産性の向上をともなうものとしてとらえており、他方では、穀物価格を、長期的には低落傾向にあるとはいえ、かなりの期間にわたっては硬直するもの、ととらえていたからである。ここには、集約的耕作を推進して生産性を高める追加投資という、当時の農業革命＝囲い込みの性格が反映している、といえよう。これはまた、スミスの借地期間長期化の主張にも対応している。

つぎに、工業原料となる土地生産物の地代の検討にすすもう。スミスの主張は、つぎのとおりである。

「諸国の人口は、それらの国の生産物が衣服と住居を与えうる人々の数に比例してではなく、それが扶養しうる人々の数に比例して多いのである。食物が与えられているばあいには、必要な衣服と住居をみつけることは容易である。けれども、後者が手中にあるとしても、食物をみつけることは、しばしば困難でありうる」。たとえば、未開な国民は、その国民の99％を食料生産にふりむけている。だが「土地の改良と耕作によって、1家族の労働が2家族の食物を供給しうるばあいには、その社会の半分の労働で全体に食物を供給するのに充分になる」。したがって残りは、「人類の他の欲求や嗜好を満たすのに使用されうる」[26]。しかも、食料については、人間の胃袋の制限があるが、住居、衣服、調度品、装飾品等にはそうした制限がなく、質的にも量的にも需要の拡大は無限である。したがってそれらの原料たる土地生産物への需要は、これまた質的にも量的にも増大していかざるをえず、それらを生産する土地に、牧場地代、森林地代、鉱山地代等の地代が発生・増大する。かくして「食物は、地代の本来の源泉であるだけでなく、土地の生産物のうちで、のちに地代を提供するようになる他のすべての部分は、その価値のその部分を、土地の改良と耕作による、労働が食物を生産する力の改良から、ひきだすのである」[27]。

みられるとおり、スミスは、工業原料を生産する土地の地代の発生と増大を、

農業生産力の発展を軸とする社会的分業の発展によって説明している。食料生産地がつねに地代を生むことについての、人口論的、需要論的説明の中味が、農業における資本蓄積＝生産力の上昇を基点とする社会的分業の発展＝国内市場形成論＝資本蓄積に規定された需要論であったことは、あきらかであろう。これは、第3編の「富裕の自然的進歩」の論理に照応する。

ところで、以上のスミスの議論から、社会的分業は、これまで商品生産ではなかった土地生産物の生産を商品生産化し、たえず需要を高めることによって、それら土地生産物の穀物にたいする相対価格を高め、結局一般的物価騰貴をまねかないだろうか、という問題が生ずる。スミスは、第2章第3部をこの問題の解明にあてているのである。そこでスミスは、まず「過去4世紀の過程における銀の価値の変動にかんする余論」という長大な余論をもうけて、貨幣材料の需要増大にともなう銀価値の上昇が長期的な趨勢であり、それが、諸物価を低める方向に作用してきたことを証明する。ついで土地生産物への生産力上昇の影響を、人間の労働が増加させえないもの、その効果が限られているもの、増加させうるもの、についてそれぞれ考察し、最後にそれらを原料とする製造業について、結論的につぎのようにいう。「ほとんどすべての製造品の実質価格を、しだいに減少させるのが改良の自然の結果である。製造業の仕事の実質価格は……例外なく減少するであろう」[28]。したがってこの製造業の改良の影響は、蓄積の進展にともなう賃金上昇を償って余りあるものであり、原材料の価格の若干の騰貴をも、例外的に大幅に騰貴した木材を除けば、充分に償うものである、と。

さて、以上のように推論してきたスミスの結論は、つぎのとおりである。すなわち「社会の諸事情におけるあらゆる改良は、直接あるいは間接に、土地の実質地代をひきあげ、地主の実質的な富、他人の労働あるいは労働の生産物にたいする購買力を増大させる傾向がある」。それゆえ地主階級の利益は「社会の一般的利益と密接不可分に結びついている」[29]。ところが、ここに問題が生ずる。というのは、この地主階級は、スミスによれば、「3つの階級のなかでただひとつ、その収入のために自分たちの労働も配慮もついやさない階層であり」怠惰と無知におちいりやすいのである[30]。これは、勤勉なスミス的人間像にはそぐわないものであろう。またかかる地主階級は、増大する地代を不生産的に費消しがちであ

り、このことは、第2編の、資本蓄積によって生産的労働の不生産的労働にたいする比率を高める、という主張に対立するであろう。それでは、この問題にたいして、スミスは、どのように対処していただろうか。しかし、それをみるまえに、つぎに、スミスによる土地所有の歴史的考察をみておきたい。

3 土地所有の歴史的把握

『国富論』の第1編と第2編は、ふつう基礎理論とされている。しかしそれらは、たんに基礎理論であるだけではなく、私的所有の安全、自由な営利活動と競争等を前提した、いわば理想的な資本制蓄積を描いた部分でもある。これまでみてきたように、そうした部分で、資本に規定された土地所有が、土地独占を前提しての資本蓄積が、語られていたのである。そうしたことを可能にした、スミスの土地所有にかんする歴史的考察は、どのようなものであったのだろうか。以下、第3編を中心に、この問題を検討する[31]。

スミスは、第2編第5章の末尾で、第3編と第4編の課題を、つぎのように自らに課した。もし一国において資本が充分にないばあいには、まず農業に集中的に資本を投下して農業生産力をあげることが富裕になる近道であるが、イギリスやヨーロッパでは、多くの未耕地や未改良地が残っているにもかかわらず、そうなってはいない。その理由は、ヨーロッパの諸政策が、農村よりも都市の諸営業、とくに外国貿易を有利にしており、農業が有利な投資対象になっていないからである。なぜそうした諸政策がとられるようになったのか、以下の2編でこの問題の解明につとめる、と。第3編は、この問題の歴史的基盤の解明と、そうした諸政策のもとでのヨーロッパ諸国の富裕の進歩のしかたとその到達点との解明にあてられたものである。ここではじめて、ヨーロッパ諸国に特有な富裕の進歩のしかたとのかかわりにおいて、土地所有の歴史的考察が行われるのである。

そこでまず、スミスは、富裕の自然的進歩の法則をつぎのように主張する。すなわち制度的妨げがなければ、資本は、その安全と魅力に満ちた田園生活をもとめてまず農業にむかっていき、農業生産力が高まると、農工が分離して都市ができ、農村と都市との相互互恵的交換が発展するが、そのばあいには都市の成長は、

農業生産力に規定される、と。ところがスミスは、土地不足がこの法則をゆがめ
てしまう、という。すなわち、未耕地が容易に手に入る北アメリカ植民地では、
「手工業者が、近隣の農村に供給するために自分の事業を営むのに必要なよりも
少し多い資財を獲得すれば」それを未耕地の購買と耕作に投下するのにたいして、
未耕地が容易に手に入らない国では、同様の「資財を獲得した手工業者はすべて、
仕事をもっと遠隔地への販売に適するように」[32]整備する。そうすると問題は、
多くの未耕地や未改良地のあるヨーロッパ諸国で、なぜ土地不足が生じたのか、
ということになるであろう。スミスの答えは、大土地所有制であるが、この大土
地所有制は、そのもとでの社会的分業の進展に応じて、その歴史的形態を変えて
きているのである。スミスの展開は、つぎのとおりである。

　まずスミスは、ヨーロッパにおける大土地所有制の起源を、民族大移動によっ
て生じた封建的大土地所有制にもとめる。そのとき、土地は、生存手段である と
ともに権力手段と考えられ、ローマの分割相続が廃止されて長子相続や限嗣相続
が導入され、かくして大土地所有制は永続的となった。やがて封建法が導入され
て国王と領主の対立が発展し、他方で、遍歴商人や職人の集り——萌芽的農工商
分業——が自由都市へと発展するにつれて、農奴は分益借地人へと地位を上昇さ
せていく。この自由都市は「農村の土地占有者があらゆる種類の暴力にさらされ
ているときに確立された」[33]のだから、勤勉な農民の手に蓄積された資本は、都
市に流れていき、自由都市は必然的に遠隔地商業と結びつく。かくして「外国貿
易の子孫」としての製造業が都市を中心に発展する。ところがこの自由都市の発
展は、つぎの3つの点で農村に作用を及ぼし、農業改良をうながす。すなわち第
1は、農産物の大市場となることによって、第2は、商人が土地を買って地主に
なり——スミスは、最良の改良家になるという——土地改良を行うことによって、
第3は、農村に、秩序とすぐれた統治と個人の自由と安全とを導入することによ
って。すなわち、スミスによれば、外国貿易や製造業のないばあいには、大土地
所有者は、その地代収入を多くの従者、寄生者、土地占有者の扶養にあてていた
が、外国貿易や製造業は、「かれらの土地の余剰生産物と交換できて、借地人ま
たは従者と分かちあわずに」[34]自分だけで消費しうるものを提供した。かくして
大土地所有者は、地代収入の大部分を自分だけで使える奢侈品に注ぎ込むように

なり、したがって封建家臣団は解体され、隷農の数も減らされ、封建的大土地所有者は、権力と権威を手放すようになった。そして、さらに奢侈が増大すると、大土地所有者は、借地人に地代のひきあげを要求したが、長期借地契約とひきかえにしか認められず、ここに本来的借地農業者が成立し、農業生産力の発展にもとづく「農業の子孫」としての製造業が成立してくる。

　封建制解体過程についてのスミスの説明は、以上のとおりである。このスミスの説明の特徴は、封建制の解体を、一方で、領主がたんなる地主になり、他方で、農奴の一部が独立で自由な借地農業者になる過程としていることである。したがって、封建制が解体しても、大土地所有制＝土地独占は、いぜんとして存続しているのである。スミスは、この大土地所有制の存続こそ、北アメリカ植民地と異なって、土地の供給を妨げて地価を高くし、小資本で土地を購入することを不利にしている、としていたのである。資本蓄積につれて地代が上昇し、利子率が低下すれば、土地価格は騰貴する。スミスは、第2編第4章では、土地価格は利子率に依存する、としていたのである。しかしここでは、スミスの攻撃は、もっぱら土地独占にむけられている。それでは、スミスは、土地分割による小土地所有者の創出を主張していたのだろうか。

　たしかにスミスは、北アメリカのようなことは、「ヨーロッパあるいは、すべての土地がずっとまえから私有財産であったいかなる国においても、不可能である」[35]が、均分相続がとられれば、土地供給も豊かになって地価も下がり、小資本での土地購入が容易かつ有利になるだろう、と述べている。しかしスミスは、そうしたことは「オーシアーナかユートピアでそこにいつか実現されると期待するようにばかげている」[36]と考えたように思われる。これは、完全な自由貿易の見込について語られたことばであるけれども、このオーシアーナこそ、土地所有に制限をもうけた農地法をもち、ヒュームがそれを実施不可能と批判していたものだったのである[37]。したがってスミスは、多くの未耕地があるとはいえ、「イングランドのヨーマンリは、法がなしうる最大限に、安全かつ尊敬すべきものとされ」ており、「イングランド以上の奨励を農業に与えて」[38]いる国はない、また「小土地所有者については富裕で大きな借地農業者が、あらゆる国において主要な改良者である。おそらくヨーロッパのいかなる王国にもまして、イングラン

ドには、このような者が多くいる」[39]というふうに、転倒した道を歩んだヨーロッパ諸国のなかでは、相対的に優位に立っているイングランドの現実を承認することになる。そこでは、土地独占が存在しているとはいえ、さきにみたように、農業生産力の発展にもとづく「農業の子孫」としての製造業が成立してきていたのである。つまりスミスは、封建制がすでに過去のものとなったイングランドの現実のなかに、富裕の自然的進歩にそった力づよい発展の芽を認めて、大土地所有制を、資本蓄積がそこにおいて展開されねばならぬ、また展開しうる、歴史的前提としてうけとめ、農業生産力のいっそうの発展を「富裕で大きな借地農業者」＝資本制農業に期待したのであった。さきにみたスミスの地代論は、このような歴史的認識に支えられていたのである。

4　土地所有にたいする政策

　これまでみてきたことから、スミスの政策的課題は、つぎの2つになるであろう。第1は、いかにして土地所有を資本の規定のもとに徹底しておくか、であり、第2は、資本蓄積の進展にともなって増大する地代を、いかにして怠惰な地主の浪費にまかせないで資本に転化するか、である。以下、この2つの課題にたいするスミスの処方を、農業保護政策＝穀物法批判と租税論のなかに探ってみよう。
　まず農業保護政策批判について。周知のように、重商主義政策を批判するばあいのスミスの論理は、第1に、特定産業の保護は、その部門の肥大化をまねき、資本と労働の自然の配分をゆがめる、ということであり、第2に、一種の比較生産費論[40]であった。ところが農業保護政策にたいするスミスの批判は、それとは異なり、それが保護しようとする地主や借地農業者になんらの利益を与えるものではない、というのである。なぜか。まず輸入抑制策は無意味だ、としてスミスは、つぎのようにいう。すなわち製造品に比して農産物は、量がかさばるために輸送費が大きく、しかも進んだ国とおくれた国とのあいだの生産費格差は小さいから、輸入を完全に自由にしても、輸入はごく少量にとどまり、大ブリテンの農業にはなんら恐るべき影響を与えないであろう。それでは、輸出奨励金制度についてはどうか。スミスによれば、輸出奨励金制度は、国内市場における穀物価

格を恒常的に高める作用をもつゆえに、第1に、賃金を高め、第2に、牧草地その他の穀作地への転換をうながし、羊毛等の工業原料や馬などの交通手段を騰貴させ、結局一般的物価騰貴をまねいて、地主と借地農業者をふくむ国民の実質収入の低下をもたらす。しかもそれは、国内市場では穀物価格を高めるのに、外国市場では低下させるから、わが国の産業にたいして外国の産業を有利にするものである[41]。スミスは、以上のように農業保護政策を批判し、それによって利益をえたのは、仕事がふえた穀物貿易商人だけだ、というのである。地主や借地農業者が農業保護政策を導入したのは、商人や製造業者をまねたにすぎないのである。

ところでスミスは、農業保護政策を論じたところに余論を設けて、穀物商業論を展開している。行論の関係上、重要な論点を含んでいるので、ここでそれをみておきたい。

スミスによれば、自由な穀物商業、とりわけ国内取引商業は、穀物価格の調節によって、季節的商品たる穀物が年間をつうじてうまく供給されるようにし、豊年と凶年、豊作地と凶作地のあいだのバランスをとるようにするから、国内取引商人の利害は人民の利害に一致し、またそれほど「穀物の栽培に貢献する営業はない」[42]のである。なぜかというと、農業からの穀物商業の分離・発展によって、第1に、流通費を節約して都市の住民に安い穀物を供給できるようになり、第2に、借地農業者が自分の資本と労力のすべてを農業に投ずることができるようになり、第3に、借地農業者が地主に依存しなくてもいいようになるからである。この3つの理由のうち、理解が容易でないのは、この第3の理由であろう。スミスの説明は、つぎのとおりである。すなわち穀物商人と借地農業者とのあいだに恒常的な関係が成立すると、借地農業者は「かれらの営業が……こうむりやすい諸事故……が起こったばあいに、かれらは……富裕な穀物商人」に頼ることができ、これまでのように「地主の忍耐やその執事の慈悲」[43]にすがる必要はなくなる、ということである。

スミスの穀物商業論は、以上のとおりである。この穀物商業論は、国内外の穀物取引の自由を主張していた点で、農業保護政策批判の一環であるが、他方、欠乏の年の下層階級の攻撃から穀物商人——とくに国内取引商人——を擁護するものでもあったのである。それはともかく、行論の上で重要なのは、穀物商業の発

展が、借地農業者の地主からの独立をうながす、という主張である。大土地所有制を資本蓄積の前提としてうけとめたスミスにとって、借地農業者の地主からの独立こそ、農業への資本投下の基本的条件であったのである。前節でスミスが本来的借地農業者の成立を長期借地契約の出現と結びつけて説明していたのをみた。借地契約の長期化をめぐる借地農業者と地主の争いは、差額地代第二形態の取得をめぐるものであると同時に、投下資本の回収＝安全をめぐる争いでもある。スミスによれば、この長期の借地権の法的保護は「グレート・ブリテンに特有」[44] なものである。しかし18世紀末-19世紀初頭にいたってなお、地主の力の強いところでは、年々解除される任意借地契約の増加がみられたのである[45]。つまり借地農業者の地主からの独立こそ、長期借地契約の普遍的確立の前提だったのである。スミスは、穀物商業の発展が借地農業者の独立をうながす、と考えたのであったが、それで充分と考えたわけではない。すぐあとでみるように、スミスは、当時広く認められる作付制限や販売制限のような、借地農業者に不利な借地慣行を、租税政策を用いて除去することを主張していたのである。こうして借地農業者の独立と借地権が保障され、重商主義諸規制が廃棄されたとき、そして産業活動の自由と安全という政治的制度的前提があれば、肥大した貿易部門その他から農業や国内商業に資本が移動して、自ら産業の自然的構造が実現する。スミスは、このように考えていたのである。産業活動の自由と安全という政治的制度的前提も、スミスによれば、イギリスでは、ヨーロッパの他の諸国と異なって、「完全な自由からほど遠いとはいえ」[46] すでに実現ずみなのであった。

　さて、以上みてきたスミスの農業保護政策批判と穀物商業論の立場は、前節でみた、農業生産力のにない手を「富裕で大きな借地農業者」にみてとった立場に照応するであろう。それは、急速に拡大しつつあった国内市場——穀物輸出国から輸入国への転換となってあらわれつつあった[47]——を視野に入れつつ、当時のイギリスの農業生産力の最先端を行く者の立場であった。それゆえその立場は、多くの借地農業者のあいだに、価格と市場の安定性喪失への不安——とくに限界地ではいちじるしい——をひき起こすであろう。アバディーン北部の借地農業者ジェームズ・アンダースンの批判をうけなければならなかったゆえんである[48]。

　最後に、第5編第2章の租税論に認められる政策をみることにしよう。

周知のように、スミスが租税の主要な源泉としたのは、地代である。そしてそのばあい、租税の四原則に照らして、もっとも妥当な税としてスミスが絶賛するのは、地代の変化に応じて変る税である[49]。しかもスミスによれば、この種の税は、地主の土地改良意欲を減退させないように、改良投資に先だって、地主と借地農業者からなる委員会をつくって公平な土地の評価を行わせ、地主が改良のために投じた「費用が完全に補障されるのに充分な……年数にわたって、この評価額にしたがって地主に課税する」[50]などの配慮さえすれば、土地の改良と耕作の奨励に積極的に役立ちうるのである。いかにしてか。第1は、主権者が自分の収入の増大への関心から土地の改良に注意をむけるようになるからである。スミスは、このばあいの主権者の役割として、地主と借地農業者の利益追求の自由と安全の保障、水陸両面にわたって領土全域に交通網をめぐらして広大な農産物市場を整備すること、等をあげている。第2は、税の操作によって、地主に自ら耕作するよう奨励することができるからである。ただし勤勉な借地農業者を追いださないかぎりでのことで、そのためには「租税の軽減が一定の広さまでしか、地主の耕作を奨励しないようにすること」[51]が重要。第3は、この地代税を操作することによって、借地農業者に不利な借地慣行をなくすことができるからである。たとえば、借地契約の更新期に地主が一時金をとったり、作付制限をしたり、現物地代を要求したり、といったばあいには、税を重くして抑制をはかるのである。

租税論に認められる諸政策は、以上のとおりである。これら諸政策が、土地所有にたいする資本の規定を徹底させるためのものであるとともに、地代の資本への転化——土地改良資本、農業経営資本、等——をはかるものである[52]ことは、もはやあきらかであろう。

おわりに

これまでみてきた土地所有と農業についてのスミスの認識から、はじめにふれた穀物価格をめぐる時論的問題にたいする処方は、農業における資本蓄積＝生産力の上昇と穀物商業の完全な自由＝穀物法の撤廃、ということに帰着するであろう。スミスによれば、穀物価格は、穀物法によって高めに維持されてきたにもか

かわらず、長期的には、農業生産力の上昇と貨幣価値の上昇とによって、低下傾向を示してきたのであって、最近十年余の高価格は、天候不順のためであるにすぎないのである53)。したがってこの高価格は、農業生産力の上昇と穀物法の撤廃とによって緩和されるであろう。農業生産力の上昇の重要性は、当時の論者のすべてが認識していたことであった。その点でのスミスの独自性は、第1に、農業生産力上昇の主張が穀物法撤廃の主張と結びついていたことであり、第2に、農業生産力の上昇を何よりも農業における資本蓄積の問題として論じたこと、したがって農業生産力の主要なにない手を「富裕で大きな借地農業者」に見出したこと54)である。これらの点でスミスは、地主主導型の農業改良を説いていたケイムズ卿やアーサー・ヤングと異なっていたのである。

こうしたスミスの主張が、大土地所有制の資本蓄積にたいする制限的作用を認めながらそれを歴史的前提としてうけ入れ、当時の生産力のもっとも進んだ地点、すなわち、なお部分にとどまるとはいえ、イギリスでのみはじまっていた資本制蓄積＝三分割制の視点に立つものであることは、これまでの論述からあきらかであろう。ここから、理論的に未成熟で混乱が多いとはいえ、資本制地代の本質と態様にかんする、経済学史上最初のまとまった理論的考察が生まれたのである。イギリスにおいても、資本主義再生産軌道が確立するためには、『国富論』がでてから、さらに半世紀ちかい時間を必要とする。穀物法の撤廃、借地農業者の資本の安全の保障、地主の土地改良投資の促進など、スミスの政策的主張の主要内容は、その後のイギリス農業の展開のなかでようやく全面的な開花をみることになるであろう。

1) 18世紀のイギリス地主制の包括的研究としては、G. E. Mingay, *English Landed Society in the Eighteenth Century*, London, 1963. 問題を整理したものとしては、松浦高嶺「十八世紀のイギリス」『岩波講座　世界歴史　17』岩波書店、1970年、を参照。
2) Phyllis Dean and W. A. Cole, *British Economic Growth 1688-1959. Trend and Structure*, 2nd ed., Cambridge, 1967, p. 91.
3) バーンズがあげている小麦価格統計で計算すると1756年と1757年には、対前年比32-33％の上昇であった。D. G. Barnes, *A History of the English Corn Laws from 1660-1846*, [Reprint of Economic Classics, Kelley] 1965, pp. 297-298. この時期の論

争については，楠井敏朗著『イギリス農業革命史論』弘文堂，1967年，の第3章のⅢに要約的紹介がある。

4) Charles Smith, *Three Tracts on the Corn-Trade and Corn-Laws*; viz. 1, *A short Essays on the Corn-Trade and the Corn-Laws, containing a general relation of the present method of carrying on the Corn-Trade, and the Purport of the Laws relating thereto in this Kingdom,* first printed in 1758. 2, *Considerations on the Laws relating to the Importation and Exportation of Corn, being an inquiry what alteration may be made in them for the benefit of the Public,* wrote in the beginning of the Year 1759. 3, *A Collection of Papers relative to the Price, Exportation, and Importation of Corn... To which is added A Supplement...,* London, 1766. The Second Edition, Corrected and Enlarged, London, 1766.

5) James Steuart, *Considerations on the Interest of the County of Lanark in Scotland; which (in several respects) may be applied to that of Great Britain in General. The Works, Political, Metaphysical, and Chronological, of the late Sir James Steuart of Coltness, Bart. Now first collected by General Sir James Steuart, Bart. his son, from his father's corrected copies. To which are subjoined Anecdotes of the Author.* In six volumes, Vol. V, London, 1805. 〔Reprint, Kelley〕1967, pp. 309-310. 以下 *Works* と略記。この冊子の初版は，1769年に，Robert Frame の名前で，グラスゴウで出版された。田添京二「ジェイムズ・スチュアート『ラナーク州の利害に関する諸考察』について」(1)(2)『商学論集』（福島大）第28巻第4号，1960年2月，第29第1号，1960年6月，は，この書の前半部分の紹介である。

6) これは，土地所有論的関心からする一応のまとめにすぎない。公営穀物倉庫の具体的な提案については，J. Steuart, *A Dissertation on the Policy of Grain, with a View to a Plan for Preventing Scarcity or Exorbitant Prices in the Common Markets of England,* 1759. Published in *Works,* Vol. V. 当時ステュアートは，大陸亡命中であったが，1756-1757年の急激な穀物価格の騰貴とそれがひき起こした社会不安と論争とが，この論文の背景になっていることに注意したい。

7) わたくしは，スミス地代論については，「アダム・スミスの地代論にかんする覚書」『佐賀大学教養部研究紀要』第4巻，1972年3月【本書第Ⅰ部第2章】で，土地所有の歴史的把握と政策については，「『国富論』における土地所有」(上)(下)『経済研究』第24巻第2号，1973年4月，第25巻第1号，1974年1月【本書第Ⅰ部第3章】，でそれぞれ別々に論じたことがある。本稿では，スミスが『国富論』全篇をとおして，土地所有をどのように考えていたかを，統一的に理解することに努力したい。

8) Adam Smith, *An Inquiry into the Nature and Causes of the Wealth of Nations. The Works of Adam Smith,* by Dugald Stewart, Reprint of the edition 1811-1812, Vol. 2,

pp. 74-75. 以下 W. o. N., Works と略記。水田洋訳『国富論』(河出書房刊「世界の大思想」の14と15)(上)、48ページおよび414-415ページ。大内兵衛・松川七郎訳『諸国民の富』(1)(岩波文庫) 189-190ページ。この部分の初版と再版のちがいについての興味ある考察については、羽鳥卓也「スミスにおける『価値の源泉』——『国富論』第2版の改訂個所をめぐって——」『三田学会雑誌』第67巻第6号、1974年6月、がある。

9) Ibid., pp. 223-226. 水田訳(上)、128-130ページ。大内・松川訳(2)、7-10ページ。
10) W. o. N., Works, Vol. 3, pp. 52-53. 水田訳(上)、308-309ページ。大内・松川訳(2)、396-397ページ。
11) 「近隣地方における農業資財の通常の利潤」を考慮しつつ、地主と借地農業者との取引で決まる価格だから、個別的生産価格である。ただし「近隣地方における農業資財の通常の利潤」は、地域的部門平均利潤である。スミスの平均利潤概念の特性については、拙稿「スミス利潤論に関する一考察」『経済科学』(名大)第15巻第3号、1968年3月【本書第Ⅰ部第1章】を参照。個別的生産価格という理解については、小島恒久「スミスの地代論」『経済学研究』(九大)第23巻第3・4号、1959年4月を参照。
12) Franz Oppenheimer, David Ricardos Grundrententheorie, Darstellung und Kritik, Jena, 1927, S. 25-27, 215-222.
13) ケルプは、ソーダ類の大量生産が可能になるまで、スコットランドの高地地方とその周辺諸島の労働集約的な採取産業。漁業も同様で、Highland crofter-fisherman といわれることからあきらかなように、いずれも土地所有の支配が強く、近代的産業とはいえない。したがって資本制地代を説明するばあいの例にもちだすのは、不適当である。しかしスミスがこれらの例をもちだしたのは、土地改良資本の利潤や利子と地代のちがいを強調するためでしかない。なお William Ferguson, Scotland 1689 to the Present, Edinburgh & London, 1968, p. 177.
14) スミスの一般的生産価格の認識は、鉱山業と牧畜業のばあいに明瞭である。すなわち鉱山業のばあいは、もっとも豊かな鉱山の生産物の価格が、牧畜業のばあいは、もっとも費用のかかる改良地の生産物の価格が、それぞれ市場調節価格になることを述べている。しかし農耕のばあいは、もっとも費用のかかる土地の生産物が市場調節価格になる、と一応は考えていたようにとれる部分もあるけれども、前二者のようには明瞭ではない。
15) W. o. N., Works, Vol. 2, p. 228. 水田訳(上)、131ページ。大内・松川訳(2)、13ページ。
16) スミスは、地代を価格の構成要素としており、差額地代は価格の構成要素ではないから、スミスには、差額地代の認識はない、という考え方は、機械的すぎるであ

ろう。なお差額地代は価格の構成要素ではない、という表現は、しばしばみうけられる表現であるが、価値と価格のリカードウ的混同による誤りである。

17) 絶対地代概念が、剰余価値論と資本の有機的構成の理論の完成なしには、成立しないことはいうまでもない。スミスにあるのは、差額地代でも、本来の独占地代でも、前近代的地代でも、説明しえぬ地代部分の存在の示唆なのである。なお、戦前の田中定「正統派地代論の研究」『九州大学法文学部十周年記念経済学論文集』岩波書店、1936年、所収は、第3編の理解を援用して、スミスの自然地代概念のリカードウにたいする独自性をあきらかにした先駆的業績であるが、スミスの自然地代概念を事実上絶対地代に限っている点は、誤りであろう。

18) Karl Marx, *Das Kapital, Kritik der Politischen Ökonomie*, Dietz Verlag, Berlin, 1953, Dritter Band, S. 695. 長谷部文雄訳『資本論』(12)(青木文庫) 907ページ。

19) スミスは、自然価格論の終わりで、資本蓄積にともなう地代の自然率の変動をあきらかにすることを第11章の課題としていた。ところが地代の自然率という概念は、賃金や利潤のばあいと異なって、多義的である。ここでは、スミスが資本蓄積にともなう地代の増大を語るばあい、単位面積当りの地代の増大を語っているものと解したい。なお、前掲拙稿「アダム・スミスの地代論にかんする覚書」【本書第Ⅰ部第2章——編者注記】を参照。

20) *W. o. N., Works*, Vol. 2, p. 227. 水田訳(上)、131ページ。大内・松川訳(2)、11ページ。

21) *Ibid.*, pp. 230-231. 水田訳(上)、132-133ページ。大内・松川訳(2)、15-16ページ。

22) *Ibid.*, p. 383. 水田訳(上)、215ページ。大内・松川訳(2)、204ページ。

23) *Ibid.*, p.232. 水田訳(上)、133ページ。大内・松川訳(2)、17ページ。

24) *Ibid.*, p.237. 水田訳(上)、136ページ。大内・松川訳(2)、23ページ。つぎのマルクスの評価に注目。「他の農業的生産物——たとえば亜麻、染料植物、自立する畜産など——の生産に充用される資本の地代が主要食料の生産に投下された資本のもたらす地代によって規定されていることを A. スミスが展開したのは、彼の偉大な功績の一つである。」(Karl Marx, *a. a. O.*, S. 663. 長谷部訳(12)、866ページ)。

25) *Ibid.*, p. 248. 水田訳(上)、142ページ。大内・松川訳(2)、38ページ。

26) *Ibid.*, pp. 255-256. 水田訳(上)、146-147ページ。大内・松川訳(2)、46ページ。

27) *Ibid.*, p. 257. 水田訳(上)、147ページ。大内・松川訳(2)、48ページ。

28) *Ibid.*, p. 384. 水田訳(上)、216ページ。大内・松川訳(2)、205ページ。

29) *Ibid.*, pp. 392-394. 水田訳(上)、220-221ページ。大内・松川訳(2)、214-217ページ。

30) *Ibid.*, pp. 394-395. 水田訳(上)、221ページ。大内・松川訳(2)、217ページ。

31) 本論文集【経済学史学会編『《国富論》の成立』岩波書店、1976年——編者注記】では、第3編と第4編については、小林昇教授の、第5編については、山崎怜教授

の論文が準備されている。したがって本稿の以下の叙述のかなりの部分は不要なものとなるであろう。しかし、スミス土地所有論の全体構造をあきらかにするためには、行論の関係上、それらの諸編についても若干の分析と叙述を行わなければならない。

32) *W. o. N., Works,* Vol. 3, pp. 78-79. 水田訳（上）、321ページ。大内・松川訳 (2)、424-425ページ。

33) *Ibid.*, pp. 109-110. 水田訳（上）、337-338ページ。大内・松川訳 (2)、464-465ページ。

34) *Ibid.*, p. 125. 水田訳（上）、345-346ページ。大内・松川訳 (2)、483-484ページ。

35) *Ibid.*, p. 132. 水田訳（上）、350ページ。大内・松川訳 (2)、493ページ。

36) *Ibid.*, p. 206. 水田訳（上）、390ページ。大内・松川訳 (3)、85ページ。

37) David Hume, *Political Discourses,* Edinburgh, 1752, pp. 283-284. 小松茂夫訳『市民の国について』上巻（岩波文庫）、185ページ。オーシアーナの農地法の土地所有制限は、年収2000ポンドで、これは、18世紀では、中地主以上。

38) *W. o. N., Works,* Vol. 3, p. 134. 水田訳（上）、351ページ。大内・松川訳 (2)、495ページ。

39) *Ibid.*, p. 98. 水田訳（上）、332ページ。大内・松川訳 (2)、450ページ。スミスのばあい、独立自営農民 yeoman ＝小土地所有者 small proprietor なのではない。独立自営農民も、大部分は地代を支払わなければならぬ借地農業者なのであって、スミスは、イギリスの歴史と現実のなかに小土地所有者の成立を認めることはできなかったのである。したがって、スミスが小土地所有者を讃美しているからといって、単純に小農論者とするわけにはいかない。当時、農業経営のなかでまだ多数を占めていた、借地による小農経営には、あまり期待をかけてはいないのである。

40) 他国と比較して生産費の安いものは自国で生産し、生産費の高いものは輸入した方がいい、というのがスミスの主張である。それにたいしてリカードウのばあいは、他国と比較して生産費の低いものであっても、自国のなかで相対的に生産費の高いものは輸入した方がいい、という主張になる。「一種の」としたのは、このちがいを考慮してである。

41) ここにスミスのナショナリズムが顔をだしている。なお、ここでは、スペースの関係上省いたが、農業保護政策が地主と借地農業者の利益にならない、という主張には、穀物価値尺度論がある。その点については、羽鳥卓也著『古典派経済学の基本問題』未来社、1972年、346ページ以下を参照。

42) *W. o. N., Works,* Vol. 3, p. 306. 水田訳（下）、28ページ。大内・松川訳 (3)、206ページ。

43) *Ibid.*, p. 305. 水田訳（下）、27ページ。大内・松川訳 (3)、205-206ページ。経済情勢の変化が借地農業者に与える衝撃の緩衝器としての地主の役割については、G. E. Mingay, *op. cit.*, p. 171.

44) *W. o. N., Works*, Vol. 3, p. 94. 水田訳（上）、330ページ。大内・松川訳 (2)、445ページ。
45) Karl Marx, *a. a. O.*, S. 725. 長谷部訳 (12) 950ページ。椎名重明著『近代的土地所有』東京大学出版会、1973年、59ページ以下参照。
46) *W. o. N., Works*, Vol. 3, pp. 319-320. 水田訳（下）、35ページ。大内・松川訳 (3)、230ページ。
47) D. G. Barnes, *op. cit.*, pp. 299-300.
48) James Anderson, *Observations on the means of exciting a Spirit a National Industry; chiefly intended to promote the Agriculture Commerce, Manufactures, and Fisheries, of Scotland*, Edinburgh, 1777の Postscript to Letter Thirteenth がスミス批判にあてられている。

　　アンダースンは、穀物法の効果を認めるが、現行穀物法には批判的である。それは、小麦中心のイングランド農業には役立ってきたが、からす麦中心のスコットランド農業には役立たない、というのである。それどころか、ジョージ三世一三年の法は、スコットランドへのカラス麦の輸入を事実上禁止しているに等しく、スコットランドの穀物価格を不当に高めている、という。したがってそれを改正すれば、借地農業者が入手する奨励金は少なくなるが、スコットランドの住民はいまよりも安く食料を手に入れることができ、借地農業者もまた、独占価格を期待した地主の不当に高い地代に苦しむことはなくなるだろう、というのである。スコットランドとイングランドの肥沃度のちがいを念頭において展開されている有名な差額地代論は、この不当に高い地代にたいする批判の意味をもっていたように思われる。なおアンダースンは、穀物以外のものの自由な貿易と国内穀物取引の自由という点では、スミスに賛成している。
49) スミスは、これまでイギリスで行われてきた地代税は、地代が変化しても変らないもので、これは、制定当初は公平であっても、やがて不公平になる、としてしりぞけている。
50) *W. o. N., Works*, Vol. 4, p. 268. 水田訳（下）、247ページ。大内・松川訳 (4) 255ページ。
51) *Ibid.*, p. 266. 水田訳（下）、246ページ。大内・松川訳 (4)、253ページ。この点は、ケイムズ卿と対照的である。『国富論』初版と同年の『ジェントルマン・ファーマー』で、ケイムズは、地主が農業改良の推進者になることを提唱し、つぎのような適正規模論を展開している。ケイムズによれば、農場の規模を考えるばあいの基準は、改良犂1台をフルに働かせることのできる土地面積である。ケイムズは、この犂1台をもつものを小農場、2台をもつものを中農場、それ以上を大農場とし、小農場を適正とするのである。その理由は、小借地農の競争が地主の地代をひきあげる、

資本が少量でいい、貧しい日雇労働者をださない、ということである。それゆえケイムズは、借地農業者が農場を拡張することには税をかけて阻止することを主張するのであるが、地主のばあいはそのかぎりではない、とする。同じ小農論者といっても、ケイムズは、リチャード・プライスとは方向がまったく異なっていたのである。Henry Home [Lord Kames], *The Gentleman Farmer, Being an Attempt to improve Agriculture, By subjecting it to the Test of Rational Principle*, Edinburgh, 1776, Chap. XIII.

52) この地代の資本への転化は、その対極として不生産的労働者の生産的労働者への転化を含む。その点については、小林昇教授の家内奉公人についての興味深い考察をみよ。小林昇著『国富論体系の成立』未来社、1973年、185ページ。

53) *W. o. N., Works*, Vol. 2, pp. 310-311. 水田訳（上）、176-177ページ。大内・松川訳（2）、117-118ページ。

54) 最近の経済史研究は、スミスのこの認識の正しさを証明しつつある。G. E. Mingay, *op. cit.*, Chap. Ⅶのほか、Hrothgar John Habakkuk, "Economic Function of English Landowners in the Seventeenth and Eighteenth Centuries," *Explorations in Entrepreneurial History*, Vol. VI, No. 2, 1953. 川北稔訳『十八世紀イギリスにおける農業問題』未来社、1967年、所収。

〔追記〕

　本稿は、経済学史学会第38回大会（1974年11月8‐9日、名古屋大学）で報告した原稿を全面的に書きなおしたものである。報告にさいして、質問、意見をよせてくださった方々に、あつくお礼を申しあげる。

補論　ダニエル・デフォウの旅行記からみた18世紀初頭におけるヨークシャーの経済状態

On Economic Structure of Yorkshire in the Early
Eighteenth Century, depicted by Daniel Defoe.

はじめに

　本補論は、イギリス資本主義の発展史上、特異な地位をしめる18世紀初頭におけるヨークシャーの分業と商品流通の状態を、同時代のすぐれた作家であり、政治・経済記者であったダニエル・デフォウ Daniel Defoe（1660-1731）の旅行記によってうかがおうとするものである。

　すでに、このデフォウの旅行記をもちいて、18世紀初頭におけるイングランド全般の分業と商品流通の状態を考察したものに、山下幸夫氏の論稿がある[1]。また、有名な West Riding の毛織物工業に関する叙述も、これまでしばしば多くの人々によって引用、紹介されてきている。山下氏の論稿は、国内市場の形成という観点から、旅行記にあらわれる産業の分布状態をたんねんに表にまとめて、しかるのち、デフォウの意図にそくしながら、ロンドンを中心とした商品の動きをあきらかにしようとしたものである。それに対して、従来しばしばおこなわれてきた West Riding の毛織物工業に関する叙述と引用は、主として小織元経営の典型的例としてであった。

　本補論において、わたくしが考察しようとしているのは、ヨークシャー全体における分業と商品流通の状況である。デフォウの叙述についてゆきながら、デフォウの叙述にあらわれるかぎりで、できるだけくわしくみてみようと思う。その場合、わたくしの頭にあるのは、流通過程を再生産構造の一環としてみるということである。究極には近代的国民経済的再生産構造の形成が問題なのであるが、

さしあたり一地方の、ここでは West Riding の工業地帯における再生産が問題となるにすぎない。といってみても、きわめて限定された程度にしかわからないのであるが、ともかく、そうした点を頭のかたすみにおきながら、本稿をまとめてみたいと思う。

つぎに、ここで、この史料のなりたちと性格について若干の検討を試みておかなければならない。まず、出版年次と版についてであるが、この旅行記、*A TOUR thro' the Whole ISLAND of GREAT BRITAIN*, 3 vols. の初版が出版されたのは、1724-1726年であり1738年に最初の改訂版が出されている。その後、1742、1748、1753、1762[2] 1764、1769、1778年と第9版まで出版されているが、デフォウは1731年に他界しており、真にデフォウの手になるのは初版のみである。*Pamela* (1740) や *Clarissa Harlow* (1748) の作者、サムエル・リチャードスン Samuel Richardson (1689-1761) を含む第2版以後の編輯者は、原典にかなり大きな恣意的改変を加えており、その史料としての価値については慎重な検討が必要であろう。1927年に、コール G. D. H. Cole は、初版の復刻版を出したが、それは、スコットランドの部分がはぶかれて、*A TOUR THROUGH ENGLAND AND WALES*, 2 vols. として Everyman's Library におさめられている。わたくしが見ることのできたのは、この Everyman's Library の1948年版と1762年に出た第6版である。

わたくしが見ることのできたこのふたつの版の比較の検討は、一部をのぞいてまだ終了していないのであるが、ヨークシャーに関するかぎりでいえば、そして、社会経済史の資料としての価値という点に限定していえば、初版にあった社会経済的描写で6版で省略されたり簡略化されたりしたところがある反面、6版であらたにつけくわえられたところもかなりあり、どちらがより価値が大きいというふうに一義的にきめることはできない。デフォウの思想の分析が問題なのではないかぎり、1762年版も重要な資料的価値をもつと考えられる。本稿では、初版の復刻である Everyman's Library の1948年版を中心とし、1762年版は必要に応じて参照することにした。

あきらかにしておかなければならない第2の点は、デフォウが旅行をおこなった時期であるが、それについては、デフォウ自身その第1巻の最初に「1722年4

補論　ダニエル・デフォウの旅行記から見た18世紀初頭におけるヨークシャーの経済状態　141

月3日、わたくしはまず東部に向かって出発した」[3)] と書いていることから、一応1720年代と考えられる。しかし、彼がそれまで何度もくりかえしイングランド全域にわたって旅行をおこなったことはすでにあきらかにされている。すなわち、1684-1688年には、Camden の紀行 Britania の不備を補い正そうという動機をもって旅行をおこなっているが、その点に関して、先にあげた山下幸夫氏は、つぎのような考察をしておられる。「デフォウ自らの言葉によれば、キャムデンをはじめ他の多くの人々の著書が、ジェントリに関しての多くの記述を含みながらも、一般の庶民とその生活ないし職業については殆ど記述するところがなく……いたずらに博物ないし骨董趣味に堕している点にかんがみ、その欠かんを補わんとするものであった。したがって、その着眼点は、もっぱらこの国における土地の改良、産物、貧民の労働および製造業、商品、航運の改善などに向けられたのであり、このことは Review 紙に見られる、不生産階級に対する生産階級の明瞭な把握とともに、各種産業の分布状況を知る上に極めて重要な点をなしている」[4)]。また、1704年からは、政府の秘密情報部員として各地を旅してまわったことも今日あきらかにされている。デフォウの晩年の著作にぞくするこの旅行記は、そうしたほぼ40年間にわたってくりかえしおこなわれた旅行の総括をなすものであろう。

最後に、旅行記を書くにあたってのデフォウの視点といったものが問題となろう。その点については、前の山下氏の引用の中でも、ふれられており、またコールによっても「デフォウは、イギリス中産階級の最初の偉大な代弁者である」[5)] と指摘されているが、それらに関する、いわばデフォウの経済思想といったものについての分析は、本稿の課題ではない。ただ、史料の性格に関して、ここではつぎの点だけは指摘しておかなければならない。それは、デフォウがイングランドの発展の原動力と考えている trade についてである。デフォウのもっとも有名な経済的著作である「経済計画論」 *A Plan of the English Commerce*, 1728. では、trade は、I. Labouring Part, II. Dealing Part. の二部門からなるものとされている[6)]。いうまでもなく、前者は製造業などの直接的生産部門であり、後者は流通部門である。旅行記の中では、trade という語は、必ずしも明確に使いわけられておらず、ある場合には前者を、他の場合には後者を、さらに他の場合には両部

門を含むものとしてもちいられている[7]。しかも、重要なことは全体として第Ⅱ部門に重点を置く流通主義の傾向がみられることである。それゆえ、West Riding の毛織物工業についての叙述のくわしさは、全編を通じてほとんど例外といってもいいほどなのである。その理由は、コールのいうように、その地方で見出された小織元が、デフォウにとってイングランドのバックボーンと考えられた小ブルジョワジーの典型であったのかもしれない[8]。しかし、そうするとそれは、デフォウの流通主義の傾向とどうつながるのだろうか、その点は更に検討されなければならないであろう。ともあれ、本稿では、trade という語は日本語に訳さずそのままもちいた。

ところで、ヨークシャーは、イングランド最大の面積をもつ州であり、それは、さらに3つの地域にわけられている。すなわち、West Riding, North Riding, East Riding, である。以下、便宜的にこれらの地域区分にしたがって、それぞれの地域毎に産業の分布とその状態を概観していくことにしたい。

Ⅰ West Riding

A 金属工業（重工業）

ノッティンガムシャーとヨークシャーとの境近くに、ボウトリ Bautry or Bautre という町がある。その町は、第1にロンドンからスコットランドへ至る郵便道路 post highway の上にあり、第2にアイドル Idle 河という小さいが豊かな流れが側を通ってトレント Trent 河にそそいでいる。一本マストの小型帆船やはしけや平底船（石炭の運搬に主としてもちいる）などでトレント河へ出て、ストックウィズ Stockwith まで行き、そこからバートン Burton へ、天気のいい日にはハル Hull まで行く。天気の悪い日でも、200トン積の船がストックウィズまで行き、荷を積んで町にもどってくることが可能である。このボウトリの港が、ヨークシャー南部の重工業地帯の表玄関なのである。

「このボウトリの町は、この地方のあらゆる輸出、とりわけ、ダーヴィシャーの鉛鉱山や、製錬所からの鉛、あるいはシェフィールドの鉄工場 forges や、シェフィールドないしロザーム Rotherham の町に隣接したハラムシャー Hal-

18世紀初頭におけるヨークシャーの産業分布表[9]

分類	品目	地域	
羊毛工業	Kersey, dozen, brodcloth, white cloth, dying.	Halifax 及びその周辺 Huddersfield, Bradford. Wakefield, Leeds, Bradford, Huddersfield. Burstall.	woollen
	Shalloon, knitting,	Halifax 及びその周辺 Huddersfield, Bradford Doncaster, Richmond より Westmoreland に至る地域及び北部 Barnand' Castle の周辺まで	worsted
	bone-lace,	Beverley	
農・牧・漁業	oil from rape seed,	Wetherby	
	Logwood		
	mals, oatmeal.	Beverley.	
	corn.	Tadcasten-York 間、Wetherby 周辺 Hull	
	sheep, horse,	Derwent 河東部、上流の丘陵及び平原地帯	
	black cattle.		
	ox, horse.	NorthRiding, Eure 河畔、Bedall 周辺	
	blackcattle.	Barnard's Castle 及び North Allerton 周辺	
	butter.	NorthRiding, East Riding	
	tanndleather horsehide dressing	Beverley, Piersbridge より Durham へ至る周辺、Rippon	
	herring, mackrel cod, whiting	Scarborough.	
重工・鉱(礦)業	glass (T) cutlery ware	Sheffield, Hallamshire.	
	iron & steel,	Barnsley, Hallamshire.	
	pin	Abberforth.	
	ship-building,	Whitby.	
	coal,	Wakefield, Leeds, Hallifax.	
	lead (T,).	North Riding.	
	alum (T, 62).	East Riding. (T), Whitby (62)	
	lime (62),	Scarborough.	
	fullers earth free-stone	(T)	
	grind-stone (T)	Sheffield 周辺 (T)	

流出品	流入品
金属加工製品とくに刃物類	鉛、鉄、羊毛、
｛かみそり、ないふ、おの、釘、やすり、その他	塩、砂糖、香料
鍛鉄、鋼類	果実、ホップ、油、
がらす（T）石臼用石、石炭	ブドウ酒、ブランデイ、火酒、
毛織物製品	穀物、食用牛、羊、
｛kersey, dozen shalloon, white cloth	羊肉、馬、
	チーズ、バター

lamshire とよばれる地方——そこでは、ぼう大な人口が働いている——からくるあらゆる種類の鍛鉄及び刃物のような重工業製品 heavy goods 輸出の中心となった」。また、金属製品だけではなく「大量の石臼用石 millstone や回転砥石 grindstone が、ここに集められ、船で積出された。それらは、海路で、ハル、ロンドン、さらにはオランダにまでも運ばれて行ったのである。このことは、ヨークシャーの West Riding の南部全体にボウトリの港の名をとどろかせている。というのは、それは船で積出すために、重工業製品 heavy goods が、まず運ばれてくる場所なのであるから」[10]。

さて、このボウトリの町を通りぬけて、西方にむかうと、West Riding の南部重工業地帯の中心、シェフィールドに至る。

「シェフィールドの町は、人口が多く大きいが、街路はせまい。そして、家は暗く黒くよごれているが、これは常に作業をしている鉄工場のたえまない煙のためである。ここでは、あらゆる種類の刃物 all sorts of cutlery-ware, but especially that of edged-tools, とくにナイフ、かみそり、おの、釘といったものをつくっている。いまや一般的になってしまったけれども、……イングランドでもちいられるようになった水車 mill が、（すなわち）回転砥石をまわすためにはじめて設立されたのはここであった」[11]。

このふるくからの刃物の町は、さらに生産を拡大させつつある。

「この町でふるくからおこなわれてきた金属製品の製作は、ひきつづきおこなわれているばかりではなく、非常に増大している。それに雇われている働き

手の数は、その町はもちろん、ハラムシャーとよぶ範囲にいままで住んでいた人の数よりもはるかに多いと語るのを聞くほどである。全体で3万人がその仕事に従事しているという」[12]。

シェフィールドに関しては、旅行記の1762年版には、つぎのような記述がつけ加えられている。ひとつは、イングランドにおけるもうひとつの金属工業地帯の中心、バーミンガムと比較したもので、「シェフィールドは、刃物 cutlery-ware とやすり Files の評判でバーミンガムをしのいでいる。ただし、バーミンガムは、錠 Locks, ちょうつがい Hinges, 釘及び polished steel でシェフィールドをしのいでいる」[13]、というものである。他は、刃物師たちの組合に関するものでつぎのようなものである。「刃物師たちは、ハラムシャーの刃物師たちの流儀によって by the Stile of the Cutlers of Hallamshire, 組合 Corporation をつくっており、数多くの特権をもっている。彼らの数は、600人といわれ、親方刃物師 master-cutlers とよばれている。彼らは、各々彼らの商品に特定の商標を附する。組合は、毎年一人の Master と他の諸役員を選出する。シェフィールド及びそれに隣接したハラムシャーとよばれる地域で、鉄工業 Iron-Trade に従事している人々は、4万人をくだらないと考えられる」[14]。

以上の引用に出てくる数字の正確度は、もちろん期待すべくもないが、シェフィールド及びその周辺の金属工業が増大傾向にあることだけは、間違いない事実として読みとることができるであろう。経営形態については、1762年版の引用から、ギルド的な徒弟制度を推定することができる程度である。

ここでもちいられる鉄は、かなりの程度この地帯の内部あるいは周辺から供給されたと考えていいであろう。たとえば、1746年に、サムエル・ウォーカー Samuel Walker とその兄弟が、ダービーのコールブルックデイル Coalbrookdale 製鉄所とならぶ製鉄所を設立したのは、マスバラ Masborough であったことを考えればいい[15]。しかし、デフォウの旅行記には、バーンスリィ Bernesley についてのつぎのような簡単な叙述がみられるにすぎない。「製鉄・製鋼で有名な、ブラック・バーンスリィとよばれる町を通過しただけなのであるが、その町は、あたかもそこに住んでいる人々がみんな鍛冶屋であるかのように、まっ黒くすすけてみえるのである」[16]。

以上のように、West Riding の南部は、ひとつの重工業地帯を形成していたのであるが、それらとつぎにみる毛織物工業との関連については、バーミンガムの金属工業とその周辺の毛織物工業との関連についての、大河内暁男氏のつぎの指摘がそのままあてはまるであろう。「……釘は織機組立の材料として、針金は刷毛具製造の材料として、鞣皮は、鍛冶屋の鞴の主要な材料であるとともに、刷毛用具の革袋の材料として、いずれも繊維工業と密接な関連を有するものであった。すなわち、萌芽的な第一部門の意味をすでにもっていたのである」[17]。

なお、この引用の中にあらわれてくる鞣皮は、織機にももちいられたのであり、ヨークシャーの場合、それは主として North Riding の北部とビバーリィ Beverley から供給されたものと考えられる。

B 毛織物工業とその市場

バーンスリィをあとにしたデフォウは、ヒースの茂る荒地をこえて、ウェイクフィールド Wakefield にはいる。

「これらの荒地を通過したあとで、もっとも富んだ、快適な、人口の多い地方にはいった。そして、われわれがそこにはいって注意した最初の町はウェイクフィールドで、それは大きく、美しく、豊かな織物の町であり、人々があふれ、Trade にみちている。……人々は、われわれに、ヨーク市よりも人口が多いと語ってくれる。……。

ここには、金曜日ごとに毛織物 woollen cloths のための市場がたち、リーズ Leeds の市場のやり方にしたがってはいるが、それほど大きくはない。しかし、この州のあらゆる織物の trade の増大にともないこの市場もまたその他の市場とともに繁栄している。しばしば外国の市場が、戦争や商品の供給過剰その他のでき事によって中断された時には、製造業も中断するが、そして、そうなった時には、織元は trade の損失に不平をこぼすことは確かであるが、需要が回復した時に、彼らがひとしく喜んで進んでゆくわけではない。わたくしのみるところ、このことは、他のところでも同様である」[18]。

つぎに、ハッダースフィールド Huddersfield or Huthersfield。

「ハッダースフィールドは、それによって本州のこの地方の富裕と豊富とが

今日の状態にまで高められた、莫大な織物の trade をおこなっている5つの町のひとつである。そこでは、ぼう大な量の羊毛製品 woollen manufactures がつくられているが、それらは、ヨークシャー・カージー Yorkshire Kersies の名で知られている。……ここでは、毎週火曜日に、カージーのための市場が開かれる」[19]。

　ウェイクフィールドの町を貫き、ハリファックスとハッダースフィールドのそばを通って、カルダー Calder 河が流れている。それは、スキポン Skippon, ブラドフォード Bradford or Bradforth のそばを通り、リーズの町を貫いて流れているエア Air 河と合流して、ハンバー Humber に通ずるオウズ Ouse 河にそそいでいる。したがって、ヨークシャーのこの工業地帯から、船でハル Hull までゆけるようになっている。輸出される毛織物製品は、すべて水路ハルまで運ばれ、そこからオランダ、ブレーメン、ハンブルグ、バルチックの各地に向けて積出されるのである。

　こうした交通路の確保とともに、もうひとつ重要なことは、商用の通信連絡が、横断的郵便道路 cross-post によって確保されていたということである。この道路は、プリマウス Plymouth にはじまり、トーントン Taunton、ブリッヂワーター Bridgwater、ブリストル Bristol、と北上し、そこからセヴァン Severn 河をさかのぼってグロスター Gloucester、ウースター Worscester、ブリッヂノース Bridgenorth、シュルウズベリ Shrewsbury などの大きな沿岸の市や町を通り、ウエスト・チェスター West-chester のそばを通って、リバプール Liverpool やウォリントン Warrington までゆき、そこから東へ向かってマンチェスター Manchester、ベリ Bury、ロッチデイル Rochdale、ハリファックス、リーズ、ヨーク York を通り、ハルで終わる。ボウトリを通り、ロンドンからスコットランドに至る縦断的な郵便道路があったことは、すでにふれた。

　デフォウは、何度も旅行をおこなっており、それぞれ道順を異にしているが、第2回目の旅行の時には、この郵便道路にしたがってリバプールからランカシャーのふたつの織物の町、ベリとロッチデイルを通り、そのふもとでそれらの毛織物の市のたつブラックストーン・エッヂ Blackstone Edge という山をこえて、ハリファックスにはいるのである。まず、その途中の描写である。

「ブラックストーン・エッヂからハリファックスまで８マイルあり、ソービィ Sorby からハリファックスまでをのぞいて、道はすべて丘陵を上ったり下ったりである。……われわれは、ハリファックスに近づくにつれて、家並がますます密となり、ふもとの村々はますます大きくなってくることに気がついた。そればかりではなく、けわしい道の通った丘陵の山腹にも一面に家屋があり、しかもきわめて密集していた。なぜなら、土地は小さな囲込地に分かれていて、どれも２エーカーから６ないし７エーカーであり、めったにそれよりは大きくなく、３ないし４区画の土地ごとに１軒の家屋が附いているという具合になっていたからであった。

　その時である。わたくしは、事のわけと本性に気がつきはじめた。このように、土地が小区画にわかれ、住居が散在しているのは、人々がひろく営んでいる仕事の便宜によって生じたものであり、そのためにおこなわれたものであるということ、また、前に述べたように、われわれは、戸外で働いている人々を見かけなかったけれども、彼らはみんな家の中にいるのだということがわかったのである。というのは、要するに、この地方一帯は山がちであり、われわれは、ひとつの丘陵をおりるや否やただちに他の丘陵にのぼるといった具合であったけれども、人々にみちており、それらの人々がみんな仕事をもっていて、ここかしこの救貧院 alms-house 以外には、一人の乞食も一人の怠者も見あたらないからである。この救貧院では、おそらく年老いた永年働いてきた人々が見出されるであろう。……

　この仕事というのは、織物の trade であって、それらの便宜のために家々がこのように散在し、丘陵の山腹一帯に、ふもとから頂上までも散らばっているのである。わけとは、このことなのである。この地方は、つぎのような自然のめぐみがなければ、非常にひどいところなのであるが、人々の仕事にも生計にも必須なふたつのものがそなわっている。しかも、その地位は、イングランドの他の地方には比類ないほどである。わたくしの信ずるところによれば、世界のどこにもそのように工夫されているところはないであろう。わたくしの言っているのは、もっとも高い丘陵の頂上にでも石炭と流水があるということなのである。これは、いま製造業が仕えているその目的のために、摂理のかしこき

補論　ダニエル・デフォウの旅行記から見た18世紀初頭におけるヨークシャーの経済状態　149

御手によってみちびかれてきているもののようである。それがなければ、製造業はおこなわれえなかったであろう。また、実際、製造業なしには、そこの住民の5分の1もまたその生活を支えることができなかったであろう。というのは、土地は、彼らの生活をささえることができないであろうから。3番目の丘陵をのぼりつめた時にわかったことは、簡単にいえば、ずっと続いたひとつの村落をなしているということであった。隣と話のできないほどはなれている家は、ほとんどない。そして、（これで彼らの仕事がすぐわかったのであるが）天気がよくなり、日がさしてくると、われわれは、ほとんどどの家にも張布架があり、ほとんどどの張布架にもクロース、カージー、シャルーンがはってあるのを見ることができた。それらは、この地方の3つの生産物なのである。……。

　だが、上述の、家屋が散在していることの理由にもどろう。見ると、実際、他に道のつけようがないから、道は家並の間を通っていけるのだが、どの家の側を通っても流水の小流あるいは溝があり、家が道の上手にある場合には、その家からきている道をよこぎって隣へ流れ、家が下手にある時は、どこか上手にある家から道をよこぎって流れてきていた。目立った家には、どれにも製造所ないし作業場があった。水がなくては仕事ができないから、小さな流れは、溝や管によって、また流れの方向を変えたり分割したりすることによって、いわば、作業場に流れこみ作業場を通って流れていく川のない家のないようにわけられ導かれていた。

　染色小屋 dying house や洗毛場 scouring-shops など、この水を使ったところは、染色剤 drugs of the dying fat や油脂、石けん、獣脂その他織元たちが原毛処理 dressing や洗毛 scouring にもちいた成分でよごれた水を放出すると、その水は、その土地を通ってつぎのところに流れてゆく。その地面は、どんなに乾燥した季節でも、つねに水でうるおっているばかりではなく、そのようによごれた水が、その通った土地を肥えさすのであり、その水によって、その土壌がどれほど肥沃になるかは想像できないほどである。

　それから、織元は誰も必ず、その製造業に使用するために、運搬用の1～2頭の馬をもっている。（すなわち、）市場から羊毛や食料品を家へもってきたり、

織糸 yarn を紡糸工 spinner へ、製品を縮絨用の水車場 fulling mill へ運び、仕上げがすめば市場へもっていって売るなどのためである。そして、製造業者は誰もみな家族のために1～2頭の牝牛を飼っており、家のまわりにある2～4区画の囲込地がこれにもちいられるのである。というのは、彼らは、養鶏にやっと足りるぐらいしか穀物を播かないからである。そして、その地面で牝牛を飼うことが、その糞肥でいっそう土壌の肥沃度を増すことになるのである。

　自然のめぐみについていえば……これらの丘陵は、泉と礦脈にめぐまれており、そのほとんどどの丘陵でも、山腹のみならずその頂上で、そのもっとも高いところで泉と炭坑を見出すことができるのである。……しかし、丘陵がそれほど多くの泉にめぐまれているなら、低い炭坑はおそらく水で一杯になって、その水を外に出す排水渠なしには働くことができないであろう。また、上の方にある炭坑の石炭はとりやすいので、彼らはそこで働きたがるだろう。なぜなら、石炭を運ぶ馬はのぼりには軽く、荷を積んでくだるからである。

　……製造業者の家々の間に、同じように散らばった夥しい数の小屋あるいは小さな家屋があり、そこには製造業に雇われている労働者たちが住んでいる、その婦人や子供たちもたえず刷毛 carding や紡糸 spinning などに忙しく、手の空いている者はいない。幼い者から年寄まで、みんなパンをうることができるのである。4才以上になるや、その手は自分をささえるに十分なのである。

　われわれが戸外に人影をみとめなかったのは、こうした理由によるのである。しかし、どの親方製造業者の家の扉でもたたくならば、われわれはすぐに強壮な男たちが家にみちているのを見るのである。すなわち、幾人かは染物桶の側に、幾人かは織物を仕上げ、幾人かは織機に、ある者はこれ、他の者は別のこと、みんなが盛んに働き、充分に製造にいそしみ、みなが手に一杯の仕事をもっているようにみえる。

　……ここは、ロンドンとその周辺をのぞけば、ブリテンでもっとも人口稠密な地方のひとつである」[20]。

さて、ハリファックスにはいろう。

　ここでは「とくにさきの革命（名誉革命――鈴木）以来、trade は、外国の軍用衣類にもちいるカージーの大量需要によって非常に奨励され、増大したの

で、ハリファックス教区の人口は、革命以来、すなわち、ここ40年間に、少なくとも４分の１増加したというのが、その町及び周辺をよく知っている人の意見である。また、家屋数の増大に加えて、彼らが以前にはまったくやっていなかった製造業にはいることはありそうもないことではない。わたくしは、現在おこなっているシャルーン製造業のことを言っているのである。評判にいつわりがなければ、彼らは、いまやこの教区だけで、年に10万反つくっており、しかもなお以前に劣らぬだけの量のカージーをもつくっているのである。

また、カージーの trade は、非常に大きく、わたくしがそこにいた時、信頼できる……人々から、仲介によって、カージーだけで年に６万ポンドも利益をあげた一商人がこの教区にいたという話を聞いたほどである。みんなオランダやハンブルグ向けのものである」[21]。

ハリファックスからリーズに至る地帯もまた製造業に充ちている。

「ここからリーズまで、全道中、右をみても左をみても、その地方は、いそがしく、勤勉で、大いそぎで仕事をしているようにみえる。そのあたりの村は、家がぽつんぽつんとたっているハリファックスの教区のように散らばってはいない。それらの村々は大きく、村々には家があふれ、それらの家々は人で一杯である。このあたり一帯は、いちじるしく人口が多いのである」[22]。

リーズは、ハリファックスの北東12マイルのところにあるが、その途中にあるバースタル Burstall という町についてのデフォウのつぎの叙述は、当時の織物工業における競争を暗示している。「ハリファックスとリーズの間にバースタルとよばれる小さな町がある。ここのカージー、シャルーン業は、いわば、ハリファックスやハッダースフィールドやブラッドフォードなどすでに名をあげた町に制限されて、広織 broad cloth をつくりはじめている」[23]。広織は、もともとはグロスター、サマーセット、デボンシャー、ウィルトシャーなど西部で生産されているものである。

つぎに有名なリーズの織物市場の部分を訳出しよう。

「リーズは、大きな、豊かな、人口の多い町である。その町は、エア河の北岸にある、というより河の両岸にまたがってたっており、全体は立派な、非常に強い石の橋でむすばれている。その石の橋は、非常に大きく、広いので、以

前には、織物の市は町のどこかでたったのではなく、ほかならぬその橋の上にたったほどである。……。

製造業と trade の増大は、市場を非常に大きくして、橋の上だけに制限されなくしてしまった。現在は橋からはじまり、北の方の市場 market house までつづく本通りでおこなわれている。market-house では、食料品のための市がはじまるのであるが、それは、すでにのべたハリファックスをのぞけば、その種のものでは北部イングランド最大のものである……。

……わたくしがいまのべようとしているのは、織物の市なのであるが、それは、実際ひとつの偉観であって、多分世界無比である。エクゼター Exeter のサージ市場は、実際驚くべきものであり、そこで販売される金額は非常に大きい。しかし、そこでは、市は１週１度にすぎないのに、ここでは１週２度である。そして、商品の量もまたきわめて大きい……。

早朝、街路に２列に、ときには一方の側に２列に、しかし、常に少なくとも１列に架台が並べられる。それから、それらの架台に板がわたされる。それゆえ、その板は、ちょうど街路のひとつの端から他の端まで、各々の側に、長い店台 counter のようである。

織元たちは、朝早く物をもってやってくる。そして、市のたつ日が多いので１反以上もってくる織元は、ほとんどいないが、彼らはそれをもって宿屋や居酒屋にはいり、そこで下ろす。

朝７時に、冬でも織元たちは、すべてその時間までにきていると仮定して、だが時間は季節によって変化し（夏ならもっと早く、真冬ならもう少しおそい）、わたしは、中庸として、そしてわたしがそこにいた時に６時か７時だったから、７時をとる。そこで、７時に市場の鐘がなる。すると、喧騒も、また少しの混乱もなく、またたくまに全市場が一杯になるのをみて、旅人は驚くにちがいない。架台の上のすべての板は、織物で蔽われ、反物を相互に横におけるかぎり詰めて並べる。そして、すべての反物の後に、それを売るために織元がたっている。

織元たちが宿や居酒屋であたかも身がまえているかのようにしているのだから、全部がいちどに市場にもってこられるのであり、各々の反物に対して１人

補論　ダニエル・デフォウの旅行記から見た18世紀初頭におけるヨークシャーの経済状態　153

の織元がつくのだということを考えれば、上にのべたことは、そうむずかしいことではない。すなわち、一列連隊のようになって、各自が自分の反物をとりあげ、第1列目の板にそれを横にするには5歩ほどすすめばよく、第2列目の板までは10歩ほどすすみさえずればよいのである。その結果、市場の鐘がなって8分の1時間もすれば、全市場が一杯になり、板の列がおおわれ、そして織元がすばやくたつということになるのである。

　鐘がなりおわるや、商人や代理商人 factor 及びあらゆる買手がやってくる。そして、2列の板の間にそって歩きながら、必要に応じて、板に近づいたりはなれたりする。ある者は、いくへにも見本がはりつけてある外国からの注文書をもっており、その見本と一致していると思われる織物をひきよせ、色をあわせる。彼らは、その色にあった、あるいはその必要にあった織物を見つけると、板の上に身をのりだして織元に近づき、つぶやく。そして、想像しうる最少の言葉で、値段がいわれる。一方が問い、他方が価をいう。そして、すぐに決まるか、あるいは決まらないかする。

　商人や買手は、ふつう、列の各々の側を2度往復し、そして1時間あまりですべての取引がなされてしまい、半時間もたたないうちに、あなたは、織物がもちさられはじめ、織元がそれを肩にのせて商人の家へ運んでいくのを見るであろう。8時半に市場の鐘がふたたびなる。たちまち買手の姿は消え、織物はすべて売られ、もし反物がそこここに売れ残っているなら、宿屋にもちかえられる。そして、15分以内に、市場には1反の織物もみられなくなってしまうのである。

　こうして、あなたは、1万あるいは2万ポンドの、時にはそれよりもはるかに多くの織物が、1時間あまりのあいだに売買されるのを見るであろう。いままで見てきたように、イングランドのどの市場でもおこなわれている規則は、〔ここでは〕もっともきびしくまもられている。〔その規則というのは〕

　1．市場の鐘がなるまでは、何人も織物を呈示してはならない。また、織元は、公開の市場 open market 以外の場所で販売することはできない。

　2．市場の鐘がふたたびなったあとでは、何人も一瞬も市場にとどまってはならない。しかし、織元は、売れ残っていれば、織物をもって帰らなければな

らない。

　3．もっとも賞讃に値するすることは、深い静寂のうちにことが運ばれることである。あなたは、市場中どこでも、一言も話されるのを聞かないであろう。売買をおこなう人々によっては、すべてがつぶやきのうちにおこなわれる。〔というものである〕

　9時までに、板は全部とりのぞかれ、架台もとりかたづけられ、街路はきれいになる。その結果、もはや市場も商品も見あたらず、何もなかったかのようである。こうしたことが週に2度おこなわれる。このすばやい回収によって、織元たちは貨幣を供給され、彼らの労働者たちがとどこおりなく支払われる。そして、ぼう大な貨幣額が毎週その州中を循環するのである」[24]。

それでは、その公開市場に集まってきた商人たちはどのようなものであったのだろうか。デフォウは、織元の手をはなれた織物のゆくえを追いながら、つぎのような3種の商人を区別している。

「1．国内の消費に向けられるもの、すなわち、イングランド西部でつくられるメドレイ織 fine medley cloths の値段には手のとどかないふつうの人の衣服にどこでももちいられるもの。この目的のために、リーズには一団の旅商人 travelling merchants がおり、荷をかけた馬 pach horses をひいてイングランド中を歩きまわり、全島の、例外はないといいうるほどすべての定期市 fairs や市場町 market town を訪れるのである。ここで、彼らは一般の人々に小売するのではない。そうした商人は、実際には行商人 pedlars と名づけられるであろう。それに対して、彼らは小売商店 shops に卸すのである。そればかりではなく、大きな信用をも与える。したがって、彼らは、実際には卸旅商人なのである。かようにして、彼らは大量の商品を売る。一人で、金額にして1千ポンドの織物をもってあるくのがふつうである……。

　2．もうひとつの買手の種類は、ロンドンに送るために買うというものである。ロンドンからの委託によるか、または、彼らがロンドンにいる代理商 factor や倉庫業者 warehouse-keepers に委託してそれを売らせるのである。これらの代理商や倉庫業者は、ロンドンにいるすべての小売店主や卸売商に供給するのみならず、大量のこの系統の商品をアメリカ植民地、とくにニュー・イン

グランド、ニューヨーク、バージニアといったところに輸出している商人、及びペテルブルグ、リガ、ダンツィヒ、ナルバ、また、スウェーデン、ポメラニアといったところに大量に送っているロシヤの商人にも、同様に大量に売るのである。

3．買手の第3の種類のもので、他のものに劣らず重要なものは、いわば、外国から委託をうけて、ハンブルグ、オランダ、その他数ヶ所の商人のために買うような商人である。それらは、数的に多いのみならず、あるものは取引において非常に重要であり、ニュールンベルグ、フランクフルト、ライプツィヒ、及びドイツの最遠隔地にあるヴィエンナ Vienna, アウグスブルグとさえも連絡をとっている」[25]。

そのほか小売商人も、あるいは仕立屋などもいたかもしれない。

さて、輸出される毛織物は、すべてカルダー河とエア河をくだる船でハルまで運ばれ、そこから各地に輸出されることは前にのべたとおりである。毛織物をハルまで積んでいった船は、帰りには、「ハルで輸入されるようなもの、またロンドンからくるような大量の商品、また他の諸州が供給する、たとえば、バター、チーズ、鉛、鉄、塩といったもの、また砂糖、たばこ、果実、香料、ホップ、油、ブドウ酒、ブランディ、火酒、といったあらゆる種類の食料雑貨類」[26]を積んできた。すなわち、当時すでに、家族のミルク用の牛を飼うほか、「養鶏にやっとたりるぐらいしか穀物を播か」なくなっていた West Riding の多くの製造業者たちは、労働力を再生産するための生活物資のうち、食料を中心とする多くのものを他地域からの流入に依存するようになっていたのである。その関係をデフォウは、つぎのように描いている。

「穀物は、リンカン、ノッティンガム及び East Riding から大量にはいってくる。黒牛と馬は North Riding から、羊や羊肉は隣接諸州から、バターは East, North 両 Riding から、チーズはチェッシャーとウォリックシャーから、更に黒牛はランカシャーからくる。そして、ここに畜産家 breeders and feeders や農民 farmers 及び農村の人たち country people は、製造業者や商業から豊かに流れでる貨幣を見出すのである。その結果、ハリファックスやリーズ、それにしばしばのべてきた他の工業都市及びそれに隣接したところでは、9月と10

月の2カ月の間に、おびただしい数の黒牛が売られるのである。

　食用牛に対する需要は、かようにしておこる。人々の（牛の）使用法は、その時期に、1年の間、十分まにあうだけの牛を買い、それを殺して塩づけにし、つるしていぶしながら乾燥させるのである……。

　……大きな家族をもった織元が、市の日にハリファックスにやってきて、1頭8-12ポンドの大きな雄牛を2-3頭買うのがふつうである。彼らは、これを家にひいてきて、殺して貯えるのである。1年のうち、この時期に、市場がスミスフィールド Smithfield の金曜日のように黒牛で一杯になるのは、こうした理由によるものである。

　かようにして、この一商工業地帯は、その周囲の農村をすべてささえているのであり、非常に多くの人々が、丁度蜜蜂が巣にむらがるごとくにここに住んでいるのである」[27]。

以上で、West Riding の毛織物工業に関するデフォウの叙述の紹介を終わる。それについての考察は、本稿の最後にまわしてさらにデフォウとともに旅をつづけよう。

C　その他の産業（石炭、農業、その他）

　まず石炭。「この地方にはもうひとつの trade があり、それは、それらの河の航行がひらかれて以来、非常に重要となった。すなわち、その後、商人は、石炭を、とくにウェイクフィールドやリーズから運ぶのである。そのどちらにも、彼らは非常に大量にもっており、決してつきることはありえないといわれている。彼らは、それをハンバーまでおろし、それからオウズ河をさかのぼってヨークに至ったり、トレントその他の河をさかのぼったりする。そこらには大きな都市がたくさんあり、そこに彼らは石炭を供給するのである。それは、さらにつぎのような利点をもっている。すなわち、ニューカッスル Newcastle 炭は、ショールドレン chaldron あたり4シリングの税を支払うのに、この石炭は river borne coal とよばれ、税を免除され、まったく支払わなくてもいいのである」[28]。

この石炭が、織元をはじめ、工業地帯の人々の燃料である以上に、エネルギー

源として及び製鉄、製鋼用燃料としての重要性をもつにいたるのは、18世紀も半ばをすぎるころからであろうと思われる[29]。とはいえ、「緑礬や明礬製造業者石鹸や澱粉製造業者、精糖業者や醸造業者、染料調合者、煉瓦炉やガラス窯の所有者、その他あらゆる種類の金属業者の間ではすでに1700年以前に石炭の使用が急速に普及していた」[30]といわれており、いわば、この時期は、石炭が単なる消費財から生産的消費財に転化しつつあった時期であったと考えられる。それゆえ、産業革命の開始とともに、この地方の石炭業も、いわゆる基幹産業の一構成部分となっていく。

農業の場合、製造業地帯の周辺については、デフォウのつぎの記述がほぼあてはまるのではないかと考えられる。すなわち、「一言でいえば、その地方は、あたかもすべての人がリーズやハリファックスに移されてしまったかのようであり、家に残って土地を耕し、鋤を使って残余の者のために穀物を生産しているのは、ほんのわずかにすぎない」[31]。しかし、この地方一帯は、ヨークシャー・エイルとよばれる飲料が広く製造されており、ある程度の穀物の生産を推定しうる。北方にあるウェザービィ Wetherby には、穀物の市がたつ。

このウェザービィは、また染料の生産地でもあり、またなたね油の生産もおこなっている[32]。

最後に、ドンカスター Doncaster ではメリヤス工業 Knitting がおこなわれている。

II North Riding、East Riding.

A 製造業

ウェザービィからさらに北上し、ビーダル Bedall を通り、リッチモンド Richmond に至ると、「すすむにつれて、ふたたびあなたは製造業を見出しはじめる。前では、すべてが織物業であったが、そして、すべての人が織元であったが、ここでは、あなたはすべての人が、大なり小なり、メリヤス工 Knitting であることを見る。リッチモンドには、woollen or yarn stockings のための市がひらかれる……。

このtradeは、ウエストモァランドWestmorlandにまでひろがっている。あるいは、むしろウエストモァランドからきて、ケンダルKendal, カークビィ・スティーブンKirkby Stephen, 及びヨークシャーの州境〔近辺に〕ひろがっている。そこでは、主としてyarn stockingsの製造がおこなわれている。実際、それは、それ自体非常に重要な製造業である。そして、イングランドのすべての製造業と同じく、最近大いに増大してもいるのである」[33]。

　これが、North Ridingのほとんど唯一の製造業であるが、さらにリッポンRippon及び、パースブリッヂPiersbridgeからダラムへ至る周辺の地では、馬のなめし皮が生産される。

　East Ridingにはいると、ハルから6マイル北西の方向にあるビバーリィがひとつの製造業の中心をなしている。ここの住民は、免税の特権をもっており、イングランドのどこに行っても通行税、関税などを支払わなくてもいい。「その町の主なtradeは、ビールmalt、挽割りカラスムギoatmeal、なめし皮の製造である。しかし、貧しい人々は、ほとんどbone-lace製造によって生活をささえている。それは、最近とくに奨励されており、子供たちは、学校で読むこととこの種のレースを編むことを学ぶよういわれている。織物製造業は、以前この町でもおこなわれていたが、リーランドLelandは、彼の時代においてさえ、それが衰えてしまっていたことをわれわれに語っている」[34]。

　East Ridingにおけるもうひとつの重要な製造業の中心は、ウィットビィWhitbyである。そこのもっとも重要な産業は造船である。旅行記の1762年版によれば、年40-50そう生産され、石炭運搬用にもちいられている。また、その周辺で明礬の原石がとれ、毎年幾干ショールドレンもの石炭を輸入して明礬の製造をおこなっている。最後に、イングランド最大のBolting millをもち、魚肉の加工をおこなっている[35]。

B　農業、牧畜

　North Riding、East Ridingの主要な生産は、農業と牧畜である。ユーアUre or Euse河をこえてWest RidingからNorth Ridingにはいったあたりは、最良の雄牛とレース用及び狩猟用の馬の産地である。

補論　ダニエル・デフォウの旅行記から見た18世紀初頭におけるヨークシャーの経済状態　159

「その地方一帯（ビーダルとその周辺）は、馬商人 Jockeys, いわば、馬を取引する商人や馬の飼育者でみちていた……。

このあたりでは、非常に多くの者が馬の飼育その他に従事しており、若いものは、馬小屋で育てられ、馬の間にねるのがふつうであるから自然に馬丁となる……。

馬の飼育のほかに……彼らはいい牧畜業者であって、いい品種の雄牛を飼っている。ノース・アラートン North Allerton の定期市でみられるもので、信じられないほどの多数が毎年8回も買いとられて、南方のリンカンシャーの低地帯やエリィ Ely 島にまでおくられ、そこで……ロンドンの市場でみられるように大きくふとらされる」[36]。

East Riding のダーウェント Derwent 河上流の North Riding 丘陵地帯も大きな牧畜の地である。

「ヨークシャーのこの部分は、きわめて町が少なく、したがって人口もまばらで……いわばソールズベリィ Salisbury のような平原と丘陵である。そこで、彼らはたくさんの羊を飼い、多くの黒牛や馬を飼育している」[37]。

穀物地帯は、タドカスター Tadcaster とヨーク市のあたりが中心である。「その地方は、豊かで、肥沃で、人口が多いが、前にのべたリーズ、ウェイクフィールド、ハリファックスなどのようではない。いい穀物がみのり、ヨーク市が近く、航行可能な川がたくさんあって、穀物をハルまで運ぶのであるが、そのためのいい市に欠けているわけでは決してない」[38]。さらにそこからハルにかけての一帯、いわゆるヨークの谷といわれるところは、ゆたかな穀物の産地なのである。

また、スカバラー Scarborough は、ゆたかな漁港で、にしん、さば、たらの類が多くとれることをつけくわえておかなければならない。

〔追記〕
　North、East、各 Riding には、それぞれヨーク、ハルという大きな町がある。前者は、貴族的な消費都市であり、後者は、ヨークシャーの表玄関である。
　ヨーク市――「ここには、社交会がたくさんあり、そうした社交会と安い生活費のゆえに多くの名誉ある家族が住んでいる。人は、ロンドンにいるのと同様、十分に世界中の人々と交わっている。若いジェントリの間の集会を維持しておくことが、ここではじ

めて主張されたのであった。それは、他の著作家が、よき国の、快適なところの特性として、非常に勧めたものであるが、わたくしはちがった観点で見ている。すなわち、国民の道徳を荒廃させるためにたてられた計画とみなしている……。

　……ここの市長は、古来からの慣習によって、My lord とよばれる名誉をもっている……。

　イングランドの市部で、あらゆる種類の食料品が、ここほど潤沢に、しかも、その品質のよさに比して比較的安く供給されているところはない。河が航行可能で、海にも近いので、ここの商人は、世界のどこででもお好みのところと交易しているのである。……どんな荷をつんだ船も市の30マイル以内にき、60トンから80トン及びそれ以下の小さな船は、まさに市までくるのである。

　……彼らは、かなりの trade をおこなっている。彼らは、フランスやポルトガルから、自分たちの使うブドウ酒を輸入する。同様に、ノルウェーからは松板（またはモミ板）や木材を輸入する。……彼らは、またニューカッスル Newcastle やサンダーランド Sunderland からは石炭を輸入していたが、いまは、わたくしがすでにのべたように、エア河とカルダー河をくだって、ウェイクフィールドとリーズから輸入している……ヨークは……広い市である。……しかし、建物は、ブリストルやダラムほどたてこんではいない。また、ヨークは、ブリストルやノリッジほど人口が多くはない。しかし、ヨークには、ジェントリや著名な人が多く、彼らは自由に生活し、彼らの能力に応じた家屋に住んでいる……。

　また、橋の上の公会堂とともにふたつの立派な市場 market hause があり、他の公共用建物（ギルドホール etc）とともに、……この市を一層威厳のある……ものにしている。ロンドンやダブリンをのぞいて、国王の所領にある他の市ほど人口も富も多くはないけれども。そのちがいの理由は、あきらかに trade の欠如ということである。

　実際、ジェントリの集りに依存するようなものをのぞいて、trade はない。しかし、宿やいい家や豊富な食料という点についていえば、市は、必要とあらば、国王や上下両院議員を、その全廷臣とともにうけいれることができるのである」[39]。

　ハル──「……ハンブルグとかダンツィヒ、ロッテルダムといった、商業で有名な外国の第二流の都市の説明をわたくしに期待するとしたら、ハルの町がいい見本となるだろう……。

　最近の戦争では、ハルからロンドンへの船隊は、しばしば一時に100せきになった。ハンバーの他の小港もふくめると150-160せきであった。オランダへの貿易が非常に大きく、オランダ人は、常に……商取引を護衛するために2人の兵士を雇っていた。ハル－オランダ貿易の回数は、彼らがロンドンとおこなったと同じほど多かった。

　一言にしていえば、リーズ、ウェイクフィールド、ハリファックスでのすべての trade は……ここで処理される。商品は、ハルの商人によって、ここで船に積まれる。

すなわち、ボウトリの港からくるダービーシャーやノッティンガムシャーの鉛製品、East and North Riding からの、ヨークまでオウズ河をくだってくるバター、スタッフォード、ウォリック、チェシャーからトレント河をくだってくるチーズとその近接諸州からの穀物、それらはみんなここにもたらされ、ここから船で積出される。

今度は反対に、あらゆる種類の外国商品をそれらのすべての地方に供給する。……また、ブリテンのどこの港にも、ハルの商人ほど、商取引の正義という点でも、trade のための資産ないし資金の大いさという点でも、立派な信用と評判をもった商人はいない。彼らは、ここでノルウェー、バルチック海沿岸と大量の trade をおこない、ダンツィヒ、リガ、ナルバ、ペテルブルグとも重要な trade をおこなっている。そこから、彼らは、折返し大量の鉄、銅、大麻、亜麻、帆布、カリ potashes, ロシヤリンネル、織糸その他をもってくる。彼らがその地方ではけ口を見つけたものは、かなりの量にのぼる。彼らは、またオランダ、フランス、スペインと交易して、大量のブドウ酒、リンネル、油、果実などの輸入をおこなっている。また、西インド諸島からのタバコ、砂糖の輸入は、主にロンドン経由によっておこなっている。これらの上に、ロンドンへと同様、オランダ、フランスへの穀物の輸出は、ロンドンをのぞいて、イングランドのどこの港でなされている、あるいはなされうるその種のすべての輸出をしのいでいる。

彼らの回漕業が、また、ヤーマウス Yarmouth 以外の、その海岸にあるすべての町及び港をしのいでいるひとつの大きな商売なのであるが、ただ彼らの回漕業は、主として石炭業にもちいられているのより小さい船からなっている。多くの大きい船ももっているけれども、それらは外国貿易にもちいられている」[40]。

おわりに

第1に、West Riding を中心として商品の流出、流入状況をまとめてみると、つぎのような表になる。この表からわかることは、West Riding においては、原料と食料の流入、工業製品の流出という、先進的工業地帯における典型的な商品の流出流入をしめしているということである。

第2に、量的にははっきりした数字がつかめないとしても、以上のことから、当時すでに、West Riding においては「半農半工」の状態からの離脱がかなりすすんでいたということが考えられる。たとえば、デフォウは、すでに引用した文章の中で、ハリファックス周辺の織元が、「養鶏にやっと足りるぐらいしか穀物を播かない」ことをのべている。またさらに、土地だけでは生活できない人々が、

「5分の1」いたことが指摘されてもいる。この数字の信頼性には、もちろん問題はあるとしても、「半農半工」からの離脱がかなりの進展をしめしていたということだけは読みとることができるであろう。穀物とか肉、チーズ、バターといった主要な食品はすでに自分では生産していないのである。

　第3に、「半農半工」からの離脱は、階層分化の進展と表裏をなす。ハリファックス周辺の「……製造業者の家々の間に、同じように散らばった夥しい数の小屋あるいは小さな家屋があり、そこには製造業に雇われている労働者たちが住んでいる。その婦人や子供たちもたえず刷毛や紡毛などに忙しく、手の空いている者はいない」という指摘は、そのことをしめしている。つまり、広い小生産者的織元たちの底辺の上に、比較的大きなマニュファクチュアが位置しているような、いわゆる「マニュファクチュア段階」の構造が成立しつつあったのではないだろうか。分解が急速にすすむのは、18世紀の後半にぞくするとしても、この段階においてすでにかなりの資本蓄積＝分解がすすんでいたことは無視できないのではないだろうか。

　18世紀後半におけるヨークシャーの羊毛工業の発展において、「梳毛工業」worsted が大きな役割を果すことが指摘されている[41]。周知のように、羊毛工業には「紡毛工業」woollen と「梳毛工業」worsted 及びその中間的なものとしてのサージ工業があるが、「紡毛工業」に比して「梳毛工業」は、最初から大きな資本を要するといわれている。その点から、飯沼二郎・富岡次郎の両氏は、ヨークシャーにおいては、「17世紀に東部地方から梳毛工業が移入され、1759年頃にはなお重要でなかったものが、1750-1780年の間に急速に普及したのであった。したがって、デフォウによって描写された上述の（ハリファックス周辺の）毛織物工業は、なお紡毛工業を指すものと考えて誤りないであろう」[42]、といわれているが、デフォウの描写の中に出てくるシャルーンは、梳毛工業製品であり、ハリファックス周辺では「ほとんどどの張布枠には、クロース、カージー、シャルーンがはってあるのを見ることができた」と書いており、また、「評判にいつわりがなければ、いまやこの教区（ハリファックス）だけで、年に10万反」のシャルーンをつくっているとも書いているところから、すでにかなりの「梳毛工業」の発展を考えることができる。そのことと、前述の階層分化の進展とは、おそらく密

接なつながりをもつものであったろう。

　最後に、リーズの織物市場にあつまってくる商人の分析から、West Riding の毛織物が、全イングランド的ひろがりでの国内市場をすでにもっていたことが知られる。しかし、デフォウによって詳細に描かれたリーズの織物市場のあり方は、すぐれて小織元の販売機構たるにふさわしいものであったと考えられる。生産の増大、とくにマニュファクチュアの一層の発展と国内市場の拡大と深化によって、そうした販売機構もまた大きく変化していくことが予想されるが、その点については多く今後の検討にまたねばならない。

1) 山下幸夫「ダニエル・デフォウの紀行にあらわれた社会的分業の状態と Circulation の理論」『商学論集』第26巻第3号。
2) 山下幸夫氏は、前掲論文の註19でやはり各版の出版年次をしめされ、1778年までに8版が出版されたとしているが、8版ではなく9版である。山下氏の場合には、第6版の出版された1762年がぬけている。
3) Daniel Defoe, *A Tour through England and Wales*, With an Introduction by G. D. H. Cole, Everyman's Library, vol. I, p. 5. なお、1762年版では、その部分の1722年4月3日という日付は削除されている。
4) 山下、前掲論文、62-63ページ。
5) Cole, *op. cit.*, p. xiii.
6) Daniel Defoe, *A plan of the English Commerce*, 1728, pp. 1-2.
7) Cf. 大塚久雄「重商主義における〈Trade〉の意味について」『古典派経済学研究、矢内原忠雄先生還暦記念論文集』上巻、所収。
8) Cole, *op. cit.*, p. xiii.
9) 山下幸夫氏作製のものに、若干の訂正と追加を加えてなったものである。(62) とあるのは1762年版による追加。(T) とあるのは山下氏が、*The Complete English Tradesman*, 1725-1727. によって補ったもの。
10) Daniel Defoe, *A Tour through England and Wales*, vol. II, p. 181.
11) *Ibid.*, p. 183.
12) *Ibid.*
13) Daniel Defoe, *A Tour thro' the Whole Island of Great Britain*, 1762, vol. III, p. 101.
14) *Ibid.*
15) G. D. H Cole and Raymond Postgate. *The Common People, 1746-1946*. 1961 (1st ed., 1938) p. 24. T. S. Ashton, *Iron & steel in the Industrial Revolution*, 1951 (1st ed.

1924) pp. 46-48.
16) Daniel Defoe, *A Tour through England and Wales*, vol. II, p. 185.
17) 大河内暁男「West Midland の金属工業からみた18世紀イギリスの市場構造とその発展傾向」『社会経済史学』24巻1号、49ページ。
18) Daniel Defoe, *A Tour through England and Wales*, vol. II, p. 186.
19) *Ibid.*, p. 187.
20) *Ibid.*, pp. 193-196.
21) *Ibid.*, p. 198.
22) *Ibid.*, p. 203.
23) *Ibid.*
24) *Ibid.*, pp. 204-206.
25) *Ibid.*, pp. 206-207.
26) *Ibid.*, p. 208.
27) *Ibid.*, pp. 199-200.
28) *Ibid.*, p. 208.
29) 「奇妙なことには、1750年までにはコークスによる精錬法は、すでに知られていたにもかかわらず、その実施は局地的であり、世に拡まっていなかった。この方法の発明者はクエーカー教徒のエイブラハム・ダービーで、……ほぼ1709年頃には、鉄鉱石の精錬用燃料として、コークスを商業的に利用することに完全に成功したということである。……しかし、彼の発見後40年間は、彼の製鉄法はシュロップシャーとデンビーシャーの鉄工業者の間で用いられたにすぎない」。W. H. B. Court, *A Concise Economic History of Britain, From 1750 to Recent Times*, pp. 50-51.（荒井政治・天川潤次郎訳、60ページ）。
30) *Ibid.*, p. 46.（邦訳、55ページ）。
31) Daniel Defoe, *op. cit.*, p. 211.
32) この部分は、1762年版にあらたに加筆されたものである。1762 ed. vol. III, p. 180.
33) Daniel Defoe, *A Tour through the England and Wales*, vol. II, p. 222.
34) *Ibid.*, p. 238.
35) Daniel Defoe, *A Tour thro' the Whole Island of Great Britain*, vol. III, p. 207.
36) Daniel Defoe, *A Tour through the England and Wales*, vol. II, pp. 221-222.
37) *Ibid.*, p. 235.
38) *Ibid.*, p. 227.
39) *Ibid.*, pp. 230-234.
40) *Ibid.*, pp. 242-243.
41) Cf. H. Heaton, "Benjamin Gott and the Industrial Revolution in Yorkshire," *The*

Economic History Review, vol. III, No. 1.
42)　飯沼二郎・富岡次郎『資本主義成立の研究』155ページを、ハリファックス周辺のデフォウの叙述及びリーズの毛織物市場の部分の訳出には、本書に引用されている当該部分の訳を参照させていただいた。

第Ⅱ部　イギリス急進主義

第5章　ジョン・ミラー『階級区分の起源』について
―― スミスの時代の「家族・私有財産・国家の起源」――

はじめに

「ミラーは、終始、かれの信じた人類の権利と
自由の、賢明で大胆な擁護者であった」。

ジョージ・ジャーディーン[1]

　アダム・スミスの弟子でグラースゴウ大学の法学の教授であったジョン・ミラー（1735-1801）は、奴隷制反対運動や議会改革運動にかかわりをもち、フランス革命のときには、イギリス政府の対フランス干渉戦争に反対[2]して、危険な思想家の一人に目された。かれの講義をきく学生たちは、かれの急進的な思想にはしたがわぬようにと、注意されたという。この小論でとりあげるかれの主著『階級区分の起源』（初版1771年）は、のちにみるように、「人間解放の自然史」といった内容をそなえている。
　しかしミラーは、「忘れられた思想家」であった。ミラーが忘却の淵から救いだされたのは、今世紀（20世紀――編者注）にはいってからである。とくに1920年代に、W. ゾンバルトがミラーの『階級区分の起源』をとりあげ、技術的経済的社会理論による「支配の社会学」であるとして高く評価し、同時にそこにエンゲルスの『家族・私有財産・国家の起源』の原型[3]をみたことが、その後のミラー研究の切掛となった。ついで1930年代に、R. パスカルの有名な論文「財産と社会――18世紀の歴史学派」[4]があらわれた。
　第二次世界大戦後は、1952年に、W. C. レーマンが論文「歴史社会学者、ジョン・ミラー」[5]を発表して以来、R. L. ミーク[6]、D. フォーブズ[7]、A. L. マクフ

ィ[8]らがそれぞれ問題提起的な論文を発表してきた。とくに1960年に、レーマンが世界最初のミラー研究書『グラースゴウのジョン・ミラー』[9]を刊行し、そのなかに『階級区分の起源』の第3版（1779年）を校訂して収録したことは、画期的なことであった。わたくしたちは、それによって容易にミラーの主著に接することができるようになったのである。このころから、日本でも、パスカルやミークの論文が翻訳紹介され[10]、大野精三郎氏や山崎怜氏らによる本格的なミラー研究論文[11]が発表されるようになった。

　こうして、今日では、スコットランド歴史学派[12]のなかでのミラーの位置やミラーの思想の特徴については、ある程度共通の理解が成立しているといってよい。それは、一言でいえば、スコットランド歴史学派の人びとの歴史観を「一種の唯物史観」[13]に結晶させたもの、ということである。しかし一歩つっ込んでみると、いろいろな問題がなお未解決のまま残されていることがわかる。たとえば、「ミラーにおける政治的急進主義と経済学的後退」[14]をどう理解するかといった問題、当時の急進主義諸思想のなかでのミラーの位置といった問題[15]、あるいはミラーと道徳哲学[16]といった問題等は、そうした若干の例にすぎない。

　この小論で、わたくしは、以上のような諸問題を念頭におきつつ、ミラーの主著である『階級区分の起源』[17]を分析することによって、ミラーの思想の全体像にせまる足場をきづくことをねらっている。このミラーの著作は、いまやかなり有名であるけれども、日本では、まだ簡単な紹介[18]がなされているにすぎない。わたくしは、この小論で、できるだけミラーの叙述にそくしながら、この著作にもられているかぎりでのミラーの思想を、全体としてあきらかにしてみたいと考えている。ミラー研究の現段階は、ミラーの著作の一冊一冊の分析を必要としているように思われるのである。

1　ミラーの「唯物史観」

　本節では、まず『階級区分の起源』の「序文」[19]の検討を行う。この「序文」で、ミラーは、いわゆる「唯物史観」を定式化し、歴史論を展開しているのである。

　ミラーによれば、「諸国民の生活様式や慣習を研究した人びとは、主に2つの

目的を企図していた」[20]。1つは、各国の法体系とその効果を比較研究して、自分たちが採用するに値する諸制度と統治形態を選ぼうとすること、もう1つは、異なった生活様式と法体系の諸原因を探究することである。ミラーは、前者は、後者をまってはじめて可能になるという。つまり、どんな法体系も「それを勧めた諸事情を知ることなしには、それらの効用についての正しい意見を形成することはできないし、……それらがどのていど実際的であったかを決めることすらできない……」[21]。法体系の原因をつかまえることが問題なのだ、とミラーは言うのである。

「……法と統治の特定の体系の諸原因を研究するにあたって、わたくしたちは、……まず第1に、それぞれの国の住民にたいして、行為についての異なった見方や動機を示唆してきた状態のちがいを頼りにしなければならない。この種のものには、土地が肥沃であるか不毛であるか、諸生産物の性質、生活資料を獲得するのに必要な労働の種類、一共同体の住民数、諸技術における熟練の度合、相互に取引にはいり、親密な交信を維持することにより享受する諸利益がある。これらの、またその他の細かな事柄にしばしば生ずる相違は、一国民という大きな集団に巨大な影響をもつにちがいない。その相違は、かれらの性向と仕事に特定の方向を与えることによって、それに照応した慣習、気質、思考方法を生みだすにちがいないからである」[22]。

このように、ミラーは、法体系の原因を「状態」[23]にもとめている。この「状態」は、たんなる自然環境や風土ではなく、諸生産物の性質、労働の種類、共同体の規模、技術の熟練、取引関係といった、いわゆる生産力的要因と生産関係的要因とをともに含み、遠く「生産様式」をのぞむもの、と言ってよい。また「状態」は、人びとの性向と仕事および慣習や思考方法をも方向づけるものである。これは、あきらかに唯物論であろう。しかもこの「状態」は、歴史的に変化するものである。

「人間には、自分の状態を改善しようという性向と能力がある。それらを発揮することによって、人間は、進歩のある段階から他の段階へと移行する。人間の諸欲求の類似性、同様にそれらの欲求を充足する諸能力の類似性は、どこにおいても、人間の進歩のそれぞれの段階におけるいちじるしい同一性を生み

だしてきた。野蛮人の国民は、ほとんどの生活必需品に欠乏を感じていて、かれらの注意力を……少数の対象にふりむけたにちがいなく、かれらの思想や感情は、かれらの状態に照応して、当然、貧弱であり、偏狭であるにちがいない。……つづいて、経験が家畜を飼い馴らし飼育する方法や大地を耕作する方法を教える。人びとがこれらの偉大な改善に成功するにつれて、最低の生活必需品の獲得に困難が少なくなり、人びとの視野が漸次拡大されて、欲望や願望がますます目覚めさせられ、さまざまな生活の便宜を追求するようになる。そこで製造業のいろいろな部門が、それと不可分の商業とともに、また余裕と豊富の自然の子たる科学と文学とともに、導入される……かかる漸次的進歩によって、もっとも重大な変化が、人民の国家と状態に生みだされる。人口が増加され、社会のつながりが拡大されて、人びとは、自分たちの必需品で悩まされることが少なくなるから、人間性の諸感情をより自由に啓発することができる。個人間の区別の大きな源である財産が確立される。そして人間の諸権利が、かれらのあいだの拡大するつながりから生じ、承認され、保護される。それによって、一国の法は多数となる。そして、より複雑な統治の形態が、正義の実施と、大きな豊かな共同社会の利害と感情の衝突から生ずる無秩序の予防のために、必要となる。同時にこれらと、同じようなその他の改善の諸効果……は、人びとの嗜好や感情、かれらの一般的行動体系にも、適合的な変化を生みだすであろう。

　こうして人間社会には、無知から有知への、未開の生活様式から文明化された生活様式への自然的進歩があり、その各々の段階は、通常、それぞれ固有の法と慣習をともなう」[24]。

引用が長くなったけれども、これがミラーの「唯物史観」の定式である。このミラーの議論の特徴は、啓蒙期の思想にふさわしく、人間の欲望と能力の類似性から、どこでも同一の発展段階をたどるという命題を導きだしていることである。その場合、ミラーの念頭にあるのは、いうまでもなく師スミスから学んだ、狩猟・採集→牧畜→農耕→商業の4段階[25]である。他方、ミラーは、それぞれの民族ないし国民の歴史に刻印された特殊性を見逃してはいない。さきの文章につづけて、ミラーは、つぎのように書いている。

「さまざまな偶然的諸原因が、異なった国々におけるこの進歩を速めたり遅らせたりするのに貢献してきた。特定の時代に、長い停滞をよぎなくされるような不幸な環境におかれた諸国民の場合には、その後のいろいろな革命を経過しても、なおそれらの特殊性を色濃く保持しつづけるほどに、その時代の生活様式に習慣づけられるということがしばしば生じたのである。このことが、ひとしく文明化された諸国民の処世の仕方や慣習に生ずる主要なちがいのいくつかをひきおこしたように思われる」[26]。

歴史における必然と偶然、普遍と特殊の関係を、ミラーは、このようにおさえていたのである。こうしたミラーの歴史のおさえ方は、それまで多くみられた英雄史観や風土決定論の批判にむかい、「一種の人民史観」[27]に結実する。まず歴史における英雄、つまりすぐれた個人の役割を、ミラーは、つぎのように吟味する。

「ある国民の性質と精神は、おそらく類似した環境にある他のあらゆる国民のそれとほとんど同じと考えられる。しかし事情は、個人に関しては、非常に異なる。個人間には、しばしば確かめることのできない不特定の諸原因から生ずるいちじるしい多様性が存在するのである。……それゆえ、つぎのことが期待される。いずれの国の政治体制も、その大部分は、全人民の結合した力から引きだされるけれども、特殊な諸制度の差異は、ときには、たまたま社会の頂点に地位を占めるようになった、非凡な才能と政策観をもった特別な個人の偶然的介入に、その起源をもつであろうと言うことである。多くの著作家によって、このことが諸国民の法と統治にみいだされる差異の大きな源とみなされてきているのである」[28]。すぐれた個人の介入の効果は、それほど大きなものであったのだろうか。ミラーは、この最後の一文に関して疑問を投じ、自らの疑問に以下のように答える。「ある個人が、そのような大きな権威を与えられ、立法者の資格で行為できるような熟慮と予見をもちうるまえに、かれは、かの国民のなかで何世代ものあいだ支配的であった自然な生活様式や慣習の知識で教育され、育てあげられたにちがいない。古い生活様式からの、あらゆる偏見の影響をうけて、かれは、……その効果が経験によって確定されたことのない他のどんな体制よりも、既成の体制を選ぶ気になるであろう。もし……かれが

あえて異なった意見をもちつづけるとしても、古い体制を愛する一般的好みによって、それを覆そうとしたり、それをいちじるしく変革しようとする企ては、危険なやり方であり、極度に不人気であって、やっかいな結果をもたらすことを、かれは知っているにちがいない」[29]。したがって「その存在が確かめられており、その作った法が公正に賞讃されている政治家の場合は、かれらの規則を人民の状態に適合させようと苦心したようである。企画的精神によって動かされたり、遠く未来の効果を夢想的に思考して暴力的改革を行おうとしたり、といったことのかわりに、かれらは、おそらく以前の生活様式からわずかに離れることによって、ある程度経験によって支持され、その国の支配的意見に一致した、おだやかな改革にとどまった。……あらゆる古い法律の体系は、かかる合理的な考えをもって組立てられたという明白な証拠を示している」[30]。

以上のミラーの文章は、ほとんど説明を要しないであろう。ミラーは、大衆がついてこれる程度の漸進的改革でなければ成功しないと考えており、英雄の業績はその範囲のものでしかない、と考えていたのである。このようにミラーの「人民史観」の特徴は、急激な革命ではなく、漸進的改革の考えと結びついていたことである。なお、最後の引用文は、スミスの『道徳感情の理論』のなかの「体系の人」[31]のくだりを想起させるであろう。

つぎに、ミラーの風土決定論批判をみよう。

「社会の漸進的進歩に影響を与えるいくつかの環境のうちで、気候のちがいがもっとも注目に値する……。温暖な国々では、土地がしばしば非常に肥沃であって、ほとんど耕作することなしに、生活に必要などんなものでも産することができる」[32]。酷暑下での労働は苦しい。だから温暖な国の住民は、怠惰で肉感的快楽にふけりがちで、虚弱になりやすい。自然に勇気や注意力が減退する。身体器官が弱く、食物は多く摂取できないが、発汗を補うため薄いリキュールのたえざる補給を必要とする。それゆえ、ここでは、飲食物における節制が生来の徳となる。この反対に、寒い国の住民は、労働なしには何もえられない。したがってかれらは、精神と肉体をたえず精力的に働かせることから、強い身体、活動力、分析心、明晰な判断力と結びつく冷静さ、といったものが、かれらの性格となる。また強力な多量の食物を求め、強い酒への嗜好をもつ。

このように「ある種の哲学者たちは、寒暖、乾湿その他の気候のちがいが、人間の身体に知らず知らずに作用し、その気質にたいし、これに照応した変化をつくりだすことによって、諸国民の性質と行為に直接の影響をもつ、と主張した」[33]。このような風土決定論にたいするミラーの批判は、3点にわたる。第1は、わたくしたちは、人体の構造をよく知らないので、風土の人体への影響を確定することができないし、身体諸器官の変化と関連するとされる精神状態の変化を識別することもできないこと、第2は、「気候の点でその位置があきらかに類似していても、その性質や政治的諸制度がまったく反対であるような諸国民が数多くみいだされる」[34]こと、第3は、「同じ国の異なった時代における人びとの生活様式のちがいはいちじるしく、国民性は、気候の直接の作用にはほとんど依存しない」[35]こと、である。

ミラーは、以上のように、英雄史観と風土決定論をしりぞけ、世界の歴史において、このような恣意的な指標ではなく、もっと明瞭に確かめることのできる他の諸原因から、人類の生活様式や慣習の差異を説明することができるという。そして『階級区分の起源』の企図を説明して、以下のようにいうのである。

「以下の研究は、いくつかの重要な論稿において、人類の自然史を説明するよう企図されたものである。このことは、社会の状態にじょじょに生起する比較的明瞭であたりまえの諸進歩を指摘することによって、同時に、その進歩の、生活様式、諸法、一国民の統治への影響を示すことによって、試みられた」[36]。「ごくあたりまえの諸進歩」は、だれでもがもっている「状態を改善しようという性向と能力」によるものであろう。英雄ではなく、ふつうの人びとの日々の営みが歴史をつくっていく、ミラーは、その過程を「自然史」とよぶのである。このような観点からすれば、史料も、無名の民衆が残したものが重要な意義をもつ。ミラーは、「序文」の最後で、従来の歴史家を批判し、民衆史料の性格とその取扱いについて、つぎのように論じている。

「著名な歴史家たちは、通常、初期時代の記録を、顧みるに値しないものとして見逃してきた。のちの、より洗練された時代においてすら、かれらは、一国の内政や統治の歴史の説明よりも、戦闘や外交交渉の詳細な説明を与えるのに熱心であった」[37]。したがって古代の人びとの状態についての史料、近代でも内政や

統治についての史料は、整えられていない。とくに古代については、現在世界中に残っている未開な部分についての観察が重要であるが、それらについては、主に旅行者たちの記述に頼らなければならない。これら旅行者たちは、生前の身分や境遇から考えて、欺かれて、あるいは故意に、事実を誤り伝える心配はない。そうした記述は、多いことが望ましく、その場合は「お互いの書いたものを知らず、宗教的主題以外には、かれらの意見をゆがめるべき思弁的体系をもたない無学な人びとが、類似した環境にある人びとの生活を記述した場合、読者は、かれらのいろいろな記述を比較する機会をもち、それらの一致と不一致から、かれらに払われるべき信用を確かめることができる」[38]。さらに、一致して報ぜられたそれぞれの慣習の根拠をつけ加えることができるならば、その証拠は、ものごとの本性が許すかぎり完全なものとなる。わたくしたちは、懐疑論におちいることなしに、かかる証拠を拒否することはできない。懐疑論は、あらゆる歴史的検証の信頼を破壊するものである。

　ここには、宗教的主題を別として、思弁的体系をもたぬ民衆の目にこそ、事実がありのままに映る、という注目すべき考え方がみられる。また、ものごとのたんなる経験的確認だけではなく、その根拠をつきとめてはじめて完全な歴史的証拠となるという考え方は、「科学的歴史観」を志向するものであろう。

　以上、ミラーの叙述にそくしながら、わたくしは、ミラーの歴史論が「一種の唯物史観」であり、「人民史観」および「科学的歴史観」でもあることをあきらかにしてきた。同時にそれが、民衆のついてこれる程度の、換言すれば民衆の同意をえた改革という民主主義的な漸進的改革の考え方と結びついていることもあきらかにしてきた。最後につけ加えておくべきは、生産力の発展は、おのずから人びとに自由と独立をもたらすという、ミラーの生産力的立場[39]である。行論のうちにあきらかになるように、ミラーは、スミスと同様に、生産力発展の明暗をともにみている。そして基本的には、生産力発展の立場で問題を考えているのである。『階級区分の起源』が、事実上「人間解放の自然史」になっているゆえんである。それでは、ミラーは、それをどのように展開しているだろうか。展開の内容にはいるにあたって、『階級区分の起源』の章別編成をみておくのが便利であろう。それは、つぎのとおりである。

第1章「いろいろな時代における女性の地位と状態について」、第2章「子にたいする父の権力と権威について」、第3章「部族あるいは村落の成員への族長の権威」、第4章「いろいろな部族あるいは村落から構成された社会への、主権者とその官史の権威」、第5章「技術と洗練された生活様式の進歩によって、人民の政府に生みだされた諸変化」、第6章「使用人にたいする主人の権威」。

みられるとおり、第1・2章で家族内権力と家族員の地位が、第3章で血縁的地縁的共同体内権力と共同体員の地位が、第4・5章で国家権力の形成展開と国民の地位が、第6章で階級関係の展開そのものが扱われている。この小論でも、この順序で検討していきたい。なお、ミラーが最初に家族をもってきたのは、家族こそ本源的社会 (original society) と考えていたからである。

2 社会の発展と家族・婚姻形態——家族内権力と家族員の地位——

ミラーは、第1章で、家族・婚姻形態の歴史的変遷にともなう女性の地位の変化を、第2章で父権を考察している。本節では、この2つの章を一括して検討する。

(1) 狩猟・採集段階

ミラーによれば、この段階の人びとは、生活必需品の獲得に追われていて奢侈や便宜を求める余裕がなく、生活必需品を獲得するための活動のほかは、休息をとるのが精一杯という生活をしていた。したがって両性のあいだも、交信とそれの生む楽しみを味わう余裕はなく、性欲は、種の保存という直接的目的をはたすだけにすぎなかった。また「もっとも未開で野蛮な時代には、財産が特定の人物によって所有されるということはない。したがって、両性の自由な通婚を妨げるような身分の区別は存在しない。家門の誇りとか富の尊大さは、知られていない。個人間にも、年令や経験、体力や勇気、その他個人的資質から生ずる以外の差は存在しない。異なった家族の成員は、ほとんど同等でお互いにもっとも親密な交際を維持している。そして自然の本能に強いられたときには、ためらうことなくお互いの欲望に身をゆだねるのである」[40]。かれらは、相手を選ぶという洗練さ

れた感情をもたないし、行為を抑制する礼儀作法も知らない。

ここでミラーが描いている家族は、原始的平等のもとでの集団婚家族である。集団婚家族は、通常、母系制と考えられている。ミラーは、結婚制度を知らない人びとにとって「子供は、その父親よりも母親により多く結びついているようにみえる」[41]といい、リュキア人、アッティカ地方、アメリカ原住民のなかに母系制の存在を指摘しており、しばしばバッハオーフェン[42]の先駆者とみなされる。たしかに古代から一夫一婦制であったとする考え方が一般的であった時代に、ミラーが集団婚や母系制の存在を認めたことは、注目に値することであるが、しかしミラーの場合、母系制は、普遍的な段階ではなく、「注目すべき例外」なのである[43]。というのは、ミラーによれば、集団婚のなかにすでに一夫一婦婚の萌芽たる対偶婚がふくまれており、狩猟・採集段階は、一般に女性にとって不利だからである。

ミラーは、「原始時代ですら、ある種の結婚、つまり両性間の永続的な結合が広く確立されていたことは、ほんとうである」[44]といい、一夫一婦婚への歩みをつぎのように説明している。すなわち、子供への「自然の愛情から両親は、助けあって子供の養育を行うよう促される。この目的のために、かれらは、住居をともにする……」[45]。そして2人、3人と子供が生まれてくると、この同棲はさらにつづき、ついには子供の養育が終わっても、かれらは、「長く慣れ親しんできた集団にとどまりたいと思う」[46]ようになる。こうして結婚は、まず慣習によって成立した、というのである。ミラーによれば、1年間同棲して子供ができなければ別れるという、今も各地――ミラーは、カルムイク・タタール人、スコットランド法をあげている――に残る風習は、愛情ではなく子供による結びつきの名残なのである。慣習による結婚は、やがてより結合の安定した契約による結婚になり、厳粛な儀式をともなうようになる。しかしそれはなお、愛情による結婚ではなく、適令期に達した男性の親族が相手を選ぶような結婚なのである。それでは、ミラーが、狩猟・採集段階は一般に女性にとって不利だとするのは、なぜだろうか。それは、「いつも戦争や狩猟に従事する人びと、またそういう生活様式によって無数の困難や危険にさらされている人びとのあいだでは、活動力・力・軍事技術が高い評価をうける主要な能力」[47]であって、これらの点で女性はどう

しても劣るからである。したがって女性の注意力は、有用ではあるが、熟練もすぐれた才能もいらない家事に限定され、女性は、強者が弱者のうえにもつ権威のもとにおかれる、というのである。ミラーは、女性はほとんど奴隷として扱われたという。

しかし、女性の地位が奴隷同様になる過程には、財産の発生が関係していることを、ミラーは、認めている。たとえば、ミラーは、アジア、アフリカ、アメリカ、古代ローマなどにみられる売買結婚の風習をあげて、「女性が一般に男性の奴隷とみなされる国では、かの女たちは、他の財産同様に売買されたと考えるのが自然である」[48]という。また、結婚後の女性の不義が犯罪とみなされるのは、「庶子を家族にもちこみ、他人との関係をもつことによって、本来の仕事や義務からはなれ、かの女の責任に任されている財貨を私物化する恐れがあるからである。未開時代から夫の嫉妬を自覚させ、かれの怒りをひきおこすのは、これらの事情なのである」[49]とも書いている。女性は、財産への持分を認められなかったのである。

このように、狩猟・採集段階で、集団婚から自然に発展してきた一夫一婦婚は、夫権の絶対的な家父長制家族である。夫は、同時に父であり、父の子にたいする支配と権威は「妻にたいする夫のそれと同じ性格のものであった」[50]。公権力の未発達なこの段階では、夫権および父権は、家族の平和をまもる統治者の権力でもあったのである。この権力は、人間的感情が未開拓な時代には、妻や子にたいする生殺与奪の権に容易に転化する。

ミラーが描く狩猟・採集段階の家族像は、以上のようなものである。それは、集団婚から対偶婚をへて家父長的な一夫一婦婚への展開として描かれている、といっていいであろう。しかし対偶婚は、集団婚にふくまれる一夫一婦婚の萌芽であり、一夫一婦婚にふくまれる集団婚時代の名残である。したがってミラーが考えている狩猟・採集段階の家族・婚姻形態の発展は、集団婚→一夫一婦婚の二段階である。母性は、ある程度自由な集団婚から、一夫一婦婚にいたって徹底的に隷属的な地位におとされるのである。そしてその過程で、漸次芽生えつつあった私有財産が重要な役割をはたしたことを、事実上ミラーは、認めていたといっていいであろう。

(2) 牧畜段階

「家畜を飼い馴らし放牧することを発明したことは、野蛮な生活における最初の注目すべき改善とみなしうるもので、人びとの状態と生活様式にたいへん重大な変化を生みだす。

牧人は、漁猟で生活する人びとよりもはるかに規則的に食料を供給されるし、一般に被る困難も災難もはるかに少ない。かれの家族の大きさに比例して、家畜の数は、ある程度ふやすことができる。他方、管理に必要な労働は、決して重苦しいものではありえない。このようにして生活必需品を供給されるので、かれは、かれの境遇をいっそう安楽で快適なものにすることのできるものを追求するようになる。それらのなかに、両性の交際からひきだされる楽しみが主要な分前を要求し、注目の的となる」[51]。

余裕のあるおちついた牧歌的生活のなかで、人びとの洗練がすすみ、欲望の対象のより細かな区別だてが進む。性欲も、好みや感情の交流をともなってはじめて満たされるようになる。つまり簡単には充足されなくなるのである。ミラーによれば、求愛にたいして相手が応えてくれるかどうかという不安は、いっそう恋情をもえたたせ、想像の世界をひろげる。ここに「素朴な歌の主題」が生まれる。こうして恋愛感情が発生すると、それに照応して貞節の観念が発生する。なぜなら「愛が、たんなる肉欲であるかわりに情感（passion）となったとき、各種楽しみによって消散させられることのないこれらの愛情は、もっとも純粋でもっとも強いものであろう、と考えるのが自然だからである」[52]。

ところが、この段階には、私有財産の発生、発展にともなう新しい問題が生ずるとミラーは、つぎのようにいう。

「その地方で採れる地上の自然の果実または獲物以外に、かれらの生活を維持するための貯えをもたぬ人びとは、かれらの個人的才能から生ずる区別、したがって同じ家族には決して長期にわたって継続されず、それゆえいかなる永続的影響力も権威も決して生みだすことのできない区別以外には、諸個人のその他のいかなる階級区分も知らない。しかし家畜を飼い馴らし、放牧することの発見は、いっそう顕著な永続的階級区分を生みだす。ある人びとは、他人より勤勉であるか幸運であるかによって、短期間により多数の家畜を取得し、それによって大い

に富裕な生活をおくり、多くの召使いや従者を維持し、それに応じてかれらの権力と威厳を増すことができる。このようにして一人の人間によって獲得された巨大な財産は、かれの子孫のものとなる傾向があるので、その所有者と結びついている者のなかに一連の従属をつくりだす……」[53]。このように富者が世襲となると、富者の貧者への軽蔑は根強いものになり、富者と貧者との婚姻は妨げられる。また富者間の交流も、相互の略奪が日常であるような粗野な段階がまだつづいているのだから、相互の敵意、警戒のために困難である。

以上のように、ミラーは、牧畜段階になると、生活に多少なりとも余裕ができて人間的諸感情が開拓され、恋愛感情や貞節の観念が生ずるのだが、私有財産による支配・従属と相互略奪が一般的になって、愛情による男女の結びつきは妨げられる、というのである。ここでは、ミラーが、生産力発展の明暗をともにみていることに注意しておきたい。

(3) 農耕段階

ミラーによれば、農業は、世界のどこでも牧畜のあとにつづく技術である。農業は、牧畜よりも多くの勤勉と労働を必要とするけれども、「動物的食料と同様に野菜を豊富に生産することによって、生活の快適さと便宜を増大させ、それゆえ人類のなかに、それらの楽しみをえようという強い欲望をかりたてる」[54]。

この農業が人びとの生活様式にひきおこす大きな変化は、定住である。定住は、土地所有を生ずるが、土地は、「もっとも有益で永続的な富」である。「土地の不平等な分配によって、諸個人の財産と地位に、より大きな不釣合が生ずる。もちろん不和と嫉妬の原因が拡大される」[55]。

ミラーによれば、牧畜段階から農耕段階への移行は、はやくもギリシャの英雄時代にみられる。ギリシャの住民は、「当時、氏族ないし部族にわかれており、大部分が農業をはじめていたので、牧人の遊牧生活をやめて多くの独立した村を建設した」[56]。これらの小社会は、お互いに競争意識をもち、しばしば戦争にまでなった。したがって、富貴の人が近隣のプリンスの妻や娘をみそめたときには、しばしば力ずくでつれさり、戦争の原因をつくったのである。また農耕段階に移行したとはいえ、当時のギリシャ人たちは、野蛮な習慣からぬけきれず、女性に

ついても野蛮な考え方をもちつづけていたことは、『イリアド』のなかの女性の扱いに示されている、とミラーは指摘している。

しかしミラーは、農耕および土地所有とそれにともなう諸問題が本格的な展開をみせるのは、5世紀前後にローマ帝国に侵入したゲルマン人の諸国家であるとみている。ゲルマン人たちは、広大な領域を占領し、特定の部族や家族は、かなり大きな所領をもつことを認められた。かれらは、家臣や従者をかかえ、自然に一人の軍事的指導者のもとにはいり、王国を建設した。しかし、しばらくは王朝の力は弱く、富裕な土地所有者は独立を維持しつづけた。いわゆる自由保有地（allodium）である。かれらは、公権力の保護に期待できず、自分で自分を守らなければならなかった。こうした状態から、他の時代や国に例をみない慣習や制度が生まれた。その特徴的なものが、騎士制度であり、ゴシック的生活様式である。つまり、当時の戦争は、近隣の人びととの戦争であり、戦士も少なく、お互いに知っている者の一騎打ち的戦闘になる。仲間のみているなかでの戦闘だから賞讃をきそいあうことになり、準備不足の相手を襲うなどはしない、といった雅量が生ずる。少年の教育でも「無礼をたしなめ、暴君を抑制し、弱い者を保護し、敵にすら率直さと人間性をもって振舞い、すべての人に慎み深く上品に振舞うことがかれの義務」[57]だと教えられるのである。したがって男女間においても、「戦士の心を一般に占めた誠実で忠実な情熱は……自然に最高度の純度の作法を生みだし、女性にたいする大きな尊敬と崇拝を生みだした。支配的となった感情の繊細さは、官能的な快楽から目をそらさせる傾向があり、放蕩にたいする一般的嫌悪を生みだした」[58]。しかし、土地所有にもとづく支配・従属と対立はいっそう深くなっており、通婚は容易ではない。少女たちは、「家の誇りをもち、最高の地位と名声をもたぬ者はどんな者も、かの女たちの愛をうるに値しない」[59]と教えられたのである。したがって、かの女らの愛を獲得するためには、騎士たる者、武術をみがき、長期にわたるかの女らへの心づかいと礼儀正しい奉仕を必要とした。騎士物語など中世文学は、こうした状態を土壌として成立したのであった。

ミラーは、以上のように、農業段階では、恋愛感情がいっそう洗練され、しかも女性がロマンチックな崇拝の対象にすらなるという。しかし同時に、ミラーは、そうした現象が、女性にとって決して有利でない状況と隣りあわせになっている

ことも認識していた。たとえば「当時の野蛮な状態のもとでは、女性はしばしば被害をうけることがあったが、そうした事情は、軍事的才能の披露のための広大な領域を提供した」[60]と書いているのである。

なおミラーは、当時の直接生産者たる農奴の婚姻については、まったくふれていない。

(4) 商業段階

「農業が豊富な食糧をつくりだしたとき、人びとは、……食と同様に衣と住とをより快適な仕方でえられるように努力する。かれらは、これら有用な諸目的のために企てられた諸職業に従事する。人びとの労働をいろいろな対象にふりむけることによって、異なった種類の商品が生産される。これらは、……相互に交換される。このようにして製造業が、商業とともに一国に導入されるのである」[61]。

このようにして広範囲の人びとが商業関係で結ばれるようになり、人びとの市民化（非軍事化）がすすむと、人びとは、恒常的な政府を樹立する必要を認識するようになる。これは、次節でみるように、自由保有地の権力が弱化して、公権力（さしあたり王権）が強化することを意味する。こうして以前の敵意や恐怖が消滅し、「異なった家族の男女は、……容易かつ自由に言葉をかわすことを許されるし、思いのままに好きあっても、反対にあうことは少ない」[62]のである。こうして、男女の自由な交際が可能になるにしたがって、女性がロマンチックで大げさな情熱の対象となることは少なくなり、かわりに「生活の快適さを増すのに役立つ女性の才能や徳」[63]が高く評価されるようになる。女性は、男性の友人あるいは伴侶となる。しかし女性は、家庭にとじこもりがちになる、とミラーはいう。

ミラーによれば、女性は、子供を生み育てるのにふさわしい諸性質を与えられていると同時に、力よりも巧みさと器用さを必要とする仕事、つまり家事にむいている。また繊細さと感受性とをもっており、夫と心配や喜びをともにし、夫の不幸を慰めることで、夫の尊敬と愛情を獲得することができる。こうして女性の生活は家庭が中心となり、女性は、家事のさまざまな部門に熟達することで評価

されるので、それにふさわしい能力をのばすようにつとめる。こうして女性は、「ひっこんだ生活に慣らされ……雑多な会話を知らない人びとに自然な慎み深さと内気さとを吹き込まれる」[64]のである。

ここにミラーが描く家族は、まさに小市民的家族である。世襲財産に依存し、父権が絶対であった家父長制家族は、商業段階への移行過程で解体するのである。それは、父権が解体し、公権力とのつながりを完全に喪失する過程でもある。

「商業国では、住民の大部分は、家族の成員をばらばらにする傾向のある仕方で、またしばしばかれらがお互いに遠くはなれて生活しなければならないような仕方で、使用される。子供たちは、生涯の早い時期に、商売や専門的職業の訓練をうけるために、自分たちの家族をはなれることをよぎなくされる。……そしてのちには、その国のうちで、かれらのいろいろな仕事の遂行に便利とわかった部分に住みつく。環境のこの変化によって、かれらは、父の権威から解放される。……かれらは、……自分の労働と勤勉によって、しばしば豊かな財産をもつのである」[65]。こうして、いまやヨーロッパ諸国では、あらゆる家族の成員が自由を享受している。「子供たちは、自分たち自身の利益と思われる以上には、もはや父に従属しない。子供たちは、成人すると、それぞれが獲得した財産を自由に享受したり処分したりする。父の生存中ですら、子供たちは、多くの場合、家産の一定部分にたいする権利をもっているのである」[66]。

ミラーによれば、このような父権の解体は、「恣意的な権力を適度」なものにするもので、「正義と効用のあらゆる考慮によって支持される」[67]のである。しかしミラーは、家族の完全な解体には警戒しなければならぬという。

「被支配者の利益が、市民的為政者に委託された権力と同様、父に委託された権力を規制すべき主要な事情である。いずれの特権も、この大きな目的に必要な以上に拡大されるときにはいつでも、それは、ただちに簒奪に堕落する。

しかしながら、商業的時代の傾向は、むしろ反対の極端に向かう。家族の成員が、よき秩序に調和し、適度な家庭内服従に調和する以上に大きな独立にいたる懸念がおこりうる。あらゆる国において……住民のモラルを守るために……両親の権威は、子供たちの教育を指導し、若者の不法行為を抑制し、かれらを社会の有用な成員たらしめる諸原理を教えこむようなものであるべきである……」[68]。

ここにも、生産力発展の明暗をともにみているミラーの目を認めることができよう。生産力発展のもうひとつの結果は、"豊かさ"の問題である。つぎにそれをみよう。

(5) 大富裕と堕落

「有用な技術の進歩に、楽しみや娯楽に役立つ技術の開発がつづく。……労働を免除され、大いなる豊かさのなかにおかれると、人びとは、自分たちの楽しみを改善する努力をし、それらの楽しみにふけるようになる。これらの楽しみは、人びとの精神を働かせ、無気力と倦怠、すなわち怠惰と浪費の結果から人びとを救うのである。こうした状態において、自然が両性間の愛につぎたした快楽は、優雅な交信の源となり、社交に一般的な影響をもつことになる。身分ある女性は、かの女たちが身につけている感じのいい品性のために、またかの女たちの会話が提供する楽しみのために、ますますひろく賞讃され、言い寄られるようになる。かの女たちは、以前にはかの女たちの性格に適合的と考えられた家庭にひきこもることをやめて、知人の範囲を拡大し、男女の混じった仲間や楽しみのための公開の集りにでてくるようにすすめられる」[69]。このようにわたくしたちは、「洗練された国に、粗野で野蛮な時代と同じ両性間の自由な交信のあることを観察することができる。後者において、女性は、もっとも拘束のない自由を享受するのだが、それは、かの女たちが自由をどう使うかは重要と考えられなかったからである。前者では、かの女たちは、かの女たちが身につけている感じのいい品性とかの女たちが社会の成員としてもつ地位と尊厳のゆえに、同じ自由への権利をもつのである」[70]。
"豊かさ"のなかで、家庭から社交へと女性が歩みでて、両性間の自由な交際が可能となったとき、古代的自由とは異なり、解放された女性の品性、地位、尊厳をふまえて自由が行使されるかどうか、自由の使い方が問題になる、というのである。生産力の発展による自然的「人間解放」の限界があらわれるからである。ミラーは、つぎのようにつづける。

「しかしながら、それを超えては富と富裕から生ずる真の改善を押しすすめることが不可能であるような、ある種の限界があるように思われる。単純な時

代には、両性の自由な交わりは、悪い結果をともなわなかった。しかし富裕で贅沢な国民の場合は、よき秩序と矛盾し、社会の一般的利益と矛盾する、放埓かつ放蕩な風習を生ずる」[71]。快楽は、ゆきすぎると「自然がもっと有益な目的のために人類に与えた欲望」[72] を堕落させてしまう。「それゆえ、大贅沢と放蕩の自然的傾向は、女性の地位と尊厳を、男性との交際の場合の洗練を妨げ、かの女たちを動物的快楽の目的に役立つだけのものとすることによって、低下させることである」[73]。

これは、"豊かさ" のもつ今日的問題を予見するかのごとき発言であるけれども、ミラーが「大贅沢と放蕩の自然的傾向」のゆきついた例としてあげているのは、東方諸国の一夫多妻制である。スミスは、一夫多妻制と専制君主制との結びつきを指摘しており[74]、東方諸国は、いうまでもなく近代社会ではない。しかしミラーは、近代ヨーロッパでも、「大きな富の獲得、優雅な技術の改善、両性の自由な交際」は、快楽主義の風潮を生みだしたという。ミラーがとくにあげるのは、フランスとイタリアである。ただミラーによれば、ヨーロッパ諸国では、キリスト教が、一夫多妻の排除、恣意的離婚の防止に一定の役割をはたしており、快楽主義の傾向は、売春をさかんにしたほかは、注意力を、仕事と野心の追求から、伊達男の楽しみへとそらしたのであった。

3 私有財産と国家権力の形成・展開

つぎに、ミラーは、複数の家族から構成される「部族または村落」の首長の権力の考察に移る。ミラーによれば、本源的社会たる家族が人口増加にともなって分化して「部族または村落」を形成するのであって、部族（tribe）と村落（village）という言葉は、さしあたり同義語と考えていい。氏族（clan）という語も若干使用されているが、部族という言葉と同じ意味で使用されている。したがって、本稿では、祖先を同じくする複数家族の血縁共同体という意味で、引用文以外は、部族を使用する。

ミラーによれば、部族は、狩猟・採集段階から牧畜段階の社会である。牧畜段階で農業がはじまると人口が増加し、部族は、分化して広い範囲に散らばり、他

部族から分化してきた者との交通もすすんで、血縁的紐帯が弱まる。この過程で、部族よりも広範囲の、大きな社会の権力として国家が形成された、と考えるのである。もちろんミラーは、部族連合としての国家は、これ以前にも存在しうることを認めているが、それらは永続しえない、というわけである。

以上のように、ミラーは、権力と隷属の関係を、家族→部族→国家の順で考察するのである。しかし、孤立した家族の段階というものは想定されておらず、前節でみたように、未開社会の初期に集団婚をみており、人びとは、はじめから部族を構成していたことを事実上認めていた、といっていいであろう。にもかかわらずミラーが、家族→部族→国家の順で考察をすすめているのは、ひとつには、国家権力の形成過程には、家父長権の解体→その大部分の公権力化、という側面があると考えているからであり、第2には、家族を本源的社会と考えるこれまでのヨーロッパ思想の伝統[75]になお深く潰っていたからである。

ところで、このミラーの国家権力形成論の独自性は、家族(または個人)→国家ではなく、家族→部族→国家と、部族共同体に独自の意義を与えたことである。これは、スミスにはみられない点である。それでは、ミラーは、部族共同体をどのように論じていただろうか。つぎに、それをみることにしよう。

(1) 部族共同体と族長権

まずミラーは、つぎのような、いわゆるマックス・ヴェーバーの「共同体意識の二重性」(Binnen- und Aussenmoral)を想起させるような文章をもって、部族共同体の世界を論ずることからはじめている。

「この初期の共同体の状況から、それを構成するいろいろな人びとのあいだにはひじょうな愛着心が存在する、と考えるのが自然である。野蛮人の通常の生活は、かれを頑健でたくましくし、したがって、かれは、功利を考慮することを知らない。洗練された社会では、功利を考慮することによって、人びとは、一般に自分の欲求を抑制し、お互いの所有物を侵害しないようにしているのである。しかしながら、野蛮人の、異なった氏族や部族は、成功する見込みさえあればいつでも、お互いに奪いあい掠奪しあう性向をもっており……その相互侵害と交戦は、……継続的な憎悪と反目の源泉となる。……かれらは、かれら

以外の世界から切り離されており、その結果、共通の危険の感覚と共同の利益への顧慮によってひとつに結びあわされているのである。かれらは、遊戯や娯楽でも、きびしい仕事〔戦争……引用者〕の場合と同じように団結する。……かれらは、幼い時からいっしょに育てられてきたので、また他の共同体の人びととの交流をもたなかったので、かれらの情愛は、かれらが閉じ込められている生活圏の狭さに比例して、より高いところまでひきあげられるのである」[76]。

みられるとおり、ホッブズの自然状態のような個人間戦争ではなく、共同体間戦争がミラーの権力形成論の出発点である。戦争には、部族共同体をまとめて事にあたる指導者が不可欠である。こうして、族長は、まず軍事的指導者としてあらわれた、とミラーはいう。このような事の性質上、また、私有財産がなく「精神と肉体のいずれかの点での、個人的長所から生ずる差」[77]以外に階級的差別のない狩猟・採集段階では、族長には、人なみ以上にすぐれた体力、勇気、武術などをもち、経験と知恵の豊かな者が選びだされるであろう。かれは、自分の部族を勝利に導くためには部族の団結をはからなければならない。そのために、家族と家族との争いを調停し、あるいは判決を下して秩序を維持しなければならない。この争いは、私有財産が形成されはじめるとしだいに増加し、先の役割は、裁判権として発展するであろう[78]。また未開社会の人びとは、神も人間も同じ情熱や感情をもっている、という宗教意識をもっており、自分たちが第一級とみなした人物は、「天の特別なお気に入り」の人物であって、自分たちを神にとりなしてくれる力をもった人物である、とみなしたから、族長は、しばしば司祭であり、崇拝の対象ともなったのである[79]。

以上のように、ミラーは、族長は、まず軍事的指導者としてあらわれ、しだいに「公共の管理」(public administration)のいろいろな部門をゆだねられるようになった、という。この過程は、当然、族長権の強化過程であろう。しかし、ミラーによれば、族長権は、部族の成員間に財産上の不平等が大きくなるまでは、たいしたものではなかった。ミラーは、重要な事項はすべて家長の集会ないし長老会で審議されるアメリカ原住民の部族の例[80]をあげているが、財産上の不平等による族長権の決定的な強化に至るまでは、こうした集会が、族長権の濫用や誤用をチェックする役割を果したのであった。ミラーは、立法権の淵源をそこに

第5章　ジョン・ミラー『階級区分の起源』について　189

もとめて、つぎのように述べている。

「共同体の業務を遂行し、平和と戦争にかんする事柄をとりしきり、裁判を行うなかで、いろいろな濫用が犯されがちであり、さらに多くの濫用が懸念されるので、人びとは、しだいに、経験と観察によって、将来に向かって自分たちのくり返し行われる行為を正しくし、または確定するために、特定の制定法または法を導入するようになる。この立法権によって政府のあらゆる部門が統制され、導かれるのであるが、この立法権でさえ、族長がかなりの影響力と権威を獲得したあとでは、自然に族長に掌握されるのである。その部族の成員が、財産にかんして族長に大いに依存するようになったときには、かれらは、族長の命令に逆らったり、あるいは、かれが社会の構造を形づくるか確立するかするために、思いのままに出す法令に服従することを拒否したりする、といった状態にはないのである」[81]。

みられるとおりで、解説の要はないであろう。それでは、財産上の不平等はいかにして発生するのであろうか。またそれは、族長権をどのようにして強化するのであろうか。つぎにこれらの問題をみることにしたいが、ここで、部族共同体の統治にかんするミラーの要約的構図を示しておきたい。

「以上の観察から、われわれは、未開の部族あるいは村落の成員間に自然に導入される統治の構造についての観念を形づくることができる。それを構成する諸家族は、それぞれ、父の支配権のもとにあり、共同体全体は、族長または指導者に従うのだが、族長または指導者は、与えられたすぐれた才能、あるいは獲得できた富に応じて、一定の影響力と権威を享受するのである」[82]。

さて、ミラーによれば、人びとは、牧畜がはじまると、家畜の形で私有財産をもつようになる。そうなると、勤勉の度合と運・不運にしたがって人びとのあいだに貧富の差が生ずる。その過程で族長は、そのすぐれた諸能力を財産の獲得にも発揮して、その共同体でもっとも富裕な者になる、というわけである。そして人間関係も変化し、支配と隷属が生み出されるのである。すなわち、族長は、多くの召使いや従者をかかえるようになる。かれらは、族長に生計と保護をたより、かわりに族長の権力と権威を支えるにふさわしい行為を行うよう習慣づけられる。奴隷制が発生し、それまで殺されていた戦争の捕虜は、奴隷として使用されるよ

うになる。さらに「富からひきだされる権威は、たんなる個人的能力から生ずる権威よりも大きいだけでなく、いっそう安定しており、永続的である」[83]。つまり、財産が相続されるようになり、それとともに以上の支配・隷属関係も相続されるようになって、族長は、選挙制から世襲制に移行するのである。族長権は、世代から世代へとひきつがれていくあいだに、慣習の力によってその影響力[84]を増すから、人びとのあいだに「血統や家系」を尊重する風潮を生みだす。

　私有財産とその不平等がもたらす部族共同体と族長権の変化について、ミラーは、おおよそ以上のように考えるのである。そして財産の不平等がもっともすすみ、族長の権力が無制限になった例としてタタール地方の牧人の部族をあげ、他方、もっともプリミティヴな段階にとどまっている例としては、ホッテントットやアラブの部族をあげている。シーザーやタキトスによって描かれた古ゲルマンの共同体は、それらの中間に位置づけられているのである。周知のように、アダム・スミスは、政府が発生したのは牧畜段階で、その目的は、富者を貧者から守るためである、と主張している[85]。それにたいしてミラーは、もともと共同体の自己防衛のために発生した統治（族長＝政府）が、私有財産の不平等によって富者の貧者にたいする支配に変質した、とみているように思われるのである[86]。

　ところで、ミラーによれば、古ゲルマンの共同体では、すでに農業が——主たる牧畜にたいして補助的であるが——はじまっていた。このように、ミラーは、牧畜段階が最高度にすすんだところで農業がはじまる、とは必ずしも考えない。どの段階で農業がはじまるかは、さまざまな偶然的要因が作用して決定されるのである。それでは、農業の開始は、部族共同体にどのような変化をひきおこすだろうか。

　ミラーによれば、農業は、最初、お互いの協力を必要とする困難な仕事であって、共同労働によって行われた。土地は、部族共同体の所有であって、「各個人は、自分の労働の果実にたいする権利をもっているのだから、全員の結合労働によって産出された収穫物は、全社会の財産とみなされた」[87]のである。しかし、人びとの間に農業が定着して定住するようになると、土地と生産物の共同所有が解体して個別的所有が発展する、とミラーは、つぎのようにいう。

　「農業のいっそうの改善のために、村落が特定の場所に定着することは、財

産の旧共同体を廃止して土地財産の個別的領有（separate appropriation）を生みだす傾向をもっている。人類が農業の種々の部門に熟達するようになると、かれらは、もはや全社会の一致した考えや計画によってそれらを行う必要はない。……各人は、自分の利益のために自己の労働を使用したがるし、自分の好みにしたがって享受することのできるめいめいの財産をもちたがる。こうして暗黙の同意によって、村落の各家族は、お互いに離れた別々の土地部分を耕作するようになり、そうすることによって、各々が投じた労働から生ずる各々の生産物にたいする権利を獲得するようになる。かれらは、蒔いたものを刈りとるためには、それらがその上で生産されるところの、対象自体を管理しなければならない。その結果、……かれらには、当然、土地自体の排他的所有権があるように思われるのである。しかしながら、この所有は、初期の耕作の不完全な状態のために、播種から収穫までしかつづかなかった。残りの期間は、全村の土地がかれらの家畜の放牧のために使用されたのである。……しかし、同じ人が同じ耕地を長いあいだ耕作しつづけるようになると、かれの所有は、漸次ますます完全なものになるのである」[88]。

　土地の個別的所有＝私的所有の発生についてのミラーの説明は、以上のとおりである。このミラーの説明は、定住にともない「生産物の分配の際の不必要なトラブル」[89] を避けるために個別的所有を導入した、というスミスの説明よりは、「自己労働にもとづく所有」というロックの所有論に近いようにみえる。しかし、ミラーの説明は、「自己労働にもとづく所有」は生産物に限定し、土地所有については、管理の必要という便宜と継続的使用という慣習とにもとづかせている、という点でロックとは異なっているのである。しかし、興味深いのは、ミラーが、共同労働→個別的労働という労働のあり方の変化に対応させて、土地の共有→私有を説明し、その過程を旧共同体の廃止ととらえていることである。土地の私有がすすむにつれて、部族は、労働＝生産の組織でも所有＝分配の主体でもなくなり、その実質を失って形骸化し、階級関係が前面にでてくることを、ミラーは、事実上認識していた、といっていいであろう。とはいえ、部族の解体は、長期にわたり、その解体過程で、族長権は、いっそう強化されるのである。

　「人びとが土地財産をすすんで分割するときには、各家族は、その人数と力

に応じて、適当な広さの土地を占有して自分のものにするのに適した状態にある。この理由で、族長は、その地位と個人的能力のため以外に、家畜の形での優越した富と使用人の人数のおかげで、共同体の他の成員よりも大きな地所をまちがいなく獲得することができる。かれの家臣は、領地の拡大に比例して増大し、……かれの家の中で扶養されるか、任意借地人の境遇で……生活する」。そして、土地財産は、家畜のようには死なないから、「それにもとづく権威は、より恒久的となり、幾世代ものあいだ同じ家族にとどまって、力の継続的な蓄積を受けやすくなるのである」[90]。

ここに描かれた族長像は、大きく自由保有地の領主像に近づいている、といっていいであろう。

(2) 原始王国から封建王国へ

牧畜よりも人口扶養力の大きい農業がひろくゆきわたるにつれて、人口が増大して部族の分割がすすみ、多くの村落がつくられていく。共同体間戦争の状態はつづいており、親部族を異にしていても、同じ地方に生まれたこれらの村落は、生活様式、慣習、諸制度が類似していて、共通の敵には団結してあたることが有利であることに気づく。ミラーによれば、村々の「この種の同盟から、ひじょうに単純な政府の形態が一般に樹立される」[91] のである。

各村にはそれぞれ首長がおり、同盟は、さしあたりこれら指導者たちの合議体によって運営されるが、軍事行動の際には同盟軍の最高指揮権を1人の人物に与える方が好都合であることがわかると、充分な富をもっていて威厳を保持することのできる人物にそれが与えられる。「このようにして、大首長または王が国民（nation）の頂点におかれ、防衛と安全にかんする事々の検分と監督との権限をにぎることが認められるのである」[92]。そして、一度軍事行動で協力関係ができると、村落と村落とのあいだに通婚、通商等の関係が発展する。このようにして、部族という血縁関係をこえる社会関係が拡大するにつれて、王の役割も軍事的指導者にとどまらなくなるのだが、当分のあいだは、「王がつくられた目的に充分な以上の国王大権」[93] を認められず、重要な公共の施策については、村々の指導者たちの同意をえなければならない。

第5章　ジョン・ミラー『階級区分の起源』について　193

　部族の生活圏よりも広大な社会関係たる王国、つまり国家の形成にかんするミラーの議論は、ほぼ以上のように要約できるであろう。ミラーは、この王国を原始王国（rude kingdom）とよび、その王を原始的主権者（primitive sovereign）とよぶ。ミラーによれば、このような原始王国は、アジアやアフリカにかんする多くの旅行者の記述にみられ、古代のギリシャやローマ、さらにはシーザによって描かれたガリアにみられる。王は、公的行動において目立つ存在であり、最大の資産家だから、それらを利用して王権の強化をはかろうとするのが常であるが、これらの原始王国が、どういう方向に歩んでいくか、国王専政か、貴族政か、民主政かは、それぞれの国の事情によって異なる。たとえば、ギリシャやローマの都市国家では、はじめから民主主義の要素が濃厚であったが、それは、それらの国家を構成した部族や家族がいずれも、動産であろうと不動産であろうとあまり多くをもたず、その貧しさが、指導者の権威を、富よりも人間的諸能力にもとづかせるにとどめて、強大になることを妨げたからであった。また、5世紀に大移動を行ってローマ帝国の属州を下敷にして王国を築いたゲルマン諸民族の場合は、そうした特異な歴史的事情のゆえに、原始王国から封建王国への道をいちはやく歩むことができたのである。ミラーは、大略以上のように主張して、考察の焦点を西ヨーロッパにおけるゲルマン諸民族の国家にしぼっていくのである。

　すでにみたように、ミラーによれば、古ゲルマンの世界は、牧畜を主としながらも、すでに農耕をはじめていた。それゆえかれらは、ローマのすすんだ農業技術をたちまち修得してしまう素質をもっていたし、その族長や有力家族は、すでに家畜の形で大きな財産をもっていて、容易に大土地所有者になることができたのである。

　「これら諸民族の定住が完成したとき、あらゆる大家族の成員は、二種類の人びとから構成されるようになった。すなわち、大部分が征服によって獲得された奴隷と、共通の祖先に由来し自分の所領で生活を維持していた自由民である。前者は、主にその主人の土地を耕作するのに使用され、後者は、かれらの指導者の利益と権威を支持し、そのかわりかれによって保護されたのである」[94]。

　ミラーは、これら大土地所有者をバロンとよぶ。バロンは、自分の家族にたい

しては、絶対的な権威をもって和を保とうとした。バロンは、独立性の強いものであったが、戦争のときには、多くのバロンが1人の指導者のもとに結集した。ゲルマン諸民族は、ローマ帝国に侵入した際、ローマ帝国の属州の政治的、経済的諸関係を受けついだから、かれらは、この基礎の上に、バロンたちのルーズな連合体としての王国をつくったのである。王国とはいえ、王権は弱く、王国の最高権力がバロンたちの集会にあるような王国であった。

しかしながら、ミラーは、以上のような王国の状態は、早晩変らざるをえない、という。ミラーによれば、その要因は、やはり戦争状態である。この戦争も、いまや共同体間戦争から大土地所有者間の土地争奪戦争に変質したのである。つまり、バロンとバロンとの争いだが、これには、王権といえども介入できなかった。したがってバロンは、自分と自分の家族を自分で守らなければならず、そのためのいろいろな方策が考えだされて制度化されていくのである。たとえば、血縁者が家族をもつとき、独立の所領を与えずに軍役土地保有者にした。こうして封臣（vassal）と封土（fief）が成立した。また、バロンの所領が広大になったとき、それを耕作していた奴隷は、かれらの主人の家から遠くまで送られ、それぞれ家族をもつことを認められて農場の経営をまかされた。バロンは、かれらを保護しやすいように、集めて村（village）をつくった。封建的集村の成立である。その住民として、かつての奴隷は、農奴（villain）とよばれるようになった。さらに、自分を守ることのできない弱小土地保有者は、有力者に土地を寄進して臣従関係を結び、そのかわりに保護を受けるようになった。国王もまた最大のバロンであって、こうした臣従関係の拡大のなかでしだいに強大になっていくのである。

「かくして、しだいに、封建制度がヨーロッパのほとんどの国で完成された。王国の全体が結合されて一大封地となり、国王は、その上級領主または君主であって、かれの領土内にあるすべての土地の所有権をいくぶんかはもつのである。大バロンは、国王の直臣となり、かれらの所領を保有する場合の保有条件にしたがって、国王の裁判権に服し、かれらがかれら自身の家臣やその下の軍役土地保有者からとりたてるのと同じ性質の義務を国王にたいして負うのである」[95]。

封建王国の形成過程にかんするミラーの説明は、ほぼ以上のとおりである。ミ

ラーによれば、封建制は、いくつもの小集団が王国へと統合されていくときには普遍的にあらわれてくるものであり、西ヨーロッパ以外にも広く認められるのである。

(3) 商工業の発展と封建制の解体

ミラーは、西ヨーロッパにおける封建王国の確立を9世紀から10世紀に、イングランドの場合は、ウイリアム征服王のときにみている。ミラーによれば、この封建王国の確立によって、私闘が排除され、軍事的行動が国民の大義（the public cause of the nation）に限定されて、「よき秩序と平安」が確立されるのである[96]。つまり、公権力としての国家権力が確立して戦争状態が終わった、といっていいであろう。こうして商工業の持続的な発展──ミラーは、12世紀にヨーロッパで改良の精神（spirit of improvement）がさかんになった[97]、という──が可能となり、商工業が発展しはじめると、今度はそれが人びとの精神に作用して、人びとの心から猛々しさを消しさり、社会の非軍事化＝市民化をおしすすめるのである。

「技術と製造業の改善は、奢侈を導入することによって、人びとの精神を弱々しくするのに役立つ。人びとは、家庭での安楽と楽しみをより多く享受するにしたがって、軍隊生活のきびしさと危険により大きな嫌悪を感ずるようになり、それが提供するある種の名誉により低い価値をおくようになる。勤勉の増大は、同時に、たえざる注意を必要とする多くの金になる仕事をつくりだし、いろいろな商人や職人を生じさせる。かれらは、かれらの敵を掠奪することから引きだされる一時的で不確かな利益のために、かれらの事業を中断する余裕はない」[98]。

このような、商工業の発展にともなう人びとの生活様式の変化は、ミラーによれば、まず封建王国の軍事制度の変革をうながす。軍役土地保有にもとづく封建的軍事制度は、しだいに解体して傭兵制に、さらに軍事技術の高度化にともなって常備傭兵制に移行して「兵士の仕事は……職業となる」[99]のである。こうして、市民から分離されて国王の指揮下に入った軍隊は、「王の命令に絶対的に服従して……反乱を鎮圧したり、侵略を撃退したりする」ほかに「しばしば人民の自由

を覆したり、破壊したりするために使用される」[100) という二面性をもつことになる。

　さらに、ミラーは、商工業の発展にともなう生活様式の変化が裁判制度の変革をもうながす、という。ミラーによれば、富裕の増大は多種多様な多くの訴訟を生じさせるために、国王や貴族は、裁判を下級の判事にゆだねる（領主裁判権の形骸化）ようになっていく。そして、法や訴訟が複雑になるにつれて、裁判は、そのための教育を受けて資格をえた者が行う専門的職業となるのである。裁判官の収入は、初期には手数料であったが、収入めあての訴訟を生みだすなどの弊害をともなったため、やがて固定給となった。こうして司法も国家の官僚制に組み込まれていくのである[101)。

　以上のように、国王のもとに軍事力が集中し、司法の官僚制化が行われると、王国の財政が膨張する。王領地からの地代収入、各種上納金など従来の封建的収入のほかに、軍役免除金など封建的諸義務の貨幣納化を行ってもなおまかないきれず、結局、租税が導入される。ミラーによれば、「社会の必要」の増大に応じうる租税形態として、関税と消費税が主要な租税となったのであるが、租税の導入もまた官僚制をふくらませるのである[102)。

　このようにして、いまや国王は、軍事力をその手に集中し、司法官僚の頂点に立ち、財政と官吏の任命を指揮するようになったのであり、封建王制は絶対王制に転化したのである。ミラーによれば、商工業の発展は、王権の強化をうながす作用をもつのである。しかし、前節でみたように、ミラーは、商工業の発展が人民のなかに自由と独立を生みだす、とも主張していたのである。つぎに、商工業の、このもうひとつの作用についてのミラーの説明をみることにしよう。ミラーは、つぎのようにいう。

　「ある国で、技術が開発されはじめると、その住民の労働する部分は、〔大土地所有者に依存するのとは〕異なった仕方で生活資料を手に入れることができるようになる。かれらは、特定の商売や専門的職業に習熟するようになり、だれかの使用人となるかわりに……自分自身の責任で仕事をしてその生産物を売ることの方が、いっそう有利であることに気づく。こうした状況では、かれらの収入は、いろいろな顧客に依存しているので、だれの不興をかうことも怖れ

なくていい。かれらが売りさばかなければならない商品が良質であり、安価であることに応じて、かれらは、一般に自分たちの事業における成功を確信することができるのである。

　一国民の富裕と洗練がすすめばすすむほど、より多くの商人、貿易商人、職人を就業させる機会が生ずる。そして下層の人びとは、一般に、それによって暮らし向きの点でますます独立的となり、人間の精神に自然にそなわっていて、必要のみが押さえることのできる自由の感情を働かせはじめる。……。

　これらの原因から、下層の人びとが漸次独立の状態にすすんで行くのにたいして、富から引きだされる影響力は、それと同じ比率で減少する。技術と製造業の改善から、生活様式の古来からの簡素さは、大部分がすたれてしまう。そして土地所有者は、その生産物の大部分を、家臣をかかえることに消費するかわりに、人目をひく対象となり自分の地位にふさわしいと考えられる慰安品や便宜品を買うのに使用せざるをえなくなる……。

　奢侈と洗練の通常の効果から、旧家族は、しばしば貧乏となり、乞食の状態におちいる、といったことが考えられる。洗練されたぜいたくな国民においては、豊かな家に生まれ、仕事を身につけるように育てられなかった者は、相互にはりあって、生活を優雅にし洗練する競争にかりたてられるのである」[103]。

以上、煩を厭わずに長い引用を行ったのは、ここに、封建的土地所有の解体についてのミラーの考えがあざやかに表現されているからである。商工業の発展が人びとを独立させ自由にする作用とは、みられるとおりである。一方で、農奴その他の隷属民が自営業者になって独立し、他方で、領主は、たんなる地主になり、ついには「奢侈と洗練」のために没落してしまうのである。しかし、商品交換は、貧富の差を拡大して新たな支配・従属関係をつくりださないだろうか。この問題にたいしては、ミラーは、階層交替論とでもいうべき興味深い考え方を示している。つまり、没落地主の土地を手に入れるのは、商売で成功した商人であるが、この新しい所有者の子孫は、地主の生活をまね、結局、二～三代のうちに没落して土地を手放してしまうであろう、というのである。

　「この財産の変動は、あらゆる商業国にみられ、いかなる禁止も阻止できぬ……。……家族の世襲的影響力は、大部分が消滅する。そして富に由来する尊

敬は、その所有者がかれ自身の生涯に獲得できたものにかぎられる。……かれが他人の労働と援助からどんな利益をえるつもりであれ、それにたいして充分な等価物を与えなければならない。かれは、もはや愛着や特別な縁故のゆえに行われるのではない個人の奉仕を買わなければならないのである。それゆえ、お金が、ますます名誉と威厳を獲得する唯一の手段になる」[104]。

みられるとおり、資本・賃労働関係の認識は、独立商品生産者間の等価交換関係の表象の下に埋もれてしまっている。ともあれ、ミラーは、以上のように考えて、商工業の発展が財産上の不平等を減少させる、とみているのである[105]。人びとは、独立し、自由になり、不平等の度合いが小さくなるにつれて、政治的民主主義を要求するようになっていく。ミラーによれば、「これらの事情が民主政体（democratical government）を導入する傾向があることは、疑うことができない」[106]のである。

さて、これまでみてきたように、ミラーは、商工業の発展が、一方で王権の強化をうながし、他方で民主政体の導入をうながす、というのだが、この正反対の力は、当然、現実の場でぶつかりあうことになるであろう。ミラーは、これら2つの力は2つの党派の争いとなってあらわれる、と考える。そして、どちらの側が優勢となるかは、国が大きいか小さいかなどさまざまな偶然的事情による、としているのである。国の大小を問題にするのは、民主政は小国でしか実現不可能だ、と考えられてきていたからである。

小国という言葉でミラーが考えているのは、都市国家であるが、そこでは、市民たちが自由に話し合う機会をもちやすく、感情の交流も容易であるがゆえに、抑圧に敏感に反応しやすく、団結も容易であって、人びとが自分たちの基本的権利を拡大しやすい。したがって民主政体——直接民主政が考えられている——の導入が容易である。これにたいして、大国の場合は、民衆側の条件は小国と逆なのに、国王の側は大きな財力で強大な軍隊をもつことが可能だから、民衆と国王との闘争は、専制主義に有利に終わりがちである。国の大小にかんして、ミラーは、以上のようにいうのである。それでは、市民革命で絶対主義を倒した大国であるイギリスは、どう考えられるべきであろうか。ミラーによれば、それは、「いかなる外国の侵入の恐れ」もなく強大な常備軍をもつ必要がなかった、という幸

運な事情[107)]によるのである。チャールズ一世は、頼るべき軍隊をもたず、成長する人民の力に譲歩せざるをえなかった、というわけである。当時としてはめずらしく、ミラーは、ピュアリタン革命を評価してつぎのように述べているのである。

「流された血と、人民によって自分たちの基本的権利を守るためにくり返しなされた努力とは、自由への愛をはぐくみ、広めた。そしてついに、広大な国で実行可能な、おそらく最善のモデルにしたがった民主政体を生みだしたのである」[108)]。

代議制の導入によって、大国でも民主政体が可能であることを示したこと、ここにミラーは、イギリス市民革命の人類史的意義をみていたのである。

4 直接生産者の隷属状態の変遷——現代奴隷制批判——

ミラーは、最後に、社会の底辺において直接に生産をになってきた人びとに視点をすえて、もう一度、支配と隷属の歴史をとらえかえしている。

まず古代奴隷制[109)]。ミラーが古代の奴隷制という場合、思いうかべているのは家内奴隷制であって、事実上とらえられている労働奴隷制も、家内奴隷制のイメージにおおわれているといってよい。ミラーによれば、古代の奴隷は、つぎの3つの方法によって隷属状態におとされた人びとである。第1は、極貧者の自発的隷属であり、第2は、戦争の捕虜、そして第3は、労役で償いをしなければならぬ犯罪者である。ミラーは、これらの方法によって、奴隷制は、エジプト、フェニキア、ユダヤ、バビロニア、ペルシャ、ギリシャ、ローマなど、古代諸民族のあいだに広く成立した、という。しかし、ミラーによれば、奴隷制は、人類の初期の粗野な生活様式と限られた経験にもとづくものであって、ある程度商工業が発展して人びとが自由と功利にめざめはじめると、つぎのような奴隷労働の問題点に気づかざるをえないのである。すなわち、

「労働の報酬として賃金を受けとることのない奴隷は、どんな仕事を行う場合でも、多くの活力や積極性を働かせるとは決して考えられない。かれは、少なくとも生活の糧はえており、最高の勤勉をもってしても、それ以上を受けと

ることはできない。かれは、……ただ恐怖によって働くのだから、罰を受けずにできるだけ頻繁に怠けようとする……。この状態は、住民が改善を知らない国では、容易に見過されるであろう。しかし、技術が躍動しはじめるとき、商品を安価にし安全なものにするという点で、勤勉と技巧の驚くべき効果がますます顕著になるとき、つぎのことが明らかになるにちがいない。すなわち、より精巧でむずかしい製造業の諸部門に本質的に必要な、熟練もそれを応用する習慣も身につけるように励まされることのなかった奴隷の労働からは、なにも利益をひきだすことはできない、ということである」[110]。

さらに、ミラーは、以上のことに加えて、公権力が確立されると、奴隷の供給が少なくなる、という。つまり戦争も裁判も公的なものとなるから、戦争奴隷も刑罰奴隷も国民全体に奉仕する公共の奴隷とされて、私的奴隷所有者への供給が少なくなる、というわけである。そうなると、奴隷所有者は、購買か繁殖によって奴隷を手に入れなければならなくなり、先の奴隷労働の特質を考慮に入れると、奴隷労働は、自由な労働者の労働よりも高くつくことになろうというものである。こうして奴隷制はくずれはじめるのだが、執拗に残りつづけるのは、人びとが、これまで「適切な注意力と充分な公平さをもって」奴隷労働の問題点を吟味する状況におかれたことがなく、奴隷制の存続に好都合な先入観念をもちつづけてきたからであり、「権力をもつということは、容易に手放すにはあまりにも快い」[111] ことだからである。

しかし、ミラーは、人類史の大勢としては、奴隷制は消滅しつつある、と考えている。そしてその道筋を、以下のように、西ヨーロッパの近代史のなかにさぐるのである。

まず、ローマ帝国内に侵入したゲルマン人たちは、多くの奴隷を獲得したが、かれらの生活は簡素であって家事は家族で間に合ったから、奴隷の大部分は農業に使用された。かれらの領地が拡大するにつれて、かれらは、奴隷に家族と財産をもつことを許し、耕作に好都合な場所に村をつくって住まわせ、農場をまかせた。この点は、前節ですでにみたとおりで、ヨーロッパでは、こうして奴隷制はまず農奴制に移行したのである。この農奴制への移行は、自由保有地制からおのずからでてくるものであろう。ミラーによれば、農奴は、土地に緊縛されていた

が、財産を蓄積する可能性をもっていた点で重要である。農奴を鞭をもって監督することは不可能である。したがって、農奴の勤労意欲を刺戟する、物理的強制力以外の方法が工夫されなければならなかったのであり、ミラーは、ここに、農奴制が結局は崩壊していかざるをえない要因をみるのである。ミラーは、農奴制の解体をつぎのように説明する。

「この変化によって、農奴は、かれの主人と一種の協同関係（co-partnership）に入った。したがって、かれらが行使する活力と才能に応じてつねに利得をえる見込があるのだから、かれらは、より快適な生活を営むことができたし、漸次豊かになっていきさえした。富の獲得は、かれらの基本的な権利をいっそう拡大する道をひらいた。かなりのものを獲得した者は、自分の報酬のための余剰を留保することが承認されるという条件の上で、自分の農場に投資し、主人には固定地代を支払うことができる境遇にあることに気づいた。……借地農が、かれの勤勉から生ずる全利益を確保したのにたいして、地主は、偶然の損失という危険から解放され、確実であるばかりかしばしば追加的な収入を、かれの土地から手に入れたのである。

かくして、漸次、古い奴隷制〔農奴制〕は、完全に廃止されるようになった。自分の責任と危険において農場を耕作する農民は、もちろん主人の権威から解放されており、もはや使用人の状態にあるとはみなすことができなかった。かれらの人格的隷属は終わったのである」[112]。

みられるとおり、農奴は、いまや独立自営農民になったのである。この農奴制の解体過程は、ミラーによれば、分業の発展による商業段階への移行過程でもあった。その過程をミラーは、つぎのように描いている。

「ヨーロッパの近代の諸国民は、しばらくのあいだ製造業をほとんど知らなかった。……しかしながら、しだいに人びとがかれらの環境を改善しはじめ、生活の慰安品や便宜品を増大させはじめると、かれらの注意は、ますます他の〔農業以外の〕仕事に向けられるようになった。……農民として享受した自由にしたがって……農場で生産した収穫物にたいする報酬を受けとりながら、他方で……特定の商売や専門的職業に雇われて働くことを押えられなくなった。奢侈と洗練の進歩は、これらの職業を増大させ、それらが提供する利益を、多

くの場合、農業からひきだされる利益を上まわるものにしたので、個人によっては、漸次後者から足を洗って、もっぱら前者に専念する者もでてきた。……この新しい階層の人びとは、かれらが蓄積した富にしたがって、その主人から諸権利（immunities）を買いとったのである。……かくして、農民によって獲得された基本的権利は、国内の自由を生み、住民の商業を営む部分に伝えられた。他方、後者の仕事は大きな富裕の源となったのであり、前にみたように、下層の人びとを政治的独立へと高めるのに貢献したのであった」[113]。

ミラーの考える、近代のヨーロッパにおける奴隷制の消滅過程は、以上のようなものであった。そこでの直接生産者の状態の変遷を図式化してみるならば、奴隷→農奴→独立自営農民→独立各種自営業者ということになるであろう。賃金労働者は、自由な労働者として、勤勉によって独立の自営業者になりうるものとして[114]、最後のものにふくまれている。ミラーは、直接生産者の、いわば人間解放の基本線を以上のようにふまえて、最後に、いまなお残っている奴隷制の批判に焦点をしぼりこんでいくのである。奴隷制を擁護する誤った偏見を批判したあとで、ミラーは、つぎのようにいう。

「一国が労働する人びとの自由からひきだす多くの利益を考えるとき、なんらかの種類の奴隷制が、自由がよく理解されてかくも高く評価されているグレート・ブリテンの領土に、いまなお残っているとすれば、それは、残念なことである」[115]。

いまなお残っている奴隷制として、ミラーがあげているのは、2つである。1つは、スコットランドその他に残っている炭鉱労働者と製塩労働者の隷属的労働であり、もう1つは、アメリカの奴隷制である。まず前者にかんしては、ミラーは、つぎのような見通しを立てている。

「スコットランドの炭坑夫や製塩労働者の状況は、その仕事に従事している人数はあまり多くなく、かれらの隷属状態はひじょうに耐えがたい、というわけでもないので、あまり重要ではないように思われる。にもかかわらず、そのために事業の所有者に生ずる損失は、あきらかである。だれも、自由な状態でほとんど同じ賃金をかせぐことができるならば、奴隷になることを選ばないであろう」[116]。

みられるとおり、事業主が隷属状態を維持しようとすれば高くつく、という状況がますますはっきりしてきており、早晩、隷属状態は解消していくだろう[117]、とミラーは、みているのである。したがって、ミラーの批判のねらいは、アメリカの奴隷制に定められる。

「われわれの植民地で確立された奴隷制は、より大きな重要性をもったものであり、おそらく、それほど容易に取り除くことのできない諸困難をともなっている。われわれのプランテーションの経営は、自由な人びとがすすんで従事したがらない、また白人が体質上遂行することのできない労働を必要とする、と考えられてきているのである。……しかし、奴隷制という制度が、自由が導入された国々で生じている、人びとの比較的苦労の多い仕事を簡略化し容易にするための諸々の工夫を、妨げてきた主要な事情である、ということを信じる根拠はあるのである」[118]。

ミラーは、このようにいい、植民地の奴隷労働による作業がいかに原始的で非能率的であるかを示して、奴隷を自由な賃労働者にすることが「われわれの植民地の利益」になると説いているのである。そして、この『階級区分の起源』(第1版)の最後を、ミラーは、つぎの文章で結んだ。

「政治的自由を高らかにうたい、自らに課税する特別の権利を人類の不可譲の権利の1つと考える、その同じ人びとが、同胞の大きな部分を、財産だけではなくほとんどあらゆる権利を奪われている、といった境遇におとして平気でいるのをみるのは、奇妙な光景である。運命の女神は、自由の仮説(liberal hypothesis)をあざ笑うために、また、人間の行為というものが、その根底において、哲学的原理に導かれることがいかに少ないかを示すために、これほど計算された状況を、おそらく、決して生みだしたことはなかった」[119]。

アメリカ植民地の人びとにたいする痛烈なパンチである。これはまた同時に、植民地の奴隷制を認め、奴隷貿易を認めている本国の人びとにたいする批判でもあるだろう。ミラーの「人間解放の自然史」は、ここに焦点を結んでいたのである。

おわりに

　ミラーは、主に、奴隷労働を使用することが経済的に不利であることを強調して人びとの利己心に訴える、という方法で奴隷制批判を行っている、といっていい。しかし、ミラーは、「奴隷制という制度は、どんな観点からみても、ひとしく不都合で有害なもの」[120]とも書いている。つまり、人間の権利と自由の立場であるが、これは、前節最後の引用文からも容易にうかがわれよう。経済的合理性の立場と、人間の権利と自由の立場とは、ミラーの場合一致していたのである。こうしたミラーの立場からすれば、アメリカの黒人奴隷制は、もっとも不合理であるだけでなく、もっとも悲惨な「現代の支配・隷属関係」だったのである。これまでみてきたことから、この「現代奴隷制批判」こそ、ミラーが『階級区分の起源』においてみすえていた時代の問題であった、といっていいのではないだろうか。ミラーがこの本を書いた時期は、イギリスでもようやく奴隷制と奴隷貿易に反対する声がひろがりはじめていたときであった[121]。この本の初版がでた1771年の12月には、サマーセット事件に関する有名なマンスフィールド判決がでているのである[122]。

　この事件は、イギリスにつれてこられていたジェイムズ・サマーセット（James Somersett）という黒人奴隷が逃亡して捕えられ、所有主によってジャマイカに送られようとしたとき、急進主義者の一人で奴隷制廃止論者であったグランヴィル・シャープ（Granvill Sharp, 1735-1813）が提訴して人身保護法の適用をもとめた、というものである。これにたいして裁判官マンスフィールドは、"いかなる奴隷も、イングランドに足をふみ入れるや自由になる"という判決を下したのである。このマンスフィールド判決は、イングランドの奴隷制を否定しただけで、奴隷貿易や植民地の奴隷制にはふれるものではなかったけれども、当時、かなりの奴隷がイングランドにもちこまれており、一定の積極的意義をもったのであろう。ミラーは、『階級区分の起源』の第3版で、最終章の最後に加筆して、この判決と、1778年の、おそらく類似した事件（引用された判決文から推定して）に関するスコットランドの判決にふれている。

しかしながら、奴隷制廃止運動が本格的な展開をみせるのは、ウィルバーフォース（William Wilberforce, 1759-1833）¹²³⁾やクラークスン（Thomas Clarkson, 1760-1846）¹²⁴⁾が活動をはじめた1780年代に入ってからである。かれらは、シャープとともに、1787年に「奴隷貿易廃止協会」を創立したのである¹²⁵⁾。この「協会」の運動は、フランスにも影響を与え、1788年にはパリに「黒人友の会」が結成されて、コンドルセがその会長になった。当のアメリカでは、すでに1775年に「奴隷制廃止協会」がフィラデルフィアで結成されており、1787年には、フランクリンが会長になっていた。このように、奴隷制廃止運動は、1780年代には、国際的な広がりをみせるのである。

ミラーの『階級区分の起源』は、さきにふれたように、奴隷制廃止運動が芽生えはじめていた時期に書かれたものである。ミラーは、この本を書くことによって、まだ胎動にしかすぎぬこの運動に理論的な基礎と展望を与えようとしたのではなかっただろうか。商工業が発展し、人びとのあいだに、独立と自由と功利の意識が広範に存在するようになったいま、奴隷制の廃止は、人びとを説得することの充分に可能な変革である、とミラーは考えたのであろう。

1） George Jardine は、ミラーの同僚で、グラースゴウ大学の論理学の教授。この言葉は、ミラーの死後まもなく開かれた「グラースゴウ文学協会」の会合で話された回想のなかのもの。*The Edinburgh Review*, vol. IX (Oct. 1806. Art. v.), p. 91.

2） ミラーは「クリトウの手紙」と題する文章を1796年5月から9月にわたって、*Scots Chronicle* 紙に発表し、対フランス干渉戦争に反対した。この手紙の紹介と翻訳は、山崎怜「『クリトウの手紙』について」(1) (2) (3)『香川大学経済論叢』第34巻第5・6号、第35巻第1号、第36巻第2号。

3） W. Sombart. "Die Anfange der Soziologie," in Palyi, M. (ed), *Hauptproblem der Soziologie: Erinnerungsgabe an Max Weber*, 1923, vol. I, pp. 11-14.

4） Roy Pascal, "Property and Society: The Historical School in the Eighteenth Century" in *Modern Quarterly*, vol. 1, no 2 (Mar. 1938).

5） W. C. Lehmann, "John Millar, Historical Sociologist: Some Remarkable Anticipation of Modern Sociology" in *The British Journal of Sociology*, vol. III, no. 1 (Mar. 1952).

6） R. L. Meek, The Scottish Contribution to Marxist Sociology" in Saville, J. (ed), *Democracy and Labour Movement*, 1954. この論文は、のちに修正されて Ronald L.

Meek, *Economics and Ideology and Other Essays: Studies in the Development of Economic Thought*, London, 1967.（時永淑訳『経済学とイデオロギー』法政大学出版局、1967年）に収録された。

7) Duncan Forbes, "'Scientific' Whiggism: Adam Smith and John Millar" in *The Cambridge Journal*, vol. VII, no. 11 (Aug. 1954).

8) A. L. Macfie, John Millar, "A Bridge between Adam Smith and Nineteenth Century Social Thinker?" in *Scottish Journal of Political Economy* (Oct. 1961). この論文は、のちに A. L. Macfie, *The Individual in Society*, 1967.（船橋喜恵・天羽康夫・水田洋訳『社会における個人』ミネルヴァ書房、1972年）に収められた。

9) William C. Lehmann, *John Millar of Glasgow 1735-1801: His Life and Thought and His Contribution to Sociological Analysis*, Cambridge, 1960.

10) 1957年にミークがニュージランドを訪れたときの講義が、1959年に、水田洋、永井義雄両氏の訳で『古典政治経済学と資本主義』（ミネルヴァ書房）として出版されたが、その第4章は、前掲6）を講義用に書きなおしたものである。またパスカルの論文は、水田洋『国富論』（河出書房ペーパーバックス版、1963年）に訳出収録された。のちに河出書房新社版『国富論』（「世界の大思想」の14と15）の（下）の解説の部に収録。

11) 紙数の関係上、ここでは、両氏のもっとも初期の論文のみをあげる。

大野精三郎「十八世紀における歴史・社会の唯物論的把握の一典型——John Millar の "The Origin of the Distinction of Ranks, 1771" の意義」『経済研究』第10巻第3号、1959年7月。

山崎怜「ジョン・ミラー——R. L. ミークの所説によせて——」『香川大学経済論叢』第33巻第1号、1960年5月。

12) この用語は、パスカルによる。スコットランド啓蒙学派とよばれることも多い。

この学派の全貌については、水田洋『アダム・スミス研究』未来社、1968年、山崎怜「スコットランド歴史学派とその著作について」香川大学経済学部『研究年報』9、1969年、佐々木武「『スコットランド学派』における『文明社会』論の構成」(1)～(4)『国家学会雑誌』第85巻第7・8号、第9・10号、第11・12号、第86巻第1・2号を参照。

13) マルクス主義の唯物史観とのちがいを意識して「一種の唯物史観」といったのは、ミークである。Ronald L. Meek, *Smith, Marx, And After: Ten essays in the development of economic thought*, London, 1977.（時永淑訳『スミス・マルクスおよび現代』法政大学出版局、1980年、38ページ）。

14) スミスの『国富論』の影響は、『階級区分の起源』よりも、未完の大著『イングランド統治の歴史的概観』（1787年に2巻本で出されたが、これは未完成。死後の1803

年に、草稿を第3巻と第4巻にいれ、全4巻として出版された)の方に明瞭であるが、利潤論などにスミスからの後退がみられるとされる。前掲のミーク論文6)参照。
15) 前掲のフォーブズ論文7)は、イングランドの急進主義者J. プリーストリーやW. ゴドウィンの歴史観とミラーの歴史観のちがいという興味深い問題を提起している。
16) ミラーには、道徳哲学の著作がない。
17) この書の初版は、*Observations Concerning the Distinction of Ranks in Society*, London, 1771. であったが、第3版で、*The Origin of the Distinction of Ranks: or An Enquiry into the Circumstances which Give Rise to Influence and Authority in the Different Members of Society*, 3rd. ed., London, 1779. と変更されてた。

なお、この小論で主に使用したテキストは、前掲のレーマンの著作9)が収録している第3版であるが、ほかにミラーの甥ジョン・クレイグのAn Account of the Life and Writings of the Authorが付加された1806年の第4版をみることができた。これは、一橋大学図書館所蔵のマイクロフィルムで、その利用にあたっては、同大学の松田芳郎教授のおせわになった。同教授に厚くお礼を申し上げる。
18) 前掲の佐々木論文12)。
19) この「序文」を、初版と第3版を比較しつつ詳細に紹介したものに、山崎怜「ジョン・ミラー『階級起源論』の序文について」(『香川大学経済論叢』第33巻第2号、1960年7月)がある。したがって本節は、屋上屋を架するものであるが、行論の関係上、ある程度詳しく紹介せざるをえない。なお、山崎氏によれば、第3版の「序文」は、初版の「序文」を具体化したもので、とくに新しいものはない、ということである。
20) 21) John Millar, *The Origin of the Distinction of Ranks*, 3rd. ed., 1779, in Lehmann, W. C., *John Millar of Glasgow*, Cambridge, 1960, p. 175. 以下 *O. D. R.* と略記する。
22) *Ibid.*, p. 175.
23) ここで使用されている単語は、situationである。同じ意味で condition, circumstance が使用されている個所もある。
24) *O. D. R.*, p. 176.
25) アダム・スミスの発展段階論は、『法学講義ノート』(1762-1763)に明瞭にみられ、『国富論』にも受けつがれている。しかしミークは、1970年代のはじめに早くもスミスは、この見解に到達していたと推定している。Ronald L. Meek, *Smith, Marx, And After: Ten Essays in the Development of Economic Thought*, London, 1977. の第1部の2。この考え方の起源をめぐる問題については、R. L. Meek, *Social Science & The Ignoble Savage*, Cambridge, 1976.
26) *O. D. R.*, p. 177.
27) この点もすでに山崎氏によって指摘されている。本章の注19)の論文参照。

28) *O. D. R.*, p. 177.
29) 30) *Ibid.*, pp. 177-178.
31) 体系の人は……自分の理想的な統治計画の、想像上の美しさに惑わされるため、それのどの部分からの最小の偏差も、我慢できないことがしばしばである。……かれは、……人間社会という大きなチェス盤のなかでは、すべての単一の駒が、立法府がそれに押しつけたいと思うかもしれないものとまったくちがった、それ自身の運動原理をもつということを、まったく考慮しない……」。Adam Smith, *The Theory of Moral Sentiments*, ed., by D. D. Raphael and A. L. Macfie, Oxford, 1976. pp. 233-234.（水田洋訳『道徳感情論』筑摩書房、1973年、468ページ）。この部分は、1790年の第6版で書き加えられたもので、フランス革命とその思想を批判したものと考えられている。
32) 33) *O. D. R.*, pp. 178-179. 風土決定論批判でミラーが念頭においているのは、モンテスキューである。
34) 35) *Ibid.*, p. 180.
36) *Ibid.*, p. 180.
37) 38) *Ibid.*, pp. 180-181.
39) ミラーの思想の生産力的立場を強調するのは、佐々木武氏である。佐々木武「『スコットランド学派』における『文明社会』の構成」(3)『国家学会雑誌』第85巻第11・12号、参照。
40) *O. D. R.*, pp. 183-184.
41) *Ibid.*, p. 199.
42) Johann Jacob Bachofen, *Das Mutterrecht, eine Untersuchung über die Gynaikokratie der alters Welt nach ihrer religiosen und rechtlichen Natur*, Stuttgart, 1861. これは、母系制の存在をもっとも早く主張したものとされている。
43) ミラーが、母系制を普遍的な段階と考えていたと理解しているものとして、Philip P. Wiener (ed.), *Dictionary of the History of Ideas*, vol. II, p. 93. および今中比呂志「John Millarの政治思想——『階級差別の起源』(1771年) について」『政経論叢』第16巻第2号、1966年8月、がある。
44) 45) 46) *O. D. R.*, pp. 184-185.
なお、夫婦の永続性の自然の絆を子供の養育にもとめる見解は、スミスの『法学講義ノート』にもみられる。Adam Smith, *Lectures on Jurisprudence*, ed. by R. L. Meek, D. D. Raphael and P. G. Stein, Oxford. 1978, p. 142. しかしスミスには、集団婚や母系制の記述は認められない。以下 *L. J.* と略記。
47) *Ibid.*, p. 192.
48) *Ibid.*, p. 195.

49) *Ibid.*, p. 188.
50) *Ibid.*, p. 229.
51) *Ibid.*, pp. 203-204.
52) *Ibid.*, p. 204.
 　スミスによれば、夫権が強く一方的離婚が頻繁に行われていたところでは、恋愛感情は重要ではなく、滑稽なものであった。スミスは、恋愛感情が重要になるのは、結婚がこわれにくくなったときだという。Adam Smith, *L. J.*, p. 149. これにたいしてエンゲルスは、つぎのように指摘する。「性愛が歴史上に登場する最初の形態、すなわち中世の騎士の恋愛は、けっして夫婦愛ではなかった」(『家族・私有財産および国家の起源』マルクス・エンゲルス全集21、大月書店、74ページ)。
53) *O. D. R.*, p. 204.
54) 55) *Ibid.*, p. 208.
56) *Ibid.*, p. 209.
57) *Ibid.*, p. 212.
58) *Ibid.*, p. 214.
59) 60) *Ibid.*, p. 213.
61) *Ibid.*, p. 218.
62) 63) *Ibid.*, p. 219.
64) *Ibid.*, p. 220.
65) *Ibid.*, p. 239.
66) 67) 68) *Ibid.*, p. 243.
 　「両親の権威」が強調されていることに注意。佐々木前掲論文「『スコットランド学派』における『文明社会』の構成」(3)は、「父権」と読みちがえている。
69) *O. D. R.*, p. 224.
 　女性の社会的進出を、社交以外に考えることができなかった点に、ミラーの「女性解放思想」の限界を認めることができるだろう。
70) *Ibid.*, p. 225.
71) 72) 73) *Ibid.*, p. 225.
74) 「一夫多妻制が受けいれられている国は、すべて、もっとも専制的で恣意的な政府のもとにある……」。Adam Smith, *L. J.*, p. 154.
75) 　家族を本源的社会と考え、その発展として国家を考える思想の伝統については、田中正司「アダム・スミス『法学講義』研究序説——ハチスン『道徳哲学体系』との対比的考察——」(『横浜市立大学紀要』社会科学編、新シリーズ、第1号)の12ページ以下を参照。なお、マルクスも『資本論』第1巻を出版 (1867年) したときには、家族を本源的社会と考えていた。それにたいして、エンゲルスは、第3版 (1883年)

への注で「部族こそ、血縁関係にもとづく人類社会形成の本源的な自然発生的形態だったのであり……部族的紐帯がゆるみはじめてのちにはじめて、さまざまな種類の家族形態が発展した」(Karl Marx, *Das Kapital; Kritik der Politischen Ökonomie*, Dietz Verlag, 1953. Bd. I, S. 368.) と書いた。このマルクスとエンゲルスの原始社会観の転換については、布村一夫訳・クレーダ編『マルクス古代社会ノート』（未来社）の訳者解説を参照。不破哲三『講座《家族・私有財産および国家の起源》入門』（新日本出版社）もこの点にふれている。

76) *O. D. R.*, pp. 244-245.
77) *Ibid.*, pp. 246-247.
78) *Ibid.*, pp. 255-256.
79) *Ibid.*, pp. 256-257.
80) アメリカのインディアンにかんするミラーの情報源は、18世紀の他の著作家の多くと同じで、ラフィトゥ (J. F. Lafitau) とシャルルヴォア (P. F. X. Charlevoix) である。
81) *O. D. R.*, p. 257.
82) *Ibid.*, p. 257.
83) *Ibid.*, p. 250.
84) influence という語は、18世紀政治思想のキーワードの1つである。権力保持者がもつ人びとを引きつけて従わざるをえないようにする力で、そうした力の上に権力がなりたつと考えられる。ミラーから例文をひいておこう。「……広大なタタール地方に住んでいる牧羊者の多くの集団によってしばしば獲得される大きな富は、その族長の影響力 (influence) をそれに比例して拡大させてきたし、ほとんど無制限の権力 (power) をかれに与えてきた……」(*Ibid.*, p. 259)。
85) Adam Smith, *L. J.*, p. 208.
86) したがって、ミラーの場合、ペインのように、国家権力は本来的に悪だ、ということにはならない。なお、ミラーの国家起源論がスミスのそれと異なっていることについては、すでに田中秀夫氏が指摘しておられる。田中秀夫「ジョン・ミラ研究序説 (2)──『階級区分の起源』(1771、1779) の主題、方法、構成について（中）──」『甲南経済学論集』第23巻第3号、129ページ。
87) *O. D. R.*, p. 251.
88) *Ibid.*, p. 252.
89) Adam Smith, *L. J.*, p. 22. スミスの所有論の理解については、田中正司氏の前掲論文が有益である。
90) *O. D. R.*, pp. 253-254.
91) 92) 93) *Ibid.*, p. 263.

94) *Ibid.*, p. 261.
95) *Ibid.*, p. 278.
96) *Ibid.*, p. 285.
97) *Ibid.*, p. 307. いわゆる「十二世紀変革説」のはしりであろうか。
98) *Ibid.*, p. 285.
99) 100) *Ibid.*, p. 286.
101) *Ibid.*, p. 287.
102) *Ibid.*, p. 288.
103) *Ibid.*, pp. 290-291.
104) *Ibid.*, p. 291.
105) ミラーは、『イングランド統治の歴史的概観』では、この財産の運動を constant rotation と表現している。Cf. John Millar, *An Historical View of the English Government, from the Settlement of the Saxons in Britain to the Revolution in 1688*, London, 1803, Vol. IV, p. 131. 以下 *H. V. E. G.* と略記する。わたくしは、インターライブラリィ・サービスによって神戸大学図書館所蔵のものを読むことができた。関係者に謝意を表したい。
　なお、富者と貧者の交替による富の平等化という考え方が、サー・ジェイムズ・ステュアートにもあることは、小林昇教授によって指摘されている。小林昇「経済学と後進国——サー・ジェイムズ・ステュアートの場合——」（大東文化大学大学院『経済研究』第5集）を参照。
106) *O. D. R.*, p. 292.
107) *Ibid.*, p. 294. 「外国の侵入の恐れ」がない幸運な事情の中味がここでは書かれていないが、『イングランド統治の歴史的概観』では、スコットランドとイングランドの王家の統合により団結して共同の敵に対処できるようになったことと島国であることをあげている。Cf. *H. V. E. G.*, Vol. III, pp. 99-100. なお、スミスの『法学講義ノート』にもほぼ同様な認識がある。Cf. Adam Smith, *L. J.*, pp. 168ff.
108) *O. D. R.*, p. 294. この評価は、『イングランド統治の歴史的概観』にもうけつがれている。ただし、つぎのような判断がつけ加えられている点が注目される。「共和制が、あの時期に、それ自体としては好ましい統治形態であったと想定してすら、イングランドでは、有益な結果を生みだすことは期待できなかった。なぜなら、それは、共同社会の一般的な声によって支持されてはいなかったからである」（*H. V. E. G.*, Vol. III, p. 328.）。
109) ミラーの「奴隷」（slave）という言葉の用語法について一言書いておきたい。ミラーは、隷属民をあらわす言葉として、slave, villain, servant の3語を使用しているが、これらのうち slave と servant とはほとんど同じ意味で使用されている場合が多く、

villain は、slave の一形態ととらえられている。だから slave は、二重の意味を与えられている。固有の意味の「奴隷」と「隷属民一般」である。このことを念頭においた上で、本稿では、上の3語に、それぞれ、「奴隷」「農奴」「使用人」の訳語をあてた。

110) *O. D. R.*, p. 299.
111) *Ibid.*, p. 302.
112) *Ibid.*, p. 309.
113) *Ibid.*, p. 310.
114) ミラーは、『イングランド統治の歴史的概観』では、商工業の進んだ国の住民は、地主（landlords）、資本家（capitalists）労働者（labourers）の3つに分けられ、もっとも低い階級である労働者は、仕事を与えてくれる者にあるていど従属せざるをえない、という認識を示している。しかし、ミラーは、商工業で働いている労働者の大部分は、「無差別にいろいろな人の奉仕に使用されており」（*H. V. E. G.*, Vol. IV, p. 116.）と、事実上独立小商品生産者のイメージでとらえている。他方、「労働者は、かれが特定の商品を製造し終えるまで賃金なしに生活することができるほどに財産を獲得したときには、……その商品を販売することで、かれの通常の価値をこえる利潤を手に入れるであろう。かれの資本の増大に応じて、かれの生産高は、従属的人手の使用によって増大させられ、もちろん、かれの利潤も増大するであろう」（*Ibid.*, pp. 117-118.）と、労働者→資本家の道を示している。
115) 116) *O. D. R.*, p. 319.
117) ネフによれば、「スコットランドの炭鉱で発達した型の実際の奴隷制」は、アメリカの棉花プランテーションの奴隷制に似ており、地主炭鉱主のもとで17世紀に発展したものである。Cf. J. U. Nef, *The Rise of the British Coal Industry*, London, 1966. Vol. II, pp. 151ff. 吉村朔夫氏によれば、この奴隷制は、1774年の「解放令」で解体するが、解放坑夫群は、新たな前借金制度にしばられて債務奴隷的労働者になっていっていった。吉村朔夫『イギリス炭鉱労働史の研究』（ミネルヴァ書房）64ページ参照。
118) *O. D. R.*, pp. 320.
119) *Ibid.*, p. 321. これは、第1版の結びのパラグラフであるが、すぐ後でふれるように第3版（1779年）ではこのあとに若干加筆された。
120) *O. D. R.*, p. 316.
121)「スコットランド歴史学派と奴隷制」という問題は、興味深い問題の1つである。レンマンは、ハチスン、スミス、モンボド、ビーティが奴隷制反対の立場をとったのにたいして、ヒュームとケイムズは、「能力の点で、黒人は白人に劣る」と主張した、という。Cf. Bruce Lenman, *Integration, Enlightenment, and Industrialization: Scotland 1746-1832*, London, 1981. pp. 88-90.

122) サマーセット事件については、以下のものを参照。L. W. Cowie (ed), *A Dictionary of British Social History*, London. 1973. q. v. Eric Williams, *Capitalism and Slavery*, North Carolina, 1944. (中山毅訳『資本主義と奴隷制』理論社、1978年、56ページ)。久保芳和『フランクリン研究』関書院、300ページ以下。
123) 1791年に、グラースゴウ大学が、ウィルバーフォースに、奴隷制反対運動の功績により名誉法学博士号を贈る決定をしたとき、ミラーの働きかけが大きかった、という。Cf. Lehman, *John Millar of Glasgow*, Cambridge, 1960. p. 50.
124) Cf. Michael Craton, "Slave Culture, Resistance and the Achievement of Emancipation in the British West Indies 1783-1838", in James Walvin (ed), *Slavery and British Society 1776-1846*.
125) 本稿の前半部分を印刷に付してから、2つのミラー研究がでた。太田要「ジョン・ミラーにおける市民社会史」(立教大学大学院『経済学論叢』20、1982年1月)、田中秀夫「ジョン・ミラー研究序説(1)——『階級区分の起源』(1771、1779)の主題、方法、構成について(上)——」(『甲南経済学論集』第23巻第1号、1982年6月)である。田中氏の論文は、その後(3)まででているが、(2)からは「予定を変更」されて『階級区分の起源』の第4章以下の詳細な内容紹介を行っておられる。したがって、本稿を印刷に付する意味はなくなったかに思えるが、筆者としては、田中氏の紹介の仕方に必ずしも満足できない部分があるので、あえて印刷に付して世の批判を仰ぐこととした。【この注で「本稿の前半部分」と著者がいっているのは、本章の「2 社会の発展と家族・婚姻形態——家族内権力と家族員の地位——」の本文とそれに照応する「注74」までを指している。——編者注記】

【編者注記：本章のもとになっている論文には2つの追記(「追記・1」、「追記・2」)がある。「追記・1」は語句の訂正の指示であり、本書では既に訂正してあるので省略する。「追記・2」はつぎのようになっている。「追記・2　この研究は、昭和55年度から3カ年にわたって交付された文部省科学研究費補助金総合研究(A)《研究代表者　佐藤茂行北海道大学経済学部教授》の研究成果の一部である。】

第6章 ヨークシァ連合運動とクリストファ・ワイヴィル

1 はじめに

　ヨークシァ連合（association）運動は、1779年の暮れから1785年にわたって行われた、ヨークシァの自由土地保有者を中心とする財政改革と議会改革を要求する運動であった[1]。連合とは、これらの要求の支持を誓約しない候補者には投票しないようにしよう、という有権者の盟約である。この運動は、「政治的急進主義の、ロンドンから地方への最初の効果的なひろがり」[2]であって、一時は、半数以上の州をまきこんだのである。クリストファ・ワイヴィル（Christopher Wyvill, 1740-1822）は、この運動の中心的な指導者であった。

　わたくしは、この小論で、これまでまったくとりあげられることのなかったワイヴィルの思想に一筋の光をあて、いくらかでもその特徴をあきらかにするよう努めてみたい。そのばあい、わたくしは、ヨークシァ連合運動を指導したワイヴィルの思想はどのようなものであったのか、というところに焦点をあてたいと思う。そのために、わたくしは、まずワイヴィルの動きにそくして運動の経過をたどり、そのなかでワイヴィルの具体的な主張をあきらかにし、ついでその思想的根拠をさぐる、という順序でこの小論を進めることにする。そのばあい、あまり知られていないワイヴィルを、あらかじめここで、伝記的[3]に紹介しておくのが便利であろう。

　ワイヴィルは、1740年に、間接税担当官吏を父として、エディンバラで生まれた。大学教育は、ケンブリッジのクィーンズ・コリッジで受けたが、同じ頃、のちに論争相手となるジョン・ジェブ（John Jebb, 1736-1786）がピーターハウス・コリッジで学んでいたはずである。若い時代に過したエディンバラの雰囲気とこ

のケンブリッジの教育が、ワイヴィルの思想形成に大きな意義をもったことは容易に想像できよう[4]。1763年にワイヴィルは、エシクスのブラック・ノートレィの教区牧師に任命されたが、聖職者としての仕事は、もっぱら助任牧師にまかせていたようである。1773年、いとこのエリザベスと結婚、エリザベスは、まもなく兄マーマデュークの所領（年収4000ポンド）をヨークシャのノース・ライディングに相続した。こうしてワイヴィルは、ノース・ライディングの指導的ジェントリの仲間入りをし、政治活動に専念できるようになったのである。

ワイヴィルの、おそらく最初の政治的活動は、1772年のフェザーズ・タヴァン請願[5]に参加したことであろう。これは、当時、国教会の聖職者に任命されるとき、国教会の教義「三十九カ条」への宣誓を求められたが、この宣誓を廃止せよ、という議会への請願であり、国教会内部からの宗教的自由への接近を示すものであった。そのつぎがヨークシャ連合運動である。この運動は、1785年に事実上解体するが、フランス革命が勃発すると、ワイヴィルは、対フランス干渉戦争に反対し、再び議会改革への情熱を燃やすのである。このときワイヴィルが望みを託したのは「人民の友の会」であって、その点でジョン・ミラー（John Millar, 1735-1801）と同じ陣営にいたのである。団結禁止法が制定され、ナポレオン戦争が開始されて、議会改革の望みが遠のいても、ワイヴィルは、議会改革と宗教的自由にかんするパンフレットを出す努力をつづけ、1822年3月8日に、ノース・ライディングのバートン・ホールで永眠した。

以上の略伝からうかがわれるように、ワイヴィルは、民衆運動に密着した、すぐれて実践的な思想家であった。したがって著作も、若干の時論的なパンフレットのほかは、大部分が、運動の過程で書かれた「訴え」「提案」「総括」のたぐいとさまざまな人びととのおびただしい書簡である。ワイヴィルは、宗教的なものをのぞいて、それらの文書の大部分を6巻の『政治資料集』[6]に編集して出版してくれた。この小論の論述は、主にこの『政治資料集』に依拠して進められるはずである。

2 連合運動とワイヴィル

　運動に入るまえに、まず時代の情況を簡潔にみておきたい。ヨークシァ連合運動の始まった1779年前後は、イギリス政治史のうえで"危機"の時代といわれている[7]。"危機"を構成する要因は、第1に対アメリカ戦争であり、第2にアイアランド問題であり、第3に王権と腐敗に支えられたノース内閣の政治であった。それぞれに一言ずつふれておこう。

　対アメリカ戦争は、サラトガの敗北（1777年）以来、フランスとスペインが参戦して戦線が拡大し、1779年には、イギリス本土が直接に脅かされるに至り、民兵が増強され、軍事費のいっそうの増加が予想された。すでに戦時財政の40パーセントが公債でまかなわれ、公債費は年500万ポンドをこえて[8]、その結果は、消費税その他の税の形で国民の肩に重くのしかかっていた[9]のに、である。国民のあいだに、見込みのない戦争をつづけるノース内閣にたいする不満が高まってきたのは当然であった。そしてアイアランド問題は、この不満の高まりにはずみをつけることとなったのである。

　アイアランドでは、戦争による対アメリカ貿易の杜絶の影響は深刻で、自由貿易とアイアランド議会の独立への要求は切実であった。したがって自由貿易とアイアランド議会の独立を求める運動は、宗派のちがいをこえて拡大し、フランスとスペインの脅威をまえに自衛のためにつくられた民兵組織が、そのための運動の組織に転化したのである。アイアランド議会が、ポイニングズ法を無視して、自由貿易の必要を宣言し、歳出の拒否や削減を行うようになり、11月半ばにダブリン暴動が発生すると、アイアランドも第2のアメリカになるやにみえた。ノース内閣は、あわてて若干の譲歩を行って急場をしのぐのだが、アイアランドの民衆の動きは止まず、1782年の自治の承認に至るのである[10]。

　こうして戦争の費用をアイアランドに押しつけることは誰の目にも不可能であるばかりか、一歩アイアランド問題への対応を政府が誤ると、そのための費用もイギリス国民の肩にかかってくることはあきらかであった。しかし消費税や奢侈品税はすでに限界と考えられており、残るところは、地租の引上げか再査定と予

測されたのである。従来比較的土地所有者に有利に査定されていたヨークシァでは、とくにこの心配が大きかった[11]。

ことここに至って、人びとの目は、以上のような事態をまねいた政府に向けられた。そしてそこに人びとが見出したものは、無能なノース内閣を支える強大な王権であり、そのいいなりになってきた腐敗した議会[12]だったのである。議会内反対派であったロッキンガム派ウイッグも、議会内闘争の限界を知り、議会外民衆の反政府運動の力を借りたいと考えはじめていた。

ヨークシァ連合運動は、ほぼ以上のような情況のなかで始まったのである。その出発点は、1779年12月30日のヨークシァ州会にもとめられる。これは、ワイヴィルら209名のよびかけによって開かれた[13]もので、600名をこえる自由土地保有者、貴族、ジェントリ、聖職者[14]などがヨーク市の集会場に集まった。州会は、財政改革の要求を主内容とする請願を採択し、請願運動の推進と議会改革のための連合の計画をねる委員会を設置することを決めた。ワイヴィルは、このヨークシァ委員会の議長となったのである。

請願は、戦争による不況と負担増にもかかわらず公金が冗職、過大報酬、年金などに浪費されていること、また国王の不当な影響力（influence）が強大になってきたことをあげ、これらに対する効果的な方策がとられるまでは、現在の税額をこえる公金支出を行わないこと、また無駄を節約するための調査を行うこと、を要求したものであった[15]。この請願は、ただちにヨークシァ全域にまわされ、全自由土地保有者の約3分の1弱にあたる8407の署名[16]をえて、1780年2月9日に議会に提出されたが、22日に否決されてしまった。しかしこの請願運動は急速な広がりをみせ、4月末までに同様の請願が、都市やバラ、ウェイルズまでもふくめて、41も議会に提出されたのである。これには、イギリスの州の半数以上がふくまれていた[17]。

このように、各地に委員会が生まれ、請願運動が広がるなかで、ワイヴィルは、運動をもう一段高い段階に進めることを考えた。それは、3月にロンドンで全国代表者会議を開き、そこにヨークシァ委員会から議会改革のための国民連合（National Association）のプランを提起することであった。ヨークシァ委員会の考えた国民連合は、「公金支出の大きな無駄を調査し是正するための諸提案、議員の

任期を短縮し……国民のより平等な代表制を獲得するための諸提案」を支持することを誓約しない候補者には投票しないようにしよう[18]、という有権者の盟約であって、ワイヴィルは、この国民連合という考え方をスコットランド出身のジェイムズ・バラ（James Burgh, 1714-1775）[19] から学んだようである。問題は議会改革の中味であるが、さしあたりワイヴィルは、一年議会と州選出議員の100議席増を考えた。後者は、腐敗選挙区、ポケット選挙区にたいして州の比重を高めるためであった。

3月11日からロンドンで行われた第1回全国代表者会議には、各地の委員会から各々3名以内、12州4市[20] の代表が集まった。財政改革、州選出議員100名増、一年議会等を推進するための国民連合の形成というヨークシァ委員会の提案を、ワイヴィルはかろうじて通したけれども、このいわばワイヴィル路線とロッキンガム派路線の対立は覆うべくもなかった。ここでてみじかにロッキンガム派路線をみておかねばならない。

ロッキンガム派が民衆運動の力を借りたいと考えていたことはすでにふれた。したがってこの運動の当初からロッキンガム派は積極的にかかわりをもとうとした。そのばあいロッキンガム派は、民衆運動を財政改革要求運動の枠内に抑えこもうとしたのであった。かれらは、議会改革には反対だったのである[21]。ワイヴィルは、このようなロッキンガム派にたいして、慎重に運動の主体性を守りながら[22]、協力関係を保っていこうとした。そこでワイヴィルは、代表者会議でもっとも異論の多かった一年議会を三年議会に後退させて今後の運動にのぞむことにした。一年議会は、ロッキンガム派によって、金がかかり、しかも選挙民からの議員の独立を失わせる[23]、と非難されており、他にも財政改革を優先させる考え方は多かったのである。こうしてワイヴィルは、全国代表者会議の決定に一部修正を加えて3月28日のヨークシァ州会にのぞんだ。

このヨークシァ州会は、対アメリカ戦争の継続を非難する決議を行い、将来の総選挙で買収を調査し告発する委員会の設置を決め、ヨークシァ連合綱領を採択した。綱領は、戦争による不況、重税、国王の影響力の拡大を問題としてあげ、これらの解決は、「自由な腐敗せざる議会からのみ期待されうること、そして合法的で平和的な仕方で議会の自由を回復する方策は、全国の独立した人びとの一

般的団結」による以外にはない、と連合の必要を訴えて、財政改革による国王の影響力の縮小、州選出議員100名増、3年議会、を目標にかかげていた[24]。いままで便宜的にヨークシァ連合運動という言葉を使ってきたが、正式な連合運動は、ここから始まるのである。

　こうしてヨークシァ委員会はヨークシァ連合委員会となり、連合加盟の署名運動が開始された。8月までに、5800人の自由土地保有者が署名した。これは、州の自由土地保有者の4分の1であるが、土地財産の点では圧倒的であったという[25]。しかしこの連合運動は、ヨークシァ以外では、たとえばドーシットシァのように財政改革一本にしぼったところ、またグロースタシァのように要求の点ではヨークシァと同じでも連合には二の足をふむところと、足並みがそろわなかった。したがって9月の総選挙では、候補者に誓約を求めるという連合の原理に忠実だったのは、ヨークシァと首都圏の選挙区をのぞいてはほとんどなかったのである[26]。このように、3月の全国代表者会議を頂点にして、運動は下り坂に入ったといえるのであるが、その理由としては、つぎの3点が指摘できる。第1は、運動内部の意見の相異が鮮明になってきたこと、第2は、E. バークらロッキンガム派の議会内努力が若干の成果をあげ、人びとに議会の自己矯正能力への期待を抱かしめたこと、第3は、6月に反カトリック救済法運動から発生したゴードン暴動が、連合運動の攻撃に利用されたこと[27]、である。ここでは、行論の必要から第1と第2の点をもうすこしみておこう。

　まず第2の点から始める。これは、2月11日に議会に提出されたバークの財政改革案[28]と4月6日の議会でのダニング決議のことである。バークの財政改革案は、植民地担当大臣の廃止、貿易植民省の廃止、宮廷費関係の改革の3つから成っていた。議会は、貿易植民省の廃止以外は否決してしまった。宮廷費こそ王権の濫用の源と考えられており、バークは、その改革をもっとも望んでいたのである。ところが、この同じ議会が、わずか2週間余りのちの4月6日に、つぎのようなダニング（John Dunning, 1731-1783）の動議を可決したのである。1、国王の影響力が増大してきているが、これは、縮小されるべきである、2、議会は、宮廷費にたいしても乱脈を調査し是正する権限をもつ[29]。バーク提案を否決した同じ議会がこれらの提案を可決したのは不思議であるが、この4月6日夜の

議会は、各地からの40余の請願を審議するためのものであり、この日、ウエストミンスター委員会による大集会が開かれていた等のことが影響したのかもしれない[30]。ともあれ、こうした議会内の動きが、人びとに議会の自己矯正能力への期待を生みだしたことは確かである[31]。

さて第1の点にうつろう。ワイヴィルとロッキンガム派との相違はすでにみた。ここで問題なのは、より徹底した議会改革の主張が運動の内部に姿を現してきたことである。それは、5月27日のウエストミンスター委員会の小委員会報告である。これは、18世紀急進主義の重要文書の一つ[32]とされるものであるが、そこでは、自然権思想にもとづき、成年男子普通選挙権、平等な小選挙区、一年議会、秘密投票制、議員歳費の支給、選挙権者は被選挙権者でもあること、などが主張されていたのである。これは、カートライト（John Cartwright, 1740-1824）の原理にもとづきジェブが起草したもので、これを採択した小委員会の議長は、グラースゴウ大学でフランシス・ハチスンの影響をうけたブランド・ホリス（Thomas Brand Hollis, 1719-1804）であった[33]。ウエストミンスター委員会は、一方でこうした人びとをふくみ、他方に多数のロッキンガム派貴族をふくんでいて、しかもフォックス（Charles James Fox, 1749-1806）の活動の舞台でもあって、複雑な動きを示すのである[34]。

ワイヴィルは、以上のような情勢を前にして、一歩後退してロッキンガム派貴族をひきつけ、再度運動を結集しようとする。つまり、財政改革中心の請願運動で高揚をはかろう、というのである。しかし、そのために企画した1781年3月の第2回全国代表者会議には9州2市[35]しか代表を送らず、請願もまた効を奏さなかった。こうしてワイヴィルは、ロッキンガム派にたいしてはっきりと批判を投げかけるようになっていく。同年10月17日のヨークシァ連合委員会で採択されたワイヴィル起草の『全国有権者への訴え』[36]で、ワイヴィルは、ロッキンガム派を「誘惑を許す議会の内的傾向を矯正するかわりに、腐敗の表面的な資金を削減することで満足する」[37]者、と批判し、金銭づくの有権者の指名による議会からは自己矯正能力は失われてしまっており、議会の根本的改革なしには腐敗は除去されえない、と主張したのである。また、この『訴え』でワイヴィルが、「人類は本来的に平等である、ということも否定しえない命題である」[38]と、カート

ライトらの普通選挙の主張の理論的正しさを認めていたことも注目される。ただし、問題は、現在の状態で実現可能かどうかにある、というのがワイヴィルの立場だったのである。

　この『訴え』の1カ月余り後にヨークタウンでイギリス軍が大敗北を喫し、これを切っ掛けに翌1782年3月に12年続いたノース内閣が倒れ、第二次ロッキンガム内閣が成立した。ロッキンガム内閣は、わずか3カ月しか続かなかったが、その間、バークの財政改革法案、クルーの会計官職の選挙権を制限する法案、クラークの政府関係事業請負人の被選挙権を制限する法案を成立させ、内容において要求に満たない点が多いとしても、一応財政改革を達成した。アメリカとの和平の道が開かれ、アイアランドの自治が承認された。こうして運動の課題は、議会改革にしぼられたのである。ロッキンガムの死後はシェルバーン内閣が成立し、ピットが大蔵大臣になった。いずれも連合運動を支持してきた人びと[39]であり、まさに議会改革の好機到来と思われよう。しかしこの内閣も10カ月余りしか続かず、翌1783年5月には、ノース゠フォックス連立内閣にとってかわるのである。

　こうした新しい情勢のなかで、ワイヴィルは、一方でシェルバーンやピットの支持を期待し、他方でカートライトやジェブらとの連携を考えながら、改革案の具体化と新しい運動の展開を模索する。その結果は、1782年12月19日のヨークシァ州会に提示された、つぎの4点から成る改革案であった。1、札つきのバラ50の議員選出権を廃止し、そこの有権者には適度の補償を行って州選出議員への投票権を与えること、また議席を100増加して適切な比率で州と首都圏に配分すること、2、七年議会法の撤廃、3、年収40シリング以上の謄本土地保有農民への選挙権の拡大、4、スコットランドの名目的で虚偽的な選挙の改革、である[40]。みられるとおり、ここにはいくつかの新しい点が認められる。まず第1に、有償とはいえ腐敗選挙区の廃止を打ち出したことで、これまでロッキンガム派との関係――かれらも腐敗選挙区をもっていた――で出せなかった点である。第2は、はじめて選挙権の拡大を打ち出したことである。そして第3がスコットランドの選挙改革である。この頃、スコットランドでも各地に改革運動が芽生えつつあり、ワイヴィルは、それらに期待して連絡をとっていたのである[41]。

　しかしこの改革案をどう運動にしていくかという点で、ワイヴィルは一つの限

界にぶつかった。それは、さきの第2回全国代表者会議で、改革の具体的な中味について意見の一致をみることができず、さしあたり議会改革についての請願は、議会の現状は国民の声を反映するようになっていないので是正して欲しい[42]、という一般的なものにとどめようということになっていたからである。したがってワイヴィルは、この一般的内容の請願で民衆運動の昂揚をはかりながら、それを背景に、ピットと連携して改革案を議会に出させる、という方法をとった。請願は、ヨークシァで1万152人の署名をえたが、他の州は冷やかで、結局請願を提出したのは、12選挙区にすぎなかった[43]。それでも1783年5月7日、ピットは、議会改革案を議会に提出したが、否決された。このピット案[44]は、さきのワイヴィル案を薄めたもので、ここでふれる意味はない。こうして運動は、最後の局面に入るのである。

　1783年9月にアメリカとの講和条約が結ばれ、12月にはノース＝フォックス連立内閣が解任されて、23歳のピットが首相に任命された。ピットがまず直面したのは、1784年1月14日に提出したインド法案にたいするフォックスらの激しい反対であった。ピット派は少数派にすぎず、ピットは選挙で足場を固めることを考え、議会解散の雰囲気づくりをした。ヨークシァでも、3月25日に議会解散の請願のための自由土地保有者の集会が行われたが、ワイヴィルもひそかにそれに一役買っていた。ピットを信頼していたワイヴィルにとって、選挙でのピット派の勝利は議会改革につらなるはずだったのである。しかしこうしたワイヴィルの動きは、ワイヴィルが連合をピットの支持組織に変えようとしている、という疑惑を生み、脱退者を出すに至った[45]。そして改革熱は、ヨークシァでも冷えはじめるのである。しかしワイヴィルは、1784年から5年にかけて、ピットとの連携のもとに最後の努力を行った。しかしワイヴィルの「よびかけ」に応えて請願を採択したのは、ヨークシァとノッティンガムシァ以外は、数個のバラにすぎなかった。そうしたなかで1785年4月18日、ピット案は、174対248で否決されてしまったのである[46]。

　この最後のピット案の作成にはワイヴィルも参加しており、ワイヴィルは、これを「ことの本性が許すかぎり、土地所有の利益と商業的利益のあいだの厳格な公平を保とう」[47]としたもの、と絶讃している。これは、衰退したバラから工業

都市への議員選出権の移譲、謄本土地保有農民だけではなく評価額が一定以上の家屋所有者への選挙権の拡大、腐敗選挙区廃止のための基金の創設等をふくみ、2年前のピット案よりも進んだ内容のものになっていた[48]。ヨークシァ連合運動は、このピット案の敗北で事実上終わりをとげたのである[49]。

これまでみてきたことから、運動のなかでのワイヴィルの立場は、一方でロッキンガム派と異なり、他方でカートライトやジェブらとも異なるものであったことがあきらかであるだろう。しかしここで注意すべきは、ワイヴィルがカートライトらの主張の理論的正しさを認め、問題は、現状でそれが実現可能かどうかだ、といい、自分の改革案のなかで選挙権の拡大の努力を行っていたことである。これは、クリスティのいうように、カートライトやジェブらにたいするリップ・サービス[50]にすぎないものであろうか。この問題を手がかりにして、一歩ワイヴィルの思想のなかに立入ってみることにしよう。

3 ワイヴィルの思想

ワイヴィルは、普通選挙権の主張の原理的正しさを認めた1781年の『有権者への訴え』で、さらにつぎのように述べていた。

「現代の生活様式と偏見とが、その基本的権利〔選挙権〕の回復を、議員の毎年選挙とともに、もっとも広範囲に許すことができるとしたら、より穏和な改革案の擁護者は、その変化を喜ぶであろう」[51]と。

みられるとおり、問題は、「現代の生活様式と偏見」なのである。「現代の生活様式と偏見」のゆえに、いま普通選挙を無理に導入することは一大混乱をもたらすし、仮に導入に成功したとしても、服従的で金銭づくの民衆の性格は「身分の高い者の優位を増すであろう——、そして人類の中位の階級に見出される公平無私で独立した人びとの健全な影響力を消滅させるであろう」[52]というのである。

これは、ややのちのパンフレット『1785年のピットの原理にもとづくイングランド人民の代表の状態』(1793年、以上『ピットの原理』と略称)からの引用だが、ここから容易にうかがわれるように、ワイヴィルは、「現代の生活様式と偏見」ということで、財産の不平等な階級社会とそこでのモラルを問題としていたので

ある。したがってワイヴィルが、普通選挙の適合的な社会として財産の平等な社会を考えていたことは、これまた容易に想像できよう。「財産が平等に……分割されている国で無制限な選挙権が確立されないことは、ほとんど考えられない」53)。(1783年8月15日付ベルファースト通信委員会への回答、以下『回答』と略称)のである。1792年の『プライス博士とイングランドの改革者たちの擁護』54)(以下『プライス擁護論』と略称)では、そうした社会のモデルとしてアメリカをあげていた。

それでは、イギリスで財産の平等ということが考えられるのであろうか。まったく考えられないとすれば、普通選挙は夢物語であって、それが理論的に正しい、というワイヴィルの主張は、まさにカートライトらにたいするリップ・サービスということになろう。しかしわたくしが、クリスティのこうした指摘に疑問をもつのは、『ピットの原理』につぎのような文章があるからである。これは、さきに引用した、服従的で金銭づくの民衆の性格を問題とした文章につづくものである。

「これらの難点を減少させ、取除くために、多くのことが、財産のいっそうの拡散(diffusion)、すなわち持続的勤勉の自然的結果によって、また逆境の有益な鍛練と議会の実質的な改革の作用とによって、やがて達成されるであろう。これらの、またその他の手段が結合することによって、今日、上流階級と下層階級に同様に支配的である腐敗した慣習は、抑制され、漸次克服される。わが政府の邪悪な原理が消滅させられ、つづく世代には、子孫によって、わが祖先の単純性と純粋性への、あるていどの接近がなされるであろう。人びとが、より文明の進んだ時代の知性に原初の時代の純真さと誠実とをつけ加えたときに、富者が賄賂の提供を恥じ、貧者がそれを受け取ることを軽蔑するであろうとき、公共心(Public Spirit)が国民全体に充分に息をふきかえしたとき、その・と・き・、普通選挙権は、公共の利益のために行使されるであろう……」55)(圏点は原文イタリック)。

やや引用が長くなったけれども、みられるとおり、ここには、社会の漸次的進歩が語られている。ワイヴィルの普通選挙についての考え方は、このような歴史的展望にもとづいていたのである。進歩の中味は、財産の漸次的平等化と議会改

革等によって、原初の時代の純真さ（innocence）と誠実（integrity）とを文明のなかにとりもどすことなのだが、財産の漸次的平等化とは、いったいどういうことだろうか。ワイヴィルがこの問題を正面から論じた文章は見当らないが、貴族制を論じた文章のなかに、もうすこし具体的なワイヴィルの考えを認めることができる。なおワイヴィルは、階級社会を何よりも貴族制社会としてとらえていたのである。

『ピットの原理』のなかでワイヴィルは、貴族制の弊害を指摘しながら、しかしそれを全面的に解体することは大きな危険を伴い、不可能であるとし、「貴族制の影響力を減少させるために、正当かつ安全になしうることのすべて」は、財産の自然的重み（The Natural Weight of Property）にまかせるしかない、といい、「最近の世紀の経過において、貴族制は、バラにおける各種の詐欺的侵害と簒奪によって、人為的権力（artificial power）を大いに増加させてきたが、同じ時期に、大ブリテンの民主主義は、財産の大きな追加的重みを獲得してきており、また知識の広範な普及から、正当にもより大きな政治的重要性を与えられてきている」[56]と述べている。みられるとおり、ワイヴィルは、歴史の底辺において、財産の拡散＝平等化が自然史的に進行している、と認識していたのである。そうした過程がいかにして生ずるかについては、「持続的勤勉の増大」という以外の説明はない。ワイヴィルは、財産関係を重視しながら、まったく経済についての考察を欠いているのである。ともあれ、財産の自然史的平等化の立場に立てば、国民は、貴族の詐欺や簒奪による人為的権力の増大を、あるいは、それを許す制度的諸要因をチェックしさえすればよい。こうした歴史観は、いわゆるスコットランド歴史学派を想起させるものであるが、しかしワイヴィルのばあい、歴史の漸次的進歩の要因として、とくに理性の働きを重視していた点に注意しなくてはならない。『プライス擁護論』のなかでワイヴィルは、「文明化したヨーロッパの国々の野蛮状態からの漸次的改良を、理性以外の何に帰しえようか」[57]といい、自由な理性の働きが、つぎのように強調されていたのである。

「われわれの合理的諸能力に制限を課することは、人類にとって有益ではありえない……。宗教上の研究と同様に、政治的な思索も完全に無制限でなければならない。自由な検討のみが、弊害の成長を抑制することができる。……そ

れのみが、社会にたいして、勤勉の発揮の増大、財産のより広範な拡散、さらに知識、市民性、秩序と正義と合理的自由への愛といった人間性の漸次的前進から可能となる、あらゆる制度の進歩的改良を保証することができるのである」[58]。

ところで、以上のような漸次的進歩の歴史観に立てば、社会的諸制度はもちろん、人間の権利もあるていどの相対化を免れない。ワイヴィルは、選挙権が、人間の本来的平等、同意による統治といった自然権にもとづく基本的権利（privilege）であることを認めながら、つぎのように主張していたのである。

「正義の支配は、つぎのことを命じている。すなわち、人類の自然的諸権利は、その誤用や政治的義務不履行という証拠にもとづく以外は、剥奪されるべきではないと。それゆえわたくしは、普通選挙権が公共の安全と実際に矛盾しないとわかったばあいには、それは、奪われるべきではない、ということに同意する。しかし個人の諸要求が一般的善と矛盾するすべてのばあいには、共同社会の一部の基本的権利は、全体の福祉よりも後回しにされなければならない」[59]（圏点は筆者）。このばあい、前後の文脈から、一般的善とは社会の安全であり、共同社会の一部とは貧しい人びとを指すことはあきらかである。この点は、選挙権を財産から切り離し、「貧しい人びとの選挙権は、……かれらの自由にとって本質的である」[60] というカートライトらの主張ともっとも鋭く対立する点である。ワイヴィルによれば、選挙権は、基本的権利であると同時に社会から個人への信託（trust）であって、社会の不利益とならないような仕方でそれを行使しえない人からは、とりあげるのが適当なのである。おもしろいことに、ワイヴィルは、この論理でもってカートライトらの不徹底さをつく。つまり、これは、カートライトらが女性や未成年者から選挙権をとりあげているのと同じ理由である[61]、と。ともあれワイヴィルは、以上のように、さしあたり選挙権の制限をやむをえないと考えるのであるが、できるだけそれを広げようとする。「選挙権は、それを公共善のために行使するものと合理的に期待しうるすべての人に回復されるべきである」[62]。ワイヴィルが、その点で期待をつないだのが中産階級であることは、いうまでもあるまい。

さらに、ワイヴィルによれば、社会的諸制度は、すべて相対的であるばかりで

はなく堕落しやすいものである。とくに「政府自体は、一般的利益のために形成されたものであるが、堕落して専制政治になりがちである」[63]。ここに、諸制度、とくに政治的諸制度の自由な検討にもとづいた人民の側からの統制が必要になってくる、とワイヴィルは考えるのである。「人民の統制力（the power of popular control）が失われたときには、政府の腐敗と抑圧を阻止しうる正規の、あるいは平和的な手段は存在しない。そのとき、共同社会は絶対権力の足下に平伏する」[64]。人民統制の通常の手段は選挙であるが、議会が自己矯正能力を失っているばあいには、連合という直接の人民統制が必要になる。それでは、政府の行為を判断する基準、したがって統制の基準を、ワイヴィルはどのように考えていただろうか。

『ピットの原理』のなかでワイヴィルは、社会は、2つの目的のために形成された、と書いている。1つは、人びとの人的諸権利の享受を保護すること、つまり自由の原理であり、もう1つは、各人の財産の享受を保護すること、すなわち財産の原理である。ワイヴィルのばあい、社会の目的は即政府の目的であって、「これら異なった政府の目的のそれぞれが充分に注意されるべきなのである」[65]。ワイヴィルによれば、財産の平等な分配のために財産権が侵害されるようなことがあってはならず、財産保護への過度の心配と人的諸権利への無関心とから、個人の自由が侵害されてはならないのである。ワイヴィルは、これを自由と財産の結合原理[66]とよぶ。この原理をもって当時のイギリスをみたとき、ワイヴィルの目には、国王と貴族および大商人という大財産所有者が政治をほしいままにしており、そのもとで、ウィルクス事件に象徴されるように、中産階級の自由と独立が危機にさらされている、と映じたのであった。

おわりに

これまでみてきたことから、カートライトらの自然権にもとづく普通選挙の主張を、理論的には正しい、としていたワイヴィルの思想が、自然権のすべての観念はたんなる法のフィクションにすぎないといい、慣習にもとづく承認（prescription）こそあらゆる権利の基礎である、と主張していたバークの思想とは大

きく異なるものであることはあきらかであろう。ワイヴィルは、バークとは異なって、財政改革だけでは満足できず、議会改革による権利の拡大に情熱をそそいだのであった。

しかしカートライトやジェブとワイヴィルの異なるところは、ワイヴィルが、普通選挙の妥当する社会を理想状態として歴史のかなたにおき、それと現実とを漸次的進歩の歴史でつないだことである。フランス革命の時代に、ワイヴィルは、カートライトにたいして、イギリス国民は自然状態にいるのではなく不完全な社会状態のなかにいるのであって、いまなすべきことは「時代の気質が耐えうるていど」の理論への接近なのだ[67]、と説くのである。こうしたワイヴィルの改革についての考え方は、社会の自然史的進歩をふまえて、大衆のついてこれるていどのおだやかな改革を妥当とするジョン・ミラーの考え方[68]に通ずるであろう。

もっともワイヴィルにも、サクスンの自由の考え方がないわけではない。しかしワイヴィルは、代議制が導入されて以来、普通選挙が完全な意味で行われたことはまったくないと考えるのである[69]。たしかにイギリス憲法の伝統はそこに発するのだが、それが普通選挙の可能な理想的状態におかれるのは、ワイヴィルにとっては未来なのである。さしあたり名誉革命直後の憲法を回復して、国王や貴族の不当な影響力を抑制しさえすれば、ワイヴィルの目には、未来はあかるいのである。しかしカートライトにとっては、あるいはプライスにとっても、それではすまない。カートライトは、歴史の進行（資本主義の発展）が無産者を生み、貴族的支配とは異なった、新しい支配・従属関係を生みだすことをはっきりとみつめていたし、プライスは、歴史の進行につれて没落の危機にさらされるようになった小生産者の不安から、年金論『生残支払の考察』[70]を書かなければならなかったのである。ワイヴィルの足場は、封建制（貴族制）の解体＝資本主義の発展のなかで、しだいに独立と自由を拡大してきた比較的豊かな中産階級（大地主支配に反感をもつ自由な土地所有者よりの）におかれていたのである。

最後に一言。バークが、選挙区からの議員の独立を主張することによって、議員は地域代表ではなく全国民の代表である、というすぐれて現代的な代議制の原理を提起したのにたいして、ワイヴィルの人民統制の主張は、バークとは逆の側から、腐敗して翼賛的になり自己矯正能力を失った議会を、いかにして代議制の

名にふさわしい本来の議会に再生させうるか、というこれまたすぐれて現代的な問題を提起しているように思われるのである。

1) ヨークシァ連合運動については、これまでもっぱら政治史の分野で研究がすすめられてきた。わたくしが読むことのできた研究書は、つぎのとおりである。
  ① G. S. Veitch, *The Genesis of Parliamentary Reform*, London, 1964 (1st. ed., 1913).
  ② H. Butterfield, *George III, Lord North and the People 1779-1780*, New York, 1968 (1st. ed., 1949).
  ③ S. Maccoby, *English Radicalism 1762-1785*, London, 1955.
  ④ Ian R. Christie, *Wilkes, Wyvill and Reform: The Parliamentary Reform Movement in British Politics 1760-1785*, London, 1962.
  ⑤ E. C. Black, *The Association: British Parliamentary Political Organization 1769-1793*, Cambridge (Mass.) 1963.
    日本では、この運動についての本格的な研究はまだないけれども、つぎのものが政党史研究および財政史研究の一部として、この運動をとりあげている。
  (ⅰ) 横越英一『近代政党史研究』勁草書房、1960年。
  (ⅱ) 鶴田正治『イギリス政党成立史研究』亜紀書房、1977年。
  (ⅲ) 青木康「ホイッグ党とヨークシァ運動」『史学雑誌』87編2号、1978年。
  (ⅳ) 舟場正富『イギリス公信用史の研究』未来社、1971年。
2) John Osborne, *John Cartwright*, Cambridge, 1972, p. 24.
3) ワイヴィルの伝記は、主につぎのものによる。*Dictionary of National Biography*. Joseph O. Baylen and Norbert J. Gossman (eds), *Biographical Dictionary of Modern British Radicals*, q. v. 以下前者は、*D. N. B.* 後者は、*B. D. M. B. R.* と略記する。
4) Cf. Ian R. Christie, "The Yorkshire Association, 1780-1784: A Study in Political Organization," in *The Historical Journal*, III, 2, 1960, p. 146. とくに18世紀のケンブリッジの思想的雰囲気については、Caroline Robbins, *The Eighteenth-Century Commonwealthman: Studies in the Transmission, Development and Circumstance of English Liberal Thought from the Restoration of Charles II until the War with the Thirteen Colonies*, Cambridge (Mass.), 1961, p. 303.
5) 請願を起草した集会場の名による。Cf. J. Steven Watson, *The Reign of George III: 1760-1815*, Oxford, 1964, p. 155. 運動については、C. Robbins, *op. cit.*, pp. 327-329.
6) C. Wyvill, *Political Papers, Chiefly Respecting the Attempt of the County of York, and Other Considerable District, Commenced in 1779, and Continued During Several Subsequent Years, to Effect a Reformation of Parliament of Great-Britain*, York,

1794-1806, 6 vols.

わたくしが本章で使用したこの資料は、水田洋教授私蔵のものである。この貴重な資料をお貸しくださり、コピーをとることをお許しくださった教授に厚くお礼を申しあげる。以下この資料は、*P. Papers* と略記する。

7) Ian R. Christie, *War and Revolution: Britain 1760-1815*, London, 1982, pp. 129ff. H. Butterfield, *George III, Lord North and the People 1779-1780*, New York, 1968, Preface.

8) B. R. Mitchell & Phyllis Dean, *Abstract of British Historical Statistics*, Cambridge, 1962, Chap. XIV. とくにノースは、公債請負人のいいなりの条件で起債したためきわめて高くついた。Cf. E. L. Hargreaves, *The National Debt*, London, 1966, Chap. IV.

9) Cf. W. R. Ward, *The English Land Tax in the Eighteenth Century*, Oxford, 1953, Section III.

10) アイアランド情勢については、H. Butterfield, *op. cit.*, Chap. III. Ian R. Christie, *op. cit.*, pp. 130-135. のほか、E. Burke, *Speech at the Guildhall, in Bristol, previous to the late election in that city, Upon Certain Points Relative to His Parliamentary Conduct*, 1780, in *The Works of the Right Honourable Edmund Burke*, Vol. III, London, 1826.（中野好之訳『エドマンド・バーク著作集』2、みすず書房、所収）。以下 *The Works* と略記する。

11) W. R. Ward, *op. cit.*, p. 125. N. C. Phillips, "Edmund Burke and the County Movement: 1779-1780," in *The English Historical Review*, Vol. LXXVI, No. 299, April 1961, p. 257.

12) 「腐敗した議会」というのは、国王や政府によって買収または指名によって選出された議員が多数を占める議会ということであって、そうした当時の選挙の状態は比較的よく知られており、本稿ではふれない。なお、注1）の（i）の第1章第1節を参照。

13) 州会は、通常は州長官（sheriff）の召集で開かれた。ワイヴィルらは、1779年11月23日に、州長官に州会の召集を要請したが拒否された（C. Wyvill, *P. Papers*, Vol. III, pp. 107ff.）。

14) よびかけに名をつらねた209名のうち3分の1が聖職者であって、この運動における聖職者の役割は大きかったようである。Cf. E. C. Black, *The Association: British Parliamentary Political Organization 1769-1793*, Cambridge (Mass.), 1963, p. 41.

15) C. Wyvill, *P. Papers*, Vol. I, pp. 7-9.

16) 署名者数の推定は、研究者によって若干異る。ここでは、バタフィールドの数字をとった。Cf. H. Butterfield, *op. cit.*, p. 207.

17) Ian R. Christie, Wilkes, *Wyvill and Reform: The Parliamentary Reform Movement*

in British Politics 1760-1785, London, p. 97. N. C. Phillips, op. cit., p. 266. 署名の集め方については、地主が借地農に命令した例も報告されている。そうした有力者のかかわり方については、H. Butterfield, op. cit., pp. 213ff. なおクリスティの書は W. W. R. と略記する。
18) C. Wyvill, P. Papers, Vol. I, p. 68.
19) ジェイムズ・バラは、スコットランドの歴史家ウィリアム・ロバートスンの叔母の子であった。Cf. B. D. M. B. R. および Caroline Robbins, op. cit., pp. 364ff.
20) 代表を送ったのは、つぎのとおりであった。Yorkshire, Middlesex, Sussex, Herts, Huntingdon, Surry, Buckinghamshire, Gloucestershire, Kent, Dorsetshire, Essex, Devonshire, Westminster, London, the Town of Nottingham, Newcastle.
21) ロッキンガム自身の考え方は、1780年2月28日付のミルンズ（Penberton Milnes）宛手紙にあらわれている。Cf. English Historical Document, Vol. X, 1714-1783, pp. 215-217. ミルンズは、ヨークシァ連合運動の指導的人物の一人である。

　　なお、ロッキンガム派の代表的理論家は、E. バークである。バークの議会改革反対論は、(a) Speech on A Bill for shortening the Duration of Parliaments, (b) On the Reform of the Representation in the House of Commons, で展開されている。いずれも The Works, Vol. X に入っている。前者は、日付がないが、ソーブリッジ（Sawbridge）の議員任期短縮法案にたいする反対論である。後者は、1782年5月7日の議会で、ピットが選挙区の不平等を調査する委員会の設置を提案したが、それにたいする反対論である。なお、これらを論じた邦文文献としては、小松春雄『イギリス保守主義史研究』御茶の水書房、1961年、がある。バークの連合運動へのかかわりについては、すでにあげた N. C. Philips の論文を参照。
22) たとえば、貴族や議員が委員会の委員に選出されないように配慮した。Cf. Ian R. Christie, W. W. R., p. 77.
23) こうした論点は、21) の (a) のバークの主張によくあらわれている。
24) C. Wyvill, P. Papers, Vol. I, pp. 143-164.
25) 「18世紀の政治で計算に入るのは、人数ではなく土地であった」。Ian R. Christie, W. W. R., p. 106.
26) Ibid., pp. 106-113.
27) 8月2日のヨークシァ連合委員会は、ゴードン暴動が連合運動の非難に利用されていることに抗議している（C. Wyvill, P. Papers, Vol. I, pp. 258-259.）なお、この暴動がたんなる反カソリック暴動でないことについては、J. H. Plumb, England in the Eighteenth Century (1714-1815), Pelican Book, 1950, p. 137. および G. Rude, Gordon Riots, "A Study of the Rioters and Their Victims," in Transactions of the Royal Historical Society, 5th series, IV, 1956, pp. 93-114. を参照。なお、プロテスタントの反

カソリック救済法運動も連合の形をとったことについては、E. C. Black, *op. cit.*, Chap. IV.

28) E. Burke, *A Plan for the Better Security of the Independence of Parliament, and the Economic Reformation of the Civil and other Establishments* (Mr. Burke's Speech on presenting to the House of Commons, on the 11th Feb. 1780), in *The Works*, Vol. III, pp. 229-352. この提案を検討した文献には、1) の (iv) がある。

29) C. Wyvill, *P. Papers*, Vol. I, p. 168.

30) このときの雰囲気については、H. Butterfield, *op. cit.*, pp. 309ff. および N. C. Phillips, *op. cit.*, p. 274.

31) たとえば、サシクス委員会は、議会内努力に期待して連合運動をみあわせることにした (C. Wyvill, *P. Papers*, Vol. I, pp. 170ff.)。

32) C. Wyvill, *P. Papers*, Vol. I, pp. 240-243. これは、「フランス革命前の18世紀ブリテンで生みだされた、もっとも進んだ政治的プログラム」(S. Maccoby, *The Radical Tradition: 1763-1914*, London, 1952, p. 22.) である。

33) カートライト、ジェブ、ブランド・ホリスについては、*B. D. M. B. R.* の該当項目のほか C. Robbins の前掲書を参照。カートライトについては、日本でも永井義雄氏の研究がある。永井義雄『イギリス急進主義の研究』御茶の水書房、1962年、第2章第4節。

34) オズボーンによれば、フォックスは、運動の指導的地位をワイヴィルから奪いとるために、自分よりも急進的なメンバーを小委員会に入れるようにしたのだという。Cf. John W. Osborne, *op. cit.*, p. 24.

35) 代表を送ったのは、Yorkshire, Devon, Huntingdon, Nottingham, Essex, Herts, Kent, Middlesex, Surry, Westminster, City of London であった。Cf. C. Wyvill, *P. Papers*, Vol. I, pp. 332-342. pp. 384-389.

36) *The Address of the Committee of Association for the County of York, to the Electors of the Counties, Cities, and Boroughs, within the Kingdom of Great-Britain* がフルタイトルである。同名の文書は、2度出されており、これは、第2回目である。1回目は、1781年3月に出されている。C. Wyvill, *P. Papers*, Vol. I, pp. 353-355.

37) *Ibid.*, p. 366.

38) *Ibid.*, p. 372.

39) Cf. Ian R. Christie, *W. W. R.*, pp. 100-101. H. Butterfield, *op. cit.*, pp. 292-293. なお、シェルバーンと連合運動のかかわりについては、John Norris, *Shelburne and Reform*, London, 1963, p. 125. を参照。ノリスによれば、シェルバーンは、プライスやホーン・トゥクのパトロンで、1776年のカートライトの提案 (*Take Your Choice!*) に好意を示したが、連合運動へのかかわりは、ひかえめであった。

40) C. Wyvill *P. Papers*, Vol. II, pp. 39-40. この州会でワイヴィル提案に賛成する討論に立ったスタンホープの発言のなかに「良い政府は安価なものだ」という注目すべき言葉がみられる。これは、「州選出議員がふえて平等化すると、地租が高くなるぞ」という主にロッキンガム派の攻撃にたいして、われわれが代表を送るのは課税の恐怖のためではない、「良い政府は安価なものだということ、良く統治されれば圧迫をうけないだろうということ」、これがわれわれの真の答えだ、と主張したものである。

41) ワイヴィルは、この頃、アダム・ファーガスン、ギルバート・ステュアートらにヨークシァ委員会の改革案を送って賛同を求めている。またアイアランドでもこの頃から議会改革運動の胎動が認められる。ファーガスンの手紙は、C. Wyvill, *P. Papers*, Vol. IV, No. XXXIII.

42) C. Wyvill, *P. Papers*, Vol. II, pp. 36-37.

43) Ian R. Christie, *W. W. R.*, pp. 165-174.

44) C. Wyvill, *P. Papers*, Vol. II, pp. 253-255.

45) Ian R. Christie, *W. W. R.*, pp. 201-203.

46) *Ibid.*, p. 219.

47) C. Wyvill, *A Summary Explanation of the Principles of Mr. Pitt's Intended Bill for Amending the Representation of the People in Parliament*, 1785, in *P. Papers*, Vol. II, p. 532.

48) ブラックによれば、ワイヴィルは新しい産業家たちに道を開いた（E. C. Black, *op. cit.*, p. 61）のであったが、しかし産業家たちの運動へのかかわりは、ヨークシァ以外では冷たかったようである。たとえば、ワイヴィルは、1785年1月31日付でバーミンガムのマシュー・ボゥルトン（Matthew Boulton）宛にピット案の支持を訴える手紙（C. Wyvill, *P. Papers*, Vol. IV, pp. 458-460.）を出しているが返事はなく、やがてバーミンガムからの請願運動は期待できないという話を伝えきいている。ヨークシァ以外の産業家たちの支持がなぜ少なかったのかは、検討に値する問題であろう。と同時に、この運動がなぜヨークシァで最後まで強かったのか、という問題も、いまのところクリスティとともに（Ian R. Christie, *W. W. R.*, pp. 228-229.）一つの謎として残しておかなければならない。

49) ピットとワイヴィルのその後の関係にふれておく。ワイヴィルは、1793年にピットが「人民の友の会」のグレイ（Charles, Grey, 1764-1845）提案の議会改革案に反対し、対フランス干渉戦争にのりだしたとき、ピットを非難する手紙（C. Wyvill, *P. Papers*, Vol. II, Appendix, pp. 93ff.）を送り、交際を絶っている。

50) Ian R. Christie, *W. W. R.*, p. 73.

51) C. Wyvill, *P. Papers*, Vol. I, p. 372.

52) C. Wyvill, *A State of the Representation of the People of England, on the Princi-*

ples of Mr. Pitt in 1785: with an annexed State of Additional Propositions, York, 1793, in P. Papers, Vol. II, Appendix the First, p. 628. 以下、S. R. P. E. と略記する。

53) Mr. Wyvill's Answer to the Queries proposed to him by the Committee of Correspondence at Belfast, in P. Papers, Vol. III, p. 61. 以下 Answer と略記。

54) C. Wyvill, Defence of Dr. Price and the Reformers of England, [London, 1792], in P. Papers, Vol. III, Appendix.
　　[ ] は、B・M のカタログによる。以下、Defence と略記。なお、付録のページ付けが本文のそれと異なっていることに注意。

55) C. Wyvill, S. R. P. E., in P. Papers, Vol. II, p. 629

56) Ibid., p. 619.

57) C. Wyvill, Defence, in P. Papers, Vol. III, Appendix, p. 30.

58) Ibid., p. 64.

59) C. Wyvill, Answer, in P. Papers, Vol. III, p. 63.

60) Report of the Sub-Committee of Westminster, May 27, 1780, in P. Papers, Vol. I, p. 235.

61) C. Wyvill, Answer, in P. Papers, Vol. II, p. 63.

62) Ibid.

63) C. Wyvill, Defence, in P. Papers, Vol. III. Appendix, p. 25.

64) Ibid., p. 27.

65) C. Wyvill, S. R. P. E., in P. Papers, Vol. III, p. 620.

66) 1801年5月1日付カートライト宛手紙（C. Wyvill, P. Papers, Vol. IV, pp. 559-576.）。

67) Ibid., p. 565.

68) この点については、拙稿「ジョン・ミラー『階級区分の起源』について——スミスの時代の〈家族・私有財産・国家の起源〉——」『佐賀大学経済論集』14巻3号、1982年3月、101ページ参照【本書、第Ⅱ部第5章、174ページ参照——編者注記】。なお、『政治資料集』第6巻にふくまれるミラーの手紙は、すでに山崎怜氏によって『香川大学経済論叢』（40巻2号、1967年）に紹介されている。

69) C. Wyvill, Answer, in P. Papers, vol. III, pp. 61-62.

70) わたくしがみることのできたのは、R. Price, Observations on Reversionary Payments: on Schemes for providing Annuities for Widows and for Persons in Old Age: on the Method of Calculating the Values of Assurances on Lives: and on the National Debt..., 2nd. ed., London, 1772. なお、カートライトとプライスについては、永井義雄『イギリス急進主義の研究』御茶の水書房、1962年、に多くを負っている。

第7章　議会改革にかけた夢
──トマス・ミュア──

はじめに

　「人びとを煽動や暴力行為へとあおるどころか、わたくしの唯一の熱望は、平和と良き秩序と徳義の必要を人びとに強く感じてもらうことであったことは、すべての証人が一致して認めているところです。わたくしの罪は何でしょうか。ペインの一著作を親戚に貸したことでも、罪のない合憲的な2～3の出版物を譲渡したことでもないでしょう。〔罪に問われているのは〕……人民の議会への人民の平等な代表ということの、熱心で積極的な唱導者であることなのです。合法的な手段によって、人びとの税金の重荷を減少させ、血の浪費を終わらせる方策を達成しようとしたためなのです。……それは、究極的に……勝利する大義です。……あなた方が評決でわたくしを有罪とするとしたら、それは、この大義へのわたくしの執着のためであって、……起訴状に述べられている空虚でみじめな口実のためではありません。……わたくしは、自分の清廉潔白の意識にまもられております。……わたくしは、処刑台にのぼることになるかもしれません。……しかし、何人も、わたくしが義務を果したという記憶から生ずる、わたくしの心の中の平安を破壊することはできません」。
　3時間にわたる弁論をこう結んでミュアが着席したとき、裁判所の前庭にある聖ジャイルズ教会の時計が真夜中の1時を告げた。一瞬、静寂が法廷を支配したが、すぐに傍聴人がいっせいにたちあがってミュアに拍手をおくった。裁判官のブラックスフィールド卿が激怒して、廷吏に、最初にたちあがって拍手した者を逮捕するようにと命じたが、動顚した廷吏は、「閣下、わたくしにはできません。みんなミュアをたたえています」といったという。

法廷は、翌日の正午に再開されたが、陪審員の評決は、予想どおり、有罪であった。いま、予想どおり、と書いたが、当時のスコットランドでは、拷問こそ禁止されていたが、陪審員は、当局のお手盛りだったからである。行政当局と司法当局の手で準備された45人の陪審員候補者のなかから、裁判長が15人を選んで当該裁判の陪審員としたのである。この裁判長の権限は絶対であって、被告が忌避することの可能だったイングランドの陪審制にくらべて、スコットランドのそれの後進性は明白であった。この裁判でも、陪審員は、そのほとんどがミュアらの議会改革運動に敵対的なグループから選ばれていたのである。ミュアらの、「いずれの陣営にも属さない」人びとによる公正な裁きを、という要求は容れられなかった。結果を予測できたミュアは、「議会改革の大義」を法廷で後世の人びとに自分で訴えようと、友人たちの弁護の申し出をすべて断って今日の法廷にのぞんだのである。

　やがて量刑が決まり、判決が言い渡された。14年の流刑であった。煽動罪で14年の流刑とは！　流刑地は、オーストラリアのボタニィ湾であったから、この判決には陪審員も驚いてしまった。かれらは、せいぜい2〜3週間の投獄を適当と考えていたのである。かれらは、減刑運動をしようとしたが、陪審員の一人に「有罪評決に賛成したおまえを殺す」という脅迫状がとどいたために、この運動は沙汰止みとなった。陪審員の一人は、のちに「われわれはみんな気が狂っていた」と語った、と伝えられている。ピットの恐怖政治による、この「狂気の時代」の最初の犠牲者こそ、アダム・スミスの孫弟子で28歳の若い弁護士トマス・ミュア（Thomas Muir, 1765-1799）であったのである。1793年8月31日のことであった。

生いたち

　トマス・ミュアは、1765年8月4日、父ジェイムズと母マーガレットとのあいだに、グラスゴウで生まれた。父は借地農民の出で、ホップ等食料雑貨を扱う商人であった。両親はともに、長老制教会の熱心な信者であって、ミュアもその影響をうけて育った。

　当時のスコットランド長老制教会の内部は、穏健派と民衆派にわかれていた。

おもに地主階級を基盤とし、スコットランド啓蒙思想家たちの母胎となった穏健派は、啓蒙的エリート主義と寛容な保守主義を特徴としていたのにたいして、民衆派は、政治的自由主義と宗教的不寛容——とくにカトリックにたいして——を特徴としていたといわれている。ミュアの両親は、この民衆派に属していたのであるが、ミュア自身も、のちにグラスゴウ北部のカッダーの教会の長老に選ばれたときには、民衆派の立場から牧師の選任方法の民主化などにとりくんでいる。しかし、ミュアは、やがてユニテリアンのシオフィラス・リンゼイなどと親しく交ったり、議会改革のためにすべての宗派が団結することを訴えたユナイテッド・アイリッシュマンを支持したりしたのだから、宗教的不寛容はミュアのものではなかった。

　1777年に、ミュアは、家の近くのグラスゴウ大学に入学した。当時の大部分の学生同様に、はじめは、神学を学んで卒業後に教会に入るつもりであった。しかし、ミュアは、やがて市民法学の教授ジョン・ミラーの法と統治にかんする講義に魅了されるようになった。そして、弁護士を志すようになり、ミラーの個別指導のためのクラスに出席するようになったのである。

　ミラーは、アダム・スミスのすぐれた弟子で、アメリカ独立や奴隷貿易廃止運動を支持し、対仏干渉戦争に反対して論陣をはった人で、漸進的な議会改革の支持者でもあった。また、グラスゴウ市民の法律相談をひきうけたり、巡回裁判で貧しい人びとの弁護活動を行ったりしていた。同名の長男ジョン・ミラーは、やがて弁護士になり、議会改革運動でミュアの同志となったためにアメリカに亡命を余儀なくされる。そんなミラー教授のもとで法学の勉強に励んでいたミュアは、思いがけない事件にまきこまれることになった。1784年のアンダースン教授事件である。

　自然哲学の教授ジョン・アンダースンは、アダム・スミスの講義の覚書を残したり、東洋語の教授から自然哲学の教授に移る際に、候補者みずから投票権を行使してスミスの抗議をうけたりしたことで有名であるが、かねてから学部の運営や経理に批判的で、改革を主張していた。アンダースンは、学生や市民に人気があり、かれの夜間の講義には多くの市民や職工たちが出席していたが、気性が激しく、同僚との折りあいはあまりよくなかった。学部は、そんなアンダースンが、

ささいな過失を犯した学生を理不尽に扱ったということで、教授権等の停止を決めてしまったのである。

まず、学生たちは、当時の総長エドマンド・バークに、アンダースンのためにとりなしをしてくれるよう求める決議をおこなったが、バークは、これを無視した。怒った学生たちがバーク総長の再選を阻止しようとしたことにたいして、教授側が学生の選挙権をとりあげようとしたことから、内務省に調査委員会の設置を要求する、市民をまきこんだ請願運動にまで発展したのである。しかし、学生たちは、選挙権をまもりぬくことはできたものの、調査委員会の設置には成功しなかった。結局、学部は、市民に人気のあったアンダースンにはなにもできなかったらしいが、指導的な役割をはたした13人の学生を処分することにしたのである。処分は、謝罪するまで講義をうけさせないというものであり、大部分の学生は謝罪して大学に残ったが、ミュアをふくむ3人の学生が謝罪を拒否して大学をやめた。なお、アンダースンは、1796年に死んだが、財産を「人類の利益と科学の進歩のためにアンダースン大学とよばれるべき施設」に遺贈するという遺言を残した。それによってできたのが、現在のストラスクライド大学の前身のアンダースン大学であるが、アンダースンは、同遺書に、新大学にはグラスゴウ大学に関係のある者を雇うべからず、と書くことを忘れなかったのである。

さて、グラスゴウ大学をやめたミュアを心配したのは、師ジョン・ミラーであった。ミラーは、ミュアがエディンバラ大学の市民法の教授ジョン・ワイルドのもとで勉強できるようにした。ワイルドは、フランス革命のもと、イギリス国内に改革運動がひろがると、恐怖からか、発狂してしまうほどの保守的人物であったが、ともかくこの教授のもとで2年間勉強をつづけたおかげで、ミュアは、1787年に22歳で弁護士の資格を手に入れることができたのである。

当時のエディンバラは、スコットランド啓蒙思想の中心地であり、大学の学長も、スコットランド啓蒙思想の代表的な学者の一人、歴史家のウィリアム・ロバートスンであった。道徳哲学の教授は、ミュアがエディンバラにくる直前に、アダム・ファーガスンからドゥーガルド・ステュアートにかわったばかりで、ミュアもおそらくステュアートの講義をきいたであろう。同じ頃にステュアートの講義をきいた人物に、のちにフランス革命支持の本を書いたジェイムズ・マッキ

ントッシュやユナイテッド・アイリッシュマンの指導者になったトマス・アディス・エミットがいた。エディンバラには1200人ほどの学生がいたが、宗教上の理由でオックスフォードやケンブリッジに入れてもらえなかった非国教徒が多かった。かれらは、いろいろなクラブをつくり、居酒屋などに集まっては議論に熱中していたがミュアもそうしたクラブの一つ「思弁クラブ」に入っていた。このクラブは、フランス革命の時代には「急進主義の温床」と非難されるのである。

　弁護士の資格をえたミュアは、大学にほど近いノースブリッジの近くに部屋を確保して活動を開始した。当時のエディンバラ市民の生活の特徴の一つは、いろいろな社会層の人びとが同じ建物の中に住んでいたことである。１階が魚屋で２階が法律家、３階が伯爵夫人で４階が商人、５階の屋根裏部屋が職人といった具合で、階段が共用だからお互いに接触する機会が多かった。合邦以来議会のなくなったエディンバラでは、法律家は最高のエリートであったが、彼らの多くは、このような建物に住んでいて、依頼人との打合せなどには狭い横丁にある居酒屋などを使っていたのである。

　ミュアは、たちまち有能な弁護士としての評判をえたが、依頼人の多くは、製造業者や職人たちであった。ミュアは、スコットランド刑法は貧しく地位の低い人びとに不公平であるという、師ミラーのスコットランド刑法批判を肝に銘じていたという。ミュアは、宗教では民衆派に加担していたことはすでにふれたが、政治では、ウイッグの弁護士仲間に属した。その仲間の一人、アーチバルド・フレッチャーの夫人により女流詩人アン・バーボールドを紹介されたことは、ミュアの前途に新しい世界を開くこととなった。ミュアがはじめてロンドンを訪れたとき、彼女の紹介でシオフィラス・リンゼイをはじめ、多くの非国教徒の指導的人物に会うことができたからである。また、すでにロンドンに出て憲政情報協会などの議会改革運動に関係をもっていたエディンバラ大学の同窓マッキントッシュからも、それらの運動の指導的人物やウイッグの政治家を紹介された。このようにして、ミュアが議会改革運動に入っていく思想的素地と人間関係は、フランス革命が勃発するまえに、すでにできあがっていたとみてよいだろう。

フランス革命

　フランス革命勃発のニュースを、イギリスでは大部分の人びとが歓迎した。首相ピットは、これでフランスは当分イギリスの敵国にはならないだろうと喜び、ジョージ三世は、アメリカ植民地を援助したフランスに天罰が下ったと考えたらしいが、多くは、イギリスが100年まえに名誉革命で達成したことをフランスはいま達成しつつあるのだと考えて、歓迎したのである。憲政情報協会などいろいろな団体がフランス国民議会に祝辞を送ったし、多くのイギリス人が革命を見物にパリにでかけた。そのなかには、例のアンダースン教授もいた。かれは、自分の発明した緩衝装置のついた大砲をフランス国民議会に進呈したのである。その模型が、議会のホールに「自由への科学の贈物」という銘とともにかざられていた、という。毎年7月14日には、バスチーユ監獄の陥落を記念する晩餐会がイギリス各地で開かれた。しかし、こうしたフランス革命歓迎ムードにいちはやく危険を感じたのが、かのエドマンド・バークであった。

　バークは、革命勃発の翌年『フランス革命についての省察』を刊行して、革命がいかに荒廃をもたらすかを強調し、名誉革命以来できあがってきた現体制を無条件に擁護することを訴えたのである。バークがこれを書いたのは、前年の11月に、非国教徒の聖職者リチャード・プライスが名誉革命記念協会の祝賀集会でおこなった講演に危険を感じたからであった。プライスは、そこで、フランス革命に照らしつつ、名誉革命は偉大であったが不完全であったと述べて、宗教的寛容の徹底——審査法廃止——や代議制度における平等の是正を訴えていたのである。以上のバークの主張にたいしてトマス・ペインが『人間の権利』で批判をくわえ、以後、いわゆるフランス革命論争が展開されたことは、よく知られているとおりである。イギリス国内の「改革と反改革」の社会運動は、この論争と深くからみあいながら進展するのである。

　改革運動の胎動は、フランス革命勃発後まもなくみられるが、本格的な展開の画期となるのは、1792年とみてよいだろう。1月に、スコットランド出身の靴製造工トマス・ハーディらがロンドン通信協会を設立し、4月に、ウイッグの庶民

院議員チャールズ・グレイらが人民の友協会を結成したからである。前者が、職人、職工、小商店主などを多く会員にもち、普通選挙と一年議会を基本的な要求としたのにたいして、後者は、ウイッグ系議員、学者、法律家などが多く、「より平等な代表」「より頻繁な選挙権の行使」という表現で漸進的な議会改革を主張した。この人民の友協会の創立宣言には、ミラーやマッキントッシュも署名をしている。しかし、こうした運動のもりあがりに危険を感じたピットは、国王に「煽動的な集会や出版物」をとりしまる布告を出させて、当時たいへんな売れゆきをみせていたペインの『人間の権利』などを煽動文書にしてしまったのである。

エディンバラでは、ロンドンに3カ月あまりおくれて、7月26日に人民の友協会が発足した。この年、スコットランドは、飢饉で、食料と燃料の不足への不安に、穀物法、道路税、消費税、囲い込みなどにたいする不満が結びついて、各地にストライキや暴動が多発し、自由、平等、友愛を象徴する自由の木が植えられたが、そうした状況のなかでの発足であった。この会の結成の中心になったのは、ミュアら法律家グループであったが、会員には、職人、職工、小商店主、教師が多く、ロンドンの通信協会と人民の友協会が未分化のまままざりあっている感じであった。軍人出身のジョンストンが会長に選ばれたが、会則や組織のあり方の決定には、ミュアとエディンバラ大学出の農業理論家ウイリアム・スカーヴィングが大きな役割を果した。

同様の組織がスコットランドの各地につくられたが、その際、ミュアは、すぐれたオルガナイザーとしての才能を示した。それらの組織は、議会における人民の平等な代表、議会への権限委任期間の短縮、合憲的手段による政治的知識の普及等を基本的な目的としてかかげたが、普通選挙や一年議会といった、より明確な目標をとらなかったことに注目しておこう。入会に際しては、「国王、貴族院、庶民院から成る国制」に忠実であること、会の目的実現のための努力、「煽動、暴動、無秩序」に反対すること等の誓いをたてなければならなかった。ミュアらは、議会への請願を準備するために、12月11日から3日間、エディンバラで代表者会議を開催することを計画した。第1回エディンバラ会議である。ちょうど内外の情勢が改革運動にきびしい方向に動き始めていたときであった。

9月にフランスで共和政が実現したが、その際に生じた「九月虐殺」は、それ

までフランス革命を歓迎してきたイギリスの製造業者や商人の多くに恐怖心を植えつけた。かれらは、ピットの方に顔を向けるようになり、国内の改革運動をも恐怖のまなざしでみるようになった。ピット政府は、変化への恐怖をさらにあおりたてることによって、民衆を反改革運動に組織し始めたのである。「狂気の時代」の到来である。その第1号は、11月にロンドンで発足したジョン・リーヴズの「共和主義者と平等派から自由と財産をまもるための連合」であるが、12月に入るとエディンバラでも同様の組織が生まれた。それは、現体制護持宣言の署名をゴールドスミス・ホールで集めたから「ゴールドスミス・ホール連合」とよばれた。ミュア裁判の陪審員の多くは、この署名者のなかから選ばれたのである。これには、ウィリアム・ロバートスン、ドューガルド・ステュアート、ヒュー・ブレア、ジョゼフ・ブラック、ジェイムズ・ハットン、ジョン・プレイフェアなどスコットランド啓蒙思想の主要な担い手たちも署名した。偽装ということがありうるとしても、客観的には、かれらは、明確に反改革（反革命）の立場をとったのである。

　第1回エディンバラ会議には、35の町や村の80の団体から160人の代表が集まった。会議は、現在の諸害悪を除去するためには、議会への請願によって「選挙の自由および議会における人民の平等な代表」と「代表を選ぶ権利の頻繁な行使」とを実現する以外にはないという決議をおこない、議会への請願を採択して終わったのだが、ミュアがひきおこした問題が一つあった。それは、議会改革のために宗派や地域のちがいをこえて協力することを訴えたユナイテッド・アイリッシュマンの「よびかけ」を読みあげて、代表者会議の返答を用意するという問題であった。結局、ミュアの責任で読みあげることは認められたが、議題とはされなかった。ユナイテッド・アイリッシュマンには政府が神経を尖らせていたし、多くの代表には、表現に慎重さを欠いた部分があるように思えたからである。それには、議長ウイリアム・ドレナンと書記アーチバルド・ハミルトン・ロウアンの署名があった。ドレナンは、ベルファストの産科医で詩人であるが、エディンバラ大学でステュアートの講義をきいた一人であった。ミュアは、宗派や地域をこえた改革運動の必要を感じていて、かれらと連絡をとりあっていたらしいのである。

第1回エディンバラ会議の直後、改革運動の成長に危険を感じたスコットランドの法務長官ロバート・ダンダスは、ミュアを逮捕する決意を固めた。1793年1月2日、ミュアは、煽動罪で告訴されていたジャーナリストで町の科学者ジェイムズ・タイトラーの弁護活動のために家を出たところを、逮捕されたのである。

ミュアの主張

　ミュアは、父の保釈金ですぐに釈放されたが、法律家仲間の大部分は、運動から離れていった。ミュアは、裁判の日取りが決まるまで、フランスに行って革命を自分の目でみてくることにした。ロンドンで人民の友協会の友人たちに会ったあと、1月15日にカレーについた。友人たちは、ルイ十六世の処刑がイギリスの改革運動に与える影響を心配して、ミュアに王の助命運動をすすめたのであったが、間にあわなかった。ルイ十六世は、1月21日に処刑されてしまったからである。

　ミュアは、コンドルセをふくむ多くのジロンド派の人びとと友人になった。しかし、2月1日からイギリスとフランスは戦争状態に入ってしまい、パスポートがとれず、裁判の日までに帰国できなくなってしまった。ミュアは、結局、アウトローとされ父の保釈金は没収され、弁護士登録も抹消されてしまった。しかし、ミュアは、逃げるつもりはなく、アメリカ行きのパスポートを取得し、ようやく7月に入ってから、ベルファスト経由ボルチモア行きの船に乗り、北部海峡で小さなボートに乗り移ってスコットランドにもどり、逮捕されたのである。かれは、法廷で「議会改革の大義」を自分で弁護するつもりでいたからである。そのために友人たちの弁護の申し出をすべて断っていたことはすでに述べたが、そのなかにスコットランド弁護士会の会長ヘンリ・アースキンがいた。アースキンを断ったことを、のちにコウバーンは、「愚かなことだった」と書いたが、このアースキンも「ゴールドスミス・ホール連合」の署名者だったのである。

　裁判は、1793年8月30日午前10時に開始された。起訴状による罪状は、1、集会で煽動的な演説をおこなったこと、2、煽動的で邪悪な出版物や文書を人びとにすすめたこと、3、そのような出版物や文書を配布し、回覧したこと、4、ユ

ナイテッド・アイリッシュマンの「よびかけ」を大衆の集会で読みあげたことであった。そこに煽動的な文書としてあげられていたのは、ペインの『人間の権利』、ペイズリの改革の友の会の『権利の宣言』と『人民への訴え』という２冊のパンフレット、フランスの作家で立憲議会のメンバーでもあったボールネイの著作の抜粋集『統治者と被統治者とのあいだの対話』、それにシェフィールドの改革運動家ジョゼフ・ゲイルズが出していた隔週誌『愛国者』であった。

この起訴状にたいして、ミュアは、当然、無罪を主張した。証人尋問では、その証言内容が不自然で「買収された」とみられるミュアの両親の家の家政婦をのぞいて、ミュアが平和的で合法的な手段を追求するよう説いていたことを否定する者はいなかった。幾人かは、ミュアがペインを人びとにすすめなかったことをあきらかにした。また、大部分の証人は、ミュアが、議会改革を支持する立場の本だけでなく反対の立場の本をもひろく読むことをすすめたこと、ミュアがすすめた唯一の本は、ヘンリの『イングランド史』だけだったことをあきらかにしたのである。証人尋問は、ミュアに圧倒的に有利であったといってよい。なお、このヘンリは、エディンバラ大学出身の歴史家ロバート・ヘンリであろう。それでは、ミュアは、そうした証人尋問をふまえて、どのように自己を主張し、「議会改革の大義」を弁護しただろうか。

まず、ミュアは、「出版の自由」の立場に立って煽動罪のあいまいさをつく。起訴状にあげられているどの出版物や文書も、不法な行為をあおるようなものとは認められない。したがって、ミュアは、自分が告訴された本当の理由は、議会改革のために努力してきたこと自体にあるのではないかといい、つぎのように改革の立場を主張したのである。

「わたくしは、……人民の平等な代表を目指してたたかいました。なぜなら、わたくしは、それが、この国の救済とあなた方が誇る国制の安定にとって、本質的に必要な手段と考えたからです」。この国の国制の優秀さは、国王、貴族院、庶民院という３つの推進力の正しいバランスに存する。しかるに、このうちの民衆部門が時の経過で生じた腐敗をこうむっていることは、周知の事実ではないか。自分はそれを正そうとしたのであって、それが有罪だとすれば、ロックもブラックストーンも最近まで議会改革論者であったピット首相だって同罪ではないか。

第7章　議会改革にかけた夢　247

　ミュアは、以上のようにいい、改革の手段として議会への請願を考えたことを『権利章典』の請願権で基礎づけたのである。そして、さらに、請願による改革が可能であるためには、「出版の自由」が不可欠であるとして、つぎのように主張したのであった。

　「一歩一歩と、動乱も流血もなしに、完成度のより高い段階へと前進してきた諸々の国制があります。それらは、それら自身の内的エネルギーによって自分自身の改革を達成し、革命の悲惨を回避したのです。これら前進的な国制は、……その保全の主要手段として、出版の自由をつねに大事にし、支持しなければならないのです」。

　ミュアは、イギリスの国制の歴史こそ、このような継承的な進歩の歴史であって、その進歩の促進原因は、「出版の自由」による知識の普遍的拡散の権利だ、というのである。だから「わたくしは、わが国制の原理を探究し、他の国のそれと比較した省察的な著作家たちは、この国民に称賛に値する貢献をおこなった」のだとペインの著作をも高く評価したのであるが、しかし、ミュアは、人びとにペインの著作をすすめなかった。かれは、その理由をつぎのように説明するのである。

　「わたくしがペイン氏の著作をすすめなかったのは、かれが共和主義者だったからです。……しかるに人民の友協会の目的は、合法的な手段によって国制における改革を獲得することであって……革命ではない。それは、長いあいだ失われていた権利を回復することであって、異なった制度からひき出される新しい権利の想定によるものではない。……証人たちは、わたくしがかれらにすすめた唯一の本は、ヘンリの『イングランド史』だったと語っていますが、それは、人びとに国制の性質と進歩を洞察させるのにもっともよく工夫されたものだからです」。

　ここに「権利を回復する」という表現がでてくるが、ミュアは、アングロ・サクソン時代を美化したり、ノルマン征服を圧政のはじまりとする思想の信奉者だったのだろうか。たとえば、第1回エディンバラ会議の討論でエドワード一世時代の議会の話がでたときに、ミュアは「征服によって導入された弊害のために……すべての人が等しく自由であったわけではないけれども、自由だった者はす

べて参政権をもっていた」と述べており、そうした考えがミュアになかったわけではない。しかし、それは、ミュアの思想の中ではもはや重要な役割を果してはいなかったといってよい。先の引用にあるように、ミュアには、国制の継続的進歩という考え方があり、請願による議会改革の考え方は、それと結びついていたからである。「権利を回復する」というばあい、ミュアの念頭にあったのは、アングロ・サクソンの時代ではなくて、『権利章典』の時代だったのである。「三年議会を七年議会に変えた法は、わが国制を侵害したのであり、わが国民的自由の章典をひきさき、恐ろしい専制政治の侵入のために道を開いたのです」。

　最近、マイクル・イグナシェフは、もしジョン・ミラーがミュアの裁判に出席していて、ミュアが「生まれながらにして自由なイングランド人の権利は、不滅のアルフレドの時代には充分に享受されていた……自分は、国制にアルフレド王の時代の純粋性を回復することを望んだのだ」と主張するのをきいたなら、恥ずかしさにもじもじしただろうと書いたが、これは、誤りといわざるをえない。ここでイグナシェフがミュアの主張として引用していることばも、実は、ミュアのものではない。ミュアには、著作がなく、ミラーとの比較は困難であるが、自由と権利および機会の平等への志向や国制の漸次的進歩の考え方に、ミラーの影響をみてとることは、不可能ではないだろう。

　議会改革についてのミュアの基本的な考え方の特徴は、ほぼ以上のとおりであって、裁判という場を考慮したとしても、現体制を、急激に、あるいは根本的に変えようとする考え方の気配は、まったく認められないのである。にもかかわらず、裁判の結果は、はじめにみたとおりであった。

おわりに

　ミュアは、翌1794年5月2日に、多くの囚人とともにボタニィ湾に向かった。トマス・フィッシュ・パーマ、モーリス・マーガロット、それにスカーヴィングがいっしょだった。すこしおくれてジョゼフ・ジェラルドが送られてくるはずであった。これら5人は、やがて「スコットランドの政治的殉教者たち」とよばれるようになる。パーマは、ユニテリアンの聖職者で、ダンディの「自由の友協会」

の反戦ビラを書いて7年の流刑となったのである。スカーヴィング、マーガロット、ジェラルドの3人は、前年の10月末からおこなわれた第3回エディンバラ会議のあとに逮捕され、ミュア同様に煽動罪で14年の流刑とされたのであった。

　ミュアが逮捕されてからの人民の友協会の中心は、スカーヴィングであった。しかし、大部分の法律家等が脱落したため、ミュアがフランスに滞在中に行われた第2回エディンバラ会議（1793年4月）は、淋しいものに終わった。やせ細った運動に活力を与えようと、スカーヴィングは、第3回エディンバラ会議を、イングランドをふくめた、文字通り全国代表者会議として計画した。マーガロットとジェラルドは、そのロンドン通信協会からの代表者だったのである。

　この会議の直後に、ミュアとパーマは、エディンバラからロンドンに移され、テムズの監獄船で数カ月をすごした。その間、友人たちは、判決の不当性を当局に認めさせようとして動いたが効を奏さなかった。多くの人びとがミュアらを見舞った。その一人、ウイリアム・ゴドウインは、『モーニング・クロニクル』紙に一文を寄せて、ミュアらの待遇のひどさをひろく人びとに訴えた。

　ボタニィ湾に流されたこれら5人のうち、帰国できたのは、マーガロットただ一人であった。ジェラルドとスカーヴィングは、1796年3月にあいついで病死した。パーマは、刑をまっとうしてイギリスに帰る途中、グアム島で赤痢にかかって死んだ。そしてミュアは、1796年1月に、アメリカの商船で脱出に成功したのである。

　商船は、カナダ西海岸のバンクーバー島についたが、ミュアは、そこからメキシコ経由で東海岸にでてフィラデルフィアに行こうと考えた。そこに行けば、友人のジョン・ミラーらイギリスからの亡命者たちと連絡がつくはずであった。そう考えてメキシコ行きのスペイン船に乗りこんだのだが、スペインの総督は、ミュアをフランス革命に加担した危険人物であると同時に同盟国フランスの敵国人ともみなして、スペイン本国に送ることにしたのである。ミュアは、フリゲート艦でカディス港に送られたが、そこで、イギリス軍艦との交戦で顔を負傷して左目を失い、カディスの病院に収容された。そこから、かつて会ったことのある総裁政府のドラクロワに連絡がつき、ドラクロワやタレイランの助力で、ミュアは、1797年11月にフランスに迎えられたのである。

総裁政府下のフランスは、4年あまりまえにミュアがみたフランスとは異なって、革命の熱気はなく、経済危機と腐敗にあえいでいた。ユナイテッド・アイリッシュマンの会員をはじめ、多くのイギリス人が亡命してきていた。かれらの多くは、自国の改革にフランスの力を借りることを考えていたといわれる。ミュアもそういう期待を抱いたらしい。しかし、1798年5月にアイアランドで反乱がおこったが、期待された総裁政府の支援はなかった。ナポレオンのエジプト遠征の失敗も、フランスにそうした余力のないことを示した。そういう状況のなかで、ミュアは、パリから、かつてトマス・ペインが住んだことのある小さな町シャンティイに移った。ミュアの健康状態はかなり悪化していたらしく、そのわずか4カ月後の、1799年1月26日に、ミュアは、ここで33年の生涯を閉じたのである。

　ミュアは、ものを書き残した思想家ではなかったけれども、自由への夢を議会改革にかけて一途に生き抜こうとしたその生涯は、人びとの心に深い印象を残した。スコットランドの民衆は、自由と改革が問題になるとき、いつもミュアを思いおこすのである。ピーター・マッケンジーの最初の『ミュア伝』は、第一次選挙法改正運動の最中に書かれた。エディンバラのカールトン・ヒルにある哲学者ヒュームの墓のそばにそびえたつ「スコットランドの政治的殉教者たち」の碑は、チャーティスト運動の高揚のなかで建てられた。また、グラスゴウにある民衆の生活と闘いの博物館、人民宮殿には、「トマス・ミュアは、諸君が自分たちの政府を選ぶ自由をもつべきだということのために死んだが、スペインの労働者は、自分たちの政府を選ぼうとしたがゆえに死にかけている。闘いのために団結しよう！　1938年」と書かれた旗が展示されていて、ミュアの「後世への訴え」が20世紀の労働者にも、しっかりとうけとめられていることを知るのである。

第8章 イギリス急進主義の運動と思想

はじめに

　本研究は、民主主義の先進国であるイギリスにおいて、民主主義の思想と政治が確立する過程で重要な役割をはたした18世紀後半から19世紀初頭までの「イギリス急進主義の運動と思想」を全体としてあきらかにしようとすることを目的としたものである。具体的な作業としては、1760年代から19世紀の最初の4分の1世紀の期間を、1760-1779年、1779-1789年、1789-1800年、1800-1825年の4段階にわけ、それぞれの段階の、すでに手元に集まっている資料の解析を行うとともに、追加資料の収集を行った。とはいえ、第4段階についての研究が、それ以前の段階についての研究にとっても是が非でも必要であることを強く感じたのは、本研究計画の第2年度に至ってからであって、いまの研究段階では、第4段階に関しては、その概要を記すこともさしひかえざるをえない。

　したがって、本報告は、第3段階までの研究の概要であるが、収集した資料・文献はかなりの量であり、それらを分析して研究を完成させるには、なお多くの時間を必要とする。本報告は、あくまでも中間報告である。

　本研究の遂行にあたっては、多くの方々のご援助を賜った。とくに、ブリティッシュ・ライブラリィとナショナル・ライブラリィ・オブ・スコットランドのスタッフの方々、国内では、一橋大学と京都大学の図書館員の方々のおせわになった。心から感謝の意を表したい。

1 本研究の目的と範囲

　本研究の目的は、18世紀後半から19世紀初頭までの「イギリス急進主義の運動と思想」を全体としてあきらかにしようとするものである。日本では、これまで、この時期の「イギリス急進主義の運動と思想」にかんする研究は、一部は政治史の分野[1]で、一部は思想史の分野[2]で、またごくわずかに民衆運動史の分野[3]で部分的に行われてきたにすぎず、全体像をあきらかにした研究はまだでていない。本研究は、産業革命期イギリス研究の大きな空白をうめようとするものである。

　この時期の「イギリス急進主義の運動と思想」は、およそ4つの段階を経過すると考えられる。第1段階は、1760年代に始まる「ウィルクスと自由」運動である。第2段階は、1779年から始まるクリストファ・ワイヴィルを指導者とするヨークシァ連合運動である。第3段階は、1789年のフランス革命の勃発から1799年と1800年の団結禁止法の制定にいたる期間の、いわゆるフランス革命論争とそのもとでの運動である。そして第4段階は、1825年の団結禁止法の撤廃までの、約4分の1世紀間の運動である。

　以上の段階区分は、民衆運動の展開にそくしたものであり、個々の思想家はそれぞれの段階の民衆運動にかかわりをもつ。たとえば、クリストファ・ワイヴィルは第2段階から第4段階までかかわりをもったし、ジョン・カートライトは、第1段階から第4段階までかかわりをもったのである。

　本研究においては、急進主義（Radicalism）という言葉を、既存の社会体制を批判し、改革ないし改良しようとする思想と運動という広い意味で用いている。したがって、急進主義の運動と思想にはさまざまなものがふくまれており、それらのすべてをとりあげることはできない。「イギリス急進主義の運動と思想を全体としてあきらかにしようとする」というばあい、文字どおり「全体像」の形成をめざしつつ、運動と思想の相互のからみあいを軸にして、個々の運動を思想をみていこうということなのである。

　本研究で取り上げることができたのは、「ウィルクスと自由」運動、ヨークシ

ァ連合運動、フランス革命期の運動の3つとそれらの運動に関係した若干の人びとだけである。つまり第3段階までであって、第4段階については若干の資料の入手に着手したばかりである。しかし、第3段階までででも、入手しえた資料は厖大であり、それらの検討を終えるにはまだかなりの時間がかかる。したがって、本報告は中間報告にすぎない。本報告は、第3段階までの「イギリス急進主義の運動と思想」の概要を示し、入手しえた文献・資料の目録を付して、研究者に便宜を供しようとするものである。

2 イギリス急進主義の運動と思想の概要

17世紀末のイギリス革命の終焉（名誉革命）と二重革命（産業革命とフランス革命）の時代の到来とにはさまれた約1世紀は、イギリス国内に限ってみれば、比較的平穏な時代であったといえるが、小規模な暴動の多発した時代でもあった。それらの暴動は、ながいあいだ、無法者、ごろつき、犯罪者によるものと考えられてきたが、そうした伝統的な見方を根底からくつがえしたのは、ジョージ・リューデ[4]、E. J. ボブズボーム[5]、E. P. トムスン[6]らの一連の研究であった。かれらは、暴動参加者が決して無法者、ごろつき、犯罪者、失業者などではなく、ふつうの働く人びとであったことをあきらかにし、暴動は、多くのばあい、民衆の抗議行動であったことを示したのである。

しかし、暴動の原因はさまざまであった。選挙争いは、しばしば暴動を伴った。候補者が暴徒を雇って相手の候補者をおどすことが普通に行われていたのである。18世紀の前半では、この選挙暴動に、ハノーヴァ支持派とジャコバイトの対立、国教会派と非国教会派の対立がからんだ。1745-1746年のジャコバイトの反乱が敗北に終わると、ジャコバイトの動きはほとんどなくなるが、国教会派と非国教会派の対立は18世紀を通じてつづく。とくに国教会派の反カトリック感情は強く、1778-1779年に「カトリック救済法」が成立しそうになると、新教徒連合（Protestant Association）が結成されて、ゴードン暴動をひきおこすに至るのである。また、七年戦争のときには、民兵の組織と補充の手続の変更が暴動をひきおこした。富裕な者は身代わりを雇って兵役を免れることができるなど、富裕な者に負

担が軽く、貧しい者に重かったからである。農業革命、すなわち第二次囲込みは、一般に反対を受けなかったけれども、共同地が解体されて農民たちが牧草や燃料にアクセスできなくなったばあい、猟園が造成されて農民たちの密猟をおびやかしたばあい、道路に通行税徴収所が設置されたばあい等には、しばしば暴動が生じた。密輸取締りや密猟取締りも暴動をひきおこした。織工、メリヤス工、石炭船の船頭、水夫などの労働争議も暴動になった。

以上のように、18世紀の暴動は、さまざまな原因によってひきおこされたけれども、もっとも頻繁におこったのは食糧暴動であった。リューデが確認したところによると、1730年から1795年の65年間に、新聞に報道された375件のあらゆる種類の暴動のうち275件が食糧暴動であったのである[7]。食糧暴動は、不作で穀物の供給が不足したときに穀物商人が穀物価格をつりあげたことに対して、民衆が「公正な価格」を求めてひきおこしたものであった。しばしば、民衆自身が「公正価格」を設定してさしおさえた穀物を販売し、その代金を商人に支払ったのである。そこには、何が合法的慣習であるかについての民衆の合意があったのであり、それを E. P. トムスンが「道徳的経済」(moral economy) と呼んだことは、日本でもよく知られているところである[8]。

18世紀の暴動は、多かれ少なかれ、こうした合法的慣習を破る者への抗議を含んでいたのであり、自然発生的であった。1760年代の「ウィルクスと自由」運動までは、特定の思想をもった者が暴動を指導した痕跡は認められないのである。また暴動以外の形をとった民衆の社会改革運動もほとんど存在しなかった。「ウィルクスと自由」運動も暴動を伴ったけれども、この運動のなかではじめて急進主義の思想家たちが――指導者としてではないけれども――姿をあらわすのである。したがって、「ウィルクスと自由」運動は、民衆的基盤をもった急進主義運動の発端とされるのであるが、他方、民衆の政治意識形成の観点からは、民衆的政治意識発現過程の中間点（E. P. トムスン）とされるのである[9]。

(1) 「ウィルクスと自由」運動とジョン・ウィルクス

事件の発端は、エイルズベリ（Aylesbury）選出の国会議員ジョン・ウィルクスが、自分が出していた新聞 The North Briton の45号（1763年4月23日号）で、

当時進行中であった七年戦争終結による対仏講和条約の予備交渉を批判し、国王ジョージ三世の議会開会演説にふれたことである。国王は、ウィルクスが自分を非難したものとうけとり、政府は、反対派を押しつぶす好機にしようと考えたのである。王と政府は、ウィルクスを文書煽動罪（seditious libel）で告訴することを決め、逮捕者名を特定しない一般逮捕状（general warrant）を出して、その論説の著者ウィルクスはもちろん、印刷者や出版者をも逮捕してしまったのである。

　裁判は、5月3日からウエストミンスター・ホールで始まったが、3日後プラット裁判長は、議員の不逮捕特権は神聖であって煽動罪で議員を逮捕することはできないとして、ウィルクスを釈放した。待ちうけていた何千という群衆が「ウィルクスと自由」「ウイッグ万才」と叫びながら、ウィルクスをかれの家までエスコートしたのである。世の注目をうけつづけるため、ウィルクスは、The North Briton の合本を2000部印刷し、半ギニーで売りだすとともに、ポープの Essay on Man（1733-1734）をもじった An Essay on Woman というややいかがわしい本（リューデによれば、主に友人の Thomas Potter が構成した）を12部印刷してまわし読みをした。貴族院は、この Essay を「猥褻」文書と非難し、庶民院は、The North Briton の45号を「虚偽にみちた煽動文書」と決議し、焼却を命じた。もはやプラット裁判長らも議員としてのウィルクスの不逮捕特権を擁護することができず、ウィルクスはフランスに逃れた。しかし、The North Briton の45号を焼却する儀式が12月3日に行われることになったが、その日、儀式の場所にあてられた王立取引所に500人以上の群衆が集まり、執行官に物をなげつけ、The North Briton の45号を奪い取り、テンプル・バーまで行進し、そこで大きなかがり火をたき、「ウィルクスと自由」と叫びながら、大きな boot（時の首相 Bute をもじって）をもやした。庶民院は、ウィルクスの告訴を決め、1764年1月20日、ウィルクスを議会から追放した。そして、その年の11月1日、王座裁判所は、欠席裁判でウィルクスに法外追放の判決を下したのである。こうしてウィルクス事件の第1ラウンドは終わった。

　ウィルクスは、1768年2月6日にイギリスに帰ってきたが、それから間もなくウィルクス事件の第2ラウンドの幕があがった。それに先だった2年間は、天候

不順で農作物のできがわるく、各地で食糧暴動が起こっていた。ロンドンでも、食糧暴動こそなかったが、パンの高価格に人びとは苦しめられていた。農産物の不作は、全般的な不景気をひきおこし、首都圏のいろいろな手工業の中に、賃金や労働条件をめぐる決着のつかない争議を発生させていた。しかも、ロンドンには地方の貧民が流れこみ、とくに東部と南部の貧しい地区の不熟練・半熟練の労働者をふくれあがらせて、ロンドンの失業問題を深刻にしていた。ウィルクスは、以上のような状況にあるロンドンに戻ってきたのである。

1768年3月10日、ウィルクスは、指物師組合（Joiner's Guild）の組合員になってロンドンのシティから立候補する資格をえ、翌日、立候補の挨拶を新聞にだした。しかし、結果は、7人の候補者の最下位でウィルクスは落選した。落選にめげず、ウィルクスはすぐにミドルセックスから立候補することにし、激しい選挙戦の結果、シティでの落選の2週間後に当選したのである。青いリボンにふちどられた約250台の馬車が、ウィルクス支持者をいっぱいのせて、通行人に青い花形帽章と「ウィルクスと自由」と書いたカードを配りながら、投票場に向かうのがみられたという。ウィルクスは、選挙中"平和と秩序"をよびかけたが、ウィルクス勝利に酔った群衆は、窓に勝利を祝うイルミネーションを灯すことを人びとに強要し、応じなかった家の窓を破壊して歩いた。家々のドアには"45号"という文字が印され、オーストリアの大使が馬車からひっぱりだされたり、市長官邸の窓がわられたりしたのである。

ウィルクス支持の騒動は散発的に4月までつづいた。政府内は、ウィルクスをすぐ裁判にかけるべしとする強硬派と妥協派にわかれた。先手をうってウィルクスは、王座裁判所の法喪失宣言（召喚に応じない被告に対する最後の法的強制手段）に服すると宣言。4月27日にウィルクスは拘置されたが、巨大な群衆が毎日のようにウィルクスが拘置されている監獄をとりかこみ、ウィルクスの拘置に抗議した。そして、5月10日に「セント・ジョージ・フィールドの虐殺」が起こるのである。

5月10日は議会開会の日で、ウィルクスも議席に着くはずであった。この日、大群衆が集まることを恐れた当局は、軍隊を動員して監獄の守備にあたらせていた。群衆が軍隊の隊列を突破して監獄の壁にはった1枚のビラを当局が撤去した

ことから衝突が起こり、治安判事の暴動法の朗読は石つぶてで応えられた。負傷した判事は、兵士に犯人を追わせたが、途中兵士が誤って居酒屋の息子ウィリアム・アレン（William Allen）を射殺したことからさらに騒ぎは大きくなり、兵士の発砲で5～6人が死に、多数が負傷する事件にまで発展したのである。

　この「セント・ジョージ・フィールドの虐殺」事件は、ウィルクスは政府の迫害の犠牲者という感じをいっそう強く人びとにもたせることになった。6月にはいって、王座裁判所は、ウィルクスの法喪失宣言を破棄したが、さまざまな軽罪で1000ポンドの罰金と22カ月の禁固をいいわたした。投獄されたウィルクスにたいして、イングランドの各地からはもとより、遠くボストンや南カロライナからも激励の品々がよせられた。10月28日のウィルクスの誕生日には、ウィルクス支持者のデモンストレーションが行われ、家々の窓にイルミネーションが灯された。12月に行われたミドルセクスでの補欠選挙でもウィルクス派の候補者が勝利をおさめたが、議会は、翌1769年2月3日に、ウィルクスを庶民院から追放することを決めてしまったのである。

　追放に抗議する暴動がひき起こされたが、より重要なことは、ミドルセクスの2000人以上の自由土地保有者がウィルクスを再度つぎの選挙の候補者にしたことである。ウィルクスは、2月16日に無競争で当選、しかし翌日には資格が剥奪される、といったことが、3月20日までに3度くりかえされた。4度目に、宮廷側はラトレル（Henry Lanes Luttrell）を対立候補としてだしたが、結果は、1143対296でウィルクスが当選した。にもかかわらず、庶民院は、197対143でラトレルを当選と決めてしまったのである。このことは、選挙民の権利の完全な無視を意味していた。結果は、ラトレル当選決定に抗議するイングランド全土からの請願であったが、議会は態度を変えず、13年後にウィルクスの無資格決議（1769年2月17日）が議事録から削除されるまで、争いはつづくのである。

　ラトレルとウィルクスの選挙戦は、宮廷派と急進主義勢力の最初の選挙戦であった。この選挙戦とラトレル当選決定後の抗議運動で重要な役割をはたしたのが、はじめての急進主義者の団体である「権利章典支持者協会」（The Society of the Supporters of the Bill of Rights）であった。この団体は、1769年2月20日に、ウエストミンスターとミドルセクスの自由土地保有者の幾度かの準備的会合の後、

ビショップスゲイト街の居酒屋ロンドンでの集会で設立された。中心になったのはJohn Horne（1782年に、友人であり後援者でもあったWilliam Tookeの求めによってTookeの姓をつけてJohn Horne Tookeとなった）であったが、創立者のなかにJohn Sawbridge（MP）、James Townsend（MP）、Richard Oliver（MP）、Sir Joseph Maubey（malt-distillerでMP）、Sir Cecil Wray Bart（MP）、Samuel Vaughan（商人）らがいた。協会の目的は、国民の憲法上の自由をまもることであり、ウィルクスの大義を支持し資金援助をすることであった。しかし、庶民院がラトレル当選を決定すると、協会は、抗議集会を開き、「自由土地保有者の百人委員会」を設立して、組織的な請願運動を展開するのである。

　請願運動は、20ちかい州（county）と1ダースほどの都市（towns and cities）をまきこんだ。全有権者の約4分の1である6万人が請願に署名した。リューデによれば、請願運動を推進した政治勢力には、相互にオーバーラップしてはいたが、3つのグループがあった。「権利章典支持者協会」を中心とする急進主義派、ウイッグ党内ロッキンガム派、ウイッグ党内チャタム派である。急進派の影響力は主に首都圏を中心とした都市部にあったのにたいして、ロッキンガム派は、地方の州に足場をおいていた。またチャタム派は、バッキンガムとケントで強かった。また、ロッキンガム派が運動の目的をミドルセクス選挙問題に限定しようとしたのにたいして、急進派は、この機会を一連の不満の解決の機会にしようとした。首都圏ではチャタム派も「権利章典支持者協会」に同調した。請願は、たんなる抗議から議会の解散要求をもりこむようになっていき、1770年の4月までつづいたが、結局議会はそれらを無視し通したのである。請願運動が終結した直後の1770年4月17日に、ウィルクスは、刑期を終えて釈放された。

　イングランドとアメリカの支持者たちがウィルクスの出獄を祝ったが、ウィルクスは、さしあたり議会に席を占める望みをすてて、ロンドンのシティに強固な地位をえようと努力し始めた。ウィルクスは、1769年1月にすでにシティの参事会員（alderman）に選ばれていたのである。ウィルクス事件の第3ラウンドである。彼はまず、ロッキンガム派のトレコシック（Trecothick）市長の後任として市長になったクロズビィ（Brass Crosby）の当選に大きな役割をはたす。また、当時問題になっていた海軍の強制徴募を、シティの治安判事が令状を発行して正

当化することに反対する運動を指導した。さらに重要なことは、議会の討論を新聞紙上に自由に発表するたたかいで指導的な役割をはたしたことである。議会内の討論を新聞紙上に発表することは、長いあいだ禁止されてきた（最近の禁止決議は、1728年2月26日の庶民院決議）。これは、しばしば破られ、1771年までには『ロンドン・イヴニング・ポスト』のアルモン（John Almon）の指導のもと、1ダースほどの日刊・週刊紙が定期的に議会の討論を報道するようになっていた。それを、議会は1728年の決議の線にもどそうとしたのである。これは、シティと議会の対立となり、市長クロズビィとウィルクスらは、新聞発行人を逮捕しようという政府と議会の試みをことごとく失敗させた。クロズビィが議会に召喚されたとき、市長官邸から議会までの通りを人びとが埋めつくし、クロズビィの姿をみると"万才"を叫び、"人民の友""シティの権利と国民の自由の擁護者"と口々によびかけた。結局、クロズビィと市参事会員のオリヴァの2人が投獄されたが、市会はシティの費用で投獄された者に差入れすることを決めた。5月8日に2人は釈放されたが、シティは2人を51発の礼砲で迎えたのである。新聞は発行されつづけ、強硬な手段をとったものの、議会は、結局は既成事実を認めざるをえなかったのである。

　ところで、シティも、出版の自由問題では一致したものの宮廷派と愛国派の対立をかかえていた。そして、この愛国派も内部対立をかかえはじめていた。愛国派の要になっていた「権利章典支持者協会」が1770年の9月頃から分裂し始めたのである。ジョン・ホーン、ソーブリッジ、ジェイムズ・タウンゼント、リチャード・オリヴァら、かつての盟友たちとウィルクスは対立するようになり、宮廷派がその対立を最大限に利用する。にもかかわらず、ウィルクスは、かれの区の市議会議員によって次年度の執行官（sheriff）に指名され、選挙で最高点を獲得するのである。さらに翌1772年の市長選挙でも最高点を獲得する（ウィルクス、2301票、タウンゼント、2278票、ハリファックス、2126票、シェクスピア、1912票、バンクス、3票）。しかし、長老参事会議は、慣例を無視して最高点のウィルクスをはずしてタウンゼントを市長に選出したのである。ウィルクス支持者の怒りは当然であり、それは暴動に発展し、7人の逮捕者をだす騒ぎになった。翌年の市長選挙でも同様のこと（最高点のウィルクスではなく次点のバルガ市長に

選出された）が生じ、結局、ウィルクスが市長になれたのは、3度目の挑戦の結果1774年の10月のことであった。ウィルクスの勝利に歓喜した群衆は、ウィルクスの馬車をひきまわし、反対派の窓をこわして歩いたのである。これがウィルクス事件の最後であった。庶民院からの追放もこの年に終わり、ミドルセクス選出議員として議席につくこともできたのである。

　最後に、ウィルクスの生涯にふれておこう。ジョン・ウィルクスは、1725年10月17日に、ロンドンの酒造業者（malt distiller）イズレイル・ウィルクスの次男に生まれた。ライデン大学で学ぶなど、比較的良い教育をうけたが、遊び好きであまり勉強はしなかったといわれている。1757年にエイルズベリ選出の国会議員となり、ピット派に属した。1762年には、ピットの義兄弟テンプル卿のはからいでバッキンガムシャの州民兵の軍隊長（Colonel）となっている。問題の The North Briton は、同年の6月からチャールズ・チャーチルと共同で刊行されたものである。これは、当時、スコットランド出身のビュート首相が作家のトバィアス・スモリットを編集長に起用して出していた宣伝紙 The Briton に対抗して出されたものであって、反スコットランド人感情の濃厚なものであった。この新聞で、ウィルクスがジョージ三世の議会開会演説をひいて対仏講和の予備交渉を批判したことが、「ウィルクス事件」の発端となったことは、すでにみたとおりである。

　1774年にロンドン市長になり、ついで庶民院議員となったウィルクスは、有能な市長ぶりを示したが、急進主義の色合いをしだいにうすめていくといわれる。しかし、アメリカ植民地問題では、イギリス政府の対アメリカ植民地政策を批判し、アメリカの独立を支持した。また、宗教的寛容の拡大を主張し、1776年3月21日には、ジェイムズ・バラの著作にもとづいて、最初の議会改革動議（選挙区の平等化、選挙権の拡大）を提出した。そして、議会の議事録からウィルクス追及の記録を削除する動議をくりかえし提出して、1782年5月についに成功したのである。

　だが、1779年から始まるヨークシャ連合運動やウエストミンスター委員会の運動の中にウィルクスの姿は見当たらない。1780年のゴードン暴動の際には断乎として法の支配を擁護し、以後しだいに青年政治家ウィリアム・ピットの支持者となったとみられるのである。

(2) ヨークシァ連合運動

「ウィルクスと自由」運動は、自然発生的で組織性のない——途中で「権利章典支持者協会」ができたが——民衆運動であったが、1770年代末から1780年代初めにかけて展開された2つの大きな民衆運動は、連合運動（association）という組織性を帯びたものであった。2つの大きな民衆運動とは、ゴードン暴動とヨークシァ連合運動である。まず、モンマスの反乱以後の最大の民衆騒乱となったゴードン暴動について簡単にみておくことにしよう。

1778年に「カトリック救済法」が庶民院を通過したが、翌年同規程をスコットランドに拡大しようとしたとき、激しい抵抗にあいあきらめざるをえなくなった。そのとき、新教徒連合（Protestant Association）が結成され、各地に暴動が起こった。そうした事態は、イングランドの新教徒を刺激し、1779年2月にロンドンでも新教徒連合が結成され、「カトリック救済法」撤廃のキャンペーンがくりひろげられた。新教徒連合の運動はイングランド全体にひろがり、そのイングランド連合の総裁に、ウィルトシァのポケット・バラ選出の国会議員で弱冠28才のジョージ・ゴードン卿がすわった。ゴードンは、ウィルクス同様に、ロンドンの市会を味方につけ、強力な「カトリック救済」反対の請願運動をすすめたのである。

1780年6月2日の金曜日に、ゴードンの呼びかけで約6万人の人びとがセント・ジョージ・フィールドに集まった。ゴードンが到着すると、人びとはあらかじめ4つの分団に編成されていたが、それぞれの分団が、幟をたて賛美歌をうたいながら、別々の橋を渡って、整然と議会に向かって行進した。かれらは、12万人の署名を集めた請願をたずさえていた。午後になり、議会の前庭に集まった群衆の一部がウエストミンスター・ホールに入りこみ、王座裁判所で演説をしていたダニングの演説を妨害したことから暴動が始まった。両議会に出席するために到着した議員はすべて、「反教皇」の叫びに加わるよう強制され、拒否した議員は泥をなげつけなれ、ののしられた。「カトリック救済法」を支持した議員の馬車がこわされ、議会のドアが乱打され、騒然たる状況のなかで、貴族院は夜8時半に休会し、庶民院も、軍隊の助けをかりて夜11時頃に散会した。

しかしながら、暴動は約1週間つづいた。カトリック教徒の教会が襲われ、学

校が破壊され、富裕なカトリック教徒の家が襲撃された。「カトリック救済法」を支持した議員の家が襲われ、「暴動法」を読みあげて群衆に解散を命じた判事の家が襲われ、ニューゲイトその他の監獄が襲撃されて囚人が解放された。そして、最後にイングランド銀行が襲撃される頃には、イングランド各地から軍隊や民兵が動員され、軍事連合（Military Association）がつくられて、群衆に対処するようになっていた。暴動は「黒い水曜日」といわれる6月7日に最高潮に達したが、この日、ノース首相の家が襲われ、イングランド銀行周辺その他で銃撃戦が展開されたのである。以後、暴動は下火になるが、この暴動で210人が即死し75人が病院で死んだ。逮捕された者450人、うち62人が死刑宣告をうけた。ゴードンは、暴力には反対で群衆を宥めようとしたが果せず、6月9日に逮捕されてロンドン塔に監禁されたのである。しかし、裁判では、群衆の暴力を止めようとした行為が認められて、無罪となった。

　リューデによれば、この暴動には、伝統的な反カトリック感情と反外国人感情及びPatriotismとならんで、貧富という社会的敵対感情——あらゆる階層のカトリック教徒を無差別にねらうポグロムの性格はうすく、主に富裕なカトリック教徒を襲った——がみられたのである。発端は、プロテスタント連合による請願運動であったけれども、暴動への発展は偶然的で自然発生的であったと考えられる。この暴動の政治的効果は、一般に、行政権力を強化し、ヨークシャ連合運動のような穏健な改革運動が国民の支持を集めるのを妨げた点にあったとされている。

　さて、ヨークシャ連合運動は、アメリカ独立戦争にフランスとスペインが参戦して戦線が拡大し、アイアランド問題が緊迫した1779年に始まった。この年の12月30日に、ノース・ライディングのジェントリの一人で聖職者であったクリストファ・ワイヴィルら209名の呼びかけによって、600名をこえる自由土地保有者、貴族、ジェントリ、聖職者などがヨーク市の集会場に集まって開いたヨークシャ州会が、その発端であった。州会は、財政改革の要求（戦争による不況と負担増にもかかわらず公金が冗職、過大報酬、年金などに浪費されていること、国王の不当な影響力が増大してきていること、などに対する効果的な方策がとられるまでは、現在の税額をこえる公金支出を行わないこと。また無駄を節約するための

調査を行うこと）を主内容とする請願を採択し、請願運動の推進と議会改革のための連合の計画をねる委員会を設置することを決めたのである。この請願は、ただちにヨークシャ全域にまわされ、全自由土地保有者の約3分の1弱にあたる8407の署名をえて1780年の2月9日に議会に提出されたが、否決されてしまった。しかし、この請願運動は、急速な広がりをみせ、4月末までに各地から41もの同様な請願が議会に提出されたのである。それらは、イギリスの州の半数以上にわたっていた。

　こうした運動の広がりのなかで、ワイヴィルらヨークシャ委員会は、議会改革のための国民連合（National Association）の結成を考えた。この場合の国民連合とは、「公金支出の大きな無駄を調査し是正するための諸提案、議員の任期を短縮し……国民のより平等な代表制を獲得するための諸提案」を支持することを誓約しない候補者には投票しないようにしよう、という有権者の盟約であった。そのための全国代表者会議が3月にロンドンで開かれた。この第1回全国代表者会議で、ワイヴィルらの国民連合結成の提案は一応通ったものの、運動内部の意見の対立もあらわになり、以後運動は下り坂に入るのである。下り坂に入った理由としては、運動内部の意見の対立のほかに、財政改革などに関するロッキンガム派の議会内努力が一定の成果をあげたこと、ゴードン暴動が連合運動の攻撃に利用されたことなどがあげられる。運動内部の意見は、およそ3つに分かれた。最も急進的であったのは、カートライトらのウエストミンスター委員会で、成年男子普通選挙、平等な小選挙区、一年議会、秘密投票、議員歳費の支給などを主張した。それに対してE.バークらロッキンガム派ウイッグは、議会改革には手をふれず、問題を財政改革に限定しようとした。ワイヴィルらヨークシャ連合委員会（第1回全国代表者会議で国民連合結成の提案が通過し、その後ヨークシャ州会でヨークシャ連合綱領が採択されて、ヨークシャ委員会は、ヨークシャ連合委員会となった）は、いわばその中間で、財政改革とともに漸次的議会改革を主張したのである。

　しかし、ワイヴィルは、たんに中間派に甘んじたわけではない。ワイヴィルは、ロッキンガム派とウエストミンスター委員会の双方をにらみながら、できるだけ巾広く運動を統一しようとしたのである。ワイヴィルは、多くの民衆の意識にそ

くして改革を考えたのであり、財産と知識が人びとのあいだに拡散するにつれて人びとの理性が発達するのだから、それに応じて選挙権を拡大すべきであると考えたのであり、さしあたり議会を腐敗から防止するものは、議会に対する人民の監視と統制であると考えたのである。

　財政改革は、1782年の第二次ロッキンガム内閣のもとで達成された。そして、議会改革は、1783年9月にアメリカとの講和条約が結ばれ、12月にノース=フォックス連立内閣が解任されて、それまでワイヴィルと協力関係にあった23才のピットが首相に任命されたとき、実現するかにみえた。しかし、ピットがワイヴィルと協同で作成した議会改革案は、1785年4月18日、174対248で否決されてしまった。ヨークシァ連合運動は、このピット案の敗北で事実上終わりをとげるのである。

　このヨークシァ連合運動で注目されるのは、それに呼応するかのように、スコットランドでも選挙制度改革運動が芽生えたことであった。スコットランドの選挙制度は、イングランドよりもはるかに非民主的で、たとえば、選挙権は、イングランドでは年収40シリング以上の自由土地保有者であったのにたいして、スコットランドでは40ポンド以上であったし、都市選挙区（burgh）の寡頭政治は、はるかに強固であった。選挙になれば、大土地所有者は名義上土地を分割して意のままになる有権者を創造しえたし、都市部では、都市の実力者たちが自分たちの意のままになる議員をほとんど投票なしに議会に送ることができたのである。

　スコットランドの選挙制度改革（とくに都市選挙区）運動の発端となったのは、1782年の12月から1783年の2月まで『カレドニアン・マーキュリィ』紙上に連載された「エディンバラ市民へのゼノン（Zeno）の手紙」なる文章であった。筆者は、のちにトマス・マックグルガー（Thomas MacGrugar）とされたが、「自由共同社会の多数を占める中産階級に」選挙権を拡大することを主張したこのよびかけで、1783年4月に「エディンバラ市民委員会」が発足し、スコットランド自治都市改革の父といわれるアーチバルド・フレッチャー（Archibald Fletcher）が書記に就任、スコットランドの他の都市の同様な組織と連繋をとりながら運動が進められることになるのである。スコットランドの運動もヨークシァ連合運動の事実上の終結後は下火になるが、自治都市（都市選挙区）改革運動は、フラン

ス革命の時代まで、断続的に続いている。

　最後に、クリストファ・ワイヴィルについて簡単に紹介しておこう。
　ワイヴィルは、1740年に、間接税担当吏を父として、エディンバラで生まれた。ノッティンガム生まれのジョン・カートライトと同年である。父も祖父もジェントリであった。大学教育はケンブリッジのクィーンズ・コリッジで受けたが、同じ頃、のちのウエストミンスター委員会の理論家の一人ジョン・ジェブがピーターハウス・コリッジで学んでいた。1763年、ウィルクス事件の始まった年、ワイヴィルはブラック・ノートレイの教区牧師となり、やがていとこのエリザベスと結婚、その兄の所領を相続してノース・ライディングのジェントリの仲間に入り、政治活動に力を注ぐようになった。ワイヴィルの最初の改革運動への参加は、1772年のフェザーズ・タヴァン請願である。これは、国教会内部からの宗教的自由——国教会の聖職者への任命のとき、国教会の教義「39カ条」への宣誓を求められたが、この宣誓を廃止せよという議会への請願——への動きで、ケンブリッジ出身の聖職者が多く参加した。運動が失敗したあと、スイオフィラス・リンズィらは分離してユニィテリアンの教会をたてたが、ワイヴィルは、国教会内部にとどまり、生涯宗教的自由の問題に取り組んだのである。ワイヴィルは、議会改革と宗教的自由という2つの主題に生涯取りくんだのであった。
　フランス革命の時代、ワイヴィルは、「人民の友の会」を支援したが、自分は会員にならなかった。ワイヴィルは、あくまでもヨークシァの民衆の意識にそくして改革運動を進めようとしたのであった。ワイヴィルは、理論的には、カートライトらの普通選挙中心の徹底した改革の正しさを認めながら、改革は漸進的でなければならないとした。そして、自分とカートライトとのちがいを、ヨークシァという地方に足場をおいている自分と、首都圏に足場をおいているカートライトとのちがいとして、つまり足場のちがいにみていたのであった。

(3) フランス革命期の急進主義運動
　フランス革命の勃発は、ヨークシァ連合運動終結後しばらく休眠状態にあったイギリスの急進主義運動を覚醒させた。
　発端となったのは、1789年11月4日の、ロンドン名誉革命記念協会の集会での

リチャード・プライスの講演であった。一般に「祖国愛について」という題名で知られているこの講演で、プライスは、人間の諸権利、自由、人間界における全般的改善などの観点からフランス革命を支持し、その先駆的革命であった名誉革命の意義を高く評価しながらも、宗教的寛容や不平等な代議制などの点で不完全であったとして、いっそうの改革の必要を訴えたのであった。このプライスの講演にいちはやく危険を感じたのは、ロッキンガム派ウイッグとしてかって財政改革に力をつくした E. バークであった。かれは、『フランス革命にかんする諸考察』（1790年）を書き、時効の論理を用いて名誉革命体制を擁護し、自覚的保守主義の立場を鮮明にした。こうして、いわゆる「フランス革命論争」が始まったのである。この論争のなかで、トマス・ペインの『人間の権利』（1791-1792年）、ウイリアム・ゴドウィンの『政治的正義の研究』（1793年）、メアリ・ウルストンクラフトの『女性の権利擁護』（1792年）、T. R. マルサスの『人口論』（1798年）など、思想史上の傑作がつぎつぎに生みだされたことは、よく知られているとおりである。

　この論争とからみあいながら、各種改革運動とそれにたいする抑圧の政治が展開する。はじめイギリス人は、立場によって理由は異なるけれども、一般にフランス革命を歓迎した。1790年と1791年の7月14日には、バスチーユ監獄の襲撃を記念してイギリス各地で晩餐会が開かれたほどであった。急進主義者の団体で最も早く反応したのは、ホーン・トゥックらの憲政情報協会（Society for Constitutional Information, 1780年設立）で、各地にメンバーをふやし、出版宣伝活動を行い、早くも1790年3月に、メンバーの1人ヘンリ・フラッドが庶民院で議会改革の動議を提出し否決されている。しかし、1791年に入って、ペインの『人間の権利』の第1部の印刷がすんで2月22日出版という広告が出た頃から当局の抑圧が始まり、ペインは出版社を変えなければならなかった。そして、その年の7月14日、群衆が「教会と国王」の名によってフランス革命を支持していたユニテリアンの科学者ジョージフ・プリーストリー宅等を襲った「バーミンガム暴動」が発生したのである。フランス革命論争は、イギリスの国政及び国制をめぐる論争であり、争いだったのである。

　翌1792年1月25日、しばしば労働者階級の最初の独立的政治運動といわれるロ

ンドン通信協会 (London Corresponding Society) が設立された。中心になったのは、スコットランド出身の製靴工トマス・ハーディら8人であった。ハーディは、自分の商売上の体験のほかに、プライスの「市民的自由」にかんする論説や憲政情報協会の出版物を読んで政治に目覚めたという。ロンドン通信協会は、入会金1シリングと週会費1ペニィだったから労働者も容易に加入できたが、主力は、小商店主、機械職人など職人層であった。協会は、30人単位の支部をロンドン市内にはりめぐらせる形で組織を広げ、1794年の最盛時には会員数が2万人に達したといわれる。協会は、マンチェスター、シェフィールド、ダービィ、コベントリ、ニューカスル、ノリッジなどの急進主義者の結社と連絡をとりあって運動を進めようとした。

　他方、ロンドン通信協会が結成されて2カ月余り後の1792年4月11日に、「人民の友の会」(Society of the Friends of the People) が結成されている。これは、ウイッグの改革派議員が中心になって結成したもので、その創立宣言にはローダーディル、ジェイムズ・マッキントッシュ、ジョン・カートライト、ジョン・ミラーらの名前がみえる。2ギニィ半の入会金と2ギニィ半の年会費をロンドン通信協会のそれらと比べればすぐわかるように、「人民の友の会」は、中産階級の穏健派の改革団体であって、およそワイヴィル゠ピットの議会改革路線を主張した。もっともピットはすでに改革路線から離れており、ワイヴィルはピットとの交際を断っていたが。したがって、カートライトは、この「人民の友の会」の路線を批判するが、カートライトの影響力の大きかった憲政情報協会の入会金は1ギニィで年会費は5ギニィであったから、中産階級的性格は明白であった。

　こうして1792年の春には、憲政情報協会、ロンドン通信協会、人民の友の会という3つの改革団体が存在するようになった。この年の2月にペインの『人間の権利』の第2部が出されてたいへんな売れゆきを示していた。こうした改革運動のもりあがりに脅威を感じたピット政府は、国王に「煽動的な集会や出版物」をとりしまる布告を出させて、弾圧にのりだすのである。この年、フランス革命も新たな展開をみせるのであって、9月に王制が廃止され、共和制が宣言されたが、その際に生じた「9月虐殺」事件は、それまでフランス革命を支持してきたイギリスの中産階級の多くの人びとに恐怖心をうえつけ、国内の改革運動に恐怖のま

なざしをむけるようにしたのである。改革の主張はすべて、共和制や財産の平等を主張するものとされて、11月にロンドンでジョン・リーヴズの「共和主義者と平等派から自由と財産をまもるための連合」が結成されて、イギリス全体に広がった。そうした状況のなかで最初の弾圧事件が起こったのである。

その頃、急進主義者たちは、それまでの、請願運動を一歩進めて、全国の急進主義者の結社の代表者会議を国民公会（National Convention）の形で開く運動を始めていた。国民公会の着想は、1774年にジェイムズ・バラによった示唆されたものだというが、トマス・ペインやロンドン通信協会のジョージフ・ジェラルドらによって支持されていた。しかし、最初に実行したのは、トマス・ミュアらスコットランドの「人民の友の会」で、第1回が1792年の12月11日から3日間エディンバラで行われ、スコットランド各地の80の急進主義者の結社が160人の代表をこの会議に送ったのである。運動のもりあがりを恐れた司法当局は、運動の中心人物トマス・ミュアを煽動罪で逮捕した。しかし、国民公会は、1793年の4月と10月に、第3回まで開かれた。この第3回は、イングランドをふくめた全国の代表者会議として計画され、ロンドン通信協会は、ジェラルドとモーリス・マーガロットを代表として送った。しかし、かれらも逮捕されてしまった。ミュアもジェラルドもマーガロットも、有罪判決をうけ、1794年にボタニィ湾に流されてしまったのである。そして、かれらがボタニィ湾に向って出発した10日後の1794年5月12日に、ロンドン通信協会の書記トマス・ハーディが逮捕され、やがて反逆罪容疑でロンドン塔に送られた。5月23日に人身保護法が停止され、ロンドン通信協会の理論家ジョン・セルウォールが逮捕され、憲政情報協会の中心人物ジョン・ホーン・トゥックが逮捕されて、急進主義の運動全体が大打撃をうけたのである。そうした中、「人民の友の会」は、1795年1月に「活動休止」を決めてしまった。

しかし、この弾圧は、当局のスパイ政策による「反逆」のデッチあげによるもので、スコットランド出身のすぐれた弁護士トマス・アースキンのたくみな弁論で、ハーディもセルウォールもトゥックもすべて無罪とされ、その年の11月5日に釈放された。一連の事件のなかで妻と財産を失ったハーディは、その後もかれの政治的原理に忠実でありつづけたけれども、再び政治活動に積極的に参加する

ことはしなかった。ロンドン通信協会の運動が回復し始めるのは、飢餓の年であった1795年の夏頃からである。ロンドン通信協会の、いわば後期の運動で中心的な役割を果たしたのは、ジョン・セルウォールであった。

当時の急進主義者の多くの関心は議会改革という政治的なものであったのにたいして、セルウォールは、民衆が政治的抑圧と経済的抑圧という二重の抑圧のもとにおかれていることをみぬいていた一人であった。かれは、おそらく、資本蓄積の問題性を最初に指摘した思想家であった。セルウォールらの不屈な講演活動は成功し、1795年10月26日のコペンハーゲン・ハウス近くの広場での集会には、10万人をこえる群衆を集めることができたのである。しかし、その3日後、国王の馬車が議会に行く途上で襲われたことが、政府に弾圧の口実を与えた。治安判事の権限を強化し、50人以上の無許可の集会をすべて禁止するという2法が、国中から抗議の請願がよせられる中で、成立したのである。こうして運動はおさえこまれると同時に内部対立も激しくなった。1つは、ペインの『理性の時代』の廉価版の出版をめぐる宗教的対立であり、もう1つは、1796年にスペンス主義者のトマス・エヴァンズが通信協会の書記になり、フランシス・プレイスらと対立するようになったことである。

公然たる運動が抑えられて、1797年にユナイテッド・アイリッシュメンをモデルにした地下組織的なユナイテッド・スコッツメンやユナイテッド・イングリッシュメンがいくつか結成された。1797年は、スピットヘッドやノアの軍港で反乱が起こった年で、これらの軍隊の反乱とロンドン通信協会の関係がうわさされたが、それらの反乱は自然発生的なものであるとわかった。翌1798年にはアイアランドでユナイテッド・アイリッシュメンによる大規模な反乱が起こった。エヴァンズは、このユナイテッド・アイリッシュメンにかかわりをもったとされるが、1798年にはロンドン通信協会の中央委員のほとんどが逮捕されてしまい、翌1799年の団結禁止法の成立で完全に息の根をとめられてしまったのである。

1) 横越英一『近代政党史研究』勁草書房、1960年。岩間正光『イギリス議会改革の史的研究』御茶の水書房、1966年。同『イギリス議会改革と民衆』風間書房、1979年。鶴田正治『イギリス政党成立史研究』亜紀書房、1977年。

2) 水田洋・珠枝『社会主義思想史』東洋経済新報社、1958年（1971年に増補版が、社会思想社の教養文庫ででる）。永井義雄『イギリス急進主義の研究』御茶の水書房、1962年。白井厚『ウィリアム・ゴドウイン研究』未来社、1964年（増補版、1972年）。杉山忠平『理性と革命の時代に生きて』岩波新書、1974年。小松春雄『評伝　トマス・ペイン』中央大学出版部、1986年。

以上のほか、日本でもあるていど耕されているのは、ベンサムを中心とする哲学的急進主義、ロバート・オーエン、リカードウ派社会主義であるが、本研究で設定した段階でいえば、いずれも第4段階に属し、本報告ではふれることができない。

3) 民衆運動史の分野では、日本ではまだまとまった著作がでていない。近藤和彦「産業革命前夜の民衆運動——マンチェスター　1757-58年——」（上）（下）『社会運動史』第2号、第3号など、若干の論文があるていどである。

4) G. Rude, "The Gordon Riots: a study of the rioters and their victims," *Transactions of Royal Historical Society*, 5th series, vol. 6, 1956.

G. Rude, *Wilkes and Liberty: A Social Study of 1763 to 1774*, Oxford, 1962.

G. Rude, *The Crowd in History: A Study of Popular Disturbances in France and England 1730-1848*, New York, 1964. Rev. edn. London 1981.（邦訳は、古賀・志垣・西嶋訳『歴史における群衆——英仏民衆運動史——』法律文化社、1982年）。

G. Rude, *Paris and London in Eighteenth Century: Studies in Popular Protest*, London 1970.

G. Rude, *Ideology and Popular Protest*, London, 1980.（邦訳は、古賀・前間・志垣・古賀訳『イデオロギーと民衆抗議——近代民衆運動の歩み——』法律文化社、1984年）。

5) E. J. Hobsbawm, *Primitive Rebels: Studies in Archaic Forms of Social Movement in the 19th and 20th Centuries*, Manchester, 1959. 3rd. edn. 1971.（邦訳は、水田・安川・堀田訳『素朴な反逆者たち——思想の社会史——』社会思想社、1989年）。

E. J. Hobsbawm, *Labouring Men: Studies in the History of Labour*, London, 1964, 2nd edn. 1968.（邦訳は、永井・鈴木訳『イギリス労働史研究』ミネルヴァ書房、1968年）。

6) E. P. Thompson, *The Making of the English Working Class*, London, 1964. 2nd. edn. Penguin, 1968.

E. P. Thompson, "The moral economy of the English crowd in the eighteenth century," *Past and Present*, 50, 1971.

E. P. Thompson, "Eighteenth-century English society: class struggle without class?," *Social History*, May, 1978.

7) G. Rude, *Ideology and Popular Protest*.（邦訳、169ページ）。

8) E. P. Thompsonの *Past and Present*, 50, 1971.の前掲論文。

9) E. P. Thompson, *The Making of the English Working Class*, London, 1964, pp. 70-71.

イギリス急進主義の運動と思想：文献

1.「ウイルクスと自由」運動とジョン・ウィルクス関係文献（入手したもののみ）

1. John Almon, *The History of the Late Minority, Exhibiting the Conduct, Principles, And Views, of that Party, Driving the years 1762, 1763, 1764, and 1765*, London, 1765.
2. John Almon (ed.), *The Correspondence of the Late John Wilkes with His Friends printed from the Original Manuscripts in which are introduced Memoirs of His Life*, 5 vols. 1804-1805 (Reprinted by Burt Franklin).
3. James Burgh, *Britain's Remembrancer, Being Some Thoughts on the proper Improvement of the present Juncture*, 1745.
4. James Burgh, *Crito, on Essays on Various Subjects*, 2 vols., London, 1766-67 (copy).
5. James Burgh, *Political Disguisitions: on, An Enguiry into Public Errors, De Lects, and Abuses ...*, 3 vols, London, 1774-75.
6. John Brewer and John Styles (ed.), *An Ungovernable People: The English and their law in the seventeenth and eighteenth century*, London, 1980.
7. John Brewer, *Party Ideology and Popular Politics at the Accession of Geerge Ⅲ*, Cambridge, 1976.
8. Albert F. Calvert, P. M., P. Z., John Wilkes, 1727-1797, *Transactions of Author's Lodge*, No. 3456 (copy).【この文献の著者名の表示のしかたは不自然であり、論文の発表年も欠落している。しかし、著者の蒐集したものを直接参照して確認することができなかったので、科研費報告書に記述されているとおりにしておいた。——編者注記】
9. Jan R. Christie, *Wilkes, Wyvill and Reform: The Parliamentary Reform Movement in British Politics 1760-1785*, London, 1962.
10. Percy Fitzgerald, *The Life and Times of John Wilkes, M. P., Lord Mayor of London and Chamberlain*, 2 vols., London, 1888 (copy).
11. Carla H. Hay, *James Burgh, Spokesman for Reform in Hanoverian England*, U. P. of America, 1979.
12. [Junius], Letters of Junius, 1772.
13. S. Maccoby, *English Radicalism 1762-1785*, London, 1955.

14. Pauline Maier, John Wilkes and American Disillusionment with Britain. *William and Mary Quarterly*, 20, 1963, 3rd. Series (copy).
15. George Nobbe, *The North Briton: A Study in Political Propaganda*, New York, 1966.
16. Raymond Postgate, *That Devil Wilkes*, London, 1956 (Revised edition).
17. George Rudé, *Wilkes and Liberty: A Social Study of 1763 to 1774*, Oxford, 1962.
18. David Raynor, Hume on Wilkes and Liberty: Two Possible Contributions to *The London Chronicle, Eighteenth Century Studies*, Vol. 13, No. 4, Summer 1980 (copy).
19. Peter D. G. Thomas, John Wilkes and the Freedom of the Press (1771), *Bulletin of the Institute of Historical Research*, May 1960 (copy).
20. G. S. Veitch, *The Genesis of Parliamentary Reform*, London, 1913 (Reprinted 1964).
21. [John Wilkes], *The North Briton*, 3 vols., London, 1763.
22. Audrey Williamson, *Wilkes: A Friend to Liberty*, New York, 1974.
23. 岩間正光『イギリス議会改革と民衆』風間書房、1979年。

2．ヨークシァ連合運動関係文献（入手したもののみ。ただし、前節で掲げたものははぶく）

1. E. C. Black, *The Association: British Parliamentary Political Organization 1769-1793*, Cambridge (Mass.), 1963.
2. Colin Bonwick & Thomas R. Adams (ed.), *British Pamphlets Relating to The American Revolution 1764-1783*. Published by Microform Limited East Ardsley, Wakefield Yorkshire, 1982 (49 reels).
3. E. Burke, *The Works of the Right Honourable Edmund Burke*, 16 vols., London, 1826-1827.
4. E. Burke (ed. by Thomas W. Copeland), *The Correspondence of Edmund Burke*, 9 vols., Cambridge, 1958-1970.
5. H. Butterfield, *George III, Lord North and the People 1779-1980*, New York, 1968 (1st. ed., 1949).
6. J. Cartwright (ed. by F. D. Cartwright), *The Life and Correspondence of Major Cartwright*, 2 vols., London, 1826 (Reprint of Economic Classics. Augustus M. kelley, New York, 1969).
7. J. Cartwright, *Legislative Rights of the Commonalty Vindicated: on, Take Your Choice!* London, 1777 (Microfilm).
8. J. Cartwright, *The Commonwealth in Danger*, London, 1795 (Microfilm).
9. I. R. Christie, *The End of North's Ministry 1780-1782*, London, 1958.

10. I. R. Christie, *George Savile, Edmund Burke, And The Yorkshire Reform Program, February, 1780,* in *The Yorkshire Archaeological Journal,* No. CLVIII (1960) (copy).
11. I. R. Christie, The Yorkshie Association 1780-1784: A Study in Political Organization, in *The Historical Journal,* III, 2, 1960.
12. J. R. Dinwiddy, *Christopher Wyvill and Reform 1790-1820* (Borthwick Paper No. 39), York, 1971 (copy).
13. G. H. Guttridge, *English Whiggism and The American Revolution,* Berkeley and Los Angeles, 1942.
14. John Norris, *Shelburne and Reform,* London, 1963.
15. J. H. B. Oldfield, *An Entire and Complete History, Political and Personal of The Boroughs of Great Britain: To which is prefixed, An Original sketch of Constitutional Rights,* 3 vols., London, 1792.
16. J. H. B. Oldfield, *History of the Original Constitution of Parliments, From the Time of the Britons to The Present Day,* London, 1797.
17. John Osborne, *John Cartwright,* Cambridge, 1972.
18. N. C. Phillips, Edmund Burke and the County Movement: 1779-1780, in *The English Historical Review,* Vol. LXXVI, No. 299, April 1961.
19. N. C. Phillips, County against Court: Christopher Wyvill, a Yorkshire Champion, in *Yorkshire Archaeological Journal,* XL, 1962.
20. Richard Price, *Observations on the nature of civil liberty, the principles of government, and the justice and policy of the war of America,* London, 1776 (Microfilm).
21. Richard Price, *A Letter From the Rev. Dr. Richard Price to the Secretary of the Committee of Citizens of Edinburgh,* Edinburgh, 1784 (copy).
22. Caroline Robbins, *The Eighteenth-Century Commonwealthman: Studies in the Transmission, Development and Circumstance of English Liberal Thought from the Restoration of Charles II until the war with the Thirteen Colonies,* Cambridge (Mass.), 1961.
23. Alexander Stephens (ed.), *Memoirs of John Horne Tooke, interspersed with original Documents,* 2 vols., London, 1813 (copy).
24. John Horne Tooke, *A Letter on Parliamentary Reform; containing The Sketch of A Plan,* London, 1782 (2nd. ed.) (copy).
25. John Horne Tooke, *Facts: Addressed to the Landholder, Stockholder, Merchants, Farmers, Manufacturers, Tradesmen, Proprietors of Every Description, And Generally to All The Subjects of Great Britain And Ireland,* London, 1780 (copy).
26. *Trial of Lord George Gordon* (n. d).
27. C. Wyvill, *A Sermon Preached in the Parish Church of Kelvedon, on Tuesday, June*

2nd, 1772, London, 1772 (copy).
28. C. Wyvill, *Thoughts on our Articles of Religion, with Respect to Their supposed Utility to the State*, London, 1773.
29. C. Wyvill, *Political Papers, Chiefly Respecting the Attempt of the county of York, and Other Considerable District, Commenced in 1779, and Continued During Several Subsequent Years, to Effect a Reformation of Parliament of Great-Britain*, 1794-1806, 6 vols., York.
30. C. Wyvill, *A Defence of Dr. Price and Reformers of England*, 1792.
31. C. Wyvill, *Papers on Toleration*, London, 1812 (4th ed.) (copy).
32. [C. Wyvill], The Wyvill of Constable Burton Family Archive, in *Annual Report*, 1967 (North Riding Record Office) (copy).
33. Zeno, *The Letters of Zeno, To The Citizens of Edinburgh, On the present Mode of Electing A Member of Parliament For that City*, Edinburgh, 1783 (copy).
34. 青木康「ホイッグ党とヨークシァ運動」『史学雑誌』87編2号、1978年。
35. 鈴木亮「ヨークシァ連合運動とクリストファ・ワイヴィル」永井・大江・宮本編『市民社会の思想』御茶の水書房、1983年、所収。
36. 鈴木亮「クリストファ・ワイヴィルの社会改革運動とその思想」『日本18世紀学会年報』第7号、1992年。
37. 鶴田正治『イギリス政党成立史研究』亜紀書房、1977年。
38. 舟場正富『イギリス公信用史の研究』未来社、1971年。
39. 横越英一『近代政党史研究』勁草書房、1960年。

3．フランス革命期の急進主義運動関係文献（入手したもののうち整理のできているもののみ）

1. [Anon.], *A Comparative Display of Different Opinions of The Most Distinguished British Writers on The Subject of The French Revolution: Followed by A View and Comparison with Events*, 3 vols., London, 1818.
2. [Anon.], *Lives and Trials of The Reformers* (J. Gerrald, W. Skirving, T. Muir, M. Margaret, T. F. Palmer) *of 1793-1794*, Glasgow, 1837 (copy).
3. [Anon.], *Rights of Swine, An Address to the Poor*, 1794 (copy).
4. [Anon.], *French Invasion ! A Collection of Address, & C, of the Executive Directory of France*, London, 1798.
5. *The Anti-jacobin, on Weekly Examiner*, 1798.
6. Christina Bewley, *Muir of Huntershill*, Oxford, 1981.

7. John D. Brims, *The Scottish Democratic Movement in The age of The French Revolution*, 2 vols., Ph. D. Thesis, University of Edinburgh, 1983 (copy).
8. P. A. Brown, *The French Revolution in English History*, London, 1918 (Reprint by Frank Cass, 1965).
9. Marilyn Butler, *Burke, Paine, Godwin, and The Revolution Controversy*, Cambridge, 1984.
10. Ian R. Christie, *Stress and Stability in Late Eighteenth Britain*, Oxford, 1984.
11. Lord Cockburn, *An Examination of The Trials for Sedition which have hitherto occurred in Scotland*, 2 vols., Edinburgh, 1888.
12. Ceri Crossley and Ian Small (ed.), *The French Revolution and British Culture*, Oxford, 1989.
13. [Committee of Secrecy], *Reports From The Committee of Secrecy*, London, 1794.
14. Henry Collins, The London Corresponding Society, in John Saville (ed.), *Democracy and Labour Movement*, London, 1954.
15. Seamus Deane, *The French Revolution and Enlightenment in England, 1789-1832*, Cambridge (Mass.), 1988.
16. H. T. Dickinson, *Liberty and Property: Political Ideology in Eighteenth-Century Britain*, London, 1977.
17. H. T. Dickinson, *The Political Works of Thomas Spence*, Newcastle upon Tyne, 1982.
18. H. T. Dickinson, *British Radicalism and The French Revolution 1789-1915*, Oxford, 1985.
19. H. T. Dickinson (ed.), *Britain and The French Revolution 1789-1815*, London, 1989.
20. Daniel Isaac Eaton, *Politics For The People*, 2 vols., 1793-1794, Reprint by Greenwood, New York, 1968.
21. Clive Emsley, *British Society and The French War, 1793-1815*, London, 1979.
22. Thomas Erskine, *A View of The Causes and Consequences of The Present War with France*, London, 1797 (6th ed.).
23. Thomas Erskine, *Speeches of Thomas Lord Erskine, Reprinted From The Five Volume Octavo Edition of 1810. With Memoir of His Life by Edword Walford*, M. A., 2 vols., London, 1870.
24. Charles James Fox (ed. by Lord John Russell), *Memoirs and Correspondence of Charles James Fox*, 4 vols., London, 1853 (Reprint by AMS Press, New York, 1970).
25. Joseph Gerrald, *A Convention, The only Means of Saving us From Ruin*, London, 1794 (3rd. ed.).
26. Albert Goodwin, *The Friends of Liberty: The English Democratic Movement in The*

Age of The French Revolution, London, 1979.
27. Thomas Hardy, D. D., *The Patriot, addressed to the People on the Present State of Affairs in Britain and in France*, Edinburgh, 1793 (copy).
28. Hugh Gough and David Dickson (ed.), *Ireland and The French Revolution*, Dublin, 1990.
29. Thomas Holcroft, *A Narrative of Facts, Relating to A Prosecution for High Treason*, London, 1795 (copy).
30. Thomas Holcroft, *The Life of Thomas Holcroft Written By Himself Continued to The Time of His Death, From His Diary Notes & Other Papers by William Hazlitt and Now newly edited with Introduction and Notes by Elbridge Colby*, 2 vols., London, 1925.
31. Walter Phelps Hall, *British Radicalism 1791-1797*, New York, 1912 (copy).
32. J. Ann Hone, *The Ways and Means of London Radicalism 1796-1821*. (Ph. D. Thesis. University of Oxford, 1975) (copy).
33. J. Ann Hone, *For The Cause of Truth: Radicalism in London 1796-1821*, Oxford, 1982.
34. Cary kelly, *The English Jacobin Novel 1780-1805*, Oxford, 1976.
35. William Thomas Laprade, *England and The French Revolution 1789-1797*, Baltimore, 1909 (copy).
36. The London Corresponding Society's *Addresses and Regulations*, 1792 (copy).
37. The London Corresponding Society: *Address to The other Societies of Great Britain, united for obtaining Reform in Parliament*, London, 1792 (copy).
38. The London Corresponding Society: *The Correspondence of the London Corresponding Society Revised and Corrected. With Explanatory Notes and Prefatory Letters by the Committee of Arrangement, Deputed for that purpose: Published for the Use of Members*. London (n. d) (copy).
39. S. Maccoby, *English Radicalism 1786-1832*, London, 1958.
40. Peter Mackenzie, *The Life and Trial of Thomas Muir. Esq., Advocate of Huntershill, near Glasgow, One of The Celebrated Reformers of 1792-1793*, 1919.
41. James Mackintosh, *Miscellaneous Works of The Right Honourable Sir James Mackintosh*, 3 vols., London, 1846.
42. Robert James Mackintosh (ed.), *Memoirs of The Life of the Right Honourable Sir James Mackintosh*, 2 vols., London, 1836 (2nd. ed).
43. James Malvie, *English Democratic Societies and Populer Radicalism 1791-1800*. 2 vols. (Ph. D. Thesis. University of York, 1969) (copy).
44. G. E. Manwaring & Bonawy Dobree, *The Floating Republic: An Account of The Mu-*

tinies at Spithead & The Nore in 1797, 1935 (Reprint by A. M. Kelley, 1966).
45. Ian McCalman, *Radical Underworld: Prophets, Revolutionaries and Pornographers in London 1795-1840*, Cambridge, 1988.
46. George Mealmaker, *The Moral and Political Catechism of Man: or A Dialogue Between A Citizen of the World And Inhabitant of Britain*, Edinburgh, 1797 (copy).
47. Henry W. Meikle, *Scotland and The French Revolution*, Edinburgh, 1912 (Reprint by M. Kelley, New York, 1969).
48. Dudley Miles, *Francis Place: The Life of Remarkable Radical 1771-1854*, Sussex, 1988.
49. [John Millar] (a cura di Vincenjo Meralle), *Latter of Crito E Letters of Sidney*, Roma, 1984.
50. [John Millar], *Letter of Crito, on The Causes, Objects, And Consequences, of the Present War*, London. 1796 (copy).
51. [John Millar], *Letters of Sidney, on Inequality of Property. To whith is added, A Treatise of The Effects of War on Commercial Prosperity*, London, 1797 (copy).
52. [Thomas Muir], *An Account of The Trial of Thomas Muir, Esq. Younger, or Huntershill, Before The High Count of Justiciary, At Edinburgh, On The 30th and 31st days of August 1793, For Sedition*, Edinburgh (Robertson's edition).
53. Patrick O' Leary, *Sir James Mackintosh: The Whig Cicero*, Aberdeen, 1989.
54. Thomas Paine, *The Writings of Thomas Paine*, Collected and Edited by Moncure Daniel Conway, 2 vols., New York, 1902 (Reprint by Burt Franklin, 1969).
55. Francis Place, *The Papers of Francis Place in The British Library 1791-1854*, Compiled by Mavis Thomas (Harvester Microform), 1980, 54 reels.
56. Richard Price, *A Discourse on Love of Our Country, Delivered on Nov. 4, 1789, At the Meeting House in the Old Jewry, to the Society for commemorating the Revolution in Great Britain*, London, 1990.
57. Joseph Priestley, *Letters to The Right Honourable Edmund Burke, Occasioned by His Reflections on The Revolution in France*, Birmingham, 1791 (3rd ed.).
58. [John Reeves], *Association Papers*, London, 1793.
59. Olive D. Rudkin, *Thomas Spence, and His Connections*, 1927 (Reprint by A. M. kelley, New York, 1966).
60. Thomas Spence, *Pigs' Meat or, Lessons for Swinish Multitude*, 3 vols., London, 1793-1795 (copy).
61. Thomas Spence (ed. by G. I. Gallop), *Pigs' Meat, The Selected Writings of Thomas Spence, Radical and Pioneer Land Reformer*, Nottingham, 1982.
62. Thomas Spence, *The Constitution of A Perfect Commonwealth: Being The French*

Consittution of 1793, Amended, and Rendered entirely conformable to The whole Rights of Man, London, 1798 (copy).
63. Mery Thale (ed.), *Selections From The Papers of London Corresponding Society 1792-1799*, Cambridge, 1983.
64. John Thelwall, *The Tribune, A Periodical Publication, consisting chiefly of The Political Lectures*, London, 1795 (copy).
65. John Thelwall, *Rights of Nature against The Usurpations of Establishments. A series of Letters to The People of Britain, Occasioned by The Resent Effects of Right Honourabre Edmund Burke*, London, 1796 (copy).
66. John Thelwall, *Poems, Chiefly Written in Retirement, By John Thelwall: With Memoirs of The Life of The Author*, London. 1801 (copy).
67. John Thelwall, *Mr. Thelwall's Reply To The Culumnies, Misrepresentations and Literary Forgeries, Containing in The Anonymous Observations, On his Letter to The Editor of The Edinburgh Review*, 1804 (copy).
68. [John Horne Tooke], *State Trials for High Treason. The Second Part containing The Trial of John Horne Tooke, Esq, commenced Monday, Nov. 17, 1794*, London (n. d) (copy).
69. Graham Wallas, *The Life of Francis Place*, London, 1951 (4 ed.).
70. Robert Watt, *The Declaration and Confession of Robert Watt, Written, Subscribed, & Delivered by himself, The Evening Before his Execution, For High Treason*, At Edinburgh, October 15, 1794.
71. Bruce Joseph Weaver, *The French Revolution And The Polarization of The House of Commons, 1790-1793: A Case Study in The Rhetoric of Parliamentary Debate* (Ph. D. Thesis. The University of Michigan, 1974).
72. Alan Wharam, *The Treason Trials*, Leicester & London, 1992.
73. Martha Lingna Wheless, *Reform and Democracy: British And American Reactions to The French Revolution* (M. A. Thesis. Old Dominion University, 1988).
74. John Wilde, *An Address to The Lately Formed Society of The Friends of The People*, Edinburgh, 1793 (copy).
75. Mary Wollstoncraft, *The Works of Mary Wollstoncraft*, 7 vols., London, 1989.
76. [Henry Yoke], *The Trial of Henry York, For A Conspiracy &c. Before The Hon. Mr. Justice Rooke, At The Assize, Held For County of York, On Saturday, July 10, 1795*, York (1795).
77. Henry Yorke, *Thoughts on Civil Government addressed to The Disfranchised Citizens of Sheffield*, London, 1794.

78. David Vincent (ed.), *Testaments of Radicalism: Memoirs of Working Class Politicians 1790-1885*, London, 1977.

第Ⅲ部　ゴドウイン研究

第9章　ゴドウインにおける『政治的正義』の構造

はじめに

　19世紀の中葉、エンゲルスによって[1]、ベンサムとならぶ近代「最大の実際的哲学者」とされ、その思想は「プロレタリアートの独占的財産」であったと評されたウイリアム・ゴドウインは、ごく最近まで、経済思想史上コンドルセとともにマルサスに『人口論』（初版）を書くきっかけを与えた人として、また文学史上詩人 P. B. シェリーの舅として名をとどめているにすぎず、生存中すでに忘れられた思想家となっていた。

　しかし、第2次世界大戦後、ファシズムに反対し、コミュニズムの集団化にも同調できない人々の間に、ゴドウインの再評価がおこなわれてきているという。すなわち、1つは無政府主義者の反権力の思想として、いま1つはゆきづまりを感じはじめたイギリスの社会主義者達が倫理的自由を強調した思想家としてゴドウインをみなおすという方向において[2]。

　ところで、わたくしがここでゴドウインをとりあげる視点は、そのいずれとも異なる。過去の思想や学説に対する、そうしたきわめてプラグマチックな対し方に一面健康な側面を認めることができるとしても、科学的な思想史研究の態度としては非常に不十分であるといわざるをえない。わたくしのこの論稿の目的は、社会主義思想の歴史的な形成過程の中にゴドウインの思想を位置づけようと試みることである。その際、ことわっておかなければならないことは、本稿で分析の対象としたのは数多くあるゴドウインの著書の中で主著と目される『政治的正義及びその一般的道徳と幸福に及ぼす影響に関する研究』[3]に限られるということであり、その意味で本稿はゴドウイン研究の序説にすぎない。

1 思想形成の時代的背景

まずゴドウインの思想形成に影響を与えた諸事情をみておこう。

ゴドウインは、1756年、ケンブリッジシャーのウィズビーチ Wisbech に非国教会牧師の子として生まれた。1756年といえば原始的資本主義の植民地争奪戦といわれる七年戦争がはじまった年であり、この年『エディンバラ評論』にあらわれたアダム・スミスの論稿にするどく認められる「文明社会の危機」が全ヨーロッパ的な規模でおそいはじめていた時であった[4]。それは、ヨーロッパにおいてはアンシャン・レジームからの脱皮として、イギリスにおいては重商主義体制からの脱皮の問題としてあらわれていたのである。イギリスにおける重商主義体制からの脱皮は、その基礎過程における変化＝産業革命の進行と対応して遂行されるのであるが、それはまた市民社会そのものの「墓堀人」を生み出す過程でもあった。ほぼこの頃からはじまるといわれるイギリス急進主義運動は、重商主義体制批判と資本主義＝蓄積財産批判という2つの性格の深いからみあいにおいて進行する。ゴドウインの育った時代は、このような課題をもっていたのである。

ところで、ゴドウインが少年時代教育を受けたノーフォークは、農業革命の中心となるところではあるが工業化の波からはとりのこされる地方であり、とくにノリッジはそれまで毛織物工業の中心地で独立心の強い small weaver の都市であったが、18世紀末には完全に北方の産業資本におさえられてしまう運命にあった[5]。それゆえ、ここは没落小生産者層を母胎とする18世紀急進主義運動の中心地の1つとなるのであり、かかる環境のもとでゴドウインは、1773年にロンドンの Hoxton College に入るまで、仕立職人あがりの教師やウィルクス支持者でサンドマニヤンの牧師に教育を受けて育ったのである[6]。

大学卒業後、彼はかねてからの望みどおりハートフォードやサフォークで牧師をつとめるが、やがてフレデリック・ノーマン[7]という男によってフランス啓蒙思想への目をひらかれ、ルソー、ドルバック、エルベシウス等の影響を受けることとなり、次第にカルビニズムから理神論 Deiet に移行する。「彼（神）は宇宙の創造者である。……彼は彼の創造せしあらゆるものの幸福をのぞみ、苦痛を

好まない」[8]。また「わたくしは、わたくしの仲間の役に立つこと、それに奉仕すること以外に生きがいのあることを知らない。わたくしの追求する唯一の目的は、わたくしの力でできるだけ彼らの知識と善と幸福の量を増加させることである」[9]と当時のノートと母への手紙にしるされているが、彼がカルビニズムから理神論に移行した際、功利主義原則をとり入れたことは注意すべきであろう。他人への奉仕＝利他心の尊重を彼はフランシス・ハチスンから学んだ。更に1783年に、劇作家で後に「ロンドン通信協会」の指導者の１人となるトマス・ホルクロフトと出会い、ホルクロフトとの討論によって、1789年のフランス革命を迎えるまでには完全な無神論者となっていた。

2　急進主義運動とゴドウイン

つぎに急進主義運動とゴドウインの関係を概観しておこう。

ゴドウインが Hoxton College 時代に師事したキッピス[10]も急進主義者で、トーリーの *Annual Register* に対抗して1786年に *New Annual Register* を出し、ゴドウインはその寄稿者となった。急進主義者といってもジョージ三世の専制に反対し制限君主制を支持するもので、その限りではエドマンド・バークと変らない。その頃、ゴドウインは当時改革派だったバークやチャールズ・ジェームズ・フォックスの書いたものを多く読んでおり、一方1785年頃からはジョセフ・プリーストリーと交わりをはじめた。後に『政治的正義の研究』の序文で「政治学の探究はながい間著者の関心に重要な位置をしめてきた。王制は本質的に腐敗した一種の政府であるということを納得するようになってから12年もたっている」[11]と書いているが、1783年にビーコンスフィールド Beaconsfield で学校を開く計画をたてた際のパンフレット[12]には『政治的正義の研究』で展開される主要な原理がすでにあらわれていた。しかし、この頃のゴドウインの主要な関心の的は文学であり、「政治的正義への愛があたためられるにはフランス革命が必要であった」[13]。

A. L. モートンにしたがえば、1789年までの急進主義運動は複合的なもの complex one であり、その主導権は中産階級ににぎられていた[14]。それは没落小市民

の運動と大地主支配に抵抗する小地主及び形成されつつある産業資本家層の運動が深くからみあっていたのである。

フランス革命はこれらの旧秩序批判者達を分裂せしめた[15]。ウイッグはバーク派とフォックス派に分裂した。バーク派は何よりも秩序維持を重視しピットの新トーリー主義とむすびついていく。この段階で国王の専制阻止と議会改革は別の問題としてあらわれ、更にブルジョア的妥協的改革と徹底的改革に分裂するに至るのである。前者はフォックス＝グレー派によって代表され、後者はロンドン通信協会によって代表された。ゴドウインの理論はこのロンドン通信協会の理論的支柱とみなされるのであるが、ロンドン通信協会の運動そのものの分析は別の機会にゆずり、ここでは必要なかぎりかいつまんでその特質だけをしるしておこう。

ロンドン通信協会は1792年にスターリングシャ出の靴製造工トマス・ハーディが中心となってつくられた。その指導者はジョン・セルウォール、トマス・ホルクロフト、ホーン・トックなどであり、しばしば労働者階級の最初の組織的運動とされるが、むしろ没落しつつある下層の小生産者層がはじめて主導権をにぎった組織的な運動であったといった方がいいであろう。したがって、労働者的な要素を多分に含んでいたことは当然である。当時各都市間の結社の連合は禁止されており、それゆえロンドンの外にも支部をもつことは出来なかったが[16]、同様な組織はマンチェスター、シェフィールド、リーズ、ダービイ、レスター、コヴェントリー、ニューカッスル、ノリッジなどの都市、ロチェスター、ハートフォード、シェルバーンなどの農業地帯にもみられ、通信によって相互の連絡を密にした。「通信協会」の名はこの事情に由来する[17]。

彼らは社会契約理論とアングロ・サクスン[18]の自由な法にもとづいて、「平等な代表制による議会の徹底的な改革」[19]を要求した。そのことを通して、彼らは安い政府、法の単純化、囲込法によって奪われた共有地の返還、非国教徒への差別待遇反対、貧民の福祉などを期待したのであり[20]、運動の最左翼といわれるセルウォールでさえ大土地所有、資本の蓄積をはげしく非難したけれども、決して私有財産の原理そのものを否定しようとはしなかった[21]。自己労働にもとづく小生産者の社会が彼らの理想であったといえる。しかも、個人的な能力の差によるある程度の財産の不平等はやむをえぬものとし、そこから生ずる害悪を分配の適

正化＝社会福祉的諸施設によって緩和しようと考えていたのであった。

ところで、通信協会とゴドウィンのそれに対する態度は、考えられるようには決して密着したものではなかった。

1789年のフランス革命ぼっ発の報に接した時のことを、ゴドウィンはつぎのように書いている。「わたくしの心臓は大きくふくれあがった自由の感情で高鳴った。わたくしは9年間、原理的には共和主義者だった。わたくしは大いなる満足感をもってルソー、エルベシウス、その他フランスのもっとも人気ある著作家の書を読んだ。……そして、わたくしは、かかる著述が先駆をなした革命に熱い希望を抱かずにはいられなかったのである」[22]。だが、彼は一瞬も、mob-government＝民衆の革命運動に反対することをやめなかった。「わたくしは悟性の明るい光とまっ直な、寛大な、心の感情から純粋に流れ出るような政治的変化を望んだのであった」[23]。このフランス革命に対するゴドウィンの態度は、そのままイギリスの急進主義運動に対する態度でもあった。1793年の秋、エディンバラで開かれた急進主義者の全国大会に対する政府の弾圧に抗議してゴドウィンは『モーニング・クロニクル』紙へ一文を寄せるが、そこで彼は、政府の弾圧に抗議し、急進主義の大義 good cause に同感をしめしつつも急進主義者の運動自体は誤りであるとしているのである[24]。その態度は1795年の飢餓暴動の直後に出されたグランヴィル＝ピット法案を批判したパンフレットでも一貫している[25]。

それでは、ゴドウィンは社会改革の展望の現実的基礎をどこにもとめていたのであろうか。この問題は本稿の最後にもう一度問題になるが、ここではその問題に関連させつつ、ゴドウィンの危機意識の構造をさぐることによって、彼が『政治的正義の研究』を書いた理由を考えておこう。

キガン・ポールが引用している1791年の自伝的ノートにつぎのような言葉がしるされている。「わたくしはイングランドとヨーロッパの現存する情勢において、大きな幸運な改善が、無政府と混乱とを伴わずに……達成されうるという考えにつよくとらわれていた。わたくしは重要な変化が起こらねばならない、そしてかかる変化が最上のもっとも有能な指導者の指導のもとでなしとげられるべきであるということを言葉にあらわせないほど切望していた」[26]。それでは、有能な指導者を彼はどこにもとめていたのであろうか。同じノートに彼がホルクロフトと

共同でフォックスとシェリダンに手紙を出したことがあきらかにされている。そこでは「あなたがたが思いきって(改革)を主張しだすなら、あなたがたは一時的な迫害 a temporary proscription に甘んじなければならないでしょう。現在あなたがたが受ける迫害と人類の真の友が耐えねばならない不名誉の期間は非常に短いものとなるでしょう」「自由は才能と徳以外に賞賛さるべきものを残さない。あなたがたのような人々が関心をもつあらゆるものが他の残りのものよりも選ばれるでしょう……この課題を追求してください」[27)]と述べられていた。

このように、ゴドウィンは現在の情勢のもとで、有能な指導者によって重要な変化が起こらねばならないが、それは混乱なく起こされうると考えていたのであり、その指導者をさしあたりフォックスとシェリダンにもとめたのであった。つぎに彼が把握した現在の情勢が問題となろう。

1793年に出された『政治的正義の研究』の中で、エルベシウスの、1771年頃のフランスについてのペシミスティックな言葉[28)]に反対し、たえざる進歩(=理性の進歩)を強調してつぎのような3つの革命の比較をなしている。「われわれのチャールズ一世に対する反抗は、国民を2つの……部分に分割させたのに反し、アメリカ及びフランスの革命にはなぜあれほどまで……あらゆる種類の人々の一般的同意があったのであろうか？ その理由は、前者が17世紀の事件であったのに対し後者は18世紀に起こったからである。アメリカ及びフランスの場合には、シドニィやロックやモンテスキューやルソーが反省する力強い精神をもった多くの人々に簒奪の悪を確信させていたからである」[29)]。これがゴドウィンのみた現在の情勢であった。はなはだしい貧富の差、専制、腐敗という改革すべき現実の中に、彼はこのような明るい側面をみていたのであり、それを混乱なき改革の条件の成熟として受けとっていたのである。

ところで、『政治的正義の研究』の出た1793年には危機は一層深くなっていた。トマス・ペインがバーク批判として書いた『人間の権利』[30)]のゆえにイギリス検事局から告発され、ウイリアム・ブレイクの忠告にしたがって亡命せざるをえない情勢だった。当然『政治的正義の研究』の出版も危ぶまれた。彼は第一版への序文でつぎのように書いた。「暴動と暴力を思いとどまらせることを、その緊急の目的の1つとしてもっているという利点とならんで、その本性から有識者 men of study and reflectionへの訴えであるところの一冊の本が……市民勢力 civil power の手に入ることとなるかどうかが、今やためされているのである」[31]。そして、彼はこの本に労働者の1月分の賃金をこえる3ギニーという値段をつけたのだった[32]。

　以上述べてきたことを、つぎのようにまとめることができるであろう。ゴドウインは、現実の中に改革すべき暗い側面と同時に明るい側面をみていた。その明るい側面を、彼は理性の進歩の結果として把握し、そこに混乱なき改革のよりどころをもとめた。ゴドウインにとって理性の進歩の条件は、後にみるように理性の独立性であり、その理性の独立性を侵すものとして危機を二重に把握する。すなわち、専制と腐敗という改革すべき現実と民衆の革命運動である。その点から、彼は政府をより一層攻撃するけれども、ロンドン通信協会を中心とする民衆の運動をも批判したのである。そして、理性の進歩を唯一の改革のよりどころとすれば、現実の中では一般の人々よりもより一層理性をみがいたものが改革の主体にすえられることになる。かくして、ゴドウインは何よりも知識階層に期待をかけて訴えたのであり、その中から改革の主体を見出そうとし、あるいは創りだそうとしたのである。『政治的正義の研究』は、「モンテスキューの不完全さと誤謬」[33]を正すという理論的任務とともに、インテリゲンチャに改革の方向を示し、彼らを自覚的な改革の主体とならしめることを、その実践的な任務としていたのである。

3　人間の把握 (1)

　ゴドウインは政治の研究の必要をつぎのように考える。「疑いもなく政府がうちたてられた目的は、……消極的なものである」[34]。つまり、互いに他人の領域を侵したりすることや外国の侵略をふせぐことである。ところが、政治制度の結果はその点にとどまらないころに問題があるという。政治制度の影響は「われわれの個人的性格の中にずるずると入りこむ」[35]ゆえに「世界に存在する道徳的諸悪は……その源泉として政治制度にまで跡づけられる……」[36]。かくして、ゴドウインは「道徳及び人間の幸福と政治学を別の科学としてとりあつかってき

た」³⁷⁾ マキアヴェリ以来の傾向を批判し、人間の分析からはじめて、政府論、私有財産批判まで一貫した巾広い体系を築きあげて、道徳学と政治学を統一しようとするのである。このことは一体何を意味するのであろうか。そのことを理解するためには、ゴドウィンの体系の基底にある人間把握からみていかなければならない。

　ゴドウィンはまず人間の行為と性質は生まれつきのものではなく、環境によって形成されるものであるとして、生得原理、本能、生まれつきの体格が精神を規定するという議論をつぎつぎに否定していく。その論理は、「あらゆる原理は１つの命題である。……あらゆる命題は互いに一致するとか、しないとか断言される少なくとも２つ以上の明確な観念 idea のむすびつきに存する」³⁸⁾。したがって、原理が生得的であるとすれば観念が生得的でなければならぬ、しかし「われわれがすでにできあがった観念をこの世にもってくるのではない」³⁹⁾ ということは議論の余地がないというものであり、更に本能については、たとえば「生存本能」を、子供は生死の観念をもつようになる以前に快楽を欲し苦痛を好まないとして否定する。すべての人間は、いわば「白紙の状態」で生まれてくるのであり、その意味で「貴族の子と運送人の子供の間には……本質的な相違はない」⁴⁰⁾ のである。勿論、生まれたばかりの子供がすべてまったく同じというわけではない。ゴドウィンもそのことを認める。しかし、その相違も胎内で受けた外からの刺戟の結果であり、生後の指導によって消しさることのできるものなのである（したがって、ゴドウィンにおいては教育が極めて重要な意義をもってくる）⁴¹⁾。

　以上のように、ゴドウィンはいっさいの生得原理、本能を否定して認識論の出発点にすべての子供の本質的平等を設定するのであるが、その場合２つのことに気がつく。第１は生得原理の否定も本能の否定も、生得観念にほんやくして生得観念を否定することによってなしていることであり、第２は認識論の根底に功利原則をすえているということである。勿論、快苦をもとめあるいはさけることとそれらを感ずることを区別し、後者のみが生まれつきなのであり、前者は経験の結果なのである。

　第１の観念による生得原理、本能の否定は、経験論の徹底とみることができよう。出発点において白紙＝無知な人間は、同一刺戟をくりかえし与えられ、知覚

することによって1つの観念を生じ、そうした過程がいくつかくりかえされて複数の観念ができあがると、今度は比較による類似と相違の認識が可能となり、観念と観念の結合による複合観念ができあがり、反省や推理が可能となっていく。こうして人間の精神はideaから構成され、ideaをつけ加えることによって成長するものであり、したがって、同じ刺戟が幾人かの人間に同様に与えられれば同じ傾向を定着させるであろうということがいえるのであるが、同様に各人の相違も、ゴドウィンは観念の組合せの相違＝意見の相違にもとづくと考える。

このように、ゴドウィンは人間の精神を原子論的に把握する。その限りでは、人間は受身にしか把握されず行為の主体＝改革の主体としてはとらえられない。そこで、ゴドウィンはつぎのような行為論を展開するのである。

彼によれば、人間の行為は3つの型にわけられる。その第1は自発的行為 voluntary action で、行為が行われるにあたってその結果があらかじめ予見されている場合の行為である。この「予見は単純な衝動ではなく」[42]、できるだけひろい観察をおこなって、同一の前提から同一の帰結が生ずるという確信にもとづくものであり、その「予見」が「希望」なら行為を促進し、「恐怖」なら行為を抑制する。更に、それは「よい」あるいは「のぞましい」という「判断」がともなわねばならないのであり、したがって、それは真理の把握を前提しており、「理性」にもとづく行為であるということになる。

第2は非自発的行為 involuntary action とよぶものである。理性にしたがわず、感覚的印象にもとづいてそくざにおこなわれる行為及びそれの固定化としての慣習的行為である。

第3は不完全な自発性にもとづく行為であり、たとえば、日常服を着るとか食事をとるとかいったものは必ずしも自発的とか非自発的とかいったものではない。またある種の慣習がこれに入る。すなわち、「われわれの経験が拡大するにしたがって自発的行為の主体は一層多くなる。人間はこの状態において、まもなく状況と状況との間の重要な類似を認識するようになる。その結果、彼は思考の過程を省略しようと感ずるようになり……」[43] 行為は自発性を失い、機械的となる。これは、「見えない動機にもとづいており」[44] それゆえ「不完全に自発的」なのである。

このゴドウィンの行為の分類は、現実に並列的に存在しているものであると同時に1つの序列をなすものである。つまり〈非自発的行為・不完全に自発的な行為〉→〈自発的行為〉である。「人間の性格の完全化はできるだけ完全に自発的状態に近づくことにある」[45] ということが、個人の成長においても歴史の発展においても真でなければならない。ゴドウィンにおいては、「理性」の発展がそのまま歴史の発展なのである。

ところで、行為が自発的である場合には意見にもとづいているとすれば、行為の正しさを保証するものは意見＝精神の正しさであり、意見が観念からなるとすれば、意見が正しいためには観念が正しく真理をとらえていなくてはならぬ。しかし、ゴドウィンはここで懐疑論に陥ってしまう。「われわれが……、確実に知っている1つのものが存在するとしたら、それはわれわれ自身の思惟 thought、観念、知覚 perception、感覚 sensation ……が存在するということであり……複合観念 complex notion を生み出すために、それらが通常つなぎあわされるということである」[46] として、彼は観念に照応するものが現実に存在するかどうかわからぬとするのである。確実なことは idea が存在するということだけであり、idea と idea のむすびつきによる幾何学的な論理の展開が真理にもとづく精神の発展なのである。

しかし、ゴドウィンはヒュームのように因果関係＝必然性批判の方向に経験論を徹底することはできない。ゴドウィンは真理を「（ある）命題から（他の）命題が出て来る」[47] 論理的必然性と理解し、それに照応せる関係を現実の物質的関係の中に認める。たとえば、朝に太陽がのぼり、夕方に沈むという現象を生きている間中見ていたら「われわれはこれを宇宙の法則として未来の予想のための基礎として受けとらざるをえない」[48] のであり、かように、ゴドウィンは宇宙のいっさいを必然的因果関係の中においてみようとする。人間の精神もその例外ではない。彼はしつように人間の自由意志を否定してつぎのように主張する。「いかなる場合も、人間は宇宙におけるあらゆる事件、あるいは事件の連鎖の開始者ではなく、単なる器 vehicle であって、それを通してある先行事 certain antecedents が作用をいとなむのであり、もし彼が存在しないとすれば先行事はその作用を中止するようなものである」[49]。ここにニュートン以来の合理論の伝統を認

めることも可能であろう。しかし、ニュートンが必然の体系の背後に神を認めたのに対し、ゴドウィンは必然の背後は認識できないとして、人間の認識能力を現象の必然的連関の認識に限定している。ゴドウィンはこの必然論と前述の経験論のヒューム的徹底化の方向との間を動揺するのであるが、彼の思想の主流をなすものはむしろ必然論であるといっていい[50]。とすれば、人間の主体性はどうなるのであろうか。

　ゴドウィンは必然の連関の中で人間の精神を心理的機構としてとらえ、そこに2つの過程を認める。1つは〈刺戟―脳―各器官の運動〉という過程である。すなわち、ある刺戟が人体の表面に与えられると脳に伝わり、そこで第2の刺戟が人体の各器官に伝えられてそこに運動が起こるという過程である。この過程では思惟は何の役割もはたさないことになる。このハートリーの連想心理学にもとづく説明を物質活動論 material automatism であるとして批判し、それからの脱出の道として思想 thought を運動の媒体とする過程を考える。「知覚をもつ実体に存するとみられるあらゆる運動、他のいかなる実体にも見出されない運動は、当然その源としてかかる実体を（他から）区別する特性である thought をもっていると考えられる」[51]。thought は第1に外的印象によって、第2にあらかじめ精神内に存する thought からの論理的連関によって生み出され、精神内部に継起する。ゴドウィンによれば「われわれの悟性は綜合的であるよりも分析的であ」[52]ることによっていっさいの現象を分析し、そこに必然的連関を認識できるのであり、そうしてはじめて予見＝thought の形成が可能となり、それを媒介として自発的行為が可能となるのである。

　このように、ゴドウィンは必然の体系の中に人間を置くことによって at will という意味での自由意志を否定するとともに、その必然を認識する主体としての人間をみることによって、必然の正しい認識にもとづく自己決定という意味での自由の概念に近づくのである。このことの意味はつぎのように考えられる。

　ゴドウィンにおいては、予見にもとづく自発的行為をなす人間＝未来を見通して主体的に改革の努力をなす人間が何よりも要求されているのであり、必然論と自由意志の否定はそのような人間の形成の可能性を論証するものであった。偶然の介入は予見を不可能にする。at will という意味での自由意志はまさにそのよう

なものであり、それを認めれば自発的行為もありえない。ゴドウインの必然論と自由意志の否定は、自発的行為の主体の造出＝改革の主体の造出という彼の実践的課題と深くむすびついているのである。

4 人間の把握 (2)

以上にみて来たように、ゴドウインは人間をすぐれて理性的存在ととらえているが、しかし、一方では「人々の自発的行為は彼らの感覚の支配下におかれている」[53] と書いているように、人間を感覚的な存在としてもとらえている。人間が理性的存在であるか、感覚的存在であるかという問題が18世紀啓蒙思想の論争点の1つとなっていたことは周知の事実であるが、ゴドウインにおいては理性的人間と感覚的人間はどのようにむすびついているのであろうか。

すでに述べたように、ゴドウインは生まれたばかりの人間は快、苦のみを感じ、やがて快を求め苦をさけるようになるとして人間把握の基礎に功利原則をすえている。更に「善とは快楽をもたらす手段を含む一般的名称である。悪とは苦痛と苦痛をもたらす手段を含む一般的名称である」[54] という時、アレヴィとともに「ベンサムとゴドウインとは、ともにエルベシウスの弟子である」[55] といっていい。ベンサムにおいては、快楽の追求＝善の追求という等式が無条件に成立し、快楽と苦痛はすべて量に還元されて、理性は単にその量を計算して快楽を最大にし苦痛を最少にするような処方箋を与える機能をはたす。そこでは利己心＝利潤追求が全面的に開花し、彼の法体系はそれを制度的に保障する。しかし、ゴドウインの場合、理性は勿論快苦の計量器としての役割をはたしはするが、同時に「理性はわれわれの行動を刺戟しないけれども、理性がさまざまな刺戟に帰する比較的価値にしたがって行為を規制するようになっている」[56] のである。ベンサムのように、快楽の追求＝善の追求という等式が無条件に成立する場合には、理性は単に快楽量の計量をなすだけでいい。そこでは感覚と理性の矛盾はない。だが、利己心の自由な発動に楽観しえず、個人の利益と全体の利益の分裂を意識して、そのような社会を改善しようとしていたゴドウインの場合、理性は価値的判断の役割をになわされ、それにしたがって行為を規制するものとならざるをえない。こ

の感覚と理性の矛盾を、ゴドウィンは第1に快楽に質的区別をもうけることによって、第2に利己心の慈愛心への転化をもってのりきろうとする。

　第1の点から見ていこう。「人間の快楽の、原始的な、もっとも初期的な等級は、外的感覚による快楽である。これに加えて、人は知的感情 intellectual feelings の快楽、同情の快楽、自賛の快楽のような、ある第2の快楽を感ずることができる。第2の快楽は……第1の快楽よりも一層立派なものである」[57]というように、ゴドウィンは快楽に質的区別をもうけ、知的精神的快楽を感覚的快楽の上において、すべての人が知的精神的快楽をもとめるよう努力することを説くのである。この快楽の質的区別、したがって善の質的区別は、ロックの自然的善と道徳的善の区別にも対比されうるであろうが、ロックの場合、そこで快楽を神の法によって与えられる賞罰におきかえることによって単なる快楽主義から脱出しようとしたのに対し[58]、ゴドウィンはあくまでも個人理性の独自な発展によって感覚的快楽から知的精神的快楽への発展を説くのである。この発展はまた利己心から慈愛心への転化によっても説明される。

　ゴドウィンによれば、単なる快楽主義の誤りは「人間の行為の妥当な目的である快楽を行為する個人の快楽に制限して、他人の快楽がそれ自体のために追求されうるし、追求さるべきだということを認めないことにある」[59]。スミスの場合、利己心の追求はそのまま全体の利益につながった。しかし、ゴドウィンにあっては、自分の利益と他人の利益の分裂が明確に意識されており、彼はもはや利己心の追求を楽観できないのである。しかし、功利主義の原則に立つかぎり、なによりも人間は快を求め苦をさける利己的人間として把握されなければならない。この利己心と利他心＝慈愛心の対立をゴドウィンはつぎのような論理をもってのりきろうとするのである。すなわち、ゴドウィンによれば、あらゆる人が第1に望むことは快的感覚 agreeable sensation であり、それを獲得する手段である。それゆえ、最初の段階では「わたくしの隣人の善（＝快）は、（わたくしにとって）快的感覚の手段として以外には選ばれえなかった」[60]はずである。たとえば、隣人の悲惨な状態はわたくしにとっては不快なものであり、そのゆえに除かれねばならないのである。「このように、隣人の善は本来的にわれわれ自身の利益のために追求されるのであ」[61]り、この段階では利己心がその行為の動機となってい

る。ところが、この目的と手段が passion によって転倒されてしまうとゴドウィンはいうのである。たとえば、貧欲な人間ははじめに彼を誘惑した貨幣の効用を忘れて彼の情熱を貨幣自体の上に執着せしめる、それと同様に「われわれが快楽の特別な源に執着するようになった瞬間……それはそれ自身のゆえに愛されるようになる」[62] のであり「われわれの子供、家族、国、人類の幸福を増進するように自らを慣習づけたあとで、ついに自らをかえりみず彼らの幸福を」[63] 望むようになり、かくして慈愛心が形成されるというわけである。そして、その慈愛心が「道徳にとって本質的なもの」[64] とされ、その完成が「あたかもわれわれ自身に対してなされたかのごとくに、他人に対してなされた善に十分喜びを感ぜよと命ずる精神の状態に存する」[65] という時、この過程は前述の感覚的快楽から知的精神的快楽への発展にむすびつく。

　この慈愛心の説明は、ゴドウィンが一応人間を社会的存在と考えながら、そして全体の利益への配慮なしに個人の利益もありえないとするところまで認識しながら、社会を生産関係として把握しえなかったために、人間と人間の協力関係を人間に本質的なものとして認識することができず、人間の愛情もその協力関係から人間に本質的なものとして説明しえなかったことに対応すると考えられる。

　ところで、以上のようなゴドウィンの感覚的人間把握と理性的人間把握の結合の仕方は何を意味するのであろうか。すでに述べたように、ゴドウィンの時代には自己の快楽＝利己心の自由な追求に楽観することができなくなっていた。一方でベンサムは成長しつつあるブルジョアジーの立場から現実の利己的人間をそのまま認めて、立法によってその相互の利益の「人為的同一性」[66] を獲得しようとしていた。したがって、前に述べたようにそこでは感覚と理性の矛盾はなかった。しかし、後に見るように、ゴドウィンはあらゆる人為的諸制度を理性の独立を侵すものとして批判するのであるから、改革の機能はもっぱら理性にのみ与えられる。それゆえ、ベンサムとともに現実の人間を快をもとめ苦をさける感覚的存在としてとらえながら、同時に改革可能な人間＝理性的人間としてもとらえなければならない。しかも、「道徳学と政治学の真の目的は、快楽または幸福である」[67] とするゴドウィンは、感覚的存在としての人間を完全に否定してしまうことはできない。ゴドウィンが感覚的人間と理性的人間を前述のような仕方で結合したの

は、彼の必然論と同様、このような実践的課題＝改革の主体の造出の要請によるものであるといえるであろう。

5　社会法則としての「正義」の概念

自発的行為をおこなう理性的人間は、慈愛心をもって他人の幸福のために行為することに喜びを感ずる道徳的人間でもあるが、現実の利己的人間をかかる人間に変革することに、ゴドウインは社会改革の全内容をこめたといっていい。モンテスキューの地理的決定論を批判しつつ、ゴドウインはすべての人間が理性をもっているのだからすべての人間はそのような理性的道徳的人間になりうることをくりかえし主張する。そして、そのような人間の道徳律を確定して社会法則にまでたかめようとするのである。ゴドウインにあっては道徳律は理性法則としてあらわれ、それはそのまま社会法則になる。その意味でも政治学は道徳学に解消するのである。

ゴドウインはまず「正義とは、ある知覚的存在者と他の知覚的存在者との関係から生まれる行為の法則である」[68] と規定する。そしてその内容をつぎのように説明する。「個人の集合体の実際的利益を侵さず、また多数個人への実際の利益をはかりつつ個人の利益に役立たなければならない。どちらにしてもそれは全体を益する。なぜなら個人は全体の部分なのだから。それゆえそれをおこなうことは正義であり、それを禁ずることは不正義である。……正義によって、わたくしは幸福に関する事柄においてあらゆる人々を公平にとりあつかうことと理解する。……それゆえその原理は、有名な言葉にしたがえば『かたよることをせず』ということである」[69]。それでは、各人を公平にとりあつかうこととは具体的にどういうことなのであろうか。ゴドウインの場合、それは平等とは異なり、各人に与えられる待遇が各人の内的価値の大いさによってきめられねばならぬということなのである。有名なゴドウインの説明をきこう。「漠然とした一般的見解では、わたくしと隣人とはともに人間であり、したがって平等の注意を受けるにあたいする。なぜなら人間は動物よりも高等な能力をもっており、後者より洗練された純粋な幸福をもちうるからである。同様にキャンブレイの大僧正（フェヌロン）

は彼の召使よりも価値があった。だから、もし彼の邸宅が火事となり、彼らのうちの一人の生命だけが救助されるとすれば、どちらの生命を選ぶかをきめるのにちゅうちょする者はほとんどいないであろう」[70]。更に、この動物的状態からの距離のほかに価値をきめるもう1つの尺度がある。すなわち「一般的善にもっとも役立つ生命が選ばれるべきなのである。たとえば、不朽の『テレマック』を構想中のフェヌロンの生命を救ったならば、わたくしはそれを精読することによって誤謬、悪徳及びそこからもたされる不幸から治癒される幾千人もの利益を促進したことになる。否、わたくしの利益はこれよりも一層拡大したであろう。というのは、そのようにして治癒されたあらゆる個人は社会の一層よき成員となり今度は他人の幸福、知識、改善に寄与したであろうからである」[71]。公平とはこのようなものである。この生命の価値的区別は、前に述べた感覚的快楽と知的精神的快楽の区別に対応する。そして、ゴドウィンは理性の発展をそのまま歴史の発展とし、道徳法則は理性法則としてあらわれると考えるのだから、生命に価値的差を与える第1の根拠である動物状態からの距離は第2の根拠たる全体の利益への寄与の大いさに解消されると考えていいであろう。

ところで、ゴドウィンはこの公平を equity とよんで平等 equality と区別しているのであるが、この2つはどのような関係にあるのであろうか。ゴドウィンは人間の平等を自然的平等 physical equality と道徳的平等 moral equality に区別する。前者は人間の肉体的力と精神的能力に関するもので、彼はその両方において人間は平等になりうると主張する。「未開状態では、すべての人の悟性は制限されており、彼らの要求、彼らの観念、彼らの見解はほとんど同一の水準にあった」[72]がゆえにこの自然的平等はほぼ保たれていたが、未開状態から人間が脱出するや不平等 irregularities があらわれて来たと彼は考え、この irregularities を緩和し、再び自然的平等を実現することを、今後の「智慧と改善の目的」となすのである。だが、現実にあるこうした自然的不平等にもかかわらず、実質的平等 substantial equality が残っており「人類には一人の人間が他の人々を服従させておくことのできるほどの不平等はない」[73]とゴドウィンは考えるのであるが、それを彼は道徳的平等とよんでつぎのように説明している。すなわち、道徳的平等とは「起こりうるあらゆる事件に不変な正義の法則を適用する妥当性」[74]である

と。つまり、「正義」の法則がすべての人に妥当する（なぜなら、すべての人は理性をもっているのだから）ということなのである。ここから各人の権利、義務の規定もひき出される。「義務とは、わたくしが他人に（正義の法則にしたがって）与えなければならない待遇である」[75] のに対し「権利とは、わたくしが彼らから（正義の法則にしたがって）期待できる待遇である」[76] ということになる。そして、この待遇の大いさをきめるものこそ公平 equity なのであるが、この平等と公平の関係についてゴドウィンは更につぎのように説明している。「すでに述べた自然的平等とならんで一種の道徳的不平等がある。人々が当然受けうる待遇は彼らの功績 merit と徳 virtue によってはかられるべきである。……しかし、実際この区別は平等にとって有害であるどころか……好都合である……。それはあらゆる（人々の）胸に卓越への競争をふきこむと考えられる。真に望ましいことは、できるだけ勝手な区別をとりのぞくことである」[77]。このように、平等はすべての人が理性をもっているという意味ですべての人の同質性を規定するものであるのに対し、公平はその理性の働きの成果を確定するものであり、決して矛盾するものではない。

　それでは、ゴドウィンが平等だけではあきたらず公平という概念を正義の中心にすえた理由はいったい何であろうか。それはブルジョア的、形式的平等に対する批判であるといえるであろう。すべての人間の同質性を主張し、法の前での平等を主張しながら、一方でははなはだしい貧富の差をつくり出し、人間を財産や肩書きなどで評価していることに対する批判なのである。前にみたように「できるだけ勝手な区別をとりのぞくこと」とゴドウィンは書いている。「勝手な区別」、すなわち財産や肩書きによって人間の価値をきめるという転倒した人間評価＝ブルジョア的人間評価を、個々の人間の内的価値（全体の利益への寄与の度合によってきめられる）にもとづく本来の人間評価におきかえる主張、これが公平の意味なのである。だから、いいかえれば道徳的平等とは本来の人間評価をすべての人に妥当せしめることであるといっていい。

　ところで、ここで前にみたゴドウィンの人間把握＝改革をおもい起こそう。ゴドウィンの人間改革は〈非自発的行為→自発的行為〉、〈感覚的快楽→知的精神的快楽〉、〈利己心→慈愛心〉という３つのモメントをもっていた。正義はこうして

形成される改革の主体＝理想社会の形成員の社会原理であるが、個々人の行為の評価の基準としてあらわれる時、「徳性」という概念にまとめられる。ゴドウィンによれば、有徳な行為というのは慈愛心にもとづいて一般の幸福に実際に役立つ行為であり、行為の主観的意図と客観的帰結が一致していなくてはならない。そこでは「私悪は公益」というマンドヴィルの命題も、ベンサムの動機の結果への解消もともにしりぞけられる[78]。更に、有徳な行為者であるためには自分の能力を最大限に発揮しなければならないということが義務づけられる。前に定義した義務にはこうした内容も含まれているのである。

　ところで、よき意図＝慈愛心をもって自発的行為を最大限の努力をもっておこなうことに精神的快楽を感ずる人間でも、その結果が意図通り有益なものとならないなら、その人間は有徳な人間とは評価されない。有徳な人間となるためには正確に結果を測定し、その結果を確実に実現させる手段を正しく選ばなければならない。これも理性の重要な役割の1つであり、ゴドウィンは何よりも理性の役割を重視する。そして、あらゆるブルジョア的権利を否定したあとで、「人間の本性」[79]から出て来る唯一の権利として、各人は彼自身の理解において決定をおこなう権利＝理性の拘束なき運用の権利[80]のみを認めるのである。

　最後にゴドウィンの権利についての考え方をみておこう。彼は権利を能動的権利と受動的権利にわけて考える。前者は意のままに行動する権利で、利潤の追求や専制を正当化するとともに民衆の政府形態を選たくする権利をも意味する。ゴドウィンは前述の必然論によってこの権利を否定する。すなわち、すべての人は正義の法則にしたがう義務をもっているだけでそれにさからう権利はないのである。「社会や共同体はいかなる場合にも不合理や不正を設定する権利を与えられていない……人民の声は……『真理の声でも神の声』でもない」[81]として多数決の原理も否定される。つぎに受動的権利であるが、これは正義の法則から導き出される権利であり、生存権、個人的自由を享受する権利などを含む。しかし、「彼の義務がそれ（生命と身体の自由）を断念するように命じた時には彼の生命に対する権利をもたないのである」[82]。また、大きな悪をふせぐためには「他の人々は（ある人々の）生命あるいは自由を奪わなければならない……のである」[83]というように、生存権、個人的自由の享受の権利などは相対的なものとされてしま

い、前述の「個人的判断」の権利のみが「もっとも本質的なもの」[84]として絶対化されるのである。なぜなら「合理的行為者にとって、行為の法則はただ一つ正義があるのみであり、その法則を確認する方法はただ一つ自分の理性の活用があるのみである」[85]からなのである。したがって、正義の法則の貫徹を保証するものは「個人的判断（理性）の拘束なき運用」[86]であり、何よりも個人の理性の独立が保証されなければならない。理性を拘束しその独立をさまたげるものは何か。これがゴドウインの政治的諸制度を考察する場合の基本的な視点なのである。

〔追記〕
　正義の法則からひき出される徳目として、ゴドウインはとくに誠実を強調する。誠実とは真理を正確につたえることであり、それが相互の信頼の基礎になる。そして、その信頼が相互の親切さの基礎になるのである。

6　無政府論の論理

　周囲をみまわした時、つぎのことに気がつくとゴドウインはいう。すなわち、もっとも「洗練された」[87]ヨーロッパの国々で財産の不平等がいちじるしくすすんでおり、大多数の民衆は「彼らのできるかぎりの勤勉さえもがほとんど彼らを養うに足りない」[88]。しかも、民衆の労働の果実を消費している富める者の誇飾は、貧しい者の苦しみを一層はげしくしている。そこに「富める者を不可避的に報復にさらす」[89]という社会不安が生ずる。だが、「富める者は……直接、間接に国家の立法者である」[90]（したがって、たえず抑圧を組織する）。更に、最近の消費税の増大は「重荷を富める者から貧しい者へ転化させようとする企図である。……かくのごときが立法の精神の例である。同じ理由から、社会の富裕な階級には犯す誘因をもたない……諸犯罪が最高の罪としてあつかわれる。……富める者はもっとも不公平な抑圧的成文法を施行するために団結することを奨励されており、専売権はそれを買うことのできる者にはやたらに与えられる。ところが、労働の価格を一定しようとして貧しい者が団結することは、もっとも巧妙な政策によって阻害されているのである」[91]。

このように、ゴドウインは現在の国家が階級支配と収奪の道具となっていることを鋭くみぬくのである。しかし、彼はこの階級支配の論理を政府論において一貫させることはできない。

ゴドウインは、政府と社会を区別するペインの考え方をうけつぎながら、政府の発生をつぎのように説明する。「人類のもっとも望ましい状態は社会という状態である。社会という状態の中での人々の不正と暴力が政府への要求を生みだした。政府は悪徳によって人類に強制されたものであるから、一般に彼らの無知と誤謬の産物であった。政府は不正をおさえるものであったが、それは不正を犯すあらたな機会と誘惑を提供する。共同社会の力を集中することによって、政府は……抑圧、専制、戦争、征服への機会を与える。財産の不平等を永続させ……人々に邪悪な情熱を養い、盗みや詐欺にかりたてる。政府は不正をおさえることを意図したものであったが、その結果はそれを固定化し永続させることになった」[92]。ここでは、政府の発生は階級支配の観点からではなく、「社会という望ましい状態」での人々の無知と誤謬から生ずる不正をおさえる手段として発生したと説明されており、かくして成立した政府はあらたな不正の機会を生み出すものになるという、いわば本来的政府から階級支配の道具としての政府への転倒をもって現実の政府が説明されている。ゴドウインが「国家の本質そのものを攻撃し」[93]えたのはこの転倒の論理をもってであったが、ここで注意すべきは、このゴドウインの政府の起源の説明は歴史的事実ではなく論理的命題であるということである。彼が究めようとしたのは政府の論理的基礎（ゴドウイン自身の言葉によれば哲学的基礎）なのであって、歴史的には政府がしばしば暴力によって生じたというヒュームの説明を認めているのである。

ところで、政府が無知と誤謬にもとづくとすれば、知識を増し理性を啓発していくことによって次第に政府の必要度を減少させることができる。ここにゴドウインの無政府社会への展望があり、漸次的改革の見通しがある。しかし、逆に言って人類の中に誤謬が残るかぎり政府の必要性も残る。しかも、ゴドウインが人間は完全になりうるという時、完全に無限に近づくということを意味しているのであって完全な状態に達することができるといっているのではない。それゆえ、政府は何らかの形で残存しつづけねばならない。しかも、一度できあがった政府

はそれ自体の基礎＝無知と誤謬を永続化させようとする。この矛盾＝転倒をいかにしてふせぐか、これが彼の政治理論及び政府形態論の課題なのである。彼はこの課題を以下のように解決しようとする。

政府形態の検討にあたって、ゴドウインは当時一般的であったブラックストーンの区分にしたがい、政府を君主政体、貴族政体、民主政府という3つの基本形態において考察する。あらゆる政府はこの3つの形態のいずれかに属するかあるいはこの3つの要素のまじりあった混合政体であるが、まずゴドウインは君主的政体をつぎのように批判する。すなわち、君主制は全体の幸福を一個人の気ままな権力にゆだねるものであり、王と民衆は虚偽でむすばれる。王制にはスパイ、買収、腐敗がつきものであり、道徳性の本質要件たる独立性は失われて内的価値ではなく外的権威にひざまずく。かかる王制の本質は世襲君主制の場合は勿論、選挙君主制及び制限君主制の場合もかわらない。

それでは、貴族政体はどうであろうか。ゴドウインによれば、貴族政体の本質は特権であり、富の加重的独占 aggravated monopoly（相続などによる財産のこと）がそれを支えている。特権は個人の功績によって当然受けていい栄誉以上のものを要求し、それを正当化するゆえに許さるべきでないし、更に「貴族政体は富の流れを……社会の各々の部分に実をむすばせ、喜ばせるであろうような自然の水路から転換して……わずかの人々の手に集積させる」[94] ゆえに廃止されねばならぬと主張するのである。

最後に民主政体であるが、それは「社会のすべての構成員を一人の人間とみなし、一人以上のものでないとする政治制度」[95] であり、そこではすべての人が法の前で平等である。それゆえ「民主政体は人間に自分自身の価値意識をとりもどし、権威や圧迫をとりのぞくことによって理性の指図にのみ耳を傾けることを教え、他のすべての人々を自分の仲間としてとりあつかう信頼を与え、且つ彼らをもはや警戒すべき敵としてではなく、自分が援助するにふさわしい兄弟としてみせるようにさせる」[96] ものである。しかし、ゴドウインは民主政体を手ばなしで賞賛するのではない。そこには衆愚政治への危険があることを彼は認めるのである。だが、衆愚政治への危険は人々を改革することによって克服される、そうゴドウインは主張し、政治形態は君主政体、貴族政体、民主政体以外には考えられ

ないのだから、人々の改革を可能ならしめる政治形態は民主政体以外にはありえないと考えるのである。

すでに述べたように、ゴドウィンにおいては何よりも人間の自己変革が目ざされるのであり、政治制度はさしあたりそれをさまたげないこと（政治制度が人間の自己変革を積極的に援助することはできないとゴドウィンは考えている）を最も基本的な性格としてもたなければならない。そのようなものとしての民主政体の理論を、ゴドウィンは既存の政治権力とその正当性をようごする政治理論＝ロックやルソーの社会契約理論を批判しつつ展開するのである[97]。

まず、ゴドウィンの社会契約論批判をみることからはじめよう。ゴドウィンの社会契約論批判は、第１に誰が誰のためになした契約か、第２に契約の形式は暗黙の同意によるのかそれとも明白な言葉によるのか、第３に契約の期間はどれだけであるか、という３つの疑問を提出することからはじまる。まず第１の疑問については、「われわれの祖先がはじめて政府を設立する際には、そのもとで生活するのが適当と考えた政治制度を選択する権利」[98]をもつとしても、その時の契約が将来の子孫まで拘束して子孫の「理性の独立」を失わせることになってはならない。そのために世代ごとに契約を更新することにしても、第３の疑問のところでみるように期間が問題であろう。第２に、従来契約は暗黙の同意だけで十分であるといわれているが、もしそうだとすれば「クロムウェルの簒奪であろうと、カリグラの暴虐であろうと、静かに服従していれば合法的な政治である」[99]ということになってしまう。そして、同意というからには、自分の好きな政府を選択してそのもとで生活できるという前提がなければならないが「国民の大半をしめる農夫や職人は自国の政治にいかに不満であろうとも、他国の政府のもとに移ることはほとんど不可能であ」[100]り、「暗黙の同意の体系」は歴史的事実に合わない。最後に、もし厳粛に契約が成立したとしても、その期間をきめることはできない。「わたくしは自分の全生涯にわたって一層よい知識から排除されるのであろうか？　わたくしの生涯にわたってでないとしても、どうして１年間、１週間、１時間なのであろうか。もしわたくしの慎重な判断、実際の感情がこの場合に役立たないなら、すべての合法的政治がわたくしの同意にもとづいているということは、いかなる意味で主張されうるのか？」[101]すなわち、ある一定の時になされ

た契約は、その時の理性の発展程度に照応するとしても、理性そのものはたえず進歩するのであって、契約した時点からはなれればもはや契約の内容は理性にあわなくなる。ゴドウィンは以上のように社会契約論を批判するのである。

　このゴドウィンの社会契約論批判は、ヒューム及びそれを受けついだベンサムの社会契約説批判の論理とは異なり、「約束＝契約は守らなければならない」というブルジョア社会の倫理批判をその柱としている。ゴドウィンの場合、道徳の基礎は正義であって約束を守るということではない。約束を守らなければならないのは、その約束の内容が正義にもとづく場合のみであるが、それは「わたくしがそれを約束したからではなくて、正義がそれを命ずるからである」[102]とゴドウィンは考えるのである。したがって、約束を守らなければならないということは、ゴドウィンの目には転倒した倫理としてうつるのであり、動機＝意図の純粋性をそこなうものとしてうつるのである。ここにも、ブルジョア的な転倒した人間評価を拒否した「公平」の論理と同じ論理が貫いていることを認めることができるであろう。

　このように、ゴドウィンは発展する理性と静的形式たる約束の矛盾の論理をもって倫理のブルジョア的転倒を拒否し、それにもとづいて社会契約説を批判するのであるが、その現実的な意味は、ベンサムと同様ブラックストーンに代表されるウイッグ哲学への批判をめざしていたと考えられる。1688年の契約を理論化したロックの哲学＝社会契約論は、その革命性をぬきさられて形骸化し、イギリス憲法を美化するばかりかバークにみられるように現状の正当化と変革の抑圧の論理と化していたのである。一方、ロック理論の革命性はロンドン通信協会に代表される小市民的急進主義者の中にうけつがれていたのであるが、ゴドウィンは社会契約論を批判する点においてもこの人々と距離をもつといわねばならない。

　それでは、以上のように社会契約論を批判するゴドウィンは、どのような理論をもって民主政体を性格づけるのであろうか。

　何度もみてきたように、ゴドウィンの人間変革は理性をテコとしておこなわれる。理性が十分その機能をはたすためには、その独立性が確保されておらなければならない。そこからゴドウィンの政府の任務はひき出される。すなわち、「あらゆる人は……自由裁量の領域 sphere of discretion をもっている。その領域は

隣人の同等の領域によって制限されている。この領域を維持し、誰も他人の領域を侵さないように注意する職務、それが政府の第1の仕事なのである。……その権力はお互いのゆきすぎを抑制するための個々人の力の結合なのである。ここに今度は、自らあるいは代表によってこの抑制が専制的な仕方でなされたり、ゆきすぎになったりしないようにそなえる第2の職務が導き出される」[103]。このように、ゴドウィンは理性の独立性の確保を政府の基本的な任務となすのであるが、更に政府は「全体の名における、全体の利益のための一業務であるから、共同社会のあらゆる成員はその政策の選択に参加すべきである」[104]ということを原則とする。その理由は、第1にどんな人間も他人を支配することはできないからであり、第2にすべての人は理性をもっており真理と交通できるからである。更に、第3に政府は個々人の安全のためにつくり出されたものであるゆえに各人が自らの安全のそなえに関与することは合理的であるからであり、第4に公共の事柄に関して各人に発言権を与えることは、われわれにとって重要な「個人的判断の拘束なき運用」[105]にもっとも近づくからである。

　ところで、以上のようにゴドウィンはともかくも政府の設立を認めるのであるが、そうすると政府機関への何らかの委任、暗黙の同意、多数決への服従ということを認めることとはならないだろうか。ゴドウィンは、この問題を個人の判断の領域と政府の領域を区別することによってある程度の解決を試みようとする。すなわち、第1に「個人が真に自分自身のものである事柄に自分の判断を働かすことと、政府の領域がすでに認められている問題に自分の判断を働かすこと」[106]とは別であり、第2に委任は「自分で運用することが自分にふさわしい機能を他人にゆだねる行為ではない」[107]。委任を受ける人物は、才能、時間的余裕などからもっともその職務遂行にふさわしいか、少なくともあらゆる個人が自分でやるよりも一人また数人の人々が遂行した方がいい仕事というものがあるものだと主張するのである。

　この問題は更に独特な服従の理論によってうらうちされている[108]。ゴドウィンはつぎのような3種類の権威とそれに対応する服従を考える。すなわち、(1)理性の権威への服従、(2)他人の判断への信頼に対する服従、(3)従わなければ罰せられるような権威への服従である。ゴドウィンは理性の権威への服従をもっ

とも純粋な服従とよび、すべての人が従わねばならぬものと考えている。第2の服従は、自分を他人と比較する時、ある点で他人の方がすぐれており、しかもそのすぐれた点が自分の幸福にとって重要である場合がある、たとえば家をたてたいと思ってもそれに必要な技術を習得する機会を自分がもてなかった場合には建築師や機械師を雇ったり、その指示のもとで働いたりしなければならないが、これは信頼にもとづく服従であり、自分がやるより他人がやった方が一層有益な場合にのみ認められるものである。しかし、信頼は「事情が許す最良の仕方で自分の知識に欠けているところを補うこと」[109] で知識それ自体を供給するものではない。それゆえ、知と徳の増加はかかる服従の必要性を減少せしめる（ゴドウィンは専門化した人間ではなく全能的人間をめざしている。専門化＝人間のブルジョア的分裂をゴドウィンはくいとめようとするのである）。しかも、「あらゆる者は自分自身の意図の誠実さを自覚できるが……他人の誠実さについてはそれと同様の証明をもっていない」[110]（ブルジョア的人間不信への傾斜！）ゆえに信頼に対する服従は大いに警戒すべきであり、最小限度にとどめるべきであるとする。最後の服従の意味するところはつぎのようなものである。すなわち徳性は結果を見積もり、自分の立場が許すかぎりでの最大量の益を生み出すことであるが、正しい行為もその結果として自分が死という罰を受けるであろうと予想される場合には、その行為を怠ることが義務となるということである。以上のような3つの服従のうち、本来的政府への服従をゴドウィンは第2の服従＝信頼にもとづく服従にもとめているのである。

　更に、ゴドウィンは三権分立と二院制をしりぞける。彼によれば、権力の分立は「人民を代表している集会において討議すべき事項に……制限」[111] をなすものであるからしりぞけられねばならない。また、人間の従わねばならぬ法は理性法則のみであり、法をつくることは人間の能力の及ばないものなのであり、さらに強力の行使権（司法権及び国防権）は共同社会にゆだねられねばならぬものであるとする。一方、二院制は国民を二分する（すなわち、二院のうち1つは特権や独占の擁護者になる）ものであるとして否定される。かくして、政府は純粋に行政的・管理的なものとされるが、中心は共同討議 common deliberation である。ゴドウィンは共同社会の全成員がその討議に参加できるように教区的な行政単位

を考えており、更にその上に区と区の間の相異を調整したり、外国の侵略を防いだりする方法について討議したりする区代表による国民議会のようなものを考えている。そして、人間理性の発展と社会の改善にともなって国民議会の機能が次第に各教区の common deliberation にうつっていくことを展望するのである。

ゴドウィンの無政府論はほぼ以上のようなものであるが、以上のことから彼の無政府論が政府は悪だからなくせという直線的なものではなく、さしあたり現実の転倒せる＝階級支配の道具となっている政府を、その本来的基礎＝必要悪にもどして民衆の意見（当然誤謬をふくむがやむをえないとゴドウィンはいう）にもとづかせよという要求なのであることがわかる。つまり、政府は人々の無知と誤謬による不正をおさえるために生じたが、一度生まれるやそれは自らの基礎＝無知と誤謬を永続化させる（階級支配の道具になる）ようになるというこの転倒をゴドウィンは拒否しているのである。彼が委任による政府を認めながら、その政府から個人への強制権をうばいとり、言論に対して政府が常に中立であることを主張するのもそのためであり、かくして彼は政府を民衆の意見にもとづかせようとするのであるが、その点で当時の議会改革＝平等な代表権による民衆の意見にもとづく政府をめざす運動の理論となることができたといえるのではなかろうか。

それでは、政府のそのような転倒をおこし現実に転倒せる政府を支えているものは何であろうか。「一人の人間が他の多数者の上に支配権を獲得するのは蓄積という手段によってである」[112]。このように、ゴドウィンは鋭くもそれを財産制度にみるのである。つぎにそれを検討しよう。

〔追記〕
　　強力の行使についてのゴドウィンの考え方を紹介しておこう。
　　第1に刑罰。理性の全面的開花がなされていない社会では犯罪者の最小限度の自由の拘束はやむをえないとするが、その場合、拘束の目的はあくまでも犯罪者の矯正になければならない。体刑や隔離に反対し、有徳な人との接触による教育を主張する。また現行裁判制度に反対し裁判権を共同社会にうつすことを主張する（なお、ゴドウィンの刑法論の意義については水田珠枝氏の前掲論文にくわしい）。
　　第2に戦争。ゴドウィンは戦争の原因を富の不平等と政治機構の複雑さ（政府が何をやっても民衆にはわからないような政治機構）にもとめる。理想社会には戦争がありえないが、理想社会になるまでは防衛を目的とした戦争はやむをえないとする。しかし、

彼は傭兵制度に反対し、国民皆兵を支持する。なぜなら、人間は本来、剣や銃に嫌悪を覚えるはずなのに、金でやとわれる傭兵制度は戦争を祭り気分のものにしてしまうからで、そうした転倒をくいとめ、本来の感情を失わずに防衛の任を果たしうるものは、自分の使命を自覚して闘う国民皆兵以外にはないからである。

7　財産論と生産力の把握

　「財産の問題は政治的正義の構造を完成する要石である。財産に関するわれわれの観念がありのままとなり、正確になるにしたがって、それらの観念は、政府をもたない社会の単純な形態がもたらす結果についてわれわれを啓発し、そうすることによって、複雑な社会にわれわれを執着せしめている偏見を除去するであろう。財産に関する誤った概念 notions ほど強力にわれわれの判断や意見をゆがめるものはない。最後に、強制や刑罰の制度に終わりを与える時期は、財産が公平な基礎の上に置かれることと密接にむすびついている」[113]。
これは『政治的正義の研究』の最後に位置する財産論（第8篇、Of Property）の書き出しである。このように、ゴドウィンは正当にも社会的諸悪の根源を経済制度にもとめた。熱烈な民衆の支持のもとに生まれた共和制の中で、やがて真の共和主義＝平等の精神がおとろえていく。そのことを、過去1世紀余のイギリスの歴史がしめしていた。ゴドウィンはその原因が蓄積財産＝独占的財産制度にあることに気がついたのであった。それゆえ、彼は「共和主義は悪の根本にまで達する救済策ではない」[114] と書くことができた。蓄積と貧困をなくし、財産を公平の原理の上に置くためには、まず所有権そのものを問題としなければならぬ。その点で、ゴドウィンはペイン的、小市民的資本主義批判をこえてすすむのである。
　ゴドウィンによれば、所有権はつぎの3つに分類される[115]。すなわち (1) 生存権、(2) 労働収益権、(3) 搾取権、である。ゴドウィンは、現在のヨーロッパの社会制度はこの搾取権を容認する制度であるが、文明社会におけるあらゆるものは人間労働がつくり出したものであり「地球の自然的産物はほとんどない」[116] のだから、搾取権は否定されなければならないという。たとえば、彼は財産相続権について、「財産は現在生きている人々の日々の労働によってつくり出され

る」[117)]のだから、それは隣人の労働がつくり出したものを無理にとりあげる「かびくさい特許状」[118)]にすぎないと主張するのである。ところが、この搾取権否定の論拠となった労働収益権も、各人が自分の労働でえたものに絶対的な支配権をもつとしたらやはり無限の富の蓄積と貧困が生ずるゆえに否定されなければならないのである。それゆえ、労働収益権は「絶対的な権利という点ではあなたに所属するものの保存と分配の権能をわたくしに与える」[119)]にすぎないものとなる。彼はつぎのようにいう。「人間は自分の財産の1シリングさえも、またもっとわずかな力の行使でさえも、正義の法令によってその用途が定められている。彼は管理者にすぎない」[120)]。このように、ここでは働いただけのものを取得するという小生産者的分配原理は完全に否定されて、全体の利益を最大ならしめるように分配するという功利原則がつらぬかれる。だから、生活手段に対する支配権＝生存権もいわゆる私有とは異なり、あるものが自分に所有されるよりも他の人が所有したほうが一層大きな効用を生み出すとすれば、それはゆずりわたされねばならないのである。「世界のあらゆるものは共同のストックなのであって」[121)]生存権とは、各人が「自分の必要なものをそこからひき出す」[122)]権利のことなのである。

　以上のように、ゴドウインは平等な権利を軸として私有財産一般を否定し、いわば各個人の限界効用を最大ならしめるよう分配を行うことによって全体の利益を最大ならしめることを説くのであるが、まさにこの点で逆に功利原則によって私有を基礎づけたベンサムとは決定的に対立するといえるだろう。このことは、「私有」と全体の利益の対立が先鋭化して来たことをものがたるものであろう。ゴドウインは全体の利益によって私有を否定し、ベンサムはブルジョアジーの立場からあくまでも私有をまもりながらそれと全体の利益の対立を「人為的」に調整しようとしたのであった。

　それでは、財産が各人の効用＝必要によって分配されるとしても、必要の度合はどのような基準できめられるのであろうか。ゴドウインは財産に4つの段階をもうける。第1は生存資料、第2は知的・道徳的進歩の手段、第3に安価な喜びを味わう手段、第4は健康な生活に必要ではないが多くの労働力を費やす奢侈品である。そして、各人は「共同のストック」に対して平等な権利をもつわけだか

ら、社会の全成員が第1段階をみたさないうちは誰も第2段階をみたしてはならぬわけであり、ゴドウインは第1段階から第2、第3と次第に全成員が順次に欲望をみたしていくことを説くのである。

　この財産4段階論が可能であるためには、生産力の上昇が前提されていなければならないことは明らかである。ゴドウインは生産力をどのように把握していたのであろうか。つぎにそれを検討しよう。

　まず労働であるが、ゴドウインはそれを二重に把握する。すなわち、彼は苦痛にみちた既存社会の労働に対して、人間に本質的な楽しい労働を対置させるのである。現実の労働が働く者の理性をみがく閑暇を奪い、健康をそこなうほど苦痛なものとなっているのは、富める隣人が奢侈のために農夫を搾取するからである。ゴドウインの計算によれば、文明国の農夫は自分の労働の20分の1以上は消費しないのに、富者は20人の農夫の生産物を消費しているのである。一方、イギリスの人口の20分の1が、現在農業労働に従事しているが、農業は一年のある時期はいそがしくても他の時期はまったく仕事がない。もしこの後者の時期に前者の時期と同じだけの時間を毎日労働したとしたら、この労働量は単純な社会＝理想社会において十分な熟練工のもとになされる道具の製作、機織り、仕立、パン製造などに必要とされる労働量に等しい。したがって、20分の1の人々の労働はすべての人に必需品を供給するに十分なのであって、富者の奢侈を廃して社会の全成員に労働が課された場合、現在の1日の労働時間を10時間とすれば、その場合には社会の全成員が30分労働すればいいということになる。このゴドウインの数字は、勿論信頼すべくもないが、前半は富者や知識人の社会から一歩も出ようとしなかったゴドウインの視野を、後半は農民兼手工業者という独立小生産者の観点をあらわしているようで興味深い。こうして、理想社会では「誰も自分の地位と職業の結果として自らの肉体的労働から免れていると考えることは許されない。安閑と長椅子にもたれかかり、仲間の労働の上に肥満する富者はいなくなるだろう。数学者や詩人や哲学者は、彼らに自分が人間であることを感じさせる日常の労働から快活と精力のあたらしい源をうるであろう」[123]ということになり、労働は愉快なものとなる。ところで、ここでみのがしてならないことは、この現実の苦痛な労働と理想社会の楽しい労働の対立を、ゴドウインは肉体労働と知的精

神的労働の対立にほとんど等置してしまっていることであり、資本主義社会の疎外された労働に気づきながら、結局疎外された労働のワクを出て本質にまでつきすすむことはできなかったということである。このことは、第1にはこの時期にようやく顕著になりかけてきた肉体労働と精神労働の分離＝資本主義的知識人層の形成とかかわり、第2にはゴドウィンがとにもかくにもそのあたらしい知識人層形成の波の中にいることをしめしていると考えられよう。

つぎに、万人に等しく課された労働がいかにして行われるかが問題となろう。いうまでもなく、近代的労働は協業と分業によって行われる。ところが、ゴドウィンはそのいずれも「個人の独立」を侵すものとしてしりぞけてしまうのである。たとえ「現在は樹木をひき倒したり、運河を掘ったり、船を操ったりするためには多くの労働を必要とする」[124]としても、永久にそうだというわけではない。「われわれが人間の考案による複雑な機械、いろいろな種類の水車や織機や蒸汽機関を想起する時、それが生み出す労働の節約に驚かないであろうか？ この種の進歩がどこかでとまってしまうにちがいないなどと誰がいうことができよう」[125]。ゴドウィンはこう主張し、機械の進歩が共同労働の必要をやがてなくしてしまうと展望するのである。

一方、分業については前節でみた信頼にもとづく服従の理論があてはまる。すなわち、「各人は自分のなれている仕事を他人よりも一層巧みに短時間で仕上げるであろう。恐らく、わたくしが3〜4倍もの時間をかけ、ついには不完全にしかつくりあげてしまうことのできないものを、あなたがわたくしにつくってくれることは合理的である」[126]のであるが、これはあくまでもお互いの切実な必要だけにもとづくものであって、資本主義社会の基礎をなす社会内、企業内両分業はまったく否定されるのである。「われわれは物々交換及び交易をとりいれるであろうか？ 決して」[127]といい、工場内分業については「商業の著作家（スミスを念頭に置いている）によってあきらかにされてきたように、分業は貧欲の産物である。10人の人間が1日に1人の240倍ほどのピンをつくりうることが発見された。この洗練は独占の産物である」[128]。更に、分業が労働を節約するという「有用性は、人々が不公平な余剰を自ら否定する時にはいちじるしく減少するであろう。労働のかかる節約の効用は、労働が重荷から楽しみにかえられるところ

第9章　ゴドウィンにおける『政治的正義』の構造　313

では、共同が生み出す広汎な悪に対してほとんどつりあわないであろう」[129] という。こうして、さしあたり合理的とされる各人の技能の相異にもとづく分業は、社会の全成員が理性的全能人をめざして努力するなかで次第に不必要となっていき、分業にもとづく共同労働の必要は、理性の進歩と平行して行われる機械の進歩によって克服され、かくして各個人が独立して生産を行う独立小生産者のなかば自給自足的な社会の展望がひらかれるわけである。

　ところで、当時機械の採用は失業の問題を生ぜしめていた。その点について、ゴドウィンは「現在ではそういう発明は社会のうちの労働する部分を心配させる。それはやがて大衆のもっとも重要な利益に役立つのだが、一時的には困難をつくり出すかもしれない。しかし、平等な労働の状態においてはその（機械の）効用は議論の余地がないであろう」[130] ときわめて楽観的に述べている。ゴドウィンは機械の所有を問題としていない。したがって、彼が機械の歴史的な性格を正確に把握していたとは決していえないのであるが、この機械に対するオプティミズムが資本主義的生産関係から機械を救い出したところでなりたっていることから、機械の資本主義的性格を直観的にではあるが正しくつかんでいたとはいいうるであろう。

　資本主義的生産力は協業、分業、機械という3つのモメントが利潤の追求という動力を軸として結合させるところになりたつ。ゴドウィンはこの3つのモメントのうち前二者を否定して機械のみをとるのであるが、このことは何を意味するのであろうか。ゴドウィンが現実にみた、人間を商品にし、機械にする分業と協業は、分業と協業の特殊資本主義的形態のものなのであるが、人間をあくまで個人主義的小ブルジョア的視点からしか（まさにそれゆえに人間の疎外を鋭く認識できたのであるが）みることができず、したがって社会を生産関係＝生産のための協力関係として、逆にいえば協力関係を人間に本質的なものとして把握しえなかったために、それとの対比において協業と分業の特殊歴史的性格をみぬけず分業と協業を一般的に否定してしまったことを意味している。ところが、問題はそれだけにとどまらない。私有、分業、協業を理性の独立をテコとして否定することによって「人間を商品にする」資本主義的転倒を拒否したところにゴドウィンの鋭さがあり、同時に空想性もあるのであるが、更にこの転倒拒否は、文明が不

平等の結果であり、奢侈への欲求が技術や芸術を発展させてきたゆえに「知的進歩の拡大は……不公平な不正と苦悩の代価を払って買う価値がある」[131]というアダム・スミス的な転倒せる資本主義の矛盾の承認を拒否することでもあった。「不平等は文明の序曲として必要であったかもしれないが、文明を支えるには必要でない」[132]とゴドウインは考えるのである。したがって、彼の場合、この資本主義的転倒の拒否は過去にもどることではない。ルソーにおける原始社会へのあこがれを批判しつつ「文明の快を味わった人間は無知に逆もどりすることはないであろう」[133]と彼は主張するのである。

スミスの場合、生産力の発展＝文明の進歩を認めることは資本主義の矛盾を前述のように問題を転倒することによって認めることであった。そうした上で、スミスは生産力の基本的モメントとして分業をとり出してきたのであった。したがって、分業の否定は生産力の発展＝文明の否定となるのであり、分業の資本主義的形態＝目的と手段の転倒を認めないかぎり復古的とならざるをえないのである。ところが、ゴドウインにおいてはそうはならない。なぜか？　その理由は、スミスの立っていたマニュファクチュア段階においては、その技術的基礎はなお狭隘であり[134]、その生産力の発展は何よりも分業にもとづく協業によって代表されていたのに対し、ゴドウインの段階においては、生産力の発展が機械の発明として現象するようになっていたからであると考えられる。いうまでもなく、産業革命はマニュファクチュア的分業と協業を否定して機械を中心としたあらたな分業と協業をつくり出す過程であるが、イギリスにおいて木綿工業における工場制がほぼ支配的となったのは1815年以後であり[135]、ゴドウインが『政治的正義の研究』を書いた段階では諸々の発明がようやく産業に適用されはじめたばかりの時で、工場制に固有な問題はいまだ顕在化せず、したがって、ゴドウインが現実にみた分業と協業は主としてもっとも人間を部分的なものにするマニュファクチュア的分業と協業であったのであり、それを否定しつつあらたな生産力の代表者として現象しつつあったのが機械であり、かかるものとしての機械にゴドウインは期待をかけたと考えられるのではないだろうか。ゴドウインの機械に対するオプティミズムは、このような現実に支えられていたのである。彼が私有、分業、協業＝資本主義を否定しながら、それまでの資本主義批判に多かれ少なかれみられ

る復古性を克服し、きわめて主観的であったにしろ前向きの姿勢をとりつづけえたのは、前述のような歴史的事情の反映として機械を理性の発展の上でとらえ、個人の独立＝理性の独立→理性の発展＝機械の発明＝生産力の発展という見通しをもつことができたからであった。

　最後に、ロバート・ウォーレス[136]のつまずきの石であった人口問題と理想社会における労働意欲の問題が考えられねばならないだろう。

　まず人口問題について。ゴドウインはウォーレスをつぎのように批判する。「（理想社会の）必然的結果として、人類があまりに幸福になりすぎたり、遠い将来に人口が多くなりすぎたりすることを恐れて、人類にとって現に必要な利益をもたらす計画を避けることは馬鹿げている」[137]。ゴドウインによれば、住むことのできる地球の4分の3はまだ耕作されていない。更に、すでに耕作された土地もはかりしれない改善によって生産性を向上させることができる[138]。したがって、人口過剰問題ははるか遠い将来のことであり、それよりも「相当多くの子供をゆりかごの中で」[139]しめころしてしまう既存の社会制度の改良こそが問題なのだとゴドウインはいうわけである。ここには2つの事が区別されねばならないだろう。すなわち、「多くの子供をゆりかごの中で」しめころしてしまう既存社会のいわば相対的な過剰人口と理想社会における過剰人口である。勿論、ゴドウインがこうした区別をしているわけではない。それゆえ、後のマルサスの攻撃をのりきることはできなかったのであるが、すくなくとも現存社会の過剰人口の原因を社会体制そのものにもとめている点は正しいとしなければならないであろう。ゴドウインはあくまでも既存社会の変革を考えているのであり、既存社会の擁護を任務とするマルサスとは厳しく対立するのである。ゴドウインは、富の偏在を是正し、耕作をさまたげている土地独占を廃して生産を拡大していけば既存社会の過剰人口はさしあたり解決するが、遠い将来理想社会でも過剰人口の問題は生ずるかもしれないという。その解決策を今のうちに示すことは不可能であるが、おおよその見通しとしては、それまでには理性が発達して肉体を支配するようになり人々は恐らく生殖をやめるだろうということが考えられるとしている。

　つぎに、最低限度の労働ですべての人の生存が保障される理想社会では怠惰がしのびこまないだろうかということが問題となる。ゴドウインは、資本主義社会

における富の蓄積のプライム・ムーバーを名誉愛 love of distinction[140] にみる。しかし、一方名誉愛は富の蓄積をすすめるだけでなく、「発明家が彼の思考の宝を生み出す」[141]刺戟としても作用する。「動物的欲求にしかそなえようとしない者は、ほとんど彼の精神のねむりをゆり起こさない。しかし、名誉愛はわれわれをかりたててほとんど信じられないような事を成功させる」[142]。したがって、富の蓄積にむいている名誉愛を全体の利益となるものにふりかえることをゴドウィンは主張するのである。しかし、それは人間がすっかり変革され「慈愛心」だけがその行動の源となるや消滅してしまうものであり、人間変革の過渡的な手段として考えられているものなのである。

8 変革と歴史観

　これまで述べてきたところからゴドウィンの理想社会の様相を簡単にまとめておこう。
　まず経済生活。すべての人が毎日一定の時間必ず労働する。その場合、生産面のみならず消費面における共同も注意深くさけられる。共同労働でなければできないような仕事は機械がやってくれるようになる。分業も交換に発展しない程度に、すなわち、知識や技術の個人的不完全性を補いあう程度にとどめられ、それも各個人の理性の発達にしたがって漸次縮小される（いわば全能人の社会である）。そこでは私有はなく、すべての財は全体のものであり、各人はその共同のストックから必要なだけのものをひき出す等しい権利をもつ。共同のストックといっても財産の共同管理をおこなうのではなく、各個人が自分の労働の果実に対して管理権をもち、全体の効用を最大にするように自らの判断にもとづいて分配をおこなうのである。たとえば一個のパンがあるとする。それをわたくしが食べるよりも他の人が食べた方がより効用が大だとすれば、それは他の人に渡されなければならないということなのであり、他の人が複数ならその内もっともそれを必要としている人に渡さるべきであるということなのであるが、その判断はあくまで各人が自分でおこなうのである。したがって、考慮する範囲は個人の視野の広さに限られる。

このような原則に適合的な社会として、ゴドウインは教区的共同体を考える。政府はかかる共同社会において、各個人の判断と行動の領域を互いに侵さないように注意することをその基本的な任務とする。政府は共同社会の全成員の意見にもとづいて運営されるが個人に対する強制権はもたない。強力の行使権（司法権と国防権）は政府にではなく共同社会の全員に存し、各人は犯罪者の理性に訴えて誤りを悟らせる。一方、国防の義務は社会の全成員が負うことになる。

　ゴドウインによれば、そのような社会への政治的移行は3つの段階よりなる。第1段階は、憲法を単純化してつぎの2項目に限定すること。すなわち、国全体を人口の等しいいくつかの区にわけることと国民議会の選挙のための時期を決定すること。つぎに第2段階では、国民議会への代表選出権をもった各区は正義に関する自分自分の理解にしたがって自区内の事柄を規制することが許される。かくて、国家は自治的教区共同体の単なる連合体となる。最後の段階は法律が漸次的に消滅する段階である。この段階では「国民議会は不平をいだく区に対して強制力」[143]を使用することができなくなり、単に忠告を与えることができるにすぎないものとなる。同時に、刑罰も税金もなくなるであろうというのである。ここで税金のことにふれておこう。ゴドウインは理想社会では税金はなくなるであろうというのであるが、そうすると政治的、公的諸機関はどのように維持されるのであろうか。

　彼はつぎのようにいう。「利己心を……衰微させたりするかわりにそれを増すことは、よき政治的制度の目的であってはならない。もしわれわれが公務〔員〕……に多くの給与を支払うなら、彼は大衆に対してよりも給与に対して一層多くの注意を〔むけるようになるであろう〕。たとえ少ない給与であったとしても、支払いそのものが仕事とそれに対して与えられる報酬とを比較することを人々に強いるであろう。……大小にかかわらず給与というものが存在していたら、多くの者は公職をその附属物として考え、その結果……職務は取引に変ずるであろう」[144]。そして、彼は公務員の維持を余剰物資をもつ隣人にもとめるのである。更に公務員の年金について、「一人の援助で不十分なら、多くの者に彼を援助せしめよ。彼をして……ユウミダスが……病気の時におこなったことをおこなわせよ。すなわち、彼の娘を一人の友人に、彼の母を他の友人に養ってもらうようゆ

い言せよ。これは唯一の真の課税であって、能力のあるまた能力があると自ら考える者が自分自身に課税するところのものである」[145]という。この場合にのみ、ゴドウィンは他人の労働の果実の取得を認めるのである。なぜなら、彼によれば、公務に選ばれた者はその特別の才能のゆえに選ばれたのであり、その給与は他人の労働の産物を占有する権限を彼らに与える特許状なのであるからである。

　以上がゴドウィンの『政治的正義の研究』からうかがわれる理想社会の様相であるが、この教区共同体の理想は、結局自己労働にもとづく独立小生産者の相互扶助の社会であり、ゴドウィンの目的と手段の転倒を拒否する論理は、独立小生産者が一層の資本主義的分化を拒否する態度の論理化であったといえるであろう。ゴドウィンの鋭さは、人間の資本主義的分化＝転倒＝人間の疎外の原因をその根源＝私有財産制にまでつきつめて把握し、その根源を否定することによって人間の独立性＝全体的人間を守ろうとしたことであった。その意味でゴドウィンの独立小生産者はコンドルセやペインの独立小生産者ではもはやないのである。ペイン的独立小生産者[146]の夢がやぶれ、独立小生産者が自己に固有な経済的基礎を否定することなしに自己の独立性を守りえないということに気づいたところでゴドウィンのユートピアはなりたっているといえよう。

　最後に、理想社会への変革はいかにおこなわれるのであろうか。すでに幾度かその点にふれてきたが、ここで一応まとめておこう。彼はつぎのようにいう。「わたくしの望むべきことは暴力によってその制度を変革することではなく、議論によってその諸観念を変革することである。わたくしは単に公共善を研究するのであって、徒党や陰謀には関係をもたないのである。単に真理を流布し確信の静かな進歩をまつだけである。もしこれに耐えることのできない集団があるとしても、わたくしはその成員となるべきではない」[147]。また「人類社会という機構においては、すべての車輪が同時に回転しなくてはならない。どのような一部分でも他の部分より一層高い状態に無理にひきあげようとする者、仲間からその部分を力ずくで離れさせようとする者は、彼の同時代人の敵であって恩人ではない」[148]。ここにゴドウィンの変革についての考え方が集約されている。

　このように真理の流布を改革の唯一の道とするかぎり、改革の主体は真理に容易に親しみうる者でなければならない。ゴドウィンによれば、現在の社会では研

究の余暇をもっている者と生活に追われてそうした余暇をもたない者にわかれており、後者が前者の特権に加わることは望ましいが、早急にそうすること（＝革命）は救おうと企てている害悪よりも一層大きな害悪を生み出す。民衆への訴えを第一とする者は精神の性質をまったく理解しない者であると彼はいうのである。だから、改革の主体は第1に知識人、第2に富める者ということになる。前者にたいして、彼は扇動をつつしむこと、公平であることを説き、後者には「あなた方が真理と闘うことは無駄である。それは人間の手で太洋の侵入をくいとめようとするようなものである。ただちに賢明になりたまえ。譲歩の中にあなた方の安全をもとめよ」と訴えるのである[149]。

　道徳的諸悪の原因を政治制度にもとめ、富める者が多かれ少なかれ国家の立法者となって多数者を収奪し、抑圧して、転倒せる政治制度を維持しようとしているところまでつきとめながら、その同じ富める者に改革の主体をもとめるのであるから空想性もはなはだしいのであるが、その背後にはこれまで幾度もふれてきたような人間理性の歴史にたいする無限のオプティミズムがある。ゴドウインにとって、理性の自己拡大と誤謬と無知の縮小が人類史の全過程なのである。

　ゴドウインは原始人の社会と発達した科学をもった近代社会を比較し、人間性 human nature の無限の可能性を信じつつ、彼の理想社会へのすう勢をつぎのように歴史の中に見いだすのである。「野蛮から洗練への近代ヨーロッパの進歩において、諸条件の平等化の傾向をたどることは恐らく困難ではないであろう。封建時代には、現在のインドや世界の他の地方にみられるように、人々は一定の地位に生まれついたものだったし、農夫が貴族の位にのぼることはほとんど不可能だった。……商業はこの外見上難攻不落のとりでを倒し、自分の家臣は自分とは異なった種類の人間だと信じようと欲している貴族の偏見を攻撃するための原動力であった。学問は他の一層有力な原動力となった。商業はよろいにつつまれた者以外の人でも富裕になりうることを証明した。しかし、学問は生まれのいやしい者でも領主をしのぐことができることを証明した。……学問が力をあらわしはじめてからも、長い間その愛好者は現在では驚かずにはみられないようなあの追従的態度や奴隷的献身にしたがって来た。知的卓越者はパトロンなしでもそれ自身の目的を達成することができるということを人々が知ったのはほとんど最近の

ことなのである。現在、教養ある知識人の間では、収入がとぼしくとも大きな知力と道徳的精神をもった人間はたえず注意と尊敬をもって受けいれられる。そして、彼を横柄にとりあつかおうとする財布を誇る隣人は、確かに一般の非難にあうのである。長い間確立されていた偏見が徐々に破壊されている遠く離れた村々の住民は、開明的なサークルの中で、人々が受ける注目の程度をきめるのに富がいかに少ない役割をしか果たさないかを知って驚くであろう」[150]。やや引用が長くなったけれども、ここで、彼の理性にたいする信頼が、知性は「パトロンなしでもそれ自身の目的を達成することができる」という自信にうらうちされていることに注意すべきであろう。それはパトロンから一人立ちしはじめた知識階層の自信であり、とくに産業革命期において、革命の技術的にない手となったあたらしい知識階層の自信を一部反映していると考えられる。ゴドウインの交際した人々は、たとえばジョゼフ・プリーストリー、トマス・ホルクロフト、ウェジウッド[151]など、ほとんどそうしたあたらしい知識階層であった。彼らの多くは職人出身で、非国教会派、無神論者、理神論者などであり、諸々の差別待遇に抗しつつ、他方ではプロレタリアートへの転落の傾向にさからいながら、自らの努力によって自己の才能をのばしてきた人々であった。ゴドウインの理性的人間はかかる知識人の抽象であるといっていいであろう。それはいまだ職人的、独立小生産者的でありながら、小生産者に固有の経済的基礎をすでに失っているのであるが、にもかかわらず、知識＝技術をもって生活できるようになりはじめていたゆえに歴史を楽観的にとらえることができたのである。しかし、同時に彼らはたえずプロレタリアートへの転落の危機にさらされ、他方では資本主義生産関係の中でたえず人間機械化の危機にさらされていた[152]。それゆえ、当時の他のどの階層よりも人間の自己疎外＝資本主義的人間分裂を鋭く認識することができたのであろう。ゴドウインはその人間分裂を、当時技術革新という形で現象しつつあった「理性」をテコとしてひきとめようとしたのであった。ゴドウインの歴史はその理性の自己拡大の過程なのであり、そこには理性による歴史の断絶は存在せず、改良主義への展望が開かれるのである。

おわりに

　以上にみてきたように、ゴドウインは、人間の疎外＝資本主義社会の転倒せる人間関係の根源を私有財産制そのものに認め（それゆえ、彼は国家の階級的本質を鋭く攻撃することができた）。その根源を襲うことによってその転倒を拒否しようとした。そして、それを、抽象的主観的なものではあったけれども機械をつかむことによって生産力視点とむすびつき、前向きの姿勢においてなすことができた。かくして、ゴドウインは初期の資本主義批判が多かれ少なかれまぬがれえなかった復古性を克服したのである[153]。社会主義思想史におけるゴドウインの位置は、この点にあると考えていいであろう。

　しかし、ゴドウインの守ろうとした人間は、すぐれて理性的な、絶対的に独立した個人であった。この個人の独立性の絶対化は、彼が人間把握において資本主義の出発点にあった独立小生産者の視点を保持していることを意味している。したがって、すでに述べたように、彼の理論を貫く転倒拒否の論理は一層の資本主義的分化を拒否する独立小生産者の態度の論理化なのであった。その意味では復古的であるといいうるであろうが、まさにそれゆえにゴドウインは専門化によって奇形化されない全体的人間像を頭に描きつつ、それをそこなうものとしての資本主義を鋭く認識しえたといえる。だが、同時にゴドウインの独立小生産者は、歴史的な独立小生産者に固有な経済的基礎を否定（私有の否定）され、独立は理性の独立として内向化し、きわめて主観的、観念的なものとなっていた。すでに述べたように、ゴドウインの私有財産否定は、彼の思想がペイン的独立小生産者の夢が破れたところで成立していることを意味し、彼の理性への信頼は、産業革命の技術的革新とそれに伴うあたらしい知識人層の形成によって支えられていたことを意味すると考えられる[154]。彼の政治的正義の概念は、市民社会の矛盾を克服するための、インテリゲンチャの自己反省と自己改造の態度の結晶なのである。

　最後に、ゴドウインにおける自然法思想と功利主義について簡単にふれておきたい。従来、近代自然法思想は、ロック以来、スミスをへて解体過程をたどり功

利主義に席をゆずるといわれている。その歴史的意味は、内田義彦氏が指摘しておられるように、自己労働をもととする所有から資本制的取得への転化の論理に照らしあわせて理解さるべきなのであろう[155]。ベンサムの功利主義による自然法学（とくにブラックストーン）批判の課題は、重商主義体制の揚棄＝資本関係の完全な開花であり、ロック的自己労働の限界をこえた所有＝利潤追求の合理化なのである。それに対して、18世紀後半の没落しつつある小生産者の運動（＝ロック主義の復活）は、ある程度の財産の不平等はやむをえないとしながらも自己労働にもとづく社会を理想としており、社会契約論によって自己の運動を合理化していた。それは資本主義の出発点にもどることであり、資本関係の展開を否定しようとするものであった。その限りで、ゴドウィンは彼らの延長上にあるといえるであろう。しかし、前にみたように、彼はベンサムと同様に功利原則（快＝善、苦＝悪、及び最大多数の最大幸福）を支持し、社会契約論を徹底的に批判する。この点で、彼もまたウイッグ哲学に対立し、同時に小生産者の急進主義運動にも対立する。しかし、ゴドウィンの場合、社会契約説批判の核心は理性の疎外の拒否であった。その点で、彼は契約説批判の先輩であるヒュームやスミスと、またベンサムとも異なるのである。いわば、ゴドウィンは社会契約説批判をおこなって、形骸化せる自然法学から近代自然法の核心たる理性法則を救い出しているのである。ゴドウィンの功利主義は、この理性法則の十全なる活動によってのみ実現されるのであり、そのような形で、ゴドウィンにおいては功利主義と自然法思想とが結合されているのである。ゴドウィンは、既存のブルジョア思想の、彼が最良と考えたいっさいのものをもちいて市民社会を批判し、理想社会への展望を開こうとしたのであった。

1) F. エンゲルス『イギリスにおける労働者階級の状態』大月版選集補巻2、359ページ。
2) 吉田忠雄「マルサス論争の復活とその背景」『経済論双』27巻2号。水田珠枝「変革思想としての無政府主義」名古屋大学『法政論集』第13輯。
3) William Godwin, *An Enquiry concerning Political Justice and its influence on General Virtue and Happiness*, 1793. これは2版（1796年）以後、*Enquiry concerning Political Justice and its influence on Morals and Happiness*. と改められた。と同時に

内容にも大巾な改訂がなされた。この表題の改訂には、とくに意味があるようには思われないが、内容については、字句の訂正のほかに、多くの追加と削除が認められる。しかし、それらの変化にもかかわらず、ゴドウィンの基本的な思想と論理には、まったく変化がないといっていいように思う。大きな変化は、ほぼつぎの諸点にある。(1) 論理的に整理され、表現が正確になったこと。(2) 第1版で強くあらわれていた「今こそ変革がおこらなければ……」という緊迫感が第2版では遠くなっていること、従って妥協性がより強くあらわれているといえるかもしれないが、妥協性はすでに第1版にもある。(3) 第1版で、ほとんど無視されていた感情の役割が、第2版で確認されたこと、である。この変化の意味は、第1版出版の1793年から第2版出版の1796年の間のフランス革命の推移とイギリス国内の政治経済情勢、とくに急進主義運動の展開過程にそくして理解されるであろう。

1798年の第3版でも更に改訂がなされたが、今度は、内容には変化はみられず、字句の修正にとどまる。わたくしの用いたテキストは、各版の相違を対照した *Enquiry concerning Political Justice and its influence on Morals and Happiness*, Photographic facsimile of the third edition, corrected edited with variant readings of the first and second editions and with a critical introduction and notes by F. E. L. Priestley, The University of Toronto Press. 1946. である。以下引用はすべてこの版による。また以下、*P. J.* なる略号によりこの書を示すこととする。なお邦訳では『政治的正義の研究』と略す。

4) 水田洋『アダム・スミス研究入門』未来社、81-84ページ、内田義彦『経済学の生誕』未来社、77-95ページ。
5) E. Lipson, *The History of the English Woolen and Worsted Industries*, London, 1921, p. 249.
6) 最初、ゴドウィンは Homerton Academy に入るつもりだった。これは非国教徒の大学の1つであったがゴドウィンがサンドマニアンであるという理由で入学を許可しなかった。Hoxton College はアルミニウス派が支配的だったが、ゴドウィンは「23才の時、入った時と同じほど純粋なサンドマニアンとして出て来た」(Kegan Paul, *William Godwin, his friends and contemporaries*, London 1876, vol. I, p. 16.)。
7) Frederic Norman. 素性は不明。
8) K. Paul, *op. cit.*, p. 27.
9) *Ibid.*, p. 29.
10) D. D. Andrew, Kippis. 非国教徒の神学者で伝記作家。*Biographia Britannica* の編者 (1725-1795)。Cf. *Dictionary of National Biography*, vol. XI, pp. 195-197.
11) William Godwin, *P. J.*, p. ix.
12) William Godwin, "An Account of the Seminary that will be opened on Monday the

Fourth Day of August at Epson in Surry, 1784." (quoted in F. K. Brown, *The Life of William Godwin*. London and New York, 1926, p. 17).

13) K. Paul, *William Godwin: his friends and contemporaries*, London, 1876, Vol. I, p. 26. (ゴドウインの娘、メアリー・シェリーの言葉)。

14) A. L. Morton and G. Tate, *The British Labour Movement. 1770-1920*, London, 1956, pp. 15-16.

15) 佐藤明「資本主義確立期の階級斗争」(矢口孝次郎編『イギリス資本主義の展開』所収) 参照。

16) 飯田鼎『イギリス労働運動の生成』23ページのこの点に関する叙述は誤りである。

17) Cf. Henry Collins, "The London Corresponding Society," *Democracy and the Labour Movement*, ed. J. Saville, London, 1954.

18) Cf. Christopher Hill, "Norman Yoke," *ibid.*, ed. J. Saville.

19) An Address to the Nation from the London Corresponding Society on the Subject of a through Parliamentary Reform, 1793. (quoted in G. D. H. Cole and A. W. Filson, *British Working Class Movement: Selected Documents, 1789-1875*, London, 1955, p. 13).

20) Henry Collins, *op. cit.*, p. 113. G. D. H Cole and A. W. Filson, *ibid.*, pp. 48-52.

21) Henry Collins, *ibid.*, p. 126.

22) K. Paul, *op. cit.*, p. 61.

23) *Ibid.*

24) William Godwin, "Cursory strictures on Lord Justice Eyre's charge to the Grand Jury." (*Morning chronicle*, October 20, 1794. [quoted in K. Paul, *ibid.*, pp. 121-123]).

25) William Godwin, *Considerations on Lord Granvill's and Mr. Pitt's Bills*, London 1795. (Pamphlet by A Lover of Order).

26) K. Paul, *op. cit.*, p. 67. 傍点は引用者、以下とくにことわらない場合はすべてそうである。

27) *Ibid.*, pp. 75-76.

28) エルベシウスは、*De l'Homme*, Preface, 1771. でつぎのようにいっていた。「あらゆる人民の歴史には、彼らの選択の方向が不確かで政治的善悪が均衡しており (どちらの例を選ぶかを) 教えてもらいたいと思う瞬間があるものである。……かかる瞬間には価値ある本の出版は、もっともめでたい改革を生み出しうる。しかし、その瞬間がなくなると、国民は最善の動機を感ずることができなくなって、自らの政府の本性によって、無知と愚鈍の中にぬけがたく深くつきこまれる。……かくのごときが (現在——1771年当時の) フランスの状態である」(quoted in William Godwin, *P. J.*, vol. III, pp. 289-290)。

29) William Godwin, *P. J.*, vol. III, p. 286. この部分は 2 版以後はぶかれた。
30) Thomas Paine, *Rights of man*, Part I, 1791, Part II, 1792.
31) William Godwin, *P. J.*, vol. I, p. xi.
32) この『政治的正義の研究』が貴族院の議題にあがった時、ピットが 3 ギニーもする本は 3 シリングも手放しかねる連中に害毒を流すはずがないといって出版を許可したという有名な話がある。
33) K. Paul, *op. cit.*, p. 67.
34) William Godwin, *P. J.*, vol. I, p. 2.
35) *Ibid.*, p. 4.
36) *Ibid.*, p. 5.
37) *Ibid.*, p. 3.
38) *Ibid.*, p. 30.
39) *Ibid*.
40) *Ibid.*, p. 37.
41) ゴドウィンの教育についての考え方はエルベシウスによっているとアレヴイは書いている。Cf. E. Halévy, *The Growth of Philosophic Radicalism*, trans. by Mary Morris, Boston, 1955, p. 20. なお、啓蒙思想における教育論の位置については、小松茂夫「イギリスの経験論」『講座近代思想史Ⅲ』参照。
42) William Godwin, *P. J.*, vol. I, p. 53
43) *Ibid.*, p. 65.
44) *Ibid.*, p. 67.
45) *Ibid.*, p. 68.
46) *Ibid.*, p. 26, Note. この部分は、3rd. ed. ではじめてつけ加えられたものである。この "denial of the objectivity of the primary qualities" は、F. E. L. プリーストリーによれば 1st. ed. と 2nd. ed. では Boscovich の Theoria Philosophiae Naturalis によっているが、3rd. ed. では Hume, Berkeley にかわっており、1795-1798年にゴドウィンが彼らの著書を読んだのであろうとしている (*P. J.*, vol. III, Supplementary critical Notes, p. 118.)。しかし、1st. ed. においても懐疑論・不可知論への傾斜はみられるのであり、Hume の影響はすでに 1st. ed. において明瞭である。
47) *Ibid.*, p. 308.
48) *Ibid.*, p. 365.
49) *Ibid.*, p. 385.
50) F. E. L. プリーストリーは、ゴドウィンにおける感覚的な人間把握を否定して、プラトニズムの伝統を強調する (*P. J.*, vol. III, Introduction)。しかし、ゴドウィンにおける感覚的人間と合理的人間は、本章 4 でみるように、独得な仕方で結合される

のである。ゴドウインは、合理論と経験論をある意味で結びつけようとする。感覚的人間と合理的人間の結合、演えき法論理と帰納法論理の結合の努力は、そのあらわれともいえよう。しかし、経験論をヒュームのように徹底させて、客観的な真理の否定にまでいくことはできない。なぜならそれは、改革の可能性を放棄してしまうことになるからである。人間の感覚的な分解＝ブルジョア的人間分裂を理性においてひきとめようとするものが、ゴドウインの必然論なのであり、その意味での必然論が彼の思想の主流をなすのである。

51) William. Godwin, *P. J.*, vol. I, p. 417.
52) *Ibid.*, p. 407.
53) William Godwin, *P. J.*, vol. I, p. xxvi.
54) *Ibid.*, p. 441.
55) E. Halévy, *op. cit.*, p. 20.
56) William Godwin, *op. cit.*, p. xxvi.
57) *Ibid.*, p. xxiii.
58) 浜林正夫「ロック政治論を支えるもの」『商学討究』第1巻第1号。
59) William Godwin, *op. cit.*, p. 441.
60) *Ibid.*, p. 425.
61) *Ibid.*
62) *Ibid.*,
63) *Ibid.*, pp. 426-427.
64) *Ibid.*, p. 433.
65) *Ibid.*, p. 438.
66) Cf. Halévy, *op. cit.*, p. 17.
67) William Godwin. *op. cit.*, p. xxiii.
68) *Ibid.*, p. 126.
69) *Ibid.*, pp. 125-126.
70) *Ibid.*, pp. 126-127.
71) *Ibid.*, p. 127.
72) *Ibid.*, p. 144.
73) *Ibid.*, pp. 144-145.
74) *Ibid.*, p. 145.
75) *Ibid.*, p. 148.
76) *Ibid.*, p. 148.
77) *Ibid.*, p. 147.
78) この点に関する水田珠枝氏のつぎのような指摘は非常に多くのものを示唆してく

れる。すなわち「マンドヴィルが、個人の貪慾が社会的利益をうみだすというとき、それはブルジョア的利潤追求の正当性を主張するとともに、利潤追求活動が、まだ悪徳としてしか理解されなかったことをあらわしている。ところがベンサムの段階になると、ブルジョア的活動は罪悪感なしに正当性をかくとくするから、動機の善悪は、せいぜい結果の功利性によってはかられることになる。ゴドウインの批判は、マンドヴィルからベンサムへと発展した、このブルジョア的営利活動に関するものであった。すなわち、有徳の行為のなかに意図の善性をもちこむことは、ブルジョア的活動を、「徳性」によって、行為主体の側面から制禦しようとするものであった」（前掲論文、62ページ）。

79) W. Godwin, *op. cit.*, p. 167.
80) *Ibid.*, pp. 167-169.
81) *Ibid.*, p. 165.
82) *Ibid.*, p. 167.
83) *Ibid.*
84) *Ibid.*, p. 170.
85) *Ibid.*
86) *Ibid.*, p. 215.
87) W. Godwin, *P. J.*, vol. I, p. 15.
88) *Ibid.*
89) *Ibid.*, p. 16.
90) *Ibid.*, p. 19.
91) *Ibid.*, p. 21.
92) *Ibid.*, p. xxiv.
93) F. エンゲルス『イギリスの状態』大月版選集・補5巻、107ページ。
94) W. Godwin, *P. J.*, vol. II, p. 111.
95) *Ibid.*, p. 114.
96) *Ibid.*, p. 119.
97) なお、ルソーが国家の設立にあたって宗教的権威の必要を説くのに対し、ゴドウインはそれを政治的欺瞞だと批判する（*P. J.*, vol. II, p. 128）。しかし、ゴドウインは、ルソーが政治の不完全性は人類の不徳の唯一の根源だと教えた最初の人として高く評価する。そして、『エミール』は多くの誤りを含んでいるが世界の哲学的真理の主要は貯水池となったとしているが、一方『社会契約論』『ポーランドについての考察』ではそうした天才ぶりがみられないとしている（*Ibid.*, p. 129, note）。
98) W. Godwin, *P. J.*, vol. I, p. 188.
99) *Ibid.*, p. 189.

100）*Ibid.*
101）*Ibid.*, p. 191.
102）*Ibid.*, vol. III, p. 261. 約束についての章は2版以後まったく書きかえられたが内容に重要な変化はない。
103）*Ibid.*, vol. I, p. 218.
104）*Ibid.*, pp. 214-215.
105）*Ibid.*, p. 215.
106）*Ibid.*, p. 216.
107）*Ibid.*, p. 217.
108）この服従に関する章も2版以後まったく書きかえられたが内容に変化はない。
109）W. Godwin, *P. J.*, vol. I, p. 234.
110）*Ibid.*, vol. III, p. 269.
111）*Ibid.*, vol. II, p. 188.
112）*Ibid.*, p. 465.
113）W. Godwin, *P. J.*, vol. II, pp. 420-421.
114）*Ibid.*, p. 481.
115）このように所有権を3つにわけて論理的に整理されたのは2版以後である。しかし、私有の否定は初版ですでに主張されていた。
116）W. Godwin, vol. II, p. 435.
117）*Ibid.*
118）*Ibid.*
119）*Ibid.*, p. 434.
120）*Ibid.*, pp. 433-434.
121）*Ibid.*, p. 423.
122）*Ibid.*
123）*Ibid.*, p. 482.
124）*Ibid.*, p. 502.
125）*Ibid.*
126）*Ibid.*, p. 513.
127）*Ibid.*
128）*Ibid.*
129）*Ibid.*
130）*Ibid.*, p. 502.
131）*Ibid.*, p. 490.
132）*Ibid.*, p. 492.

133) *Ibid.*
134) K. Marx, *Das Kapital*, Berlin, 1953, Bd. I, S. 387.
135) イギリス産業革命において、工場制が支配的となった時点については一定した見解はないが、もっとも早い木綿工業においてもあまりに早い時点にそれをもとめることにわたくしは疑問をもっている。ここで15年以後としたのは Henry Collins (*op. cit.,* p. 105.) にしたがった。
136) Robert Wallace, *Various Prospects of Mankind, Nature and Providence*, 1761.
137) W. Godwin, *P. J.,* vol. III, p. 223.
138) ゴドウィンは Ogilvie の *An Essay on the Right of Property in Land*, 1791. によって、ヨーロッパは現在の人口の5倍まで養うことができるとしている。
139) W. Godwin, *P. J.,* vol. II, p. 467.
140) 水田珠枝氏は前掲論文でこの語を「差別への愛」と訳されているが、他人よりもぬきんでようとすることでわたくしは「名誉愛」と訳した。
141) W. Godwin, *P. J.,* vol. II, p. 427.
142) *Ibid.*
143) W. Godwin, *P. J.,* vol. II, p. 295.
144) *Ibid.,* p. 308. ここにも目的と手段の転倒を拒否する論理がみられる。
145) *Ibid.,* p. 312.
146) ペインについては水田洋・水田珠枝『社会主義思想史』東洋経済新報社、122-151ページ参照。
147) W. Godwin, *P. J.,* vol. II, p. 539.
148) W. Godwin, *P. J.,* vol. I, p. 243. この部分は初版にない。
149) W. Godwin, *P. J.,* vol. II, p. 542.
150) *Ibid.,* pp. 549-550.
151) Wedgwood, Thomas. (1771-1803). 陶器製造業者として有名な Josiah Wedgwood の3番目の子で、最初の写真家。Cf. *Dictionary of National Biography*, vol. XX, p. 1057.
152) 勿論ゴドウィンが直接に産業革命の技術的にない手のイデオローグであったわけではない。直接に産業革命を押しすすめた技術者＝知識人層の思想とは注意深く区別されるべきであろう。
153) 初期の資本主義批判の諸類型については水田洋・水田珠枝『社会主義思想史』1-13ページを参照。なお、ゴドウィンについて夫妻は「ペインの小市民性とスペンスの復古性とをともに克服した」（同書、158ページ）といわれている。また、水田珠枝氏は前掲論文「変革思想としての無政府主義」で、ゴドウィンの思想が「啓蒙思想から社会主義への結節点であった」とも評価しておられる。

わたくしは、本稿をまとめるにあたって、この水田教授夫妻の研究にもっとも多くのものをおっている。
154) バークは上流階級に、ペインは大衆に、ゴドウインは知識人に訴えたという M. Beer の指摘は、こうした独立小生産者の分解の様相にそくして理解さるべきであろう。
Max Beer, *History of British Socialism*, London, 1919, vol. I, p. 114.
155) 内田義彦『経済学の生誕』未来社、162ページ。

第10章　ウイリアム・ゴドウインのイギリス革命観
──その『イギリス共和制の歴史』を中心として──

はじめに

「無視された者に注意をむけ、忘れさられた者を
おもいおこすために」

バーク

　このバークの言葉は、ゴドウインの『イギリス共和制の歴史—その開始からチャールズ二世の王制復古まで』[1]（全4巻）の各巻の扉に小さな字でかかげられたものである。このバークの言葉と書名とから容易にうかがわれるようにゴドウインの『イギリス共和制の歴史』は、イギリス革命史研究者によって、クラランドン伯以来の伝統を破ってはじめて1640-1660年のイギリス革命に光をあてたという点でイギリス革命研究史上画期的なものであるという評価をうけている[2]。ゴドウイン研究者の側でも、パンのために書かれたものの多いゴドウインの晩年の著作の中で、この『イギリス共和制の歴史』を、ゴドウインがパンの問題をはなれて心血をそそいだいくつかの重要な著作のうちの1つに数えている[3]。しかし、そうした評価と指摘にもかかわらず、この書物の内容にはこれまでほとんどふれられてこなかったように思われる。それゆえ、本稿では、この書物の内容の紹介と分析を試みつつゴドウインのイギリス革命をみる立場をさぐることによって、ゴドウインの思想の一面に光をあてたいと思う。

1

　まず、なにゆえにゴドウインは1640-1660年の革命に目をむけたのであろうか。『イギリス共和制の歴史』第1巻、1824年2月10日付け序文で、その目的についてつぎのように記している。
　「この島の歴史の中で、1640年から1660年に至るイングランドの政治の大部分を指導した人々の性格と行為ほど不適当にとりあつかわれてきたものはない。空位時代に活躍した人々は、復辟の直後には恐怖をもってかたられ、彼らについての回想はニューゲイト・カレンダーのやり方で書かれた。党派的な怒りによってはじまったものが怠惰によって継続されてきたのである。研究はおこなわれず、諸政策はその本当の創造者にまでたどられることはなく、裁判官、官吏、政治家の継承さえ見わけようのない混乱のままにおかれてきた。この欠陥をおぎない、主題に関する歴史的陳述の正しい論調を回復し、無視された者に注意をむけ、忘れさられた者をおもいおこし、あの多事な期間に計画され達成されたすべてのものに対して公平な審判を与えることがこの書の目的である。
　『クロムウェルがこの国を征服した時、自由の精神は最高頂に達した。その事業は、世界が今まで見てきた政府に代わって、共通の主張に一致して従ったもっとも偉大な天才達によって指導され支えられた』というWarburtonの意見に何らかの真理らしいものがあるとしたら、つぎのようなことであろう。すなわち、彼らが活躍した期間が十分にあきらかにされ、彼らの仕事が冷静で且つ公平な言葉で叙述され終わるまでは、わが国民の性格は決して十分に理解されえないし、英国史を書くことは決してできないということである。わが歴史におけるこの間隙をうめることが、この（本書の）企ての目的であった」[4]。
　ゴドウインは1805年に、David Humeの『英国史』の規模に匹敵する『英国史』を書こうと考え、ある出版社とその契約までむすんでいた。その考えは実現しなかったようであるが[5]、1809年（ただし、フレイシャーによれば、1815年出版）[6]には *The Lives of Edward and Phillips, Nephews and Pupils of Milton* を書いて、ミルトンの性格にあたらしい光をあてようとしていた。その他子供のための歴史

書もいくつか書いて、当時の子供の歴史教育に大きな影響を与えていた[7]。このような一連の歴史研究と著述の中で、ゴドウィンが1640-1660年の革命期がこれまで偏見と暗やみの中にとり残されてきたことに気づき、そこに光をあてなければ英国史の全体像を描くことができないと考えるに至ったとしても不思議ではない。それゆえ、わたくしはゴドウィンが『イギリス共和制の歴史』を書いた第1の目的は、以上のようないわば学問的なものであると考えてよいであろうと思う。

それでは、1640-1660年の革命及び革命家達にニューゲイト・カレンダーのやり方に反対してあらたな光をあてるとすれば、どのような論証が必要であろうか。ゴドウィンはつぎのように書いている。「チャールズ一世の反対者達は自由のために戦った、彼らは他に仕方がなかったのであるということは、今日ほとんど一般に認められており、より十分には以下のページにおいてあきらかになるであろう」[8]。すなわち、第1は革命を戦った人々の理想の正当性を論証すること、第2には必要なことは革命の必然性を論証することである。

ゴドウィンが歴史的事実に公平な審判を与えるということは「証拠の公明で厳密な吟味 fair and severe examination of evidence と、人物を尊敬したりある主義を称讃したりすることが、著者をして事実の本性を誤解せしめたり、誤った説明をさせたりすることを許さないということ」[9]であって価値判断を排除することではない。ゴドウィンは自ら共和主義・自由主義の立場をあきらかにしてこの歴史を書いているのである。ただし、その場合、共和主義そのものの正しさについてはすでに1793年来の『政治的正義の研究』で論じられており[10]、ここでは自明のこととされている。それゆえ、革命の必然性の論証が主要なテーマとなるが、ゴドウィンがこの書で論証しようとしているのは、むしろ内乱の必然性であって革命自体の必然性ではない。歴史を理性の進歩とみるゴドウィンの歴史観にたてば[11]、革命（＝変革）はある意味で必然的なのであるが、内乱は必ずしも必然的ではない。それゆえ、革命の個々のケースにおいて内乱の必然性が検討されなければならないのである。なお革命の原因については、従来宗教的原因を主として考えてきたことを批判して、宗教的原因（宗教的寛容の要求）に加えて政治的原因（共和制の要求）を重視すべきことを主張していることは注目してよいことであろう。

最後に、ゴドウインが1640-1660年の革命を見なおそうとしたのは、それにつぎのような実際的意義を認めたからでもあった。すなわち、『イギリス共和制の歴史は、人類の記録の中で、他のどこでも見出しうるような事柄とはまったく異なった一章を構成する。すべての人々の進歩と幸福にもっとも役だつためには、諸国民及び諸民族はどのように統治されるべきかということは、われわれの考察に供しうるもっとも興味深い問題の1つである。国家の権力と指導を外見上一人の人間、すなわち王という種族にゆだねることから生ずる利益と損失が何であるかは、あらゆる人類の友が徹底的に吟味したいと思ってきた問題である。古代史において、われわれはもっとも堅固な土台の上にうちたてられた共和国のいくつかの例をもっているが、それらはいくつかの点でいちじるしくこの政治形態の信用を高めたように思われる。近代において、共和政治はおもに小さな領土をもつ政府にかぎられてきた。イギリス共和制は、この政治が大きな国家に試みられた重要な実験なのである』[12]。われわれがここからゴドウインのなみなみならぬ実践的意欲を感じとることは誤りであろうか。この実験の失敗の原因から、彼は多くの教訓をひき出そうとしたのではなかっただろうか。ここではこれ以上の推測は避けねばならぬ。ただ一ついうることは、この革命の失敗の原因を追求することが『イギリス共和制の歴史』の後半の重要な、ただし底を流れるテーマとなっており、それがクロムウェル批判の視角を形づくっているということである。
　つぎにこの書の内容にたちいって検討することになるが、その場合以上のようなゴドウインの目的と方法がどれだけ成功しているかはさしあたり問題ではない。問題なのは、ゴドウインがイギリス革命をどのような立場からどう見ているかということである。それゆえ、わたくしはゴドウインが革命の中にあらわれる諸々の党派をどのように批判し評価しているかをみながらゴドウインの革命観をはっきりさせ、最後に『政治的正義の研究』の各版における立場との比較を試みたいと思う。

2

　以下、わたくしは便宜上つぎのような順序で検討していきたいと思う。すなわ

ち、(a) 内乱の必然性、(b) 長老派と独立派、(c) レヴェラーズと独立派、(d) アイアランド征服、(e) クロムウェル独裁と共和制の崩壊である。

(a)

　ゴドウインは、まず彼が共和主義の創始者達 Founders of Commonwealth とよぶ Edward Coke、John Selden、John Hampden、John Pym らのすぐれた才能と資質、そして何よりもその共和主義の精神をほめたたえることからペンをおこしている。ロード＝ストラフォード体制の不正と弾圧と戦いながら、彼らはその共和主義の精神をそだてひろめていくのである。それはやがてクロムウェルの独立派にうけつがれていく。

　ところで、1640年にはじまった長期議会のロード＝ストラフォード体制の破壊までは、反国王派はすくなくとも政治的には統一をみせていた。それゆえ、ゴドウインは1793年の『政治的正義の研究』ではつぎのように書いていた。

　「彼（チャールズ一世）の反対者達の最初の計画は、彼の権力を狭い明瞭な限界内に制限することであった。多年の闘争の後、この目的は1640年の議会によって（実際、ストラフォード卿の唯一の例をのぞいては）流血も騒動もなしに十分達成された。つぎに彼らは身分制的教会制度と王制をくつがえす計画を考えたが、それは非常に多くの人々の意に反するものであった。とくに後者の点は、疑いもなく国民の大多数の意に反するものであった。これらの目的がはなはだすぐれたものであることを認めるとしても、その目的を達成するために内乱という極点にまで問題をいそいですすめるべきではなかったのである」[13]。

　しかし、『イギリス共和制の歴史』におけるゴドウインはここにとどまってはいない。これは、後にもふれるように、立場の相違よりも事実認識の相違であろうとわたくしは考える。共和制史のゴドウインは、内乱の必然性をチャールズ一世のどうにもならぬ不誠実と頑迷さにもとめているようである。たとえば、彼はつぎのように書いている。「国王ともっぱら彼をとりまいている彼の友人達は、議会の利用をやめる方がいいと考えた。チャールズは……〔譲渡〕手続に存した欠陥に対する非難をひそかに心の内にもつことなしには決して人民の主張に譲歩しなかった。その結果、〔チャールズにとって〕譲歩は本質的に無意味であって、

都合のいい時にそのように〔無効である旨が〕宣言されればよかったのである」[14]。それゆえ、内乱は避けることのできないものであったのであり、その発端は1642年1月の五議員逮捕事件であった。国王のこの行為は、国王と議会の「完全な決裂」[15] を意味し、「宣戦布告の効果をもった」[16] と彼は書いている。

しかし、事態はそれだけにとどまらぬ。「国王と国民あるいはその代表者達との戦いは、必然的に人々を政治の主要な諸原理の吟味に導いたのである」[17]。かくして、内乱の深まるとともに政治原理（君主制を認めるか共和制か）をめぐる反国王派内部の対立が表面化し、内乱をより深刻にしたのも当然のなりゆきだったのである。ゴドウィンは内乱の必然性についてほぼ以上のように考えているようである。

(b)

しかし、議会派内部の政治的対立が表面化する前に、すでに宗教的対立があらわれていた。政治的対立はこの宗教的対立とかさなりあってでてくる。独立派、長老派という名称の起源は宗教的なものである。

ゴドウィンによれば、教会制度はその権力集中の度合の順につぎの5段階が考えられる。すなわち、1. Popery、2. Diocesan、3. Episcopacy、4. Independency、5. Erastianism である[18]。当時の議会内では2の支持者が王党派、3の支持者が長老派、4と5の支持者とその他が宗教的独立派と区別された政治的独立派を形成していた。

ゴドウィンは、革命初期の長老派は法王制やそれに類似の身分制的な教会制度に反対し、世俗的利益との妥協を嫌う、良心的で敬虔なピューリタンだったと考えている。Bishop 制に反対する点では独立派の人々とかわらない。しかし、長老派には宗教的な寛容がなかった。「彼らの希望は監督制を廃して長老制をしくことだった。彼らは教会の統一とその会員の一致及び心からの同意について考え、かたった。そして、あらゆる宗派や多様な意見を彼らの神聖な宗教を汚すものと考えた。彼らは法という強い手で法王制や監督制をうち倒したかったのである。そして、同じ手段を、長老制自体がまだ十分に神聖でも清純でもないと大胆に考えようとするものを抑圧するためにももちいようとしたのであった」[19]。それゆえ、

彼らは言論・出版の自由をも恐れたのである[20]。

　長老派と独立派の宗教的対立は、政治的な対立とからみあっていた。長老派の政治的特質を、ゴドウインはつぎのようにみている。「政治においても、この党派の気質は宗教におけると同じ種類のものであった。その指導者は富んだ人々であり、もっとも著名な貴族のある者とかたく同盟をむすんでいた。彼らは特権の友であり、富んだ偉大な者が社会の残りの者に、共同で、あるいは個々で命令する権利を与えられているとかたく信じていた。彼らは王権による（彼らの権利の）侵害を嫌った。なぜなら、その侵害は彼らの特権と相容れないからである。だが、彼らはそれに劣らず社会の中、下層の人々の中に成長する大胆な精神も嫌った」[21]。結局、長老派は国王が自分達の特権を侵さないことと教会制度における長老制を要求しただけであって、王制そのものはむしろこれを擁護したのであった。かような長老派の主張は、そもそも事のはじまりであった自由も共和主義ももたらさず、革命そのものを意味のないものにしてしまう。それゆえ、1647年6月の軍の圧力による長老派議員の辞任、1648年のプライドの長老派議員の追放が容認されなければならないのである。

　長老派に対して、ゴドウインは以上のような態度をとっている。

(c)

　1646年、第一次内乱が終わると、長老派はニューモデル軍を解散させて独立派の力を切りくずそうとする。1647年には騎兵隊の消滅と歩兵隊解散の決議がなされ一部をアイアランド遠征に出そうとするに至り、軍隊内部にあらたな対立が生じてくる。それは議会〔長老派が優勢〕に対して妥協的な軍首脳をおしのけて未払給料その他の問題を直接議会と交渉しようという士官や兵卒達の動きであり、中心は平等派 levellers とよばれる人々であった。この派の運動は、1647年3月の「平等派の大請願」で明確な形をとり、クロムウェルら独立派の政策に対立するに至るのである。

　ゴドウインは、われわれが現在平等派とよんでいる動きの中に2種類のものをみているようである。1つは John Lilburne や John Wildman らの動き、いま1つは Thomas Rainborough、Thomas Scot、Isaac Ewer らの動きである。ゴドウ

インは、前者をクロムウェル暗殺をもくろむ陰謀家として描き[22]、「あまりに潔白で自由な性格のゆえに、ひそかに彼ら（クロムウェルやアイアトン）を暗殺するという考えに耐えられない」人々たる後者にレヴェラーズという名称を付し[23]ている。

　まず前者のうち多くのページ数がさかれているリルバーンについてみると、ゴドウインは、彼がロード＝ストラフォード体制に命がけで抵抗した熱情と勇気をほめたたえているが、1645年にニューモデル軍の「厳粛な同盟と契約」に署名することを拒否して以来のリルバーンを一貫して非難している。非難の要点は、第1に利己的であり、自分のための自由しか考えなかったということ（ゴドウインは、リルバーンが「厳粛な同盟と契約」に署名しなかった理由の1つに、内戦の初期に彼が東部連合軍に従軍したがその時の未払給料の支払要求が通らなかったことを考えている）[24]、第2にリルバーンは真の愛国者ではなかったということ（自由か専制かという祖国の危機に、自分の未払給料やロード体制下でうけた苦痛に対する賠償要求などに精力を費やして議会に協力しなかったばかりか反対すらした。愛国者は利己的ではないはずだ）[25]、第3に政治的理解が狭く、一つ一つの事件を全体との関連でみることができなかったということ（それゆえ、リルバーンは広い見地から妥協するということを知らなかった。たとえば、クロムウェルもリルバーンとともに Manchester 伯の軍事指導を非難したが、マンチェスターが軍からしりぞけられるとクロムウェルはマンチェスターへの非難をやめた。クロムウェルは市民にもどったマンチェスターを政治的に利用できると考えたからで、こうした態度はリルバーンには理解できなかったとゴドウインはいう）[26]、第4に、第3とかかわるが、リルバーンは革命という異常な時にも平時のルールを厳しく要求したこと（たとえばリルバーンはチャールズ一世裁判のための特別裁判所の設置に反対して、一般の市民と同様に従来の刑法を適用すべきことを主張したが、そうすれば、国王は陪審員に対する拒否権を使用することができ、事実上釈放されることになる）[27]、以上であろう。

　ゴドウインがレヴェラーズとよぶ人々に対する批判は、リルバーンへの批判の3番目が大体あてはまるであろう。たとえば、1647年のアジテーターのクロムウェル批判に対して、ゴドウインはつぎのように書いている。「クロムウェルとア

イアトンは、もっとも困難な仕事に責任をもっていた。それは……いろいろな利害を考え、多くの分裂している党派と意見をなだめたり調停したりすることを必要としていた。デマゴーグたちはこのことについて何も知らなかったのである。彼らは、企てたところにまっすぐに且つ熱烈に突進しないものは何でも不正直と見て、裏切りと宣言したのである。国王、あるいはその追随者とのあらゆる妥協を、彼らは政治的信条を裏切るものと考えたのである」[28]。したがって、レヴェラーズの運動が反乱の形をとるに至るや、ゴドウィンはクロムウェルのレヴェラーズ弾圧を是認する。たとえば、1647年のプトニー会議の「提案要綱」に反対したレヴェラーズの反乱で、クロムウェルは反乱者一人を処刑したが、それに対してゴドウィンはつぎのように書いている。

「われわれは、かかる小さな犠牲で偉大な目的をとげるという考えをいだいた人の気質と寛大さを声高らかに賞讃したい」[29]。しかし、ゴドウィンはそこに政治の責任と政治にさけることのできない冷酷さをもみつめていることは注目すべきであろう。すなわち「クロムウェルは……彼が鎮めた反乱の試み……を許した。彼はそれを小さな犠牲でおさえた。しかし、この一つの生命といえども、彼の鋭敏な知性の杜にささげられた犠牲なのである。──ここに政治家の性格があらわれている」[30]。

以上がレヴェラーズに対するゴドウィンの態度であるが、彼は、長老派と独立派の間にみたような階級的相違及び政治的主張の原理的相違を、独立派とレヴェラーズの間にはみていないのである。たとえば、「提案要綱」に対するレヴェラーズの反対を、単に表現上の問題(一時的、妥協的な表現に満足できない)としてしかみていないのであり[31]、レヴェラーズへの批判は、もっぱら、彼らが現実の条件を無視しておりせっかちであったという点にむけられているのである。

(d)

1649年1月のチャールズ一世の処刑によって、イギリス共和制の歩みは事実上はじまった。「今や政治の手綱をにぎった人々から是非とも求めるべきことは、国家という馬車を導き、それをその道からそらそうとする者を恐れさせておくための断固たる手と確固とした決意である」[32]。すなわち、この段階で何よりも必

要なことは、共和制をまもるということである。王党派への弾圧は勿論のこと、レヴェラーズへの弾圧もやむをえない。この立場から、ゴドウィンは「イギリス帝国主義の最初の大勝利」＝「イギリスデモクラシーの最初の大敗北」[33]といわれるアイアランド征服をも容認するのである。

チャールズ一世処刑の報が伝わるや、国王派のオルモンド伯はチャールズ二世を三国の王と宣言し、すでに議会派に対立するに至っていたスコットランド軍の支持を期待してアイアランドに渡り、そこを国王派の根拠地にしょうとした。ゴドウィンによれば、アイアランド人民の4分の3がオルモンドの味方であり、アイアランドは共和国にとってきわめて危険な存在となっていたのである。事実、オランダに亡命していたチャールズ二世は、スコットランドかアイアランドに渡り、そこから王位を奪回することを狙っていた。したがって、ゴドウィンによれば、アイアランド征服は「あたらしい共和国の最初の対外的事業であり、それが十分巧く成功裡におこなわれることが、その政府の安定及び、それ〔共和国〕が諸外国の間でもつべき重みと尊敬にとって、最高度に重要なものであった」[34]。そして、その重任をはたしたのはクロムウェルであった。クロムウェルのアイアランド征服の際の残虐行為は有名であるが、ゴドウィンはそれもやむをえないものだったとして以下のように考えている。

すなわち、カトリック教徒たるアイアランド人の支配はきわめて残酷なものであり、自分達が抵抗できると考えているかぎりイギリスの共和主義者に抵抗をつづけるであろう。しかも、共和国の隣に陰謀と敵意の巣をのこしておくかぎり、共和国の安定と名誉はありえないであろう。ゴドウィンによれば、クロムウェルはこのように考えて「2つの恐ろしい悪」の一方を選んだのである。彼はつぎのように書いている。「クロムウェルの考えが正しかったということ、そして彼がとった方針〔過酷な手段——これが1つの悪〕は戦争が長びいて無限の血を流す〔これがもう1つの悪〕のをふせぐためにもっともよく考えられたものであったということ、このことはおそらく認められねばならない」[35]。

このように、ゴドウィンは、共和制をまもるという立場から、アイアランドの征服のみならずその際にとった過酷な手段さえも容認するのであるが、同時にそのような残酷な征服は当然服従と奴隷の精神を生みだすというマイナスの側面も

指摘してはいる。また、この時「クロムウェルは、その性格がいかに洗練され慈愛深くあろうとも、残酷と恐怖の行為に夢中になって、そうした行為をやりとげることができる」[36]ということをしめしたという、前述のレヴェラーズ弾圧に際して指摘されたと同じ政治家としてのクロムウェルの二重性が指摘されている[37]。

なお、ディガーズについてはわずかに1ページをさいてその運動が注意をむけるに価しないものであったと書いているにすぎない[38]。

(e)

アイアランドとスコットランドの征服にもかかわらず共和制は安定しなかった。国王派、長老派、レヴェラーズが共和制を攻撃していた。国民の中では、国王派と長老派が圧倒的に多かった。しかるに現在の共和制は独立派の支持しかえていない。「この党派争いを和解させる……共通の原理が必要だ。その原理は王制であるにちがいない」[39]。王制は軽薄な大多数の人民に適したものをもっている。国王派も長老派も王制をもとめている。彼らに王を与えてスチュウート家の者どもの希望を絶ってやろう。「われわれは、人類が突然空想的完全性の水準にあがることを期待することはできない。われわれは、彼らの先入観に自らを適応させ、彼らの偏見を利用しなければならない」[40]。クロムウェルは、このように考えて独裁を決意した。もちろん、クロムウェルは自由を愛しており、専制君主になるつもりはなかったが、国王の地位への野心はもっていた[41]。クロムウェルが独裁を決意した過程を、ゴドウィンは以上のように説明している。

ゴドウィンによれば、このクロムウェル独裁への第一歩は長期議会の解散にはじまった。長期議会は、革命中一貫して「専制と特権の絶対的反対者であり、自由に基礎をおく政府と政治的条件の熱烈な支持者」[42]という性格をある程度までもちつづけてきた。しかし、その長期議会も、いくたびか国王派議員と長老派議員を追放することによって、1640年に506人であったのがチャールズ死刑後は150人になっていた。いまや革命が1つの転機にきていたことは確かなのである。ゴドウィンはつぎのように記している。「彼ら〔長期議会〕は、彼ら〔ハンプデンやピム〕がはじめたものを完成した。彼らは議会の決定的な敵を征服した。彼らは内乱を終わらせ、専制政治を倒した……。彼らの栄光を完成するために残され

ているすべては、彼らが彼らの権力に終止符をうち静かに彼らの権力を後継者の手に渡すことだった」[43]。しかし、すべてがまだ「混乱と不安定の状態にあった」[44]。国民の3分の2は国王派と長老派であるゆえに、総選挙をすれば彼らが圧倒的多数をとることはあきらかであった。そうすれば共和制の崩壊である。それゆえ、「静穏な状態を回復し、現政府が権力を安全につぎの政府にひき渡すことができるように、あらゆる準備的諸策をほどこすことが現に立法権をにぎっているものの仕事であった」[45]。国務会議の設立はその第一歩であった。しかし、そうした準備は、次第に高まる議会解散要求その他にさまたげられているうちに、クロムウェルの野心によって決定的にうちくだかれてしまうのである。最後に共和制を顛覆したのは、クロムウェル自身にほかならなかった。「もし彼（クロムウェル）が、罰あたりにも共和国をひっくりかえさなかったら、共和国の運命はどうなっていただろうか、それはわれわれにもわからない」[46] のである。

このゴドウィンの長期議会の解散に反対する態度は、クロムウェル独裁の成立と同時にクロムウェルの批判者となって長期議会の復活を要求した Thomas Harrison、Henry Vane、Edmund Ludlow ら、いわゆる共和派への同情と支持につながっている。たとえば、その一人であるハリスンについてつぎのように評価している。「彼が犯した最大の誤りは、1653年4月の長期議会解散の際にクロムウェルを支持したことであった」[47]。だが彼は、クロムウェルがプロテクターに就任するや、クロムウェルに公然と反対するに至った。この「彼の判断は議論の余地ない彼の誠実さに劣らず健全であった」[48]。

しかし、ゴドウィンは直接行動によってクロムウェル独裁を倒そうとする anabaptist その他の運動には批判の目をむける。それは、彼がクロムウェルの独裁にある程度の進歩性、というよりは利点を認めることにもよるであろうがそれよりもつぎの理由が大きい。すなわち、「あたらしい政府に抵抗し、それを打倒しようと努力することは、判断 discretion の問題である。かかる企てをはじめることは、行動することである。われわれは、とくに政治的問題において、またそれが国民の幸福にかかわりをもっている場合には、その目的がその手段によって〔確かに〕達成されるという手段の確実さを確信することなしには、その行動を正当化することはできない」[49] ということである。この観点から、クロムウェル

に対する傍観者的な批判勢力としての共和派、とくにハリスン、ヴェーン、ラドロウ、ブラッドショウをゴドウインは支持しているのである。ハリスンは第五王国派に属していたが、ゴドウインはハリスンが第五王国派のほう起には関係しなかったとみており、またヴェーンのパンフレット "*A Healing Question Propounded and Resolved, in Reference to the Invitation to a General Fast, 1656*" が、1657年の第五王国派の反乱の理論的基礎になったというサーローの説に、ヴェーンのその文書が第五王国派の manifesto[50] に正反対の性格をもっていることを指摘して反対しているのである[51]。

ところで、この長期議会擁護の態度に関してつぎのような問題がでてくるであろう。すなわち前に述べたように、解散時の長期議会は独立派だけの、いわゆる「残部」議会になっていた。国民の3分の2が王制をもとめており、且つ左右からの解散要求が次第にたかまってきていた。そうだとすれば、かの「残部」議会は、大多数の人民の意に反して国家を統治する権利をもつであろうか。それに対するゴドウインの答えをさがすとすれば、つぎのような文章であろう。

「理論は否という。しかし、人の世の複雑な事件において、あらゆる場合にあてはまる理論はない。快楽と苦痛を感じ、楽しむことも苦しむこともできる人々の間では、一般的利益が最高の法であって、他のすべてのものはそれに対して場所を譲るのである。……権力奪取者 usurper 〔もっともよい意味でこの語をもちいるのだが〕が、……もし彼の計画したあらゆるよいことを成就し〔最後に〕彼の無制限の権力を、それを健全に使用できるように準備された人民の手にひき渡すのであったら、そして人民が賢く、有徳に、幸福になるのであったら、そうだ──彼〔usurper〕は絶対に立派にやったのである」[52]。

それならば、クロムウェルの独裁をも認めることにならないだろうか。否である。なぜなら、クロムウェルの独裁は必ずしも必要ではなかった。彼は野心をもっており、解散の不適当な時期に長期議会を解散するという誤りを犯した。しかもその野心から、護民官時代、もっともすぐれた有能な共和主義者や何の罪のない人々まで「ひんぱんに投獄」[53]するという最大の不正をおこなった。かくして、彼は「ほんの一握りの人々をのぞいて、全国民から偉大なことをなしとげようとする熱意も奪ってしまった。彼は政治的自由 public liberty という名に対して懐

疑的たれと同胞に教えたのである。彼は、チャールズ二世治下のあらゆる不品行、非人間性、迫害、堕落への道を準備したのであった」[54]。自由の友であり、イギリス共和国の樹立という大事業を指導したそのすばらしい政治的才能と熱情の所有者であり、そしてまたその独裁もチャールズの専制と異なっていくつかの進歩的側面を含んではいても、クロムウェルはこのような決定的な批判をうけねばならないのである[55]。

クロムウェルの独裁と共和制の崩壊について、ゴドウインはほぼ以上のように考えている。すなわち、ゴドウインは、共和制崩壊の客観的条件は国民の大部分（3分の2）が王制に執着——それは共和制がいい政策をとれば次第に減少するであろうとゴドウインは考えている[56]——していたことであるとし、それゆえにそうした条件と戦わねばならなかったクロムウェルに同情を示しつつも共和制崩壊の直接的原因をクロムウェルの野心及びそれにもとづく政治的判断の誤りにもとめているものと考えられるのである[57]。

3

つぎに、これまでみてきた『イギリス共和制の歴史』におけるゴドウインの立場と『政治的正義の研究』におけるそれとの異同について考えてみたい。

革命を1640年のロード＝ストラフォード体制の崩壊の段階にとどめるべきであったという前にみた引用は、『政治的正義の研究』第1版（1793年）の第4編第1章からのもので、この章は圧政に対する反抗の方法について論じたものである。そこで、ゴドウインは暴力を原則的に否定して「真理をかたる」ことによる反抗方法を説いているのであるが、暴力を全面的絶対的に否定しているわけではなく、切迫した場合の、主として自己を防衛する場合には暴力の使用を認めているのである。前に引用した部分のすぐ前で彼はつぎのように書いている。「一言でいえば、暴力に関して一般に確立されたもの、すなわちあらゆる（暴力以外の）他の方法が無効であるような場合以外に暴力は決してもちいられるべきではないということをここでおもいおこすことは適当である。それゆえ、政府に対する反抗の問題において、暴力はもっとも切迫した必要のない場合には決して使用されるべきで

はない。すなわち、兇漢からわたくしの生命をまもるのにも似た、間一髪をいれずして致命的な結果があきらかにおころうとしている場合以外には、暴力は決してもちいるべきではないのである」[58]。

ところが、第2版以後この部分はまったく書きあらためられた。そこで、ゴドウィンは抵抗を個人的なものと国民によるものとにわけ、個人的なものを更に個人間のものと個人と政府の間のものとわけて考えている。そして個人間の「個人の邪悪を暴力的にふせがないことから生ずる害悪が、暴力が必然的にともなってくる害悪よりも大なる場合」[59]にのみ暴力の使用を是認するのである。

ゴドウィンの抵抗の理論は、抵抗が正当化されるのは、その抵抗から「結果する善の大いさが、それ〔抵抗〕をさしひかえることから結果する善よりも大であるということである」[60]という功利主義的な論理にもとづいており、個人的な抵抗の場合でも「政府自身を倒すことによって以外に目的が達せられない」[61]ような政治的な問題の場合には、「数千の人々の生命や数百万の人々の運命」[62]を危険にさらすことになるのでほとんど認めることはできないのである。

つぎに、政府に対する国民の抵抗についてであるが、「国民」という言葉を吟味することによって、ゴドウィンはつぎの3つの場合を考える。第1は国民という語が全部を意味する場合であって、その場合には政府の変革に暴力をもちいる必要はない。第2は大多数 majority を意味する場合であって、この場合も一国民の大多数にはさからえないのだから暴力に訴える必要はない。それゆえ、暴力をもちいる可能性のあるのは、変革をのぞむ少数者が自らの味方の勢力を過大評価した場合及び多数者の大部分が烏合の衆であったりする場合など、実際には社会の少数者の反抗の場合である。ゴドウィンは、その少数者の目的がいかにすぐれたものであろうとも、暴力に訴える理由はないと主張して時間をかけて理性を啓蒙することによる変革を説くのである。たとえば、「その〔革命と暴力〕むすびつきは本質的でも必然的でもないけれども、革命と暴力とはあまりにもしばしば社会制度の重要な変革と時期を同じにしてきたということは忘れられるべきではない。過去においてそのようにしばしばおこったものは、未来においても時にはおこらないともかぎらない。それゆえ、真の政治家の義務は、たとえ彼がまったくそれ〔革命〕をふせぐことができないとしても、革命をおくらせることであ

る。それがおこるのがおそければおそいほど政治的善悪の観念がいっそう多く前もって理解されるようになり、革命にともなう害悪がそれだけ少なく、また悲惨の度合も小さくなると信ずることはもっともなことである」[63]と書いている。このような考え方はつぎの文章のしめすように第1版にも存在した。すなわち、「われわれのチャールズ一世に対する反抗は、国民を2つの部分に分割したのに対し、アメリカ及びフランスの革命にはなぜあれほどまで（もし関係した群衆を考えるなら）すこしの異議の声もなく、あらゆる階層の、あらゆる人々の一般的同意があったのであろうか？　その理由は、前者が17世紀の事件であったのに対し、後者は18世紀におこったからである。アメリカ及びフランスの場合には、シドニーやロックやモンテスキューが反省する力強い精神をもった多くの人々に篡奪の悪を確信させていたからである……」[64]。

　しかし、こうした共通性にもかかわらず、そこには微妙な相違のあることも認めないわけにはいかない。すなわち、第1版では政府に対する、やむをえざる場合の暴力的反抗をともかくも認めているのに対し、第2版以後は、それを個人的な自己防衛にかぎり、政治的な場合には少なくともおもてむきはほとんど否定していることである。もちろん、前に引用したように、過去の重要な変革がしばしば暴力をともなったことを認めてはいる。しかし、そうした過去の事実を、変革者の立場からやむをえなかったのだと肯定する理論的、道徳的根拠は、第2～3版ではほとんど見出せないのである。更に、「骰子がなげられ、宣言が発せられてひっこみがつかなくなった時には、混乱が大きかろうと小さかろうと、知恵は必ず真理の味方となる」[65]という第1版の意気ごみも2版以後では後退しているのである。それゆえ、「チャールズ一世の反対者達は自由のために戦ったのである。彼らは他に仕方がなかったのである」[66]という『イギリス共和制の歴史』の立場は、『政治的正義の研究』の第1版に近いといえるだろう。そのことを示すもう1つの文章をあげておこう。「人類の革新をのぞむ人が、常に肝にめいずべき2つの原理がある。すなわち、常時的改良を真理の発見と伝播の本質とみなすこと、自分の理論を実行にうつす前に幾年もが経過することを喜んで耐えるということである。だが、どんなに彼が警告しても、性急な群衆が理性の静かな進歩に先んじて走ることもあろう。彼もまた知恵の指示した時期に数年も先んじて革命がお

こったとしても、それらすべての革命に手きびしい判決をくださないであろう」[67]。これもまた第2版以後姿を消した個所である。

　この『政治的正義の研究』の第1版と第2～3版の相違のうちもっとも重要なものは、はっきりした言葉ではあらわれていないけれども、第1版が1791年4月のC. J. Fox あてのゴドウインの手紙[68]にあらわれていたような今や革命の時期であるという意識で書かれた（第1版は1791年5月におもいたち、9月に書きはじめられた）のに対し、第2～3版ではそうした意識がうすれているように感ぜられることである。たとえば、第2版のでた翌1797年2月4日付けの "The Enquire" の序文で、ゴドウインはつぎのような反省をおこなっている。

　「フランス人の共和主義の原理はまだ揺籃期であるのに、革新の友の語調はいささか傲慢にすぎた。彼らの心は激昂と醱酵の状態にあった。また彼らは気が短く性急であった。彼らの厳しさの中には野蛮に好都合なものがある……。

　著者もこの感染から免れなかったことを告白する。同じ党派に味方した人々は、今は彼らの激烈さをやわらげている。そして著者もまた彼らにともなって彼らの現在の段階に至ったのである。以前と同様な革新の情熱をもって、今はずっと忍耐強く平静だと感じている」[69]。

　イギリスにはいまだ革命の時期はきていないと考えはじめていたのであろう。1820年には、はっきり、いまだイギリスは「普通選挙」を実現するまで成熟していないと書いていた[70]。そのような判断を『イギリス共和制の歴史』を書く時にももっていたかどうかは不明である。しかし、『イギリス共和制の歴史』の革命観が、『政治的正義の研究』の第2～3版よりは第1版のそれに近いということの背後に、1825年の団結禁止法廃止に象徴される急進主義運動＝議会改革運動の再度のもりあがりを考えることは不可能ではないであろう。

　最後に、フレイシャーは、この『イギリス共和制の歴史』を書いた時のゴドウインの中には「政治的進歩の必要な条件に関する見解とそれに矛盾するイギリス共和主義運動の見解」との矛盾する2つの見解がやどっているようにみえそこにゴドウインの理論への信頼の度合が『政治的正義の研究』を書いた時よりも減少しているのではないかという問いを出している[71]。もっともフレイシャーは、ゴドウインの一貫性を証明しようとしているのであるが、わたくしは、つぎのよう

に考えている。すなわち、社会的・政治的事件の展開の中に事実として必然性も認識することと彼の道徳哲学からの要請との矛盾と緊張の意識がある程度までゴドウィンの中に芽生えかけていたのではないかということである。たとえば、彼がつぎのようにいう時前述のごとき『イギリス共和制の歴史』の、『政治的正義の研究』の第1版への近さにもかかわらず、ゴドウィン自身が気づいている以上にゴドウィンの道徳哲学の危機は深刻なのである。すなわち、「一国の政治は……理論において克服される困難と実践に還元される困難とをもった複雑な科学なのである。書斎において哲学者が想像的な政策の図式を考え出し、人類が、もし情熱も偏見ももたなかったら、いかに立派に政治的共同社会 political community という形に結合されるかを示すことは比較的容易である。しかし、不幸にして、昔も今も人間は情熱の創造者であって、……冷静と思索の示すところからはなれるのである」[72]。このことはまた、ゴドウィンの方法における、演繹法と帰納法の併用（統一ではなく）と対立の問題としても考えることができるであろう。

1） William Godwin, *History of the Commonwealth of England, From its commencement, to the restoration of Charles the second*, London, 1824, vol. I. 1826, vol. II. 1827, vol. III. 1828, vol. IV.

内容の範囲は vol. I は1640-1645年、vol. II は1645-1649年、vol. III は1649-1653年、vol. IV は1654-1658年である。

使用されている史料は "*The Journals of the Commons, printed in 1742.*" と "*The Journals of the Lords, printed in 1767.*" がもっとも基本的なものである。David Hume の例の『英国史』の出版は1754-1761年であるから、この史料を自由に使って歴史を書いたのはおそらくゴドウィンが最初であろう。その他全巻を通して多く使われているものは、いずれも有名なものであるからここでは著者、編者名のみをあげておけばつぎの通りである。Edward Earl of Clarendon, J. Thurloe, J. Rushworth, B. Whitelock.（ただし個別的なもの、たとえばレヴェラーだけの史料のようなものは省略する）。

2） 水田洋『社会思想史の旅』120ページ。

水田洋編『イギリス革命』中の同教授論文、337ページ。

C. Hill の『イギリス革命』の邦訳者田村秀夫氏の訳書 "あとがき" 179-180ページ。

浜林正夫『イギリス市民革命史』296ページ。

3） たとえば、C. K. ポールはつぎのように書いている。「もう一度、彼（ゴドウイン）

の仕事への興味は、たんにパンのために書くことにしばしばともなうエネルギーの麻痺にうちかった。そして、生みだされた本はいきいきとした立派なものであり、概しておどろくほど正確である」(C. Kegan Paul, *William Godwin, His friends and contemporaries*, London, 1876, vol. II, p. 291.)。

4) W. Godwin, *History of the Commonwealth*, vol. I, preface.
　なお本引用中にあるニューゲイト・カレンダーとは、ニューゲイト監獄暦報で同監獄の重罪囚人の経歴の記録である。18世紀から19世紀初めにわたる。

5) *The History of England*, 1806. は子供のために書いたものであって、1805年に計画したものとは異なる。

6) Cf. D. Fleisher, *William Godwin. A Study in Liberalism*, London, 1951, p. 51.

7) 児童向けの歴史書は、前にあげたもののほかに *Fables, Ancient and Modern*, 1805. *The Pantheon, or Ancient History of the Gods of Greece and Rome*, 1806, *The History of Rome*, 1809, *The History of Greece*, 1811, などがある。
　これらは、かなり普及したらしく、ポールはつぎのように書いている。「中年の多くの人々は、彼らがはじめて歴史にさそわれたのはすぐれた印刷とさし絵のあるこれらの小さな本を通じてであったということをおもいおこすにちがいない」(C. K. Paul, *op. cit.*, vol. II, p. 131)。

8) W. Godwin, *History of the Commonwealth*, vol. I, p. ix.

9) *Ibid.*, p. viii.

10) W. Godwin, *Enquiry concerning Political Justice and Its Influence on Morals* (1st. ed., 1793. では General Virtue) *and Happiness*, 1796, 3rd. ed., 1798, の Book V 参照。なおゴドウインの政治理論については、拙稿「ゴドウインにおける『政治的正義』の構造」(『商学討究』第11巻2号及び3・4号)ですでに検討しておいた。

11) ゴドウインの歴史観についても、わたくしは前掲論文でふれておいた。

12) W. Godwin, *History of the Commonwealth*, vol. 1, pp. 1-2.

13) W. Godwin, *Enquiry concerning Political Justice, and its Influence on Morals and Happiness*, Photographic facsimile of the third edition corrected, edited with variant readings of the first and second editions and with a critical introduction and notes, by F. E. Priestley, the Univ. of Toronto Press, 1946, vol. III, p. 282. この引用部分は2版以後なくなった。なお本章における『政治的正義の研究』の引用はすべてこの版による。

14) W. Godwin, *History of the Commonwealth*, vol. I, p. 2.

15) *Ibid.*, p. 29.

16) *Ibid.*, p. 19.

17) *Ibid.*, p. 3.

18) W. Godwin, *History of the Commonwealth*, vol. II, pp. 342-345.
19) *Ibid.*, p. 151.
20) *Ibid.*, vol. I, p. 335.
21) *Ibid.*, vol. II, pp. 335-336.
22) W. Godwin, *History of the Commonwealth*, vol. II, pp. 435-436.
23) *Ibid.*, pp. 437-454.
24) *Ibid.*, pp. 14-22.
25) *Ibid.*, pp. 411-431.
26) *Ibid.*, pp. 7-10.
27) *Ibid.*, pp. 49-50.
28) *Ibid.*, pp. 439-440.
29) *Ibid.*, p. 467.
30) *Ibid.*, pp. 467-468.
31) *Ibid.*, pp. 373-380. ゴドウインはこの「提案要綱」を当時の事情にまったくあったものであり、妥協的な表現をとってはいるが共和主義の精神で貫ぬかれたものであるとたたえている。
32) W. Godwin, *History of the Commonwealth*, vol. III, p. 39.
33) C. Hill, (ed.) *The English Revolution*, 1640. 田村秀夫訳、78ページ。
34) W. Godwin, *History of Commonwealth*, vol. III, p. 145.
35) *Ibid.*, p. 150.
36) *Ibid.*, p. 151.
37) このアイアランド征服についてのゴドウインの考え方は、スコットランド征服についてもそのままあてはまる。
38) W. Godwin, *History of the Commonwealth*, vol. III, p. 82.
39) W. Godwin, *History of the Commonwealth*, vol. III, p. 302.
40) *Ibid.*, p. 435.
41) *Ibid.*
42) *Ibid.*, p. 485.
43) *Ibid.*, p. 109.
44) *Ibid.*
45) *Ibid.*, pp. 109-110.
46) *Ibid.*, p. 304.
47) *Ibid.*, vol. IV, p. 380.
48) *Ibid.*
49) *Ibid.*, p. 381.

50) *Ibid.*, pp. 374-375. なお第五国王派の manifesto の title は A Standard Set up, whereunto the true seed and saints of the Most High may be gathered together, for the Lamb, against the Beast and the False Prophet; or the Principles and Declaration of the Remnant, who have waited for the blessed appearance and hope, 1657.
51) *Ibid.*
52) *Ibid.*, vol. III, p. 120.
53) *Ibid.*, vol. IV, p. 599.
54) *Ibid.*, vol. III, p. 304.
55) ピューリタンの立場からイギリス革命をみるカーライルの場合には、クロムウェル批判はほとんどみられない。クロムウェルは神の使命をはたす英雄なのである。そこでは長期議会の役割は、クロムウェルへの讃辞のかげにかくれてしまう。
56) W. Godwin, *History of the Commonwealth*, vol. III, p. 119.
57) ゴドウインがこの『イギリス共和制の歴史』で実際にとりあつかっているのは、1656年のクロムウェルの死までである。それから1660年のチャールズ二世の復位までは当然のなりゆきであったとみているが詳細は与えられていない。
58) W. Godwin, *Enquiry concerning Political Justice*, vol. III, pp. 281-282.
59) *Ibid.*, vol. I, pp. 260-261.
60) *Ibid.*, p. 261.
61) *Ibid.*, p. 262.
62) *Ibid.*, p. 263.
63) *Ibid.*, pp. 283-284.
64) *Ibid.*, vol. III, p. 286.
65) *Ibid.*, p. 161.
66) W. Godwin, *History of the Commonwealth*, vol. I, p. 9.
67) W. Godwin, *Enquiry concerning Political Justice*, vol. III, p. 286.
68) C. K. Paul, *op. cit.*, vol. I, pp. 75-76. なお、この点については拙稿「前掲論文」参照。
69) W. Godwin, *The Enquire, Reflections on Education, Manners and Literature*, 1797, pp. ix-x.
70) 1820年3月27日の Henry Blanch Rosser への手紙。Cf. C. K. Paul, *op. cit.*, vol. II, p. 265.
71) Fleisher, *op. cit.*, pp. 129-130.
72) W. Godwin, *History of the Commonwealth*, vol. IV, p. 579.

補　論　日本のマルサス研究史における南亮三郎

はじめに

　南亮三郎の最初の著作は、『流通経済の原理』（大正15年）であったが、マルサス研究にかんしては『人口法則と生存権論』（昭和3年）が最初の著作であった。この書の序文によれば、若き日の南がマルサス人口論研究に本腰を入れるようになった切掛は、小樽高商時代の師、大西猪之介の遺した蔵書のなかに「世にも珍らしい一冊の書物」、ウイリアム・ゴドウィンの『人口について』（1820年）を発見したことであった。

　マルサスの『人口論』初版（1798年）が、イギリスにおけるフランス革命論争の最終段階で、ゴドウィンらの啓蒙的理性にもとづく社会改革論への決定的打撃となったことは、よく知られている。当然ゴドウィンは反論し、マルサスは、ゴドウィンの主張を一部入れて『人口論』第2版で有名な改訂を行ったりするが、しかしゴドウィンは、しだいに世間から忘れられていった。後にゴドウィンの娘婿となった詩人のシェリーが、1812年に、ゴドウィンの存命を知って感激したという話が伝えられているほどである。『人口について』は、そうしたゴドウィンが、60才をすぎて書いた最後のマルサス反駁書であった。

　南は、以上のようなゴドウィンの境遇に同情を感じながら、この本をむさぼるように読み、そこに「如何なる社会思想家も、如何なる社会科学者も、一度は通過せざるを得ざる基本問題」を見たのである。基本問題とは、人びとの生活難は「人を造った神自身の矛盾であるのか、それとも人が造った社会の罪であるのか」（南、前掲書）という問題である。これは、ゴドウィン＝マルサス論争の中心問題であったが、いまや「生存権対人口法則」という問題に置き換えられ、さらに

「マルクス対マルサス」という問題ともなっていたことは、後に見るとおりである。ともあれ、南は、こうしてマルサスと本格的に取り組むことになったのである。南が小樽に赴任した大正12年の秋のことであった。

1

しかし、南が人口問題を社会科学の基本問題と考えるようになる素地は、すでに出来上がっていた、と言ってよい。南は、処女論文「生存権対人口法則の問題」(『国民経済雑誌』大正14年1・2月)の根本発想を大西の原論の講義からえた、と書いている(「大西教授と人口論」『商学討究』第1巻上)が、新カント派の影響下にあった大西は、科学と政策を峻別する立場から、福田徳三や津村秀松(大西の神戸高商時代の師)らのドイツ歴史学派的なマルサス理解をすべてしりぞけ、マルサス人口論の科学的核心を「人口増加力は食物増加力よりも大である」という一点に見、しかも人口の無限増殖と欲望の無限増大とを同一視できると考えて、経済学の出発点に人口論をすえ、マルサス研究の新しい気運をつくっていたからである(市原亮平「わが国のマルサス研究史」『関西大学経済論集』第7巻第4号、昭和32年)。また、貧困の問題が容易に人口問題と考えられるような時代でもあったのである。

大正後期から昭和初期にかけての時期は、人口増加問題と失業問題とがオーヴァラップして現れた時期であった。米騒動につづく第一次世界大戦後の、いわゆる戦後恐慌は、ほとんど回復せぬままに昭和初期の恐慌へと推移していく。当然、失業問題は深刻であった。他方、死亡率低下による急激な人口増加は、矢内原忠雄をして、毎年の百万人に近い自然増加数は「国民心理に一種の恐怖的暗影を投じ」(『人口問題』昭和3年)と書かしめたほどであった。安部磯雄や山本宣治らの産児制限運動が盛り上がったのも、この時期であったのである。

こうした時代的情況のなかで、当時の青年学徒に大きな影響を与えたのは、河上肇の『貧乏物語』(大正6年)であったが、南への影響ははっきりしない。しかし南は、小樽高商3年のとき、米騒動に刺戟されて社会主義に興味をもち、『資本論』を読もう、と大西に相談して「それは止せ。……生涯、職にも就けなくな

る……」(南『人口論六十年』昭和59年)と言われた経験をもった。そして東京商大に進んでは、左右田喜一郎のゼミナールに学び、神奈川県匡済会で活躍していた左右田の社会問題への情熱にふれたはずである。この東京商大には、左右田とともに黎明会で活躍していた福田徳三がいて、民本主義の経済理論といわれた「生存権の社会政策」を主張していた。南の『人口法則と生存権論』は、この福田批判を念頭に置いたものであることは、後に見るとおりであるが、ともあれ、以上のような時代情況のなかで研究者への歩みを始めた南の胸のなかでは、大西に教えられた冷厳な自然法則としての人口法則と生存権への熱い思いとが、自己のもっとも重要な学問的問題として凝固しつつあったように思われるのである。ゴドウィンの一書との出合いは、そのようなときであったのではないだろうか。それでは、南がマルサス研究に取り組み始めた頃の、日本のマルサス研究の状況はどのようなものであったのだろうか。

2

　大西が、科学と政策を峻別して、マルサス研究の新しい気運をつくったことは、すでに述べた。この科学と政策の峻別は、しかしながら、大西に批判された福田の踏襲するところでもあった。しかし、大西が結局は「生活難は人間の宿命である」(『実業の世界』大正元年10月)という悲観的理解に傾いていくのにたいして、日本のブレンターノと言われた福田は、人口法則の作用には広大な「余地」があり、そこに社会政策の可能性がある(「まるさす人口論出版当時の反対論者——特に生存権論者」『経済論叢』・マルサス生誕百五十年記念号・大正5年)、と主張していた。つまり、社会政策により人口法則の作用を緩和したり、その作用が特定の階級に偏ることを防ぐことは可能であり、さらに人口圧力が刺戟となって生ずる商工業の発展が人口扶養力を増大させる、とすら考えていたのである。

　同じ頃、河上肇もまたマルサス研究を深め、「マルサス人口論初版以下各版の差異」(『経済論叢』第1巻第2号、大正4年)、「マルサス人口論」(『太陽』第22巻、大正5年)、「マルサスの人口論要領」(『経済論叢』・マルサス生誕百五十年記念号)などの論文を発表していた。さきにふれた『貧乏物語』は、これらの研

究をふまえて書かれたものであったが、そこで河上は、貧乏の原因を、人口と食料の増加力の差にではなく、富者の奢侈が生活必需品生産の縮小をもたらす点に求め、奢侈廃止を主張したのであった。以後、河上もまた、生存権の問題を軸にしてマルクス主義者へと旋回していくのである。大正12年刊の『資本主義経済学の史的発展』のなかで、河上は、経済学を個人主義経済学と社会主義経済学の二系列に整理し、マルサスを個人主義経済学のなかでもっとも徹底した生存権否定論者ととらえた。そして、生存権を前提した社会組織への必然的移行を説く唯物史観、つまりマルクス主義への「新たなる旅」(『自叙伝』)に出るのである。

こうして、「生存権と人口法則」の問題は、「マルクスかマルサスか」、という問題とオーヴァラップする。その点を鋭く提起したのが、大正末の矢内原＝大内論争であり、それにつづく昭和人口論争であった。なお、この間、大正13年に、日本最初のマルサス人口論研究の単行書、藤村信雄『人口論・マルサス説の研究』が出たことに注意を払っておこう。これは、マルサスの人口法則と社会主義とをともに肯定し、その対立を新マルサス主義＝産児制限で解決しようとするものであった。

矢内原忠雄は、大正14年に「人口過剰に関する若干の考察」(『経済学論集』第4巻第2号)を発表し、ゴドウイン＝マルサス論争から最近のケインズ＝ビヴァリッヂ論争までたどりながら、マルクスの相対的過剰人口論はマルサス人口理論を無用化したものではない、と主張、民族間対立ともなりかねない人口問題の深刻さを訴えた。これに対して大内兵衛は、「人口論に於けるマルサスとマルクスの交錯」(『経済学論集』第4巻第3号)を書き、マルサスはすでにマルクスによって止揚されていることを論証し、マルサスは自然的因子で社会問題を永久に解決してしまったが、マルクスは、社会問題の根を資本制社会に求めたために、いまだ未解決な問題としてそれをわれわれの目前に呼び戻す、と論じたのであった。これにつづく昭和人口論争は、高田保馬が雑誌『経済往来』(昭和元年7月)にのせた随筆「産めよ殖えよ」を河上が個人雑誌『社会問題研究』で批判したことから始まった。高田は、顕示的消費論の立場から、当時の人びとの生活難の原因を、人口過剰にではなく、戦争ブームで上昇した生活水準をブーム終了後も維持しようとすることに求めて、つぎのように書いたのである。「私は信ずる。ただ

産めよ殖えよ。姑息なる救済策などに頼らなくても事はすむ。窮すれば即ち通ぜむ。……経済活動が盛んになれば、国内はなほなほ多数の人口を養ひ得る……。商工業立国の確立し得ないのは生活費の不相応に高きが故である」。この高田の、国民の生活水準切り下げの主張は、河上の奢侈全廃論とは異質はものであったし、深刻な現実に目をつぶるものであったから、すでにマルクス主義者になっていた河上が厳しい批判の矢を放ったのは、当然であった。

　この昭和人口論争は、当時の経済学者をほとんどまきこんだが、そこにはほぼ３つの立場を認めることができる。１つは、マルクスをもってマルサスを否定した河上・大内らのマルクス主義者、第２は、マルクスとマルサスをともに生かそうとした矢内原らの自由主義的中間派、そして第３は、マルクスでもマルサスでもない第三の立場を主張する右派の高田であった。南の『人口法則と生存権論』も、この論争を意識しているが、南の立場は矢内原に近い。しかし、矢内原がマルサスを自由主義の闘士として描いた（『人口問題』）のにたいして、南のマルサスは、何よりも科学者であった。

　昭和人口論争のなかで、日本のマルサス研究の水準は、飛躍的に高まった。それに中心的な役割を果したのは、南亮三郎であり、その小樽での教え子、吉田秀夫であった。

3

　南は、マルサス研究にかんする第一作『人口法則と生存権論』において、「マルクスかマルサスか」という問題を見すえながら、福田の提出した「人口法則と生存権」の問題に南なりの答えを出そうとした。

　南はまず、アントン・メンガーの『全労働収益権論』（1904年）を手がかりに、マルサス＝ゴドウイン論争にさかのぼって検討し、ゴドウインの立場を、生存権の承認を根柢に置いた共産主義であり、その前提は、理性的道徳的人間変革と低い人口増加力である、ととらえる。ついでマルサスの主張を、人口の増加力は生活資料の増加力よりも大であるから、放置しておくと悪徳・悲惨におち入るが、そうならないためには道徳的抑制が必要（南は『人口論』第２版以降のマルサス

を重視する)であり、それは、家族扶養の重荷を人びとに課す私有財産制度とその上での自由な結婚制度のもとでのみ可能である、と理解する。そしてこのマルサスの立場を肯定して、「道徳的抑制を免除する生存権の社会政策を提唱せらるる福田博士が、他方で『産めよ殖えよ』の放任政策を主張せらるるは、是れ明らかに自家撞着」と福田を批判したのである。つまり南は、悪徳・悲惨を回避するためには道徳的抑制が必要であり、それが私有財産制度のもとでのみ可能だとすれば、私有財産制度を維持して生存権をあるていど制限するのはやむをえない、と考えたのである。したがって南によれば、生存権の保障をすでに生まれている人に限って出産権を制限するか、出産権の自由を認めて生存権を否定するか、ということが問題だということになる。

　以上のように、南は、福田を批判しつつも一定の社会政策の必要は認めたのであるが、そうするとつぎに社会政策の対象の限定が問題となる。南は、マルサスにしたがって、人間を退廃させる「望みなき窮乏」＝生理的窮乏と「境遇改善の希望と窮乏の虞れ」とをともに生む社会的窮乏とを区別し、前者の救済を主張するのである。そうしてはじめて教育が可能となり、道徳的抑制への道も開かれる。その社会政策の費用は、当然、有産者が負担しなければならぬ。社会政策の対象となる困窮者が自分の出産権を制限しなければならぬのにたいして、有産者は、費用の形で人口法則の作用の重荷を負担しなければならないのである。南の言う出産制限が、道徳的抑制のほかに新マルサス主義的産児制限を含むのかどうかは、判然としない。ともあれ南は、福田の「生存権の社会政策」を批判して、以上のように問題を提起したのであった。

　これまで見てきたことからあきらかなように、「マルクスかマルサスか」という問題にかんして言えば、南は、はっきりとマルサスをとったと言っていい。ただ相対的過剰人口論にかんしてのみ、一定の限度内でマルクスを容認するのである。つまり、マルサスの人口法則は歴史貫通的なものであるのにたいして、マルクスの相対的過剰人口はその特殊資本主義的現れ、と南は理解したのであった。この考え方は、生涯変らない。

　この南の『人口法則と生存権論』の出た昭和3年は、河上肇が京大を追われた年であったが、矢内原の『人口問題』と長崎高商教授であった伊藤久秋の『マル

サス人口論の研究』が出て、日本のマルサス研究史の上で重要な年となった。矢内原の作品が、現実の人口問題を論じ、マルクスをふまえつつマルサスを研究することの重要性を訴えたのにたいして、伊藤の研究は、マルサスの『人口論』という古典の全体像を、その時代的背景とともにあきらかにしようとしたものであった。ここに日本のマルサス研究も、原典に内在した本格的な研究の段階に入ったのである。この新しい段階でマルサス研究の水準を飛躍的に高めたのが、当時大倉高商教授であった吉田秀夫であった。

4

吉田の死後、南は、感慨をこめてつぎのように書いている。

「吉田氏は、……マルサス研究で余人の及び難い大きな貢献をした人である。……その著作に何の理論的価値も認めず、その人物に何の共感も感じなかったマルサス——その〈僧侶マルサス Parson Malthus〉の研究と紹介とに生涯をささげつくした、という例も稀有なことであろう。……吉田秀夫君は小樽時代の私の傑出した一学生であったのであり、しかもまたマルサスにおいては私とは正面から対立し抗争するところの峻烈な批判者であった」(『日本における人口問題研究の展望』昭和30年)。

吉田は、昭和4年に、河上や大山郁夫らの雑誌『我等』に論文「史観としてのマルサス人口論」を発表、『人口論』の歴史的叙述の部分を綿密に検討して、そこに人口史観を読みとるという新しい見地を示した。しかし、吉田にとって、人口史観は、自然法則としての人口法則を直接に社会に適用したものであって、歴史的現実を少しも説明するものではなかった。だから吉田は、「抽象的永遠的なる人口法則と袂を分かって、社会の歴史の動因を生産諸関係より生産力の発展に辿って具体的なる法則を樹立しなければならない」と論じて南や高田保馬を批判したのであった。

マルサスの『人口論』に人口史観を読むこの吉田の作業は、実は高田の第三史観批判の伏線でもあった。すでに見たように、昭和人口論争のなかで第三の立場を主張していた高田は、唯心史観を第一史観、唯物史観を第二史観と呼び、いず

れをもしりぞけて、人間関係中心の社会学的史観を第三史観と称して主張していた（『思想』大正12年4月）のである。この高田の第三史観は、マルサスにデュルケムとテンニィスを結びつけたものであり、歴史の動因を人口構造に求めるものであった。いわば人口史観のヴァリエイションであって、吉田は、三木清や羽仁五郎らの雑誌『新興科学の旗のもとに』や『我等』の後続誌『批判』等に発表した論文で、高田が、結局は「僧侶マルサスの代弁者に過ぎなかった」ことを暴露したのである。吉田は、当時の反社会主義的な体制擁護の思想の根柢に、あらゆる社会的問題を究極的に人口で説明しようとするマルサス主義を見たのであった。したがって吉田は、マルサスに徹底的に内在しつつ、その理論が、徹頭徹尾支配階級のイデオロギーの理論表現でしかないことをあきらかにしようとしたのである。

　吉田の最初の書物は『経済学説研究』（昭和7年）であった。この書で吉田は、マルサス理論を、人口論・歴史論・経済理論の不可分離な三位一体の体系として、マルサスの思想と理論の全体像をはじめてあきらかにした。『人口論』各版の綿密な分析だけではなく『経済学原理』をもはじめて本格的に分析して、それらに支配階級たる地主階級の利益擁護の視点がすみずみにまで貫徹していることを、見事な分析と論理で示したのである。この吉田の明快な研究を、市原亮平（関西大学教授）は「氏の人口論研究は恰も経済史学界における大塚久雄氏を思わせるものがあり」（『人口論義』昭和43年）と評している。

　ひきつづき吉田は、『マルサス批判の発展』（昭和7年）、『黎明期の経済学』（昭和11年）、『新マルサス主義研究』（昭和15年）などの労作を世に出したが、そのばあい、つぎのような見通しをもっていた。「マルサスの理論は、先ず彼の手中にある際には、資本主義の発生期に於ける地主階級の理論であったのであるが、続いてそれは……資本主義の発展期に於ける資本家階級一般の理論に転化し、最後に20世紀に至って……帝国主義の理論へと再転化した」（『経済学説研究』）。こうして吉田は、東北大での師、堀経夫によって確立された厳密な原典主義の方法によって、マルサス及びマルサス主義批判の壮大な体系を構築したのであった。

　吉田には、以上の著作のほかに、第2回レオナルド・ダ・ヴィンチ賞を受けた『イタリア人口論研究』（昭和16年）や経済史家からも高い評価を受けている『日

本人口論の史的研究』（昭和19年）がある。またマルサス『経済学原理』の最初の邦訳者であり、また『人口論』各版の綿密な対照訳を出すなど、日本のマルサス研究史上に、吉田は、巨大な足跡を残したのであった。

5

　『人口法則と生存権論』を出して間もなく、南は、ドイツに留学、帰国したのは恐慌の年である昭和5年の9月であった。帰国した南は、恐慌の問題にしばし心を奪われて「農業恐慌と資本主義体制」（『小樽高等商業学校創立二十周年記念論文集』）などを書いている。人口問題に関心が戻ったのは、教え子の一人、小林多喜二が虐殺された昭和8年の春であった。

　人口問題に復帰した南は、「マルサス人口理論の再認識」の作業を開始した。実は南には、『人口法則と生存権論』にかんして「マルサス理論そのものの深き詮索を先行せしめねばならぬ筈だった」（「日本に於ける最近十年間の人口学説研究」『社会経済史学』第6巻1・2号、1936年）という反省があったのである。南にこうした反省を促したのは、おそらく伊藤久秋や吉田の研究であった。南と吉田との間には論争があるが、ここでそれをフォローする余裕はない。

　南の作業は、昭和9年の小樽高等商業学校研究室編『百年忌記念マルサス研究』中の論文「マルサスの人口理論」に結実した。この論文で南は、マルサス人口理論が、増殖原理と規制原理という2つの原理から構成された「発展の理念」にもとづく「人口の周期的擺動の理論」であった、ととらえたのである。ここに、南の生涯変らぬマルサス理解の枠組が出来上がったのであるが、この「人口の周期的擺動の理論」という理解は、吉田が人口史観ととらえたものの南なりのとらえなおし、と言ってよい。翌年出した『人口理論と人口問題』は、以上のマルサス理解に豊かな肉づけを与えたものであった。

　この「肉づけ」のなかで重要な点は、南が、マルサスは、抽象的な人口法則の樹立に終始したのではなく、経済発展の段階によって異なる歴史的に妥当する人口法則を検証しようとしたのだ、と主張し始めたことである。つまり、マルサスが問題とした人口と食料とは、実際には歴史的社会関係に規定された人口と生活

資料——例えば、賃金労働者と賃金で購買される生活資料——だ、というわけであるが、しかし南は、それ以上に歴史的社会関係自体の分析へは進んで行かない。出発点としての人口に固執するかぎり、あくまでも「体制」は所与なのである。したがって、この思考の枠組をそのままにしておいて、つまりはマルサスに密着しつつ、人口理論の具体化をはかることは、自ら時流に身をゆだねることになるであろう。南は、このことを身をもって示したのであった。

南のつぎの仕事は、『人口理論と国際貿易』であるが、これは、昭和13年の秋に出版された。矢内原と大内とが前後して東大を追われて間もなくであった。この本で南は、マルサスをさらに咀嚼しつつ一国の人口扶養力を問題とした。南によれば、一国の人口扶養力は、土地・労働・資本の3要素によって決まる。これら3要素が量的に均衡していることが望ましいが、均衡が破れたばあいには外国貿易が必要になる、と言うのである。つまり「土地多くして労働少なき」国の農産物と「労働多くして土地少なき」国の工業生産物との交換が必要なのである。こうして貿易が導入されると、一国の人口扶養力は、国内的制約のほかに国外的制約をもつことになる。明治以来の日本の工業化方針は、人口扶養力の国外依存を高めることにほかならず、南は、日本の国民経済的生命線は貿易拡大であるとして、経済的国家主義を批判するとともに、日本の中国侵略を肯定してしまうのである。しかし、ここまでくると、農工併進論を説き貿易依存を極力批判したもともとのマルサスとは微妙にずれてくる。時流に身をゆだねたてしまっているのである。このことにいち早く気づいた吉田は、したがって、南の立論の背後に、世界の国々を「持てる国と持たざる国」に分かつ新しい人口理論の潮流のあることを指摘し、「教授は本書を出発点として『国民的新日本主義人口理論』の樹立へと一路その馬を進められるのであろうか」(『帝国新聞』第745号、南『人口理論と人口政策』所収)と書いたのであった。

6

昭和恐慌が終息し、十五年戦争が拡大していくなかで、人口問題の様相は、「過剰」の問題から戦力としての人口「増加」の問題へと変貌した。「生めよ殖せよ」

の大合唱が始まったのである。いまや人口過剰問題のイメージと結びついたマルサスは、非難の対象となる。人口学者の多くがこの合唱に和したなかで、南は、比較的冷静に事態に対処しようとした、とは言える。昭和15年に出した『人口理論と人口政策』の序文に、南は、つぎのように書いた。「事態が重大となればなる程、科学的研究者はその本来の任務と目標とを見誤ってはならない。吾々の今こそ必要とするものはペティに於ける政治算術の精神であり、政治解剖学の根本態度である」。

　たしかに南は、この書で各国の人口政策と現状とを冷静に検討し、戦時下の日本の人口政策を論じて、戦時下においてこそ社会政策が必要である、と説いている。これは、高田保馬らがやがて説くようになる民族耐乏論への、生産力論的立場からするいち早い批判と言えなくもない。また南は、非難の対象となりつつあったマルサスを極力擁護しようとしている。ただその擁護の仕方は、〈ナチスはマルサスを非難するが、経済環境を改善して人口増加を図ろうとするナチスの政策にこそマルサスの根本思想の１つが生きている〉といったやり方なのである。つまり、体制とその政策を基本的に認めた上でのことであって、南は、この書の結語に「東亜諸民族の最終決定的なる融合統一へと邁進せねばならぬ」という言葉を書きつけたのであった。ここから敗戦後に南の教職追放の原因となった論文「皇国経済論」（『北方経済研究』新巻第１号、昭和19年９月）への距離は、そう遠くはないであろう。

　しかしながら、以上のような情況のなかでのマルサス擁護は、南にマルサス像の書き替えを迫ることになる。南は、それを、昭和19年に出した『人口原理の確立者──トマス・ロバート・マルサス』で果たそうとした。「古き『マルサス』より新しき『マルサス』へ、陰暗なる『マルサス』より光明に満ちた『マルサス』へ、そして人類不幸の宣告者たる『マルサス』より人類幸福の布告者なる『マルサス』へ！」。南は、序文にこのように書いた。南にとってマルサスの著作は、吉田が主張するような、特定階級の利益を擁護したものではなく、「社会大衆の幸福」を究極目標としたものであった。こうした観点から、南は、マルサスの伝記を描き、思想と理論の全体像を描いてみせたのである。そして南は、この書をもってマルサス研究を打ち切る決心をした。「著者はこの『マルサス』と、かの

『人口原理の研究』との2つを以て、直接にマルサスを対象としての研究を打切る決心である。……大東亜共栄圏確立のための民族及び人口の基本的研究に、著者もまた参加しなければならないからである」。

ここにみられる『人口原理の研究』は、東京商大に提出された学位論文であり、昭和18年に出版されたものである。この書で、南は、これまでの研究で到達したマルサス人口論理解を中心に、英独仏伊の人口論文献を渉猟・検討して、人口問題への、経済学的・社会学的・生物学的アプローチに統計学的方法を加味して、総合的科学としての人口学を建設しようとした。しかし、マルサス研究については、すでに到達した水準を越えてはいない。

おわりに

昭和27年に、南は、再度人口論研究に戻った。それ以後も多くの著作を残したが、そのばあいの南の努力は、マルサスそのものの研究よりは人口学の体系化に向けられた、と言ってよい。その努力は、『人口学体系』全7巻に結晶した。とはいえ、永井義雄（名大教授）が、適切にも「南は、マルサス研究を人口原理研究そのものとし、マルサスとみずからとのあいだに距離をおかなかった」（『世界の名著』第34巻、中央公論社、1969年刊の解説）と評したように、南人口学の核心は、マルサス研究である。戦後の南のマルサス研究は、その伝記的部分が豊かに肉づけされて、『マルサス評伝』として『人口学体系』の第4巻に収められたが、マルサスの思想と理論にかんしては、敗戦前に到達した理解と基本的には変らない、と言ってよい。したがって、マルサス研究にかんするかぎり、南の著作のフォローは、ここで止めてよいであろう。

南のマルサス研究の特徴は、永井が指摘したように、「マルサスとみずからとのあいだに距離をおかなかった」ことであるが、しかし南がマルサスその人になりきれたわけではない。南のマルサスは、「社会大衆の幸福」を願う心暖かい科学者である。地主階級の利益の冷徹な擁護者であったがゆえに、かえって一般的過剰生産恐慌の可能性という近代社会の矛盾を認識しえたもう一人の科学者マルサスは、切り捨てられてしまったのである。このことが、南の、時代の問題の本

質を見抜く目をくもらせはしなかっただろうか。科学と政策＝イデオロギーを機械的絶対的に分離する新カント派認識論のワナに、南もまたすっぽりとはまっていた、と言っていいのかもしれない。

　しかし南は、原典に徹底的に内在して人口原理を厳密に解釈し、南なりにマルサスの全体像を描いた。その点で、日本のマルサス研究史上における南の業績は大きい。敗戦後40年、いくつかのマルサス研究が出て、マルサス研究は、部分的に深まりはしたけれども、南と吉田の研究は、いぜんとして新しい世代のマルサス研究者が征服の目標とすべき2つの高峰としてそびえているのである。

第Ⅳ部　経済学の成立と発展

終　章　経済学の成立と発展

第1節　資本主義の生成と経済学の形成

　人間は、ふるくから自分たちの経済生活についての考察を行ってきた。たとえばアリストテレスの『政治学』には、商品の使用価値と交換価値の区別や貨幣の機能についての考察がみられるし、中世のトマス・アクィナスの公正価格論（『神学大全』）も有名である。しかしそれらを、ひとつの独立した科学としての経済学とよぶことはできない。独立した体系的な科学としての経済学は、資本主義の生成の過程で成立してきたのである。

　資本主義への胎動は、14世紀に始まる。ジャックリーの乱（1358年）やワット・タイラーの乱（1381年）がその指標である。領主制とたたかいながら、農民たちは、社会的分業＝商品交換を発展させ、生産力を高めて領主制の土台を空洞化していく。もちろんこの過程は、直線的ではなく、国によっても異なる。しかし15世紀の後半から16世紀にかけて、絶対王政がひろく成立し、ルネッサンスや宗教改革という重要な運動がひろがった底には、以上のような変化があったのである。絶対王政は、新しい変化に対応しながらふるい社会の本質を守ろうとするもので、資本主義が成立するためには、それは、市民革命によってつき破られなければならない。こうした過程が比較的順調に進んだのはイギリスで、イギリスは、17世紀に市民革命（ピュアリタン革命と名誉革命）を経験した。そして資本の本源的蓄積をいち早く完了して産業革命を経過し、資本主義を確立させたことはよく知られているとおりである。

　経済学は、以上のような資本主義の生成過程で、身分制やローマンカソリックの支配からの人間解放をめざす近代思想の展開とも密接な関係をもって形成され

てきたものでもある。マキャベリが『政治学』を宗教から独立させたのとほぼ同じ頃に書かれた、地動説で有名なコペルニクスの『貨幣論』（1526年）が、貨幣を純粋に経済現象として考察していたのは偶然ではないのである。そもそも資本主義の生成過程で、経済学が独立したひとつの科学となるのは、資本主義という社会体制が、宗教や道徳や政治から相対的に独立した経済の世界をもっているからである。この経済の世界の独立性は、商品生産者が、自己の生産した商品の価格を、自分の思いのままに決めることができない、という事実をあげるだけで十分に示されるであろう。商品の価格は、商品生産者の願望とは無関係に市場で、それ自身の法則にもとづいて決まるのである。資本主義社会では、人間と人間の関係が、そうした商品および貨幣の関係でおおわれ、直接にはみえなくなってしまう。人びとは、商品世界の法則を無視して道徳的、政治的な要請をそれに押しつけようとすると、思わぬしっぺ返しをうけるし、他方そこでの人間と人間の関係のほんとうの姿を知ろうとすれば、商品や貨幣の分析にむかわざるをえないのである。こうして経済学は、資本主義の生成過程で生ずる時論的諸問題の考察と新しい社会の原理的考察という２つの志向のからみあいのなかから形成されてきたといえる。経済学は、実践的であると同時に原理的なのである。そしてこの二側面を統一するものが「立場」である。

　資本主義の生成期には、身分制から人間と生産力を解放する立場を代表したのはブルジョアジーであり、かれらは、そのかぎりで人類を代表することができた。そうした立場から新しい社会の原理に迫り、時代の問題にたいする処方箋を示そうとして築かれたのが古典派経済学であった。しかし資本主義が発展するにつれて、資本家と労働者という新しい階級矛盾も発展する。今度は労働者階級が、資本主義の矛盾から人間と生産力を解放する担い手になり、人類を代表する。労働者階級の立場に立った経済学こそ資本主義の本質に迫り、問題の根本的な解決の方向を示すことができるのである。このように経済学は、階級的立場の問題を避けてとおることができない。

　資本主義の生成過程でまず現れる経済思想は、重商主義といわれているものである。重商主義ということばは、じつは政策にたいしても使われている。政策としての重商主義と思想としての重商主義は、深い関連をもつけれども一応区別し

なくてはならない。政策としての重商主義は、市民革命を境に前期重商主義と後期重商主義に区別されている。政策主体たる国家権力の性格が、封建的・絶対主義的なものからブルジョア的なものに変質するからである。貿易統制による貿易差額の増大という政策形態は似ていても、前期と後期とでは、そのねらいも効果もまったく異なるのである。すなわち前期のそれは、特権商人、特権マニュファクチュア等の保護と王室財政を潤沢にすることであったが、後期のそれは、産業資本の保護・育成であった。つまり資本の本源的蓄積のための政策であって、航海条令、穀物法、競争的生産物の輸入禁止、特恵的通商条約（たとえば1703年のメスュエン条約）などの貿易統制や植民地拡大政策のほかに、近代的貨幣・信用制度の整備（たとえば1694年のイングランド銀行の創設）、囲込み・農業改良の促進による農業の資本主義化、居住地法（1662年）や貧民作業場法（1722年）といった労働政策をふくむ総合的な政策体系だったのである。フランスでは、ナポレオンの「大陸制度」がこれに相当し、コルベールティスムが前期に相当する。

　以上の政策としての重商主義にたいして、思想としての重商主義は、市民革命を境にして画然と分けるわけにはいかない。市民革命以前の文献にも産業資本の声は反映しており、市民革命以後にも特権商人の立場から書かれた文献は多いし、経済現象の認識という点では相互補完的な面も多いのである。

　経済的文献が多くなってくるのは、16世紀の後半からである。国際的な商業活動の拡大と抗争の「商業革命」の時代であり、スペインをつうじて流入した新大陸の銀による「価格革命」の時代である。したがって当時議論された問題は、物価騰貴の原因、為替取引および利子の是非、交易条件といった諸問題であった。このころ書かれた注目すべき文献に、スペインの教会法学者マルティン・デ・アスピルクエタ・ナバーロの『徴利明解論』（1556年）、フランスの政治学者ジャン・ボダンの『物価騰貴とその対策についてのマルトロワ氏の逆説への答え』（1568年）、ジョン・ヘイルズの『イングランド王国福祉論』（1581年。ただし書かれたのは1549年ごろ。著者はトマス・スミスという説もある）等がある。これらの人びとの主張で注目されるのは、貨幣金属説および貨幣数量説をとって、鋳貨の価値は君主の意志から独立したものであること、一国における貴金属の増大は富の増大であって、あるていどの物価騰貴はやむをえないとして、貿易や為替

取引を積極的に承認したことである。ここにはまだ産業資本の声は聞かれないが、富概念の土地から貨幣への移行がある。

オランダの独立（1581年）と無敵艦隊の敗北（1588年）でスペインの凋落は決定的になり、オランダとイギリスがうかびあがってきた。この二国の貿易関係（従来イギリスは、アントワープ経由でヨーロッパとつながっていた）も新しい段階に入り、イギリスが資本主義の母国になっていくのである。したがって経済学形成の主流もイギリスに流れることになる。そうしたイギリスでまず生じたのが、貿易商人たちの外国為替論争であった。論争は、グレシャムの『外国為替の理解のために』（1559年）に端を発し、ジェラード・ド・マリーンズ、エドワード・ミッセルデン、トマス・マンが論争に加わった。論点は、貨幣不足の原因と17世紀初頭における毛織物の輸出不振の原因であった。グレシャム、マリーンズは、ブリオニズムの立場をとり、個別的貿易差額説をとって東インド会社の東方への銀輸出を批難した。ミッセルデンも、貨幣の国外流出の原因を貨幣貶造、輸入品浪費にもとめた点で低為替にもとめたマリーンズと異なっていたが、東インド会社批難では同一陣営にあった。これらにたいする反論が、東インド会社の重役であったトマス・マンの『東インド貿易論』（1621年）と『外国貿易によるイングランドの財宝』（1664年、ただし執筆は1620年代）であった。これらでマンは、一般的貿易差額論を主張している。個別的貿易差額論には、毛織物を中心に成長しつつあった産業資本の要求が反映していたが、一般的貿易差額論は、特権商人の自由貿易論という性格をもち、後期重商主義期の「トーリー自由貿易論」につらなっていくものである。アダム・スミスが『国富論』（1776年）で重商主義を批判するばあいに、その代表的なものとしてあげていたのが、このトマス・マンであった。

しかしマンは、貨幣を「元本（ストック）」としてとらえ、その運動が一国のさまざまな産業部門にどのような影響を与えるかを考察した点で、つまり貨幣資本循環の視点で国民経済の総体を把握しようとした点で、前期重商主義期の最高の理論的達成を示しているといっていい。

後期重商主義期の文献も、特権的貿易商人の利害と初期産業資本の利害との対立とからみあいに彩られている。たとえば初期の「利子率論争」では、法定最高

利子率が1651年にオランダなみの6％に引き下げられたにもかかわらず、土地価格の引上げをねらう地主や貿易商人たちは、4％以下への再引下げを要求し、それを、ジョサイア・チャイルド、ニコラス・バーボン、チャールズ・ダヴナントといったトーリー自由貿易論者が支持した。これにたいしてトマス・マンリは、『6％利子率の検討』（1669年）を書き、低利子率は商工業の繁栄の結果であって、法律で引き下げるべきものではないと反論した。ウィリアム・ペティ、ジョン・ポレックスフェンらがこれを支持し、ジョン・ロックも『利子引下げと貨幣価値引上げの諸結果についての考察』（1692年）でマンリと同じ主張をしている。マンリは、保護貿易を主張し、海外販路拡大のための低賃金政策を主張する初期産業資本のイデオロギーを典型的に示している。ユトレヒト条約（1713年）の対仏貿易再開条項をめぐるチャールズ・キング主筆の『ブリティッシュ・マーチャント』紙（1713-1714年、ウイッグ系）とダニエル・デフォー編集の『マーケーター』紙（1713-1714年、トーリー系）との有名な論争もまたそうである。この論争は、キングが勝利し、キングが定式化した保護貿易の原則は、1720年代にウォルポールによって制度化された。

　この時期の保護主義も貿易差額論をともなっていたが、もはや貴金属流入は自己目的ではなく、政策達成のメルクマールであり、流通手段と貨幣資本の需要に応えるためであった。それを獲得するのは、国内産業の生産物であり、富の源は「土地と労働」（ペティ、ロック）であるというように、生産過程に目がむけられてきていたのである。保護主義は、その生産を担う産業資本のための国内市場の確保でもある。国内市場は、社会的分業の展開による、賃金労働者もふくめた生産者大衆の相互取引を内容とする。こうして社会的分業の展開による生産力上昇の認識と国内市場の重要性の認識が生まれる。そのもっとも早熟的な認識は、デフォーの『イギリス経済の構図』（1728年）に認められるのである。国内市場を重視し、デフォーは、高賃金を主張すると同時に自由貿易論を主張した。したがってキングに反対したデフォーの自由貿易論は、トーリー自由貿易論とは異なり、自信をもち始めた産業資本家の声を先取りしたものであり、小林昇氏があきらかにしたように、ヴァンダーリント→ハリス→ヒューム→タッカー→スミスへとつらなっていくものである。これは、まさに後期重商主義の解体過程にほかならな

いが、保護主義理論の解体に重要な理論的役割を果たしたのは、貨幣をたんに流通手段と考える貨幣自動調節論であった。

この自由主義への推移は、産業資本の成長に照応するが、その過程で地盤沈下する地主階級は、新しい社会を承認しつつ、そのなかでの自己の存在意義を探る。かれらは、当時でもしばしばみられた交易の停滞＝失業の発生に新しい社会の問題をみ、貨幣の有効需要創出効果に着目して、地主階級の奢侈こそ社会の順調な発展に不可欠であり、政府は、そうした奢侈需要が不足しないようにすべきだと主張したのである。こうした考え方は、マンドヴィル→J. ステュアート→マルサスそしてはるかにケインズにつらなる。

後期重商主義文献の理論的な達成としては、ペティが『租税貢納論』（1662年）において、商品の価値尺度として投下労働量を発見したこと、また『政治算術』（1690年）で各国の国力を数量的に比較するばあい、比較の基準を生産的産業に従事している人口と不生産的な職業に従事している人口の割合におき、生産的か不生産的かの基準を「剰余利得」を生みだすか否かにもとめている考え方を示していることである。前者は労働価値論の、後者は蓄積論への視点を準備するであろう。労働価値論は、ベンジャミン・フランクリンや匿名書『貨幣の利子一般、とくに公債の利子についての若干の考察』（1738年？）にも認められる。またロックの『政府二論』（1690年）に展開されている労働にもとづく所有権論＝労働価値源泉論（労働価値論の、尺度論と源泉論の二側面の区別は浜林正夫氏による）も重要である。さらに剰余価値把握という点では、ペティ段階では、地代が剰余価値のすべてであったといっていい。それがしだいに地代、利潤、賃金が分化してくるのだが、その明確な区分は、やはりスミスをまたなければならなかった。

これまでみてきたのは、いわば時論をとおしての認識の深まりである。経済学成立への道を考えるばあい、社会の原理的な把握というもうひとつの思索の流れをみておかなければならない。それは、ホッブスからロックをへてスミスに流れこむ「市民社会論」の流れである。ホッブスは、主著『リヴァイアサン』（1651年）において、生まれながらにして生存権をもつ平等な人間が、その生存権を守るために相互契約を結んで国家をつくることをあきらかにした。平等な自立した個人が人間としての権利を相互に認めあう関係こそ市民社会とよばれるものであり、

そうした人びとが生存権を守るために国家権力をつくりだすということこそ民主主義なのである。市民社会の経済的内実は、対等な人間の等価交換関係である。ホッブスが自然状態を「万人対万人の戦争状態」と考え、ロックが平和な状態と考えたのは、ロックにおける生産力認識の深まりとともに、現実の市民社会の自律性の成熟の反映でもあったのである。ホッブス、ロック、スミスと、しだいに国家権力の役割が限定されたものになっていくのは、市民社会の成熟による自律性の増大を反映しているのであって、経済学をひとつの独立した科学としたのは、この市民社会の自律性の認識だったのである。現実の市民社会は、資本主義が発展するにつれて形骸化していくが、思想史のなかには重要な遺産として生きつづけることになろう。

　最後に、古典派経済学の前史としてフランスの重農主義にふれておかなければならない。18世紀のフランスは、絶対主義の危機の深刻化の時代である。これが『百科全書』に結集した、いわゆる啓蒙思想家群を生んだことは、よく知られている。フランス啓蒙思想は、デカルト以来の合理論とロック等イギリス市民社会思想が合流してつくられたものである。さきの『百科全書』は、ディドロやダランベールが政府や教会の圧迫に抗して刊行したもので、フランス啓蒙思想の集大成であるといっていい。重農学派もこの啓蒙思想の右翼を構成し、上からの改革を構想した人びとであった。その先駆者には、ボワギュベール、ヴォーバン、カンティロン等がいるが、中心は、近代外科医の先駆者でもあったフランソワ・ケネー（1694-1774）であった。

　重農学派は、当時のフランス経済の衰退の原因を農村の疲弊にみ、農村を疲弊させた元凶をコルベールティズムにみた。コルベールは、特権マニュ保護のために低賃金を確保するべく穀物低価格政策をとり、穀物輸出を禁止していたからである。ケネーは、『百科全書』への寄稿論文「借地農論」（1756年）や「穀物論」（1757年）で、従来の分益小作農経営と資本主義的借地農経営（イギリスではかなりひろく行われていたが、フランスでは、1750年代にようやく北部フランスに現れた）を比較し、後者の優位性を立証して、フランス農業の再建の道を資本主義的大農経営への転換にもとめたのである。そしてそのための条件として、穀物輸出を自由にして穀物価格を生産費を十分につぐなって農民が蓄積できる価格

第1図　経済表範式

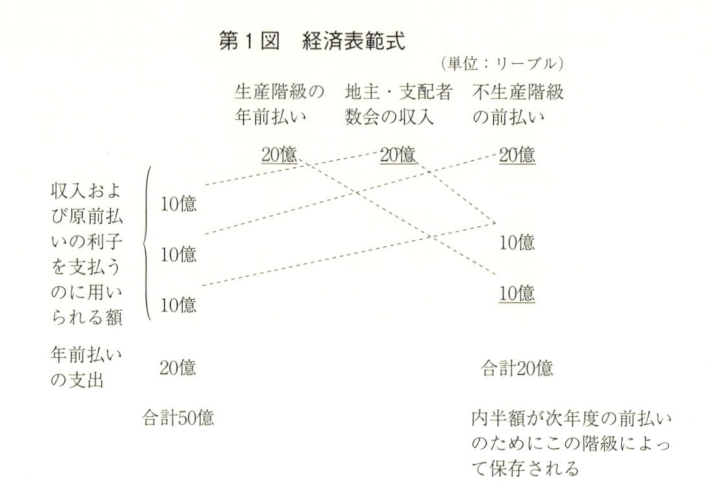

(単位：リーブル)

	生産階級の 年前払い	地主・支配者 教会の収入	不生産階級 の前払い
収入および原前払いの利子を支払うのに用いられる額	20億 10億 10億 10億	20億	20億 10億 10億
年前払いの支出	20億		合計20億
	合計50億		内半額が次年度の前払いのためにこの階級によって保存される

（良価）にすること、農民への恣意的課税をやめることを示したのであった。

　ケネーによれば、権力者であっても従わなければならない自然の秩序＝自然法がある。実定法は、つねに理性によって認識された自然法に従って正されなければならないのである。こうしてもとめていった自然の秩序こそ有名なケネーの『経済表』にほかならない。第1図に示すのは、「範式」とよばれているもっとも完成したものである。

　ケネーは、富を商品としてとらえ、その価値は農業においてのみ生産されるとする。なぜなら工業は、原料たる農産物に工業者の生活資料（農産物）の価値を付加するにすぎないからである。投下した「前払」以上の新しい富（純生産物）を生みだすのは農業のみと考えるのである。かくして社会は、生産階級（農業者・農業労働者）、不生産階級（商工業者）、地主・支配者という3階級から構成される。生産階級は、100億の原前払＝固定資本と20億の流動資本でもって50億の農産物を生産する。20億が流動資本で原前払の利子＝減価償却が10億だから、純生産物は20億である。不生産階級の手に10億の貨幣があり、それで農産物10億を買って工産物（地主用奢侈品）をつくる。地主は、前年度の地代20億（貨幣）のうち10億で農産物を買い、10億で工産物を買ってその年度の生活を行う。不生産階級は、地主からえた10億の貨幣で農産物を買い、農民用工業製品をつくる。生産階級は、これまでの取引でえた30億の貨幣のうち10億で工業製品を買い、残

り20億を地主に地代として支払う。こうして生産階級の手に20億の流動資本が、地主には20億の貨幣が、不生産階級には10億の貨幣が存在し、つぎの再生産と循環の条件ができたわけである。こうして社会の再生産（物的生産をとおしての階級の再生産）が1枚の表で示されたのである。これが単純再生産となっているのは、自然的秩序の完成形態を示しているからであろう。

この「経済表」の学史的意義は巨大であって、マルクスの再生産表式論やレオンチェフの産業連関表の想源になったことはよく知られている。もちろん農業のみを生産的とみ、地主に重要な役割を与えている等の諸限界があることはいうまでもない。

ケネーの後継者としては、テュルゴー（1727-1781）がもっとも重要である。その主著『富の形成と分配とに関する省察』（1769-1770年）には、ケネーをこえる階級関係の認識が認められる。テュルゴーはまた、政治家として重農主義の改革の構想を実現しようとしたが、特権階級の反撃にあって結局挫折せざるをえなかった。

第2節　資本主義の確立と経済学の成立

18世紀も中葉にいたると、イギリスでは、産業革命への動きが始まり、後期重商主義政策のゆきづまりが明白になって、一種の危機的状況をむかえる。それへの対応として、アダム・スミス（1723-1790）を創始者とする古典派経済学が成立する。この古典派経済学をもって、経済学はひとつの独立した科学となるのである。

ここで古典派経済学というばあい、資本主義の科学的認識とその歴史的基盤の双方を考慮に入れて、スミスとリカードウを中心に考える。そのうえでブルジョア的地主の立場に立つマルサスと、古典派経済学の解体の問題にとりくんだ J. S. ミルを考慮に入れたい。したがってピグー以前を古典派としたケインズとも、ペティやシスモンディを入れるマルクスの古典派の枠組とも異なることをことわっておきたい。

古典派経済学の創始者は、アダム・スミスである。スミスは、スコットランド

で道徳哲学者として出発した。当時のスコットランドは、経済的には後進地域であったが、イギリスの新しい学問の中心になっていて、スコットランド歴史学派が形成されていた。ヒュームやファーガスンが有名であるが、スミスの学問もこれらの人びとのなかで育まれたのである。ワットが蒸気機関を完成したのもスミスのいたグラスゴウ大学であった。

スコットランド歴史学派のなかには、ホッブス以来の市民社会の思想が2筋の流れになって流れこんできていた。つまりロック以後、社会契約論が虚構としてしりぞけられ、新たな社会形成原理が問題になったのである。ひとつは、それを人間本性にひそむ利他心にもとめる「道徳感学派モーラル・センス・スクール」で、第三代シャフツベリ→フランシス・ハチスンへの流れである。もうひとつは、人間の本性を基本的に利己的なものと考え、利益を追求しつつも慎重に他人との関係を維持している市民の日常生活のなかに、経験的に社会形成原理を探っていこうとするヒュームへの流れである。スミスの道徳哲学は、この2つの流れのうえに構築されたものである。スコットランド歴史学派について、もうひとつ言っておかねばならないことは、豊かな歴史感覚であり、唯物史観的な考え方である。下部構造が上部構造を規定するという考え方は、17世紀のハリントンにも認められるが、発展の考え方はない。この学派の人びとは、分業＝生産力の発展と私的所有の発生・展開と関連させて道徳、法、政治形態の変化を考察しており、スミスの発展段階説（狩猟→牧畜→農耕→商業社会＝市民社会）はその結晶といっていい。社会が発展するという考え方は、おそらくこの人びとがはじめて生みだしたものである。スコットランドにこうした思想家群が生まれたのは、前方に経済的に進んだイングランドをもち、後方に氏族制度すら残っていた（これは45年のジャコバイト反乱で崩壊する）高地地方をかかえていたことと無関係ではあるまい。

スミスの時代の問題としては、「重商主義のゆきづまり」があった。1756年に始まる七年戦争がヨーロッパの知識人に深刻な危機意識＝「文明社会の危機」を生みだしたことは、思想史上有名な事実である。この戦争でイギリスは、北米植民地の決定的な支配権をえたが、巨大な戦費と植民地維持費に苦しむようになり、結局国民の政治的反抗（1760年代からの急進主義運動）と北アメリカ植民地の独立を結果することになった。統制の強化か自由か。『国富論』（1776年）の9年前

に刊行されたステュアートの大著『経済学原理』は、統制の貨幣的経済理論を体系的に展開していた。これは、のちにヘーゲルの市民社会・国家論に影響を与えることになるが、このステュアートに対抗して自由主義にこそ真の危機打開の道があることを示したのがスミスであった。このスミスの主張は、イギリス市民社会の成熟とその生産力的優位の意識に支えられていたのである。

　それでは、そのような主張は、どのような社会の原理的把握からでてきているのだろうか。スミスは、『道徳感情論』(1759年、ただし経済学研究をふまえて1790年に大改訂)のなかで同感に社会結合原理をもとめている。人びとはさまざまな感情につき動かされて行動するが、その感情と行為を他の人びとから是認されたいという欲求をもっている。他の人びとは、想像力によって自分を行為者の立場におくことで行為者の感情に同感できるのだが、行為者そのものにはなれないから、同感できる感情のレヴェルや行動の限度というものがある。この同感の成立するレヴェルは、「見知らぬ人びと」のなかではかなり低いとみなければならない。市民社会は、小さな血縁共同体や村共同体とは異なって「見知らぬ人びと」の社会なのである。この「見知らぬ人びと」こそ公平な観察者なのであって、市民社会では、行為者は、この「見知らぬ人びと」の立場に自分の身をおいて、かれらが同感できるていどに自己の感情と行為を抑制しなければならない(この冷却作用に注目したのは水田洋氏である)。こうした立場変換のくり返しのなかで社会規範が生まれ、各人の胸のなかには良心が形成される。商業社会の発展がこうした慎慮の人を生みだすのである。

　このように、スミスにおいては、利己心の自由な発動とは、公平な第三者の同感を前提していたのである。フェア・プレーこそ正義であって、国家は、それを保証する枠組なのである。もちろんスミスは、貧富の差を認めている。貧富の差のあるところでは、人びとは貧困を嫌悪し、富者についていこうとし、富者の生活に快適・安楽をもたらす諸手段に注目するという。そしてそれら諸手段を獲得しようとし、獲得するさまざまな方法・手段を考えだす。またそのことに喜びを感ずる者もでてくる。これは、目的と手段の転倒だが、その結果として生産力が高まるから良いことだとスミスはいう。かくして人びとは、自分の利益をもとめて行動し、意図せずして社会の生産力と富とを増進させるのである。この人びと

の意図から独立して動く客観的世界の分析こそ経済学、すなわち『国富論』の世界なのであり、経済学がひとつの独立した科学であることの根拠なのである。

これまでみてきたことからもわかるように、スミスは、貧富の差＝支配・従属関係を生産力の問題に解消してしまう。したがって『国富論』は、分業論から始まるのだが、そのばあい重要なことは、重商主義的富観を払拭して富＝労働生産物＝商品という富観を確立したことである。そこから富を増大させるには、労働生産性を高めることと労働力人口のうち生産的労働に従事する者の比率を高めること、という2方法がでてくる。そしてそれらを可能にするものとして、資本蓄積論が展開されるのである。まず生産力上昇の基本的要因を分業としたこと、しかも社会的分業に力点をおいて考えたことの理論的意義は大きい。社会的分業の発展は、商品交換＝商業社会の発展である。スミスは、この商業社会が、資本家、労働者、地主という三大階級から構成されている社会だということを、経済学史上はじめて認識することができたのだが、これら諸階級への生産物の分配も商品交換をとおしてしかありえないのだから、商品交換の法則の解明がもっとも基礎的な作業になり、必然的に価値・剰余価値論が経済学の基礎的位置にすえられることになったためである。

スミスの価値論には、投下労働価値説と支配労働価値説という異質の価値論が並存し、そのことによってスミスは、単純商品生産社会とは異なった資本主義の特質をとらえたとされるのだが、ここではふれない。重要なことは、さきの三大階級の把握に照応して、はじめて賃金、利潤、地代を明確に区別し、利潤と地代を労働者の生産物の控除部分としてとらえたことである。しかしスミスは、この3つを対立するものとは考えていない。資本蓄積が進むにしたがって賃金も地代も上昇し、利潤量（率は低下するが）も増大すると考えているのである。こうして、資本家の独占好みには注意しなければならないとしても、資本蓄積による調和ある発展が展望されるとしているといっていい。資本蓄積は節約による。資本家は、資本の安全と効率を考えて投資する。自己にとっての利・不利を正確に判断しうるのは個人なのであって、政府は、経済活動の自由と安全を保証すればいいのである。そうすれば、一国の産業構造も自然的均衡を保ち、富裕への道も速い。特定産業の保護は、産業構造をゆがめ、富裕化の速度をおそくする。スミス

は、このように重商主義を批判し、国家の役割を、国防、司法、私的資本ではできない公共事業に限定し、これらの役割を果たすための費用の調達＝租税を、資本蓄積を妨げないようなものにするべく注意深く検討したのである。その結果が地代税と奢侈品税であった。また分業が労働者をゆがめるから、国家はそれを教育によって是正しなければならぬとしている点も注目すべきであろう。

これまでみてきたことから、スミスの学問が、人間の本性や社会結合原理の考察から国家論をふくむ政治経済学にいたる壮大な社会科学体系であることがわかるであろう。スミスは、たんなる自由放任の経済学者ではなかったのである。マルクス研究が禁圧された第二次世界大戦下の日本では、スミス研究が良心的研究者の隠れ蓑の役割を果たした。

スミス没後のイギリスは、産業革命と農業革命のテンポが急速になり、激動期に入った。フランス革命は、資本主義の矛盾を意識しはじめた民衆の改革運動を励まし、支配階級との対立が激しくなった。さまざまな部面の矛盾と再編成。それらをめぐる論争をとおしてリカードウとマルサスの経済学が成立するのである。主要な論争は、人口論争、地金論争、穀物法論争、恐慌論争の4つであった。

人口論争は、1798年のマルサスの『人口の原理』に端を発する。この書のねらいは、「救貧法」を撤廃させて地主を救貧税から解放すること、貧困の原因を社会制度にもとめて社会改革を主張するゴドウイン、コンドルセらの理想主義を打ち砕くことであった。したがってマルサスは、収穫逓減の法則により、貧困の原因を、人口増加率が食糧増加率をうわまわることにもとめ、貧困は不可避だとしたのである。これにたいしてゴドウイン、オーエンら社会主義者は反論を加え、人間は理性的に性欲を抑制しうること、社会改革による生産力の解放は、人口増加率をうわまわる食糧生産を可能にすること、等を主張した。これは、資本主義体制をめぐる初期的な論争だったといっていい。

これにたいして地金論争は、ナポレオン戦争（1793-1815年）によるインフレーションの原因と対策をめぐるものであった。海外軍事費、穀物輸入代金の決済等で金が国外に流出し、戦時公債による通貨価値の低下で、ついにイングランド銀行は金兌換停止（1797年）に追いこまれたのである。以後1821年まで金地金と不換銀行券の価値乖離が生じ、物価騰貴、自国貨建て為替相場の騰貴が生じた。そ

こで1810年、下院の特別委員会は『地金報告』をだし、原因はイングランド銀行券の過剰発行だとして、銀行券の回収と発行制限、さらに兌換再開が望ましいとしたのである。これを支持した人びとは地金論者といわれたが、リカードウはその中心であった。これにたいして、金需要の増大や国際収支の悪化に原因をもとめる反地金論者が対立したが、銀行券発行に有効需要創出効果を評価するマルサスは、委員会報告を支持しつつも、リカードウとは異なった立場をとった。

　第3は、穀物法の撤廃か存続かをめぐる論争である。イギリスは、18世紀中葉から穀物輸入国に転化していた。農業生産力は上昇していたけれども、都市労働者の激増と一般的人口増加で穀物需要が増加し、穀価が騰勢にあったところに「大陸封鎖」であった。しかし1813年の大豊作とナポレオン戦争終結の予想は、地主階級に穀価下落の不安を与え、1815年に新穀物法を通過させた。これは、低穀価→低賃金を望む産業資本の要求に反するものであった。かくして、リカードウは産業資本の立場で、マルサスは地主の立場で論陣をはることになったのである。

　この穀物法をめぐる論争は、1815年と1819年の恐慌をめぐる論争にも関係している。この論争でリカードウとセーは、「販路法則」による不均衡・部分恐慌説（戦争終結による販路変更にもかかわらず、穀物法が穀価を高く維持しているために資本移動が妨げられ、恐慌が長びいている）をとり全般的過剰生産恐慌の可能性を否定したのにたいして、マルサスとシスモンディは、過少消費による全般的過剰生産恐慌の可能性を主張し、マルサスは、それを回避するためには地主階級の浪費が有効であるとした。ただしシスモンディは、「弱者保護」と小生産者社会への逆戻りを主張した点でマルサスとは異なっていた。

　以上の論争をとおして、リカードウとマルサスの思索は、『経済学および課税の原理』(1817年)と『経済学原理』(1820年)にそれぞれ結晶した。

　まず、リカードウの理論的枠組は、資本蓄積の進展→労働需要増大＝賃金騰貴→人口増大→穀物需要増大→耕境拡大→穀価騰貴→賃金と地代騰貴→利潤下落→資本蓄積停滞である。「はじめに資本蓄積ありき」である。この資本蓄積が、賃金、利潤、地代という3階級3分配分との関連で考察されている点が重要である。そのばあい、リカードウは、スミスにみられた支配労働価値説を拒否し、投下労働

価値で一貫させようとする（ただし固定資本と流動資本の処理でつまずく）。そして地代を明解な差額地代論で説明し、地代は価値への割込み分であって、価値決定要因ではないということをあきらかにした。賃金については生存費賃金説をとった。つまり労働者家族の生活必需品の価値に規定されるから、穀価が騰貴すれば賃金も騰貴せざるをえない。商品価値のうち賃金を差し引いた残りが利潤であるから、当然賃金と利潤は相反関係にある。利潤こそ蓄積の源泉なのだから穀価騰貴→賃金騰貴→傾向的利潤低下となり、経済の発展は停止せざるをえなくなる。こうして、穀物法撤廃による穀価低下が、リカードウのもっとも重要な政策的主張となるのである。

リカードウの貿易論は、有名な比較生産費説であるが、これは、低廉な賃金財の輸入による賃金低下と一国の産業を比較的生産性の高い部門に特化する（たとえば農業切捨て）ことをめざすものであった。またリカードウは、『原理』第3版（1821年）において、機械の採用が労働者を排除することをはじめて認め、はるかにマルクスの相対的過剰人口論に道を開いた。

以上のリカードウの理論にたいするマルサスの主張の枠組は、穀物法撤廃→穀価下落→農業利潤減少→農業衰退→地代・賃金減少→農業関係者の有効需要減少→商工業衰退である。「はじめに穀価ありき」。マルサスの価値論は、結局は需給決定論であり、価格構成論である。当然マルサスの力点は、地代にある。マルサスは、地代発生の原因として、耕作者を扶養する以上の生産物を生みだす土地の性質、食糧は自ら需要を生みだすから市場価格はつねに生産費をうわまわること、肥沃な土地が稀少であること、以上3点をあげている。したがって地代は、資本蓄積の結果必然的に増大し、しかもどの階級の所得とも対立しない新しい富の創造だというのである。マルサスによれば、先にみたように、この地主階級の地代こそ一般的過剰生産恐慌を回避させ、資本主義の順調な発展を促すものなのである。

以上みてきたリカードウとマルサスのうち、投下労働価値論を徹底させ、価値・剰余価値論を大きく前進させ、資本主義の本質に迫ったのがリカードウであったことはあきらかであろう。リカードウもまた資本主義社会を歴史の到達点と考えた点ではブルジョア的であったが、その鋭い分析によって描きだされた資本

主義の行末には、すでに暗い影がみえていたことに注意しなければならない。政治的には、リカードウは、選挙権の拡張など議会改革を主張し、ピータール事件後の労働者にたいする弾圧「六法」には反対したが、スペンス主義等社会主義には嫌悪感を示した。

　最後にJ. S. ミルにふれておこう。ミルの主著『経済学原理』は、マルクスとエンゲルスの『共産党宣言』と同年の1848年に刊行された。リカードウ以後、次節でみるように古典派経済学の解体が進み、人口論や賃金基金説を説く経済学は、貧困と従属を当然と考える「陰鬱なる科学」とみられるようになった。ミルは、そうした経済学を新しい社会哲学の一環としてよみがえらせ、人類進歩の指導理論たらしめようとしたのである。ミルの哲学は、はじめリカードウと同じベンサム主義であった。しかし有名な「精神の危機」(20歳)以来、ロマン主義、歴史主義、社会主義（とくにサン・シモンとコント）に接し、人間の感情を評価し、ベンサム主義を歴史主義で補った社会哲学を考えるようになる。ミルの経済学が生産と分配を峻別し、前者を自然法則に従うものとし、後者を人為的で歴史的であるとした点等に、そうしたミルの哲学が顔をだしている。折衷的で階級協調的であるが労働者階級と社会主義に同情を示した。

第3節　資本主義批判の経済学の成立

　資本主義は、発展するにつれてしだいにその矛盾をあらわにしていく。一方における富の増大と他方における貧困の増大、周期的恐慌、階級対立の激化、植民地問題等々。こうした矛盾の発展・展開につれて、資本主義への体制的批判があらわれてくる。ふるくから少数の先駆者はいたが、本格的な展開は、産業革命（経済革命）とフランス革命（政治革命）という2つの革命がからみあいながらヨーロッパ全体にひろがっていく二重革命（イギリスの歴史家ホブズボームのことば）の時代においてである。この時代は、社会主義文献（資本主義への体制的批判という広義で使う）の星雲状況を呈する。生成しつつあった労働者階級は、機械破壊運動、協同組合運動、参政権要求運動等々を経験しつつ、自分たちを解放する思想を模索しつつあったのである。

初期の資本主義批判で重要な役割を果たした考え方は、土地はすべての人の共同の利用物であってすべての人が土地への権利をもっているということ、労働の成果は労働した者に所属するということ、の2つである。この2つの考え方に私的所有を結びつけると独立小商品生産者の社会ができるし、私有を否定したばあいには共同体的土地社会主義の社会ができる。いずれも後向きであって、近代的な社会主義思想になるには、生産力把握を梃子として前向きのものに変らなければならない。これは、道徳的・政治的な資本主義批判が経済学と結びついていく過程である。前向きへの転換は、イギリスではゴドウイン以後、フランスではバブーフ以後といっていいであろう。この2人は、それぞれの仕方で小生産者的限界や貧農的限界をのりこえ、前者は、世界最初の無政府的共産主義者に、後者は、世界ではじめて少数前衛による革命的独裁政権樹立を考えた共産主義者になったのである。

　星雲状態にある19世紀前半の資本主義批判の思想を簡潔に整理することは、きわめて困難である。ここでは、経済学的認識の深化という観点からイギリスを中心にみていきたい。イギリスに目をすえると、まず3大空想的社会主義者の1人ロバート・オーエン（1771-1858）が問題になる。ついでリカード派社会主義者とよばれる人びとである。まずオーエンからみていこう。

　オーエンは、ヒューマニズムに富んだ木綿工業資本家であったが、1820年の『ラナーク州への報告』のなかで、はじめて社会改革のプランを呈示し、以後その実現に献身した。この報告は、1819年恐慌の原因と対策を救貧税増大に悩むラナーク州から依頼されてまとめたものであった。まずオーエンは、労働が富の源泉であり、労働者は自分の生活費以上の価値を生みだすこと、科学・技術の発展により生産力が飛躍的に増大したため、労働が正しく使用されれば、全人口が十分安楽に暮らせる条件が存在することを確認する。しかし現在の社会制度は、この増大した生産力を有益に使用するのに適さなくなっており、恐慌はそのためにおこるのである。恐慌は、増大した生産力に比しての市場不足であるが、市場不足は、貨幣を媒介とした商品交換による分配では、生産が利潤目当ての盲目的なものになって、労働の役割が正しく評価されず、労働者の分前（低賃金、機械による労働者の排除）が少なくなるためである。こうして貨幣を廃して「消費と生

産が歩調をあわせる」社会を考えるのである。オーエンの恐慌論は、シスモンディやマルサスのそれと同様に過少消費説といわれているが、生産力と社会制度の矛盾としてとらえたことは卓見というべきである。したがってこれら3人のうちでオーエンだけが社会主義に根本的な解決をもとめることができたのである。

　オーエンの社会主義は、人口300〜2000の協同村落の建設をつうじて実現される。この村落は、農工併進の自給的な村で、従来の都市と農村の対立や分業の弊害の除去が目ざされている。統治もまた交替で行われる。最新の科学が使われ、団結が生産力を飛躍的に高めるから、村人の生活は豊かになり、既存の商品生産社会のなかで勝利するであろうというわけである。

　このオーエンの主張は、価値・剰余価値論理解では古典派経済学におよばないとしても、古典派経済学が前提していた利己心と競争と私有財産にたいして、団結と協力こそが人間の本性であるとして、それに適合的な社会制度として協同村落を構想し、それこそがまた資本主義から生産力を解放する道でもあることを示した点で、社会主義思想の偉大な前進であった。

　オーエンと同時代のリカード派社会主義者は、マカロック的資本の価値生産説を否定して、リカードウの賃金・利潤相反関係の理論を武器とし、労働全収権を主張した人びとである。しかしそこには、2つの流れが認められる。ひとつは、ホジスキン、レイヴンストンの流れで、資本が利潤をうるのは、労働者にたいする資本家の権力によるとして労働者の団結権を擁護するが、結局は自己労働にもとづく小生産者の自由競争社会を理想とするものである。もうひとつは、オーエンの流れをくむタムスン、エドモンズらで、やはり労働全収権に立つが、自由競争の弊害を認めてオーエン的協同村落を主張する。とくにタムスンが、村落創設費を資本家階級に期待したオーエンやエドモンズと異なって、労働者、小生産者の自発的拠金による下からの村落建設を考えた点は注目される。これらリカード派社会主義者のなかで、搾取関係をもっとも鋭く認識し、小生産者的限界をほとんどこえるところまで進んだのは、労働者出身のフランシス・ブレー（1809-1895）であった。ブレーは、チャーティズムの昂揚した1839年に『労働の苦難と労働の救済』を出し、労働者への参政権の拡大だけでは貧困はなくならないと主張した。ブレーによれば、労働者の苦難の原因は、資本と労働との不等価交換で

ある。ブレーは、資本とは過去労働にすぎないことを見抜いていた。資本家は、昨日の労働で今日の生きた労働を雇い、労働者の生活費以上のものを生産させて収奪するのである。これをかれは「不等価交換の原理」とよび、これによって一方における富の蓄積、他方における労働者の窮乏化がすすむと考えた。そして変革の条件として、労働者の窮乏が極点に達すること、資本蓄積が進み高い生産力が存在することをあげ、いまのイギリスがまさにそうした状態にあると主張した。変革の方向は、土地を共有にし、人間の平等な権利を保障し、すべての人が労働して「同等な労働に同等な報酬」が与えられる社会である。変革の方法は、労働者が共同出資機関をつくって各産業を有償で社会化（協同組合方式）していく方式である。資本家の抵抗は、人口の3分の2を占める労働者階級の団結でのり切れると考えるのである。ここまでくるとマルクスへの距離がひじょうに近くなってきているといえるであろう。

　以上のような資本主義批判の思想の経済学的認識の深化の対極に、資本主義の矛盾をおおいかくす弁護論的経済学が展開され、リカードウ以後、古典派経済学は解体過程をたどるのである。マルクスは、そのような弁護論的経済学を俗流経済学とよんだが、その典型的な主張は、資本、労働、土地を生産の3要素とし、それぞれ生産に寄与しているから、それらにたいする報酬として利潤、賃金、地代が支払われるのは当然であるとする〈三位一体論〉である。「セー法則」で有名なジャン・バティスト・セー（1767-1832）の「効用の創造」論やウィリアム・ナッソー・シーニョア（1790-1864）の「節欲説」をそうしたものとしてあげることができる。

　さて、資本主義批判の思想の最高の体系化としてのマルクス主義とその経済学の形成に入るまえに、後進国の経済学にふれておきたい。後進資本主義国は、封建的なものと、先進資本主義国からの圧力と、先進資本主義国ですでに露呈しつつあった矛盾の克服、という三重の問題と取り組まなければならなかった。フランスのサン・シモンの思想などにもそうした後進資本主義国の問題の影を認めることができるけれども、なんといっても深刻なのはドイツであった。19世紀に入っても国民的統一もできぬ領邦国家の段階だったのである。そこに成立したのが歴史学派であった。

ドイツ歴史学派の源流のひとつは、アダム・スミスを物質主義と批判して中世を理想化したアダム・ミューラーにもとめられるけれども、ドイツの後進性の克服という課題を中心にすえたのは、フリードリヒ・リスト(1789-1846)であった。リストは、スミスの主張する自由貿易は、後進国には妥当しないとし、後進国は先進国から自国の産業資本をまもり育成するために保護主義をとらなければならないと主張したのである。リストは、スミスから発展段階説を継承し、究極的にはすべての国が同一の生産力水準に立った自由貿易の世界をめざしたのであって、いわば自由貿易主義を支える先進国歴史意識の問題性を照射したといえるであろう。

リストの主著は『政治経済学の国民的体系』(1841年)であるが、この刊行の3年後に、ハウプトマンの『織工』で有名なシュレージェンの織工の蜂起がおこっており、ドイツの産業資本は、国民的統一もできぬうちに「労働問題」に対決しなければならなかった。リストをうけつぐ歴史学派は、19世紀前期では、ロッシャー、ヒルデブラント、クニース、後期では、シュモーラー、ブレンターノ、ワグナー、ビュッヒャーをあげることができるが、ドイツ産業資本がユンカー勢力と妥協して労働者階級に対決し、急速に独占・帝国主義化を進めていくことを反映して、倫理的経済学の傾向を強めていった。たとえばシュモーラーは、経済、道徳、法の結びつきを強調し、経済活動に国家が倫理的立場から介入することで階級対立を緩和しようとした。スミスの道徳哲学と経済学が、同感による倫理の内面化をはかり、国家権力の役割を限定しようとしたのとは逆である。そしてワーグナーは、ついに国家社会主義にいたるのである。

そうしたドイツに生まれ、歴史学派とは異なって、プロレタリア革命をつうじての人間解放という視点を確立し、その観点から壮大な学問体系を築いたのがカール・マルクス(1818-1883)とフリードリヒ・エンゲルス(1820-1895)であった。マルクス経済学は、その枢要な一環である。その理論内容は第Ⅱ章で扱われる。したがってここでは、その形成過程を簡潔に跡づけておきたい。

マルクスとエンゲルスが青年期をおくったドイツは、ヘーゲル哲学の全盛期であった。ヘーゲルは、1831年に死ぬが、その後ヘーゲル学派は宗教と哲学の統一を主張する右派と、この統一を認めず宗教批判と政治批判を強めていく左派(青

年ヘーゲル学派）に分裂した。マルクスは、ボンとベルリンの大学で、歴史と哲学の勉強にうちこみながら、エンゲルスはブレーメンで商売の見習をしながら、青年ヘーゲル学派に近づいていくのである。1841年、マルクスは、大学を卒業して学位論文「デモクリトスとエピクロスの自然哲学の差異」でイエナ大学から哲学博士の学位をえたが、プロイセン政府が青年ヘーゲル派の機関誌『ハレ年誌』を発禁にし、ブルーノ・バウアーをボン大学から追放したのをみて教授への道を断念し、『ライン新聞』の主筆になった。ここでマルクスは、言論、集会、出版の自由など民主主義のための論陣をはるが、重要なことは、これまでもっぱら哲学、歴史、法を研究してきたマルクスが、現実の経済問題にぶつかって経済学の勉強の必要を感じるようになったことである。「木材窃盗取締法にかんする討論」（1842年）は、マルクスの最初の経済論文であるが、私有地化された旧共同地での貧農の慣習的権利を擁護している。この『ライン新聞』も1843年3月に発禁になり、マルクスは、イェニーと結婚してパリに移った。そしてここで、これまで自分が身につけてきたヘーゲル哲学（とくに法哲学）の徹底的な再検討を始めたのである。そのとき重要な影響を与えたのがフォイエルバッハ（1804-1872）であった。

　フォイエルバッハは、『キリスト教の本質』（1841年）で、神は、類的人間の願望＝可能性を観念的に対象化したものにすぎず、人間の創造物であって、宗教は人間の自己疎外であるとし、同じ論法でヘーゲルの「絶対精神」をも切った（『哲学改革のための暫定的提言』1843年）。

　マルクスは、フォイエルバッハのこの疎外の論理を継承し、宗教批判の帰結たる人間主義を徹底させるためには、「宗教の批判は法の批判に、法の批判は政治の批判に転化しなければならない」としたのである。そしてマルクスは、『ヘーゲル国法論批判』『ユダヤ人問題によせて』『ヘーゲル法哲学批判』（いずれも1844年）を書き、近代社会の問題を国家と市民社会の分離・対立と貧富の拡大にみてその止揚を人倫の体系としての国家にもとめたヘーゲルを批判し、市民社会から分離した国家の共同性は、人間の類的本質の疎外形態であり、その公共性は幻想にすぎないこと、市民社会の利己的対立は類的本質の喪失であること、そうした人間疎外の原因が私的所有にもとづく商品交換社会そのものにあること、し

たがってそれを変革することなしに「普遍的人間解放」はありえないことをあきらかにした。この『ヘーゲル法哲学批判』ではじめて、マルクスは、解放の担い手としてのプロレタリアートを発見したのである。

こうしてヘーゲル法哲学批判を終えたマルクスは、市民社会の解剖は経済学によらなければならないという結論に達し、本格的な経済学研究に入った。エンゲルスの『国民経済学批判大綱』（1844年）が刺激を与えてくれた。そしてまずまとめられたのが『経済学・哲学草稿』（1845年）であった。ここでマルクスは、資本が他人の過去労働の蓄積にすぎないこと、その支配のもとでは、人間的労働（意識的、共同的、創造的）の疎外、生産物からの疎外、生産活動内部での疎外、他人からの疎外が生ずることをあきらかにした。エンゲルスは、この年『イギリスにおける労働者階級の状態』を書いた。重要なことは、このころから２人の密接な協力が確立することである。『聖家族』『ドイツ・イデオロギー』（1845-1846年）は、２人の共同の産物であり、とくに後者で史的唯物論が確立している点は重要である。また古典派経済学とならんでサン・シモン、フーリエ、プルードン等の社会主義の検討もなされており、1847年にはプルードン批判の書『哲学の貧困』が書かれた。そして「1848年革命」の年の『共産党宣言』にいたるのである。

この歴史的文書は、つぎのようにプロレタリア革命の必然性をうたいあげた。すなわち資本主義は、商品交換によって社会関係を徹底的に合理化して階級闘争を単純化し、諸国民を結びつけて世界史をつくり、巨大生産力を生みだした。だが巨大な生産力は、いまや生産関係に反逆し、周期的累積的恐慌となってあらわれている。この止揚は体制転換しかないが、その担い手たるプロレタリアートもまた資本主義がつくりだす。自覚した労働者は、自己の党をつくり、国際的な連帯を結んでブルジョアジーの打倒をめざす。

この宣言を書いたとき、マルクスらは、ドイツで始まる絶対主義打倒の革命は、世界的なプロレタリア革命に転化すると考えていた。パリに始まった二月革命は、たしかにヨーロッパ各地に波及したが、結局は敗北に終わった。マルクスは、革命のなかで共産主義者同盟を指導していたが、はじめ革命の第二波の到来を予期した。しかしそれは、資本主義の新しい上向運動についての認識が深まるにつれて放棄された。共産主義者同盟のなかでは、意志的に革命を激発せよというシャ

ッパーらの主観主義革命論が台頭してマルクスと対立、ケルン共産党事件を機に同盟は解散した。

資本主義の新しい上向運動をみて経済学研究のやりなおしを痛感したマルクスは、以後十数年にわたって、ロンドンでもっとも貧しい者の住むソホー地区でどん底生活をつづけながら、ブリティッシュ・ミュージアムの図書館にかよいつめて経済学研究に沈潜するのである。1950年代の研究は『経済学批判要綱』（1953年にはじめて公刊）という大冊のノートにまとめられた。ここには、マルクスの経済学批判が資本把握を中心に体系的に成立している。1859年に有名な唯物史観の公式を序文にかかげた『経済学批判』が公刊されたが、これは体系のはじめの部分「商品と貨幣」を論じたものにすぎない。マルクスの苦闘はさらにつづく。1861年から1863年にかけて23冊のノートが書かれている。それがさらにねりなおされて、ようやく1867年に『資本論』第1巻が刊行されることとなったのである。部数1,000部だった。だがそれは、予定の四部作の第一部にすぎなかった。残りは草稿のまま残された。その後のマルクスの社会的活動と健康とが完成を許さなかったのである。だがここに、人間解放の経済学の土台が築かれたことはまちがいない。現行『資本論』の第2巻と第3巻はマルクスの死後、エンゲルスによって刊行されたのである。

第4節　近代経済学の展開

マルクス経済学がひとつの体系をなしているのにたいして、近代経済学という体系があるわけではない。だからかつて杉本栄一氏は、1870年前後に成立してくる経済学を近代経済学とよび、マルクス経済学をもそれにふくめた。しかしここでは、1870年以降に成立してくる非マルクス経済学の諸潮流の総称として近代経済学ということばを用いたい。それらは、経済学を体制認識の科学と考えない点で非歴史的であり、技術的である。しかしマルクス主義や社会主義にたいする態度は、一義的ではなく、さまざまである。

通説的には、近代経済学は、1870年代の「限界革命」に始まるとされている。イギリスのW. S. ジェボンズ（1835-1882）、オーストリアのカール・メンガー

(1840-1921)、スイス（ただしフランス育ち）のレオン・ワルラス（1834-1910）の３人が、ほとんど同時に相互連絡もなく限界効用理論を提唱したためにそのようによばれるようになったのである。もっともジェボンズの影響はあまり大きくなく、ほとんど同じころに限界原理を発見しながら体系構築に時間をかけたアルフレッド・マーシャル（1842-1924）の影響が大きく、その周囲にケンブリッジ学派ができた。メンガーの周辺にはオーストリア学派が、ワルラスの周辺にはローザンヌ学派がそれぞれできた。そのほか19世紀末までに、アメリカに T. B. ヴェブレン（1857-1929）を中心に制度学派が、スウェーデンに J. G. K. ウィクセル（1851-1926）を中心にスウェーデン学派が成立している。近代経済学は、こうした諸潮流からなるのであって、これらが相互に影響しあって現代へと流れこんできているのである。これらの諸学派のうち現代の経済諸理論に大きな影響を与えているのは、ワルラスに始まる一般均衡理論とマーシャルの有機的成長論であろう。以下この２学派を中心にみていくことにするが、そのまえに、なぜ1870年代に「限界革命」なるものが生じたのかを考えておきたい。

　じつは、この問題についての定説的説明はない。価値を限界効用から説明すること自体は新しいものではなく、18世紀前半にすでにドイツのゴッセン、イギリスのジェニングズ、フランスのデュピュイ等がいるとして、「限界革命」を否定する見方もあるのである。問題は、より理論が精密に展開され、影響をひろげて、さきにみたような学派をつくっていったことであろう。それはやはり、1870年代が世界資本主義の転換期にあたっていたことと関係する。

　1870年前後には、つぎのような歴史的事件が発生している。南北戦争（1861-1865年）後のアメリカ資本主義の急激な成長、イギリスとフランスの綿花飢饉。ドイツ帝国の成立（1871年）と急速な独占化。フランス産業革命の完成（1860年代）と独占への傾斜。パリ・コミューン（1871年）。第一インターナショナルの成立（1864年）。1866-1867年恐慌。1873年世界恐慌とイギリスの大不況期の開始。

　これらの事件は、つぎのように整理できるであろう。まず「世界の工場」としてのイギリスの地位低下、各国の独占化と原料・製品市場としての植民地再分割戦の開始、過剰生産恐慌と社会主義運動の展開。これらは、限界効用理論のつぎのような性格に照応しないだろうか。つまり限界効用理論は、価値の稀少性理論

であり、消費者行動を出発点とした資源配分理論であり、「供給」と「需要」の均衡を問題としたものであることである。そこに、一方での資源問題と他方での過剰生産恐慌という問題意識をみることができるし、原子論的個人主義による完全自由競争を前提するところに、独占への批判と同時に社会主義への批判をみることが可能であろう。

　さてワルラスの説明に入る前に、限界効用理論の一般的枠組を説明しておいたほうが便利であろう。効用とは、ある商品がその消費者に与える満足度で、商品量が増加するにしたがって逓減する。最初のパイより2つめのパイのほうが満足度が小さいというように。消費者にとっての効用の極大化は、各種商品の最後の1単位が与える効用（これを限界効用という）が等しくなるように所得を各種用途に支出することで達せられる。交換は、自分にとっては効用が小さいが他人にとっては大きい物を交換することで効用の極大化をはかる方法であり、それは、ある均衡点に達するまで行われ、そのときの最後の1単位の商品の限界効用がその商品の価値である。すべての人が効用の極大化をめざして行動するから、完全自由競争市場では一物一価の法則が成立し、この運動のなかで効率的資源配分がなされる。以上のように限界効用理論は、マルクス経済学が物と物との関係の背後にある人間の社会関係を探ることを課題としたのにたいして、人間と物との関係および物と物との関係に経済学の焦点をおいたといえよう。

　以上が限界効用理論のおよその枠組であるが、ワルラスの特徴は、そのうえに一般均衡理論を成立させたことである。ワルラスの主著は『純粋経済学要論』（1874-1877年）であるが、そこで経済学は価格決定論を扱う「純粋経済学」、分配・所有を扱う「社会経済学」、産業組織を扱う「応用経済学」という3分野からなるとしている。ワルラスが力点をおいたのは「純粋経済学」であって、前記著書でワルラスは、「絶対的自由競争制度」のもとで各個人が効用極大化行動をとったばあい、いかにして各生産物価格および各種用役価格と、それに対応する諸財の需給量とが決定されるかを一連の方程式を用いて示し、経済的諸量の相互依存関係を、全体としてあきらかにしたのである。これが一般均衡理論といわれるものであるが、その与件は「絶対的自由競争制度」である。この与件を支えているものはつぎの原則である。つまり労働の成果は各人の所有になるのは当然で

あるが、労働のための条件は各人に平等でなければならないということである。そこから資本は、「勤勉と節約」の成果であるから私的所有が認められるが、土地は国有にしなければならぬし、国家は、「絶対的自由競争制度」を保障するためには、ばあいによっては経済に介入しなければならないという主張がでてくるのである。これがワルラスの「社会主義」なのだが、独立小商品生産者的である点ではワルラスが批判したプルードンと思いのほか近いといえるかもしれない。

ワルラスをうけついだのは、イタリアのヴィルフレド・パレート（1848-1923）であった。しかしそこには、重要な思想的転換があった。マッハ主義による実体概念と因果関係の否定である。もともと限界効用理論には、効用の不可測性という問題があった。そこでパレートは、効用概念を放棄し、「無差別曲線」という「選択の理論」にとって代えたのである。たとえば1人の消費者に同程度の満足を与える2種類の生産物の組合せの系列をつくることは、経験的に可能だというのである。しかしそれは結局同一個人にのみ描きうる曲線であって、他人との比較はできない。つまり限界効用理論は、ベンサム的な同質の個人からなる社会を前提していたのであるが、人びとの行動の動機は多様であり、社会は異質な個人から成る。そこでパレートは、経済学を、各種財の需要量、供給量、価格といった経験的に把握できる経済諸量の関数関係のみを問題とするものとして徹底的に技術化し、人間の行動の動機等価値観にかかわる問題は社会学の問題だとしたのである。パレートには、『経済学提要』（1906年）のほか『社会学大綱』（1935年）があり、エリート支配論を展開して、ファシズムに寄与したことは有名であるが、こうしたパレートの、いわば経済学の量的側面の純化＝技術化が、かえってエンリコ・バローネ（1859-1924）の最初の社会主義的計画経済の理論である『集産主義国家の生産省』（1908年）を生み、ポーランドのオスカー・ランゲ（1904-1965）の『社会主義の経済理論』（1936年）につらなっていくことは興味深い。またW.レオンチェフの産業連関分析（投入・産出分析）も、マルクスの再生産表式論からの影響もうけつつ、ワルラス以来の一般均衡理論に具体的内容と政策への可能性を与えようとして考えだされたものである。この方法は、現在では、資本主義国のみならず社会主義国でも注目されているので（日本でも1955年にはじめて1951年度表が発表された）、簡単にその特徴をみておきたい。

第1表　産業関連表　　　　　　　　（単位：億）

売手部門＼買手部門	1 農業	2 工業	3 サービス業	最終需要	産出計
1　農　　　業	2 (0.2)＊	3 (0.15)	3 (0.2)	2	10
2　工　　　業	2 (0.2)	8 (0.4)	4 (0.27)	6	20
3　サービス業	2 (0.3)	4 (0.2)	4 (0.27)	4	15
付 加 価 値	3	5	4		12
投 　入 　計	10	20	15	12	47

注）＊（　）内数字は投入係数。

第2表　連立方程式群

$X_1 = 0.2X_1 + 0.15X_2 + 0.2X_3 + Y_1$
$X_2 = 0.2X_1 + 0.4X_2 + 0.27X_3 + Y_2$
$X_3 = 0.3X_1 + 0.2X_2 + 0.27X_3 + Y_3$

　産業連関分析の基本的な考え方は、たとえば電力の生産に石油が必要であり、石油の生産に電力が必要であるというように、経済諸量は相互にからみあって規定しあっているということである。この相互循環的な依存関係を計量的に把握しようというのが産業連関分析のねらいである。3部門の簡単な例で説明してみよう。第1表がそれである。これは、大阪市立大学経済研究所編『経済学辞典』（岩波書店）の460ページの表に手を加えたものである。ここで、たとえば工業は、20億の工業生産物を生産するために農業から3億、工業から8億、サービス業から4億を購入して付加価値（賃金と利潤）5億を加える必要があったことがわかる。つまりどの産業部門からどれだけ原料を購入したかが縦列に示されている。これらを産出量で割ると投入係数がえられる。第1表のカッコ内数字がそれである。こうして一連の投入係数の行列がえられるが、いま農業生産高を X_1、工業生産高を X_2、サービス生産高を X_3 とおき、それぞれの産業にたいする最終需要を Y_1、Y_2、Y_3、とおくと、第2表の連立方程式群がえられる。いま最終需要の大きさが与えられると、変数と方程式の数が同じであるから、どの部門でどれだけ生産されなければならないかが決定される。

　サービス部門も価値を生産するとされている等の問題は、いまは問わない。しかしこの投入係数は、技術選択（エネルギー浪費型の技術をとるか、節約型の技術をとるか等）や消費の型で変化するが、それらの基準や型を社会全体として決めていくことは、営利原則にもとづく資本主義社会では困難であり、産業連関分

析は、社会主義社会でこそ有効であるといわれている。しかしケインズの有効需要論とリンクされて、資本主義諸国でも一定の政策的意義をもってきたことは事実である。

　さて、このケインズの師はマーシャルであった。経済学を学ぶ者は、「あたたかい心と冷静な頭脳」をもたねばならぬ、ということばは有名であるが、マーシャルを倫理学から経済学へ移行させたものは、人間の性格の改善と進歩を妨げている「貧困」の問題であった。マーシャルは、J. S. ミルの人間的進歩の思想をうけつぎ、ダーウィンの影響をうけて「有機的成長の理論」を構築して、「貧困」の問題に対処したのである。マーシャルは、資本蓄積とともに経済は連続的に進歩すると考える。そのばあいマーシャルに特異なのは、土地・労働・資本のほかに産業組織を独自の生産要因と考え、その改善によって「収穫逓増法則」が働き、収穫逓減法則を抑制すると主張したことである。人口と知性と資本の増大は、企業組織、産業組織を高度に発達させ、「内部経済」＝内部節約と「外部経済」＝外部節約をもたらし、この相互促進的循環をつうじて収穫逓増の法則が働くという。こうした見通しのうえで、マーシャルは、利潤と賃金は、短期的に対立することがあっても、長期的にはともに増大しうるとして、暗い「賃金基金説」を破ろうとしたのである。しかしマーシャルもまた、この「成長」の担い手を、自由競争のもとでの、慎慮と進取の精神に富んだ私的企業にもとめた。ただ競争で生き残っていく組織が周囲に害悪をもたらすばあいのあることを認めていた。私益と公益の対立である。そこでマーシャルは、企業者には「経済騎士道」を説き、政府の介入による所得再分配＝不平等の是正を認めたのである。マーシャルの主著『経済学原理』がでたのは、1890年であるが、このころイギリスは、重工業部門の技術革新と植民帝国の形成とで経済は上昇傾向にあり、マーシャルの「成長」論は、それを反映してもいたといえよう。

　生産をより効率の高いものにし、分配をできるだけ平等に近づけていくというこのマーシャルの理想をうけついだのは、A. C. ピグーであった。ピグーの主著『厚生経済学』は、1920年にでているが、ピグー段階（帝国主義段階）になると、もはや「経済騎士道」に訴えるだけではすまない。ピグーは、問題を私的限界生産力（私的利益）と社会的限界生産力（環境への影響をおりこんだ社会的利・不

利益）の乖離＝資源配分の不適性ととらえ、それを是正するための政府の介入を、もはやピグーはためらわないのである。ピグーは、のちに『社会主義対資本主義』（1937年）を書いて、累進的相続税と累進的所得税による所得の平等化、重要産業の国有化という社会主義的方向をめざすようになる。この書の前年にでたのが、J. M. ケインズ（1883-1946）の『雇用・利子および貨幣の一般理論』であった。この書が、その後の資本主義諸国の経済理論と政策に与えた影響は巨大なものがある。

ケインズ理論の背景が第一次世界大戦後の不況および1929年恐慌にあることは、いうまでもない。したがってそれは、雇用理論という性格をもった。ケインズは、これまで不完全雇用が常態であったのに、これまでの経済学は完全雇用を前提して理論を組立ててきたと批判する。だからそこでは、価値・価格論に中心がおかれ、経済活動の水準＝雇用水準を決定するものが何であるかは問題にならなかったというのである。ケインズによれば、これまでの経済理論のなかにあったのは、自発的失業者（労働の苦痛と賃金の効用を比較して後者が小だから仕事につかない）と摩擦的失業者（産業の変動にともなう一時的なもの）であるが、問題なのは非自発的失業者なのである。大部分の失業者は、この非自発的失業者なのであって、それをなくすことこそ経済理論のめざすところでなければならない。それは、いかにして可能か。

その答えが「有効需要」の理論である。ケインズによれば、総有効需要は、国民所得に依存し、後者は企業活動によって生みだされる。企業活動に、土地、資本、労働を提供した者には、地代、利子（所有と経営の分離が反映している）、賃金が支払われるが、これが純国民所得を構成する。純国民所得は、消費支出と貯蓄に分けられ、総需要は、消費需要と投資需要に分けられる。問題は投資需要で、貯蓄のうちどれだけが投資にふりむけられるかに依存する。これは、企業の予想利益率（資本の限界効率）と利子率との関係で決まる。国民所得水準は、この有効需要水準に等しく決まり、雇用水準はそこから一義的に決定されるのだから、投資需要の増大は決定的である。そこで問題は利子率だが、これは従来考えられていたように貯蓄と投資を一致させるものではなく、貨幣需給を一致させる価格にすぎない。したがって利子率を低下させて投資需要を増大させるためには、

金本位制に縛られない中央銀行の通貨供給＝管理通貨制度と、従来の均衡財政の思想にとらわれない財政膨張政策が必要であると主張したのである。

以上のケインズの理論は、「販路法則」（セー法則）を否定して、恐慌・失業が資本主義に不可避であることをはじめて認めた「近代経済学」であり、恐慌・不況対策に一定の効果をあげてきた。しかしケインズは、国民所得＝生産力の増大を何よりも重視したから、大規模化＝独占化にひじょうに甘い態度をとることになった。したがって大量生産→大量消費→資源浪費・公害拡大という問題を生み、その通貨政策と財政政策は、慢性的インフレーションと産業構造のさまざまな歪みをもたらすことになったのである。

ケインズ以後、近代経済学の諸理論は、多くの人びとによって精緻に展開されてきているが、以上の諸問題にたいしては無力な状態である。こうした状態にたいして、ケンブリッジ大学のジョーン・ロビンソンは、1971年のアメリカ経済学会の講演で「経済理論の第2の危機」と名づけた。第1の危機とは、ケインズ出現前夜の状況である。ロビンソンのいう第2の危機は、経済理論が雇用＝需要の中味を説明できないということである。経済学の課題を人間と物の関係、あるいは物と物との量的関係におく近代経済学が、それに解答を与えることができないのは、当然であろう。いまや問われているのは、資本主義、それも国家独占資本主義という体制そのものなのである。現代の諸問題に、基本的な解決の方向を与えることができるのは、次章以下で示されるように、マルクス主義であり、マルクス経済学である。近代経済学の精緻な分析方法や経済技術のいくつかは、体制変革という大きな課題と展望のなかに位置づけられてはじめて、そのときどきの具体的な問題解決の方法と技術として一定の意義をもちうるであろう。

参考文献

内田義彦『経済学史講義』未来社、1961年

内田義彦・小林　昇・宮崎義一・宮崎犀一『経済学史講座』有斐閣、1964-1965年

杉原四郎・古澤友吉編『講座・経済学史』同文舘、1977年

是永純弘・佐藤博・山田喜志夫編『講座・現代経済学批判』日本評論社、1974-1975年

関　恒義『経済学発展史』青木書店、1972年

杉原四郎・鶴田満彦・菱山　泉・松浦　保編『経済思想史』（全4巻、有斐閣新書）

1977年

第V部

補論1　18世紀末イギリスにおける資本主義批判の思想の成立
　　　　——ジョン・セルウォールのばあい——

A Critic to Capitalism in England in the Late Eighteenth Century
—— John Thelwall ——

はじめに

　フランス革命の勃発は、産業革命を経験しつつあったイギリスに、国政をめぐる一大論争をひきおこした。1789年11月4日のロンドン革命協会の記念集会でのリチャード・プライスの講演に端を発するこの論争は、一方で、トマス・ペイン、メアリ・ウルストンクラフト、ウイリアム・ゴドウイン等のさまざまな体制批判と改革の思想を生みだすとともに、他方で、エドマンド・バークの『フランス革命の諸考察』(1790年)やT. R. マルサスの『人口論』(1796年)といった反革命と、いわゆる自覚的保守主義の思想を生んだ。本報告でとりあげるジョン・セルウォールの『既成体制の簒奪に反対する自然の諸権利』(1796年、以下、『自然の諸権利』と略)という書も、バーク批判を念頭において書かれたものである。
　ジョン・セルウォールは、しばしば労働者階級の最初の独立的政治運動といわれるロンドン通信協会の指導者の1人である。ロンドン通信協会は、1792年1月25日、スコットランド人の製靴工トマス・ハーディを中心に8人のメンバーで産声をあげた。かれらは、30人単位の支部をロンドン市内にはりめぐらせる形で組織をひろげ、1794年の最盛時には、会員数が2万人に達したといわれる。しかし、恐怖政治に移ったフランス革命への失望、内部対立、度かさなる弾圧等のためにしだいに減少、1799年の団結禁止法で完全に息の根を止められた。この7年余の運動の過程は、1794年の大弾圧——暴力による政府転覆の疑いでほとんどの指導者が逮捕され、人身保護法が停止された——を境に1、2期に分けることができ

る。第1期では、何よりも徹底した議会改革という要求が前面に出ていたのにたいして、第2期には、それと並んで、狩猟法の廃止、倒産等債務による投獄の廃止、労働者の団結の自由、税の軽減、金持ちの独占の制限、働ける者の雇用の保障と働けぬ者の生活の保障、といった小生産者や労働者の具体的な要求が前面に出てくるようになった、ということができる。セルウォールが、その理論的指導者として、不屈な講演活動を展開したのは、ますます弾圧が激しくなるこの第2期であった。

さきにロンドン通信協会が労働者階級の運動とされる、といったが、主な会員は、小商人、各種職人等であって、正確には、没落しつつある小生産者、小商人、すなわち生成しつつあるプロレタリアートというべきであろう。セルウォールの思想は、以下にみるように、この運動のなかで、おそらくもっとも多くプロレタリアート的な要素をもつものであった。そこには、資本・賃労働、資本の蓄積にたいする鋭い認識がみられ、労働者の権利の確固たる主張が認められるのである。セルウォールについての研究は、20世紀初頭のセストルの伝記的研究以来絶えている。いわば"埋もれた思想家"の1人である。しかしかれの思想は、資本主義批判の思想史上注目すべき位置をしめるように思われるのである。以下『自然の諸権利』を中心に、かれの思想を垣間見てみたい。なお、この書は、さきにもふれたように論争の書であって、体系的なものではない。そこで以下、1．社会理論、2．財産論、3．変革の理論、の3つに整理して示すことにしたい。

1　社会理論

まず、セルウォールは、バークが先例や慣習によって現体制を擁護することを批判し、社会的諸制度は、人間の本性（自然）とそれをとりまく事情の必要によって生じたばあいにのみ正義の諸原理の権威ある源となりうる、と主張する。すなわち諸制度は、人間のために、人間によって生みだされたのだから、人間は、それら制度の起源の妥当性を、また現在における妥当性を判断する権利をもち、その結果、人間の本性（自然）と事情が要求するような制度を新たに始める自由をもつのである。これは、いわば革命権の主張であって後にみることにし、ここ

では、諸制度の妥当性を判断する基準を、セルウォールがどのように設定していたかをみることとしたい。その点で、セルウォールは、自然権にもとづく一種の社会契約論を展開するのである。

　セルウォールによれば、人間は本来的に社会的存在であって、人間を個人として自然状態で考察することは、理論的抽象にすぎない。しかしそれは、つぎの理由で必要なことなのである。すなわち「人間の権利は、人間の本性（自然）からひきだされなければならず、あらゆる社会制度の卓越性は、その本性（自然）とその権利の安全性にとっての適合性にあるからである」(L. II, p. 37.)。かくしてセルウォールは、自然状態における個人の権利が、欲望、能力、前者を満足させ後者を改善するために自然界が提供してくれる諸手段、という３つの要素から成ることをあきらかにする。そして「人間は、かれが存在するその環境から、自然の諸要素と諸力をうけつぐ権利をもち、それらの諸力と諸要素にかれの能力を作用させ……それらをかれの欲望に役立たせ、かれの楽しみに資する権利をもつ」(L. II., p. 39.) と主張するのである。これは、たんなる生存権ではなく、労働しながら生きていく権利とでもいうべきものであろう。労働することを権利として主張することは、セルウォールの思想の注目すべき特徴の１つである。

　ところで、以上の自然状態における人間の権利は、すべての人がもつ対自然的権利であって、対人的支配権をみじんも含むものではない。それでは、それらは、社会のなかでは、どのようになるだろうか？　ホッブス等の自然権譲渡説に反対して、セルウォールは、つぎのようにいう。「市民社会は、共同の利益を創造し、交換を確立し、相互の誓いで諸個人を結びあわせることによって、自然の権利に道徳的権利をつけくわえる。換言すれば、諸権利につりあった諸義務を創造し、後者を前者の保証にする」(L. II, p. 42.)。「かくして市民的制度の正当かつ合理的な目的は、人間の自然的諸権利を切りつめることではなく、物理的力に道徳的仲裁を代置することによって、すなわち個人の行動を規制するための法廷を設置することによって、自然的諸権利の平等と安全をはかることである。かくて諸権利……の衝突が生じたばあいにはいつでも、暴力が防止され、個人的争いは、集合理性 aggregate reason によって解決されうるのである。この集合理性については、法がその凝集たるべきであり、行政がその器官たるべきである」(L. II, p.

45.)。この引用は、きわめて明瞭であって、ほとんど説明をつけくわえる必要はないであろう。富と奢侈にふける少数者が飢えた多数者の運命を左右するような状態は、このルソーの一般意志をおもわせる集合理性が充分に機能しない一種の無政府状態なのである。さらに、個人の自然権が、以上のように社会のなかでは互いに保証しあわねばならぬものであるとすると、その権利がむいていく自然は、個人的なものとしてではなく全体のものとしてあらわれてくる。それゆえ自然権は、社会のなかでは共同の権利としてあらわれるのである。「市民的共同社会における隣人は、個人的諸権利と同じように共同の諸権利をもっている。後者は、自然からひきだされ……契約によって保証される。前者は、契約によって創造される。……契約による二次的な諸権利が自然の共同の諸権利を……深く侵害しないように注意することが、あらゆる市民的共同社会の義務である」(L. II, pp. 26-27.)。ここから、現代のわれわれにとってきわめて興味深い、公害は共同の権利への個人的権利の侵害である、というつぎのような主張がでてくる。「人間は、本来的に自然の諸要素にたいする平等な要求権をもっている。土地は、便宜と契約によって私有されているけれども……光、空気、水は、いまだ共同のものである。わたくしの吸う空気は、かれによってもまた吸われる。……わたくしの庭を流れる水は、かれの水でもある。もしわたくしがそれをダムでせきとめたら、または有害な製造所によってその水を有毒なものにしたら、わたくしは、契約による個人的権利を、自然の、共同の、上位の権利への簒奪の手段にするのである。すなわちわたくしは、公害 nuisance を犯したのである」(L. II, pp. 27-28.)。

それでは、以上のような、自然の、共同の権利をまもるという市民社会の目的は、いかにして達成されるだろうか？　その点にかんするセルウォールの主張は、政府を完全に人民の意見にもとづかせるという徹底した民主主義の主張であった。民衆の意見が政府に反映することがなければ「共和制も仮面をかぶったデスポティズムにすぎない」(L. I, p. 5.) のである。集合理性は、まさに人民の集合理性なのである。したがってセルウォールは、バークが討論のひまと知識の手段をもつ40万人（人口の10分の1）だけに参政権をかぎり、民衆を"豚のような大衆"とさげすんだことを非難して、余暇と知識の手段が民衆から奪われていることが問題なのだ、と主張する。つまりかれは、参政権（民主主義）と余暇（労働時間

の短縮）と財産制度のあり方とが密接に結びついていることを認識していたのである。批判は財産制度にまでむけられねばならない。

2　財産論

　セルウォールは、財産は、人間と同時に発生したのでも、政治的社会の不可避的な結果でもなく、歴史的なものである、とする。かれによれば、社会の第1段階である野蛮状態では、絶対的な平等が支配していて土地は共通の母であり、私有財産は存在しなかった。私有財産は、社会の第2段階たる牧畜状態になって、家畜を飼う者が自分の勤労の成果たる家畜の私用 appropriation を要求したことに始まる、というのである。

　この私有財産の発生についての説明に、われわれは、労働にもとづく所有というロック的な考え方の影を認めることができるであろう。しかしロックが、私有の限界を腐敗しないていどと消費においたのにたいして、セルウォールは、生産手段にたいする共同の権利におく。「財産は、有用な勤労の果実である。しかし有用な勤労のための手段は、すべての人々の共同の権利である」（L. III., p. 55.）。たとえば家畜は、労働の果実であるとともに労働の手段でもあるのであって、1人の人間がそれを独占することは、他人から労働の手段を奪うことであり、共同の権利の侵害なのである。

　しかしこの私有財産は、社会が第3段階にはいり、農業が行われるようになると、土地の私的所有が発生して決定的な発展をとげる。さきにみたように、財産は労働の果実であり、土地は自然の共同の要素の1つだとすると、セルウォールは、土地の私有をどのように説明するのだろうか。「土地財産とよばれるものの根拠としては、われわれは、自然的あるいは抽象的権利にではなく、道徳的で政治的な便宜 expediency に訴えなければならない」（L. III., p. 62.）。みられるとおり、土地所有は、自然権ではなく便宜によるのである。かれは、経験が「耕作する個人における永続的所有の一般的便宜」を教えたのだ、という。その理由は「人間は、利己的動物であり、土地は、生産物を豊かにもたらしうるためには……犂と種子だけでなく、世代から世代へとそれを改良する施肥の手間を必要とするから

である」(L. III, p. 66.)。

こうして土地の私的所有がはじまっても、しかしながら、ただちに平等がなくなるわけではない。未耕地が充分にあるあいだは、末子相続がおこなわれ、平等が保たれるのである。セルウォールは、放牧に必要な共同地以外に荒地がなくなると、既耕の私有地に分割相続が発生し、家族数の多い者と少ない者とのあいだにはじめて不平等が発生してくる、と考える。そして人類にとって不幸なことに、本来そうした不平等を緩和すべき政府が、富の特権と武力の使用によって、この不平等をいっそう悪化させ、ついには長子相続制を導入した、というのである。長子相続制は、長子以外を土地所有から排除することによって、大所有者と小所有者のほかに、所有者と労働者という区別を決定的なものにする。セルウォールは、この区別のなかに、「財産の圧制」の最初の基礎をみるのである。しかし最初の頃は、所有者が多く労働者が少なくて相互の契約も公正であり、以上の区別は小さかった。この区別を拡大し、まさに差別に転化し、支配・従属関係に転化するものは、資本の蓄積なのである。セルウォールは、つぎのようにいう。

「蓄積がすすむと、……所有者は、ますます少なくなり、労働者が増大して両者のへだたりは拡大した。後者は、ますます従属的になり、前者は、ますます傲慢になり、冷酷になった。……〔勤労の〕必要が減少するにつれて、労働への嫌悪が増大した。その嫌悪は、軽蔑に変った。……友愛の真の絆が解体され、団体的精神 Esprit du Corps が人間らしい真の感情にとって代わった。

「しかしながら、その間、知識や有用な技術は、若干の進歩をとげたであろう。……機械が発明され、改良がなされたであろうが、実際には、労働者の労苦を軽減するという慈愛の見地からでなく、手労働の安い代替物を提供し、かくして耕作者の従属と雇用者の浪費的楽しみを同時に増大させるためであった。これらの技術や発明は、資本家の手に利益を投げこむのだから、労働者がひじょうに多くなり、急迫した欠乏のために、競争がかれらを絶対的な従属へとおとしいれ……るにちがいないまで、蓄積を加速化させたのであった。……かかる状態が、今日ブリテンがおちいっている社会の状態である。……労働者は、個人の所有者のかわりに、雇用者集団全体に従属しているのである」(L. III, pp. 88-90.)。

みられるとおり、資本の蓄積過程についてのなかなかみごとな認識である。かれは、当時の社会の基本的な矛盾が、たんなる富者と貧者ではなく、生産手段の所有者としての資本家と労働者とのあいだにあることをみていたのである。この認識は、資本主義批判の思想史の上では画期的なものであろう。

3　変革の理論

　セルウォールは、前節でみたような「財産の圧制」の社会を、どのような方向に、いかに変革しようとするのだろうか？　かれは、『自然の権利』のなかでは、まとまった理想社会論を展開してはいない。しかしそこで展開されている確固たる労働者の権利の主張のなかに、かれの考えていた変革の方向を探ることができるように思われる。かれによれば、労働者の権利は、自然、暗黙の契約、市民的結合原理、という3つの基礎にもとづいている。
　まず自然にもとづく権利について。これは、労働者も人間として、自然の共同の要素を享受する権利、自分の労働の成果を享受する権利をもつ、ということである。「……諸君は、諸君の諸能力を諸君自身の利益のために使用する権利をもっている。社会の相互交換において、自分自身の労苦と諸能力が共同の貯えに投入したと同じだけのものを、他人の労苦と能力から受け取る権利をもっている。諸君は、人間の共通の諸欲望を満足させる権利をもっている。また諸君の理性的諸能力を享受する権利をもっている」(L. III, p. 79.)。
　つぎに暗黙の契約にもとづく権利について。セルウォールによれば、雇用者と労働者という区別には、ものごとの道理と道徳的規則による、つぎのような「神聖な契約」があるのである。「この道理と規則は、公平に資本の価値と労働の価値を比較して評価することを、われわれにもとめている。すなわち、前者は、後者なしには決して生産的ではありえないだろうし、後者は、社会の現在の状態では、前者なしには生産の諸手段をもつことはできないのである。かくして、評価が公平になされるならば、……かかる評価は、労働者が、かれの生計に等しいだけでなく雇用者の利潤につりあった生産物の分前への権利をもつ、ということをわれわれに教えるであろう」(L. III, p. 80.)。つまり利潤につりあった賃金への権

利である。

　最後に、市民的結合原理にもとづく権利について。市民的結合の原理とは「人類が、森や自然のままの独立性を捨てたとき、共同の利益のためで、特定〔の者〕の利益のためではない。……その目的は、全体の便宜を増進させることである」(L. III, pp. 80-81.) ということである。したがって、市民的結合によって生じた、豊富、礼節、便宜、教育、知識等々を、労働者も享受する権利をもつはずである。

　労働者の権利についてのセルウォールの主張は、ほぼ以上のとおりである。なおそれらの権利が認められるためには、土地所有もつぎのような原理に立たなければならない。「土地所有者は、共同社会のための管理人にすぎない。かれは、預けられた物の必要な管理とひきかえに報酬を受け取る権利をもつが、もしもかれが、みんなが関係し、そのためにみんなが労働している、その利益を独占するとすれば、かれは、最悪の強盗罪を犯すことになる」(L. III, p. 82.)。

　さて、以上のセルウォールの主張は、一言でいえば、公正な分配ということであろう。土地所有については、事実上私有を否定しているけれども、ゴドウィンのように私有財産を全面的に否定しているわけではない。また生産手段の分割による小生産者の創出を目ざすわけでもない。資本による大規模生産の生産力的優位を認めたうえで、公正な分配を通して資本家と労働者の区別――正確には生活水準の差――を解消しようとするものだ、といえよう。市民社会においては、生産が勤労の唯一の目的ではない、一般的で公正な分配という他のいっそう重要な目的がある、としてかれは、つぎのようにいっている。「生活の共通必需品にかんしては、公平たるべき分配は、平等でなければならない」(L. IV., p. 91.)。この生活水準平等化の主張は、第1節でみた徹底した民主主義の主張に対応するものであろう。それでは、これらの主張は、いかにして実現されるだろうか？

　わたくしは、すでに第1節で、セルウォールが革命権を認めていることを示唆しておいた。かれは、「統治の全歴史は、漸次的であろうと急激であろうと、変革あるいは革命の記録以外の何ものでもない」(L. I., p. 42.) といいきっている。かれによれば、社会の変革は「人間の成長する知性が、それに照応した解放をもとめた」結果であり、革命自体には何ら恐怖すべきものはない。それがしばしば恐るべき光景を呈するのは、支配者が暴力をもってその進歩をおしとどめようと

するからなのである。ここに、われわれは、史的唯物論につらなっていく考え方の芽を認めることができるであろう。さらに注目すべきは、かれが、資本の蓄積が変革の条件をつくる、としていることである。「事実は、少数者への恐ろしいほどの資本の蓄積は、……その極悪のなかに治癒の種をもっている、ということである。人間は、本性から社交的であり、おしゃべりである……。それゆえ、何であれ人を集めるものは、若干の害悪を生むかもしれないけれども、知識の普及にとって好都合であり、究極的に人間の自由を増進させるものである。ここから、あらゆる大きな仕事場や製造所は、議会の法も黙らせることができず、治安判事も解散させることができぬ、一種の政治的協会である」(L. I, pp. 18-19.)。ここには、変革の主体を開明的な富者や知識人にもとめたゴドウィンと異なって労働者を中心とした人民の自己解放の主張がある、といえよう。

おわりに

セルウォールを資本主義批判の思想史のなかに位置づけるためには、ゴドウィン、ペイン、スペンス等の同時代人の資本主義批判者たちとの比較が必要である。しかしすでに紙幅の制限をこえてしまったいま、その余裕はない。ただ一言すれば、セルウォールは、当時の資本主義批判者たちのなかでは、資本家と労働者という階級関係と資本の蓄積過程についてのもっとも鋭い認識をもち、労働者階級の立場にもっとも近く、そしてその労働者に変革の主体をもとめた、という点で、先駆的で、特異な思想家であった、といえるのではないだろうか。

文献（資料のみ）

1. J. Thelwall, *The Rights of Nature against the Usurpations of Establishments*, London, 1796. (3rd. ed.) この書は、4通の書簡の形をとっている。本論文の引用文の末尾で、たとえば (L. I, p. 50.) とあるのは、第一書簡の50ページということである。
2. J. Thelwall, *Poems Chiefly Written in Retirement* (proceeded by an Autobiographical Memoir). London, 1801.
3. Charles Cester, *John Thelwall, a Pioneer of Democracy and Social Reform in England during the French Revolution*, London, 1906.

補論2　クリストファ・ワイヴィルの社会改革運動とその思想

　クリストファ・ワイヴィル（Christopher Whyvill, 1740-1822）は、イギリス政治史上、ヨークシァ連合運動（1779-1785年）の指導者として比較的著名な人物である。このヨークシァ連合運動とワイヴィルに関しては、数年前に小論を発表している（永井・大江・宮本編『市民社会の思想』、御茶の水書房、1983年、所収、本書第6章）ので、本報告では「フランス革命とワイヴィル」に焦点をしぼりたい。とはいえ、日本ではほとんど知られていない人物なので、簡単な紹介から始める。

　ワイヴィルは、1740年にエディンバラで生まれた。父は間接税担当官吏。ノッティンガム生まれの急進主義者ジョン・カートライトと同年である。1763年頃、ワイヴィルは、ケンブリッジのクィーンズ・コリッジを終えてエシクスのブラック・ノートレィの教区牧師になったが、やがていとこのエリザベスと結婚、その兄の所領を相続してノース・ライディングのジェントリの仲間に入り、政治活動に力を注ぐようになった。ウィルクス事件（1763-1774年）をきっかけに各種改革運動が始まり、アメリカ植民地問題が深刻になりつつあるときであった。

　ワイヴィルの最初の改革運動への参加は、1772年のフェザーズ・タヴァン請願である。これは、国教会内部からの宗教的自由への動きで、ケンブリッジ出身の聖職者が多く参加した。最近のギャスコインの研究（John Gascoigne, *Cambridge in the age of the Enlightenment*, 1898）によれば、ケンブリッジの雰囲気は、スミスやギボンの記述からうかがわれるオックスフォードのそれとはかなり異なっていたようである。運動が失敗したあと、スィオフィラス・リンズィらは分離してユニテリアンの教会をたてたが、ワイヴィルは、国教会内部にとどまり、生涯宗教的自由の問題に取り組むことになる。

　ワイヴィルが指導的役割を果したヨークシァ連合運動は、アメリカ独立戦争に

フランスとスペインが参戦して戦線が拡大し、アイアランド問題が緊迫した1779年から始まる。これは、ヨークシァの自由土地保有者を中心とする、財政改革と議会改革をめざす全国的運動で、これらの要求に忠実でない候補者には投票しないようにしようという盟約を結ぶ運動であった。この運動には、普通選挙を主張するカートライトらのウエストミンスター委員会、改革を財政改革に限定しようとするバークらロッキンガム派、そして選挙権の漸次的拡大を主張するワイヴィルらのヨークシァ委員会という、3つの流れが認められる。この運動を指導したワイヴィルの考え方の特徴としては、(1) 巾広く運動を統一しようとしたこと（統一戦線）、(2) 多くの民衆の意識にそくした改革を考えたこと（漸次的改革）、(3) 財産と知識の拡散と理性の進歩を主張したこと（進歩思想）、(4) 議会を腐敗から防止するものは人民の監視と統制であると考えたこと（人民統制）などがあげられよう。この運動は、1782年にバークの財政改革法案が成立し翌年アメリカ独立戦争が終わって、議会改革は達成されぬままに、1785年に一応の終息をみるのである。

さて、1789年のフランス革命の勃発は、イギリス国内にフランス革命論争をひきおこし、各種改革運動に刺激を与えた。ワイヴィルは『プライス博士擁護論』(1792年) を書いて論争に参加し、民衆運動の次元では、「人民の友の会」に多くを期待した。以下、フランス革命期のワイヴィルを 1.『プライス博士擁護論』について、2.「人民の友の会」とワイヴィル、3. フランス憲法の「選挙制度」批判、の順序で検討したい。

1 『プライス博士擁護論』について

ワイヴィルはつぎのようにいう。われわれは、対アメリカ戦争の頃から、平和と財政改革と議会改革を主張してきたが、われわれの運動には多くの非国教徒が参加してきた。最近 (1790年3月) の議会での審査律廃止動議の際には、これら非国教徒にたいする非難がいちじるしく高まった。かれらがはたして悪い市民かどうか、非国教徒の頂点に位置するプライスを中心に考えてみよう、と。

ワイヴィルはまず、非国教徒の国教会批判を危険視する風潮をとりあげる。ワ

イヴィルは、どんな制度でも形骸化しがちであるが、そうした形骸化を防ぐものは、自由な研究と討論であるとして、非国教徒の国教会批判の自由を主張する。そして審査律は、有能な人物を公務から排除するゆえに社会の利益にならないとして、その撤廃を主張する。しかしワイヴィルは、国教会を解体して布教を牧師の熱意と勤勉にゆだねるべきだとする主張については、非教国徒と意見を異にするという。人びとの知識と徳とが不完全な現状では、国教会制度が一定の役割を果すというのである。ワイヴィルは、審査律の撤廃を主張するとともに、信仰箇条への誓約署名の廃止や十分の一税の改革など、「宗教の利益と政治的福祉」とを同時に推進しうるような国教会の改革をも主張するのである。

政治的問題についても、ワイヴィルは完全に自由な論議を主張する。共和主義者ペインの著作にも、多くの誤りと同時に真理がちりばめられているのであって、迫害は不当だとするのである。ワイヴィルは、プライスをペインと区別し、この国に共和政をもちこむ意図をもつ危険な人物という前者にたいする非難にたいして、「プライス博士は一貫して穏健派の提案に支持を与えてきて」おり、かれのフランス革命支持は、「かの国で奴隷であった数百万の人びとが自由に生きる自然権を回復した」ことを喜んだにすぎないと、プライスを擁護したのである。

『プライス博士擁護論』には賛否両論がよせられたが、全面支持者のなかにアバディーン大学のジェイムズ・ダンバーの名がみえる。批判者の多くは、かってのヨークシャ委員会の聖職者仲間で、批判点は、ワイヴィルが議会改革と宗教的改革を結びつけていたことであった。ワイヴィルは、こうした批判を入れて、運動の目標を当分のあいだ議会改革一本にしぼるようになる。

2 「人民の友の会」とワイヴィル

この会は、1792年4月11日に、ウイッグの国会議員を中心に結成された。会の目的は、より平等な代表制の実現と議員任期の短縮であった。「創立宣言」の署名者のなかに、ローダーデイル、マッキントッシュ、カートライト、ミラー（ただし Non-Resident Member）らの名がみえる。しかし、ワイヴィルの名はない。

実は、フランス革命が勃発するといちはやく改革運動を再開したのは、カート

ライトを議長とする「憲政情報協会」（1780年設立）であった。この会はすでに、バークを非難してペインの『人間の権利』を勧める声明をだしていた。ワイヴィルは、「創立宣言」にカートライトの名がなかったほうがよかったと書いたが、世の疑惑をまねくと考えたためである。まもなくカートライトは、「人民の友の会」が会員資格を事実上（年会費が高かった）中流以上に限っていることを批判し、原理的に普通選挙をかかげるべきことを主張する。「人民の友の会」は、そうした主張は暴力をともないかねない理論どおりの極端な変革の提案だと反論して、「憲政情報協会」との交流を断ってしまうのである。

ワイヴィルは、「人民の友の会」の会員にはならなかったけれども、終始支援を惜しまなかった。会員とならなかったのは、地方にいて会合に出席できなかったためと、ヨークシャで改革の大義を効果的に推進するためには他の団体に加入しないほうがよいと判断したためである。ワイヴィルは、政治的自由の原理ではカートライトと意見が完全に一致していたが、改革プランと理論的完全性の極点までひろげるかどうかについては、意見を異にしたという。このちがいの原因を、ワイヴィルは、首都と地方の民衆の意識のちがいにみた。かれは、ヨークシャという地方に身をおき、そこの民衆の意識にそくして改革を考えていたのである。「人民の友の会」は、「ロンドン通信協会」や「憲政情報協会」にたいする大弾圧後まもなく、1795年1月に、「活動休止」を決めてしまった。

3 フランス憲法の「選挙制度」批判

フランスでは、1791年憲法も1795年憲法も間接選挙の方式を採用した。イギリスの知識人の一部に、この間接選挙方式を騒乱を避ける方式として賞讃する風潮があるのをみて危険を感じたワイヴィルは、それを批判する論文『フランス国民によって採用された二重選挙に関する考察』を書いた。執筆の時期は不明であるが、フランス革命の挫折を語り、党派争いが極度の憎悪にいたってフランスは荒廃のきわみに達し、ついに軍事的簒奪者が唯一の保護者にみえるにいたったという記述があり、「ブリュメール18日」後ではないか、と推測される。

ワイヴィルは、この論文で、間接選挙は、イギリスでしばしば生ずる選挙の騒

乱の回避を可能にするかもしれないが、議会を「人民大衆との利害の共同性を感じない」ものにし、「人民大衆の議会への無関心」を生むとして、そのイギリスへの導入に反対する。ワイヴィルによれば、昔よりも今のイギリス国民のほうがより多く公共精神をもっている。それは、権利章典によって請願権など統治に関与する権利が保証され、「万人が公務の遂行に直接の関心」をもつようになったからだという。たしかにいま、王権のpatronageの増大と商業貴族による利己主義が国民精神を堕落させて、公共精神の衰退をまねいている。したがって改革が必要だが、それは、議会と民衆をより緊密に結びつける方向でなされなければならない。王権のpatronageを切り取り、バラの選挙を改め、納税している家屋保有者に選挙権を拡大し、直接選挙と選挙の公開性をまもることなどによって、選挙を、民衆のあいだに公共の自由への熱意と高邁な性格とを養うための手段とすること、ワイヴィルは、以上のように主張したのである。

　簡単にまとめよう。ワイヴィルは、多くのイギリス人同様、フランス革命をフランス人民が自由を回復する運動とみた。しかし、フランス人たちが理論的に完全な改革をあまりに性急に求めたために、結局は軍事的簒奪者の権力を許してしまい、革命は挫折してしまったとみた。ワイヴィルは、対フランス干渉戦争と言論・集会の抑圧立法に反対し、イギリスにおける諸悪の根源を腐敗した議会に認めた。その議会を改革する運動を、ワイヴィルは、できるだけ多くの民衆の意識にそくして展開しようとした。「アングロ・サクスンの自由」の思想は、進歩の思想によってすでに克服されていたが、ワイヴィルの民衆の中核には、ヨークシァの自由土地保有者など、地方の中産階級がおかれていたことはたしかであろう。

補論3　経済理論史を中心とした機械可読書誌編纂の技法の研究及びデータベースの作成
——計量的学説史のための文献情報データベースの研究——

1　総　　論

(1)　これまでの研究

　コンピューターを利用した情報検索の技法は、自然科学の分野においては、1960年代の初頭から実用化されたが、今日、人文・社会科学の分野においても具体的な活用が可能となりつつある。われわれも1970年から小規模な組織で、社会科学の分野に適用しうるコンピューターのプログラムの開発を中心にこの問題にとりくんでおり、しだいに組織を拡張しつつ一定の成果をあげてきた。たとえば、昭和47・48年度試験研究「社会科学における標題・抄録によるKWIC索引、コーディネト索引等の検索効率の比較実験」(研究代表者松田芳郎)[1]がそれである。この研究において、プログラミングの技法は、KWIC索引を中心に一応実用的検索処理の段階に達したといえる。これらの一連の研究の過程であきらかになったことは、コンピューターによる情報検索の技法を社会科学の分野に応用する場合、その情報の種類に応じてデータ構造がさまざまな形になっており、それらに対応したプログラミングの技法の開発が重要であるということ、そしてそのことと並んでデータベースをどのように整備するかがきわめて重要だということである。とくにこのデータベースの整備にかんして、社会科学のばあい、たんにデータ量が厖大であるだけでなく過去に遡及して作成しなければならないということが、問題をとくに複雑にしている点に注意しておきたい。

(2) データベースをめぐる諸問題

　社会科学の分野でも、研究の細分化と学際的研究の進展は、年々新たに作成される学術情報の量を増大させている。それらをどのように網羅的に収集し、効率的に利用できるようにするかがきわめて重要な問題になってきているのである。それに加えて、自然科学と異なって人文・社会科学の分野の研究は、現在の研究がもっとも進んでいるとはかんたんにいえないということがある。したがって過去の思想や学説のたえざるみなおしが不可欠であり、たとえば経済学でいえば、経済思想史や経済学説史の研究が全体としての経済学研究の枢要な一環をなしているのである。つまり人文・社会科学の分野におけるデータは、現在的なものに比較して遡及的なものの比重が高いということである。もっとも自然科学の分野のすべてが長期間にわたっての遡及的検索が不必要というのではなく、数学文献のばあいには、こうした人文・社会科学文献の性格に比較的近いということがいえる（なおこの点については、本報告書収録の細井勉「数理論理学文献の Retrospective Index について」を参照していただきたい）。

　このような状況では、人文・社会科学の分野での文献情報の需要にたいして、いかなる図書館も一館だけでは応じきれないことはあきらかである。収集、保存、利用における共同化が図られねばならない。実は欧米では、こうした学術情報の洪水がおこる以前に、図書館間相互貸借制度を中心とした図書館相互協力の体制ができあがっていた。また納本図書館を兼ねた国立図書館の冊子体目録としてはBritish Museum, Bibliothèque Nationale, Library of Congress のカタログが完成されている。最後のものは、さらにアメリカおよびカナダの2国間にわたる綜合目録として、両国の "知的財産のほとんどを一系列の目録にまとめ" た National Union Catalog（1974年刊行開始。約1000万タイトルを含み、完成時には900冊になる）にまで拡張されている[2]。しかしこの冊子体目録は、いろいろな点でカードよりも検索効率が高いとはいえ、いかにも厖大である。今後いっそう勢いを増すであろう学術情報の洪水をつぎつぎカタログ化していくとあまりにも巨大なものになり、それにしたがって検索効率も落ちていくことが予想される。世界の趨勢がコンピューター利用による機械可読書誌編纂 Machine Readable Cataloguing

補論3　経済理論史を中心とした機械可読書誌編纂の技法の研究及びデータベースの作成

（MARC化）の方向にむかっている理由の1つである。

　MARC化は、アメリカの議会図書館のMARC Ⅱがその最初であり、UKMARCという形で各国に広がっている。またこれを各国に提供するばあいには、UNI-MARC formatsとして標準化することも行われ始めた[3]。一方ハーバード大学のWidner図書館等で行われているように、特定の図書館が全蔵書をMARC化する作業はさらに拡大して、MARCを利用した図書館共同利用システムを形成する段階になった。そのばあい重要なのは、MARCによる共同利用ファイルの作成と管理である。

　共同利用ファイルとは、複数機関の共同作業で作られ、利用されているものであり、もっとも代表的なものはOCLCとよばれるOhio College Library Centerを中心とするシステムである。MARCによる共同利用ファイルを作成するばあい、編集のうえでは、同一文献を重複登録しないために特定文献を識別することが必要不可欠であり、利用のうえでは、特定文献（群）の正確で効率的な検索を可能ならしめるものでなければならない。文献を識別するものを識別子、文献の特性を描写するものを記述子とよび、前者を利用できないとき後者を用いるが、近年Documentation-International-Standard-Book-Numbering（ISBN）やDocumenta-tion-International-Standard-Serial-Numbering（ISSN）など識別子の標準化がすすんできている。OCLCでは、これらの識別子とともにLC印刷カード番号、OCLCコントロール番号等を識別子として用いているが、なおエラーを完全に防ぎえないという問題を残している。さらに問題なのは、遡及的文献の共同利用ファイルでは、これら出版時に附与される諸番号といった識別子は存在しないということである。このOCLCのファイルでも17世紀までの文献で全体の23％を占めており、20世紀初頭以前に逆のぼるとこの比重はもっと高まってくる。これら遡及的文献の共同利用ファイル作成の実験として注目されるのは、イギリスのLOCプロジェクト（London, Oxford, Cambridgeの頭文字。オックスフォードのBodleian図書館、ケンブリッジ大学図書館、英国図書館など220機関による1801年以前刊行の書物約165万点のMARC化プロジェクト）である。ここでは、重複文献同定の技法として書紋（fingerprint, 本プロジェクト研究分担者　松井幸子の訳語）による方法が開発されている。しかしまったく別の著者の書物が同一

の書紋をもつことがないとはいえず、問題を残している。本プロジェクトの分担研究者松田寛の「古典調査」の作業では、手作業でこの同定作業を行っており、古版本においては、一冊一冊が異なった顔をもっているほど同定が難しいという形で、同定の意義についての根本的検討の必要性をあきらかにしている（本報告書所収の松田寛「『経済学古典調査』の現状とその問題点」を参照されたい）。本プロジェクトでは、他プロジェクトとの共同研究により、本文批評にまで立入らない目録記述の段階での同定技法として、PYAT（Place, Year, Author, Title）方式の効率の比較実験を行い、共同利用ファイル作成の手法を一歩進めることができた[4]。

　こうした共同利用ファイル作成の背後には、知識は万人の共有財産であるというヨーロッパの哲学があることに注目しておきたい[5]。これにたいしてわが国では、図書館間協力体制は決定的におくれており、共同利用ファイルの作成もようやくその必要が認められはじめてきた段階にとどまる。そのなかで例外的に早くからその必要を認識していたのが経済学史学会で、同学会は約四半世紀以上前から「経済学古典調査」を行ってきている。これは主要な25大学の図書館に所蔵されている1501-1870年に刊行された経済学および社会・経済思想にかんする文献の調査で、現在は、すでにふれた松田寛を中心に整理と追加調査がすすめられている。回収カードは、約4万5000枚である。本プロジェクトでは、この追加調査によって、整理の格段の進展をみることができた。この詳細な古版本用書載方式をMARC化の軌道にのせることは、将来の課題であり、そのためにはなおいくつかの問題を解決しなくてはならない。たとえば、佐藤茂行、広田明等のフランス学説史研究を行っている者と木田橋喜代慎のように書誌研究を行っている者との協力によって、サン・シモン主義者のパンフレットのMARC化formatsの開発を行っているが、こうした研究の完成が重要な意義をもつであろう。また最近、一橋大学のバート・フランクリンのコレクションの購入とか、専修大学のミシェル・ベルンシュタイン文庫の購入とか、大規模コレクションの購入が行われており、それらを含めて共同利用ファイルとしての機械可読型データを作成する努力が必要である。

(3) 学説史・思想史への計量的方法の適用

　以上データベースの整備をめぐる諸問題を図書館の所蔵資料の MARC 化という視点から概観してきたが、さらにこれらのデータベースを使用して、経済学説史や社会思想史の研究をどのように深めることができるかを研究することも本プロジェクトのもう1つのねらいであった。学説史や思想史の研究においては、著作の内容分析が第一義的重要性をもつことはいうまでもない。しかしある時代にどのような主題にかんする著作や論文が多いかを計量したり、それらの著作や論文にどのような著作や論文の引用が多いかを計量したりする計量的方法もまた一定の意義をもちうることは、何人といえども否定しえないところであろう。

　たとえばG. J. スティグラーは、「経済思想の歴史における統計的研究」において、経済学の発展を経済学研究を職業とする full-time economists の増大をあとづけることで示し、また1880年代以降、研究発表の場として急速にその重要性を増してくる雑誌の論文およびそれらに引用されている文献から、経済学研究におけるアメリカの地位の上昇のようすを統計的に示している[6]。思想史の分野では、B. R. ポリンの *Godwin Criticism, a synoptic bibliography*, University of Toronto Press, 1968. が注目される。これは重要なものにかんたんな要約を付した3878（ゴドウイン自身の著作52点は、別にひとつの index として最後にあげられている）タイトルをふくむコンピューター処理による書誌である。それに11の index が付されているが、それにはいくつかの興味深いものがふくまれている。たとえば index Ⅷの Languages of the original sources から、英語圏を別にすれば、ゴドウインがもっとも注目されたのがフランス（フランス語文献201点）であること、ついでドイツ（74点）、イタリア（57点）、日本（47点）、スペイン（41点）、ロシア（25点）、ハンガリー（16点）の順になることが容易にわかる。またⅣの Chronological Listing of all Entries やⅩの Part 3. Frequency Table of Publication Dates of All Items in the Text から、ゴドウイン研究の浮き沈みを知ることができる（表Ⅰを参照）。本プロジェクトでは、ポリン氏のご好意により上記書誌の磁気テープ（MT）を入手することができ、それについてさらにいっそうの検討を行うことができた。しかしその分析結果については、別の機会にまつこととしたい。

表 I CENSUS OF PUBLICATIONS BY 10-YEAR INTERVALS

1783	1792	61	xxxxxx
1793	1802	554	xxxxxxxxxxxxxxxxxxxxxxxxxxxxxxxxxxxxxxxxxxxxxxxxxx
1803	1812	260	xxxxxxxxxxxxxxxxxxxxxxxx
1813	1822	190	xxxxxxxxxxxxxxxxxx
1823	1832	251	xxxxxxxxxxxxxxxxxxxxxxx
1833	1842	265	xxxxxxxxxxxxxxxxxxxxxxxxx
1843	1852	79	xxxxxxx
1853	1862	48	xxxx
1863	1872	41	xxxx
1873	1882	82	xxxxxxxx
1883	1892	77	xxxxxxx
1893	1902	90	xxxxxxxxx
1903	1912	118	xxxxxxxxxxx
1913	1922	109	xxxxxxxxxx
1923	1932	217	xxxxxxxxxxxxxxxxxxxxx
1933	1942	205	xxxxxxxxxxxxxxxxxxxx
1943	1952	237	xxxxxxxxxxxxxxxxxxxxxxx
1953	1962	326	xxxxxxxxxxxxxxxxxxxxxxxxxxxxxxx
1963	1966	162	xxxxxxxxxxxxxxx

出所) B. R. Pollin, *Godwin Criticism, a synoptic bibliography*, University of Tronto Press, 1968, p. 654. より。

【編者追記：初出では「表Ⅱは、それの一部をそのまま打ち出したものである」としているが、現在では文字情報に関する汎用計算機によるデータベース化はほとんどされていないので、この論文に収録された表ⅡのPollinのデータ・ファイルのレイアウト表示はほとんど実用的な意味がないので省略した。】なお日本では、冒頭であげたKWIC索引を使用しての計量経済学的分析が個人研究から共同研究といった集団的作業に移行してきたことの計量的論証などのわれわれの研究のほか、コンピューターを使用しているわけではないが、山崎怜「スコットランド歴史学派とその著作について」(香川大学経済学部『研究年報』9、1969年)および「アダム・スミス——ひとつの序章——」(杉原四郎編『近代日本の経済思想』ミネルヴァ書房、1971年)が注目される。

本プロジェクトでは、こうした計量的方法の有効性と汎用性の検討を2つの角度から行っている。1つは、データベースに収録する内容をポリンの作業のように、特定の視角から集める方法であり、いまひとつは、出版状況等を通じて学説の展開を社会的存在としてとらえて、包括的に分析するデータベースを作成する

方法である。

　前者としては、18世紀末から19世紀初めのイギリスの Radicalism の文献とフランスのサン・シモン主義者の出版物とその研究文献、後者としては、ハーバード大学の Widner 図書館から学術実験用としてとくに許可されて購入しえた Widner Library Shelflist: No. 23-24: Economics の磁気テープを材料にして行おうとするものである。サン・シモン主義者関係文献については、既プロジェクト（前掲、松田芳郎代表）がすでに入力ずみであり、今回はそれをより完全にするべく追加調査と追加入力を行った。イギリスの Radicalism 文献のばあいは、サン・シモン主義関係文献の入力のさいに使用した Walch の目録や手塚文庫目録[7]のようなものがなく、研究書にでてくる radicals とみられる人名をひろいあげ British Museum のカタログで著作をさがしだすということから始めなければならなかったため、作業は難航したが、本プロジェクトにおいてようやく一部入力にこぎつけることができた。

　Widner Shelflist という経済学説史の展開状況を、書物の刊行状況の統計的解析という形で跡づけるのに比較的適したデータベースを利用して、本プロジェクトでは、松田芳郎、松井幸子の手によって、経済学の文献のうちどのような書物が古典的なものとして絶えず刊行されてきたか、またどのようなものが理論史の展開に伴って見なおされて新たな版が出たか、どのような著作が一時的な流行として消滅したかが分析されている（本報告書所収、松田芳郎・松井幸子「著作の復権と経済理論の展開——著書の刊行状況に現れた学説の永続期間の分析——」を参照)[8]。

　このように外国で入力された磁気テープのコピーを入手することでデータベースをいちじるしく豊かにすることが、対研究者および対図書館との接触でようやく軌道にのり始めたことも、本プロジェクトの成果の1つといえよう。今後のプロジェクトは、かかる成果のうえに立って、いっそう国際的な協力をおしすすめ、拡大したものとしていくことが必要である。

1)　KWIC index series for Social Sciences として刊行されている。
　　No. 1, BIBLIOGRAPHY: WORKS ON ECONOMETRICS——reviewed in *Economet-*

rica——1951-1971——.

No. 2, BIBLIOGRAPHY: WORKS BY SAINT-SIMON & SAINT-SIMONIANS (under-prepared).

No. 3, BIBLIOGRAPHY: WORKS ON SAINT-SIMON & SAINT-SIMONIANS——1831-1970——.

No. 4, BIBLIOGRAPHY: WORKS ON LIBRARY & INFORMATION SCIENCES, 2 vols.

　以上が成果刊行物であるが、プロジェクト全体の状況は、Y. Matsuda & S. Matsui, Effectiveness of KWIC Index as an Information Retrieval Technique for Social Sciences, *Hitotsubashi Journal of Economics*, 15-2, 1975 Feb. にまとめられている。

2) 土井稔子・枝松栄「全米総合目録の成立とその背景——National Union Catalog, Pre-1956 Imprints を中心に——」参考書誌研究、No. 9, 1974年5月を参照。

3) UNIMARC, Universal MARC format, Recommended by the IFLA (International Federation of Library Associations and Institutions) Working Group on Content Designators set up by the IFLA Section on Cataloguing and the IFLA Section on Mechanization, London, 1977.

　安西郁夫「ビブリオテーカ '88」図書館雑誌、72-4、1978年4月。

4) 松井幸子「書誌情報の共同利用ファイルの作成——重複文献同定の技法について——」ドクメンテーション研究、27-4、1977年4月。本報告書にプリントして再録。
　松井幸子「書誌情報データベースの統合について——重複文献同定の同定子 (PYAT システム) の設計——」図書館短期大学紀要、第14集、1978年1月。【九州大学総合理工学研究科博士学位論文：Semantic Strucuture Analysis and Database Construction System for Academic Literature on Social Scienses. 1990として纏められ、『社会科学文献データベースの構造解析』（丸善株式会社、1992年）として上梓されている。——編者注記】

5) 中井正一「調査機関」（中井正一著、中井活編『論理とその実践——組識論から図書館像へ——』てんびん社、1972年、所収) を参照。

6) George J. Stigler, Statistical Studies in History of Economic Thought, in *Essays in the History of Economics* (Phoenix Books), The University of Chicago Press, Chicago and London, 1965.

7) J. Walch, *Bibliographie du Saint-Simonisme avec trois textes inedit*, Paris, 1967. 坂田太郎他編『フランス社会思想史文献目録——小樽商科大学所蔵手塚文庫目録——』春秋社、1966年。

8) なお詳細な解析は目下進行中である。

補論3　経済理論史を中心とした機械可読書誌編纂の技法の研究及びデータベースの作成

【編者注記】
(1)　本稿は、文部省科学研究費に依る共同研究の研究報告書『経済理論史を中心とした機械可読書誌編纂の技法の研究およびデータベースの作成』（代表：鈴木　亮）（1978年3月）の総説として松田芳郎との共著として、書かれたものである。計算機処理に関しては松田に大きく依存していたため、二人の討論結果を反映したものとして共著になっている。再録に当たって、松田が最小限の注記を施してある。
(2)　本文中で言及されている（422頁）松田寛の作業結果の一部は、*A Catalogue of Western Economic Literature in Japanese Universities, 1501-1700*として Maruzen から1995年に刊行されたが、その後の1700年以降に出版の古典文献の書誌は、刊行されていない。

補論4　イギリスのRadicalism文献について

(1) 扱う範囲

　イギリスのRadicalism文献というばあい、フランスのSaint-Simon & Saint-Simonianといったかなり輪郭のはっきりした思想集団と異なって、まずその範囲が問題になる。たとえば、大著 *English Radicalism*, 4 vols. を書いたS. マッコビイは、1763年のJ. ウィルクスの『ザ・ノース・ブリトン』第45号事件（ジョージ三世の議会開会演説を批判したかどで、国会議員でありこの新聞の発行者の1人でもあるJ. ウィルクスが一般逮捕状により逮捕されたため、ロンドンの民衆が"ウィルクスと自由"をスローガンに決起した事件）から、1914年までのほとんどの体制批判とその運動を扱っている。従来このウィルクス事件が、Radicalismの「はじまり」とされてきたのである。
　しかしその後、アメリカのC. ロビンズのように、Radicalismの起源を17世紀のcommonwealthmenにもとめ18世紀へのその連続を論証する研究もあらわれている[1]。またニュージーランドのマリ・ピーターのように1755年から10年間にわたって発行された週刊政治評論紙 *Monitor* にradicalismのイデオロギー的起源をもとめる者もでてきた[2]。Radicalismを体制批判と考えるならば、本報告書所収の浜林正夫「イギリス急進主義の系譜」が問題としている18世紀前半のトーリー・ラディカルズも当然視野に入れなければならないだろう。17世紀から20世紀までのすべての体制批判の文献を入力してKWIC索引その他の索引をつくって分析することは、きわめて興味深い仕事であるが、厖大にすぎる。したがって本プロジェクトでは、時期をウィルクス事件の1760年代から1830年前後、つまり産業革命期に限ることとした。Radicalismの思想的起源ないしは系譜は、かなりさかのぼりうるとしても、Radicalismが大衆的基盤をもつようになるのは

ウィルクス事件以来であるし、1825年の団結禁止法の撤廃、1832年の第一次選挙法改正、1834年の貧民法改正という1830年前後の一連のできごとは、一方における資本の支配の確立、他方における近代的労働者階級の成立を意味する。つまりそれ以後労働者階級の体制批判が、分離独立してくるといっていいであろう。1760年代から1830年前後の時期は、さまざまな体制批判の思想と運動が混沌とした、いわば星雲状況にある時期なのである。

しかしながら以上のように時期を限定したとしても、その時期にあらわれるすべての体制批判の思想を扱うわけにはいかない。まずベンサムを中心とした Philosophical Radicalism はのぞかれる。またすでに Bibliography ができているウイリアム・ゴドウイン[3]、ロバート・オーエン[4]、リカード派社会主義[5]等ものぞかれる。つまりこれら思想史上重要な、したがって比較的研究のすすんでいる部分をのぞいて、本プロジェクトでは、あまり研究のすすんでいない、大衆運動に密着した文献をとり扱うこととした。たとえば「ウィルクスと自由」運動、ヨークシァ改革運動、通信協会運動、スペンス主義運動（スペンス主義は社会主義で、Bibliography に加えることには異論があるかもしれない。しかし通信協会運動の一翼をになっており、大衆運動にそくして Radicalism を考えるばあい画然と分けてしまうわけにはいかない)、ピータールー事件等々である。こうした困難な途をえらんだのは、これらの分野の研究があまりすすんでいないということのほかに、大衆運動の思想的特性を分析するためのプログラムの開発を念頭においているからである。

(2) 典拠文献と作業方法

以上の Radicalism の大衆的諸運動についての研究は、あまりすすんでいないとはいえ、従来選挙法改正運動研究や労働運動史研究では、多かれ少なかれ必ずふれられてきている。少ないとはいえそれらの運動のいくつかについての特殊研究もあるし、また最近は社会史研究の興隆にともなってそれら大衆運動にかんする論文も多くなってきている。本プロジェクトでは、まずそれらの文献から Radicals とみられる人物を洗いだし、それらの人物がどのような著作を書いているかを British Museum のカタログ (compact edition) でさがしだしカード化す

るという作業から始めた。使用しえた二次文献はつぎのとおりである。ただしスペースの関係上雑誌論文は省略する。

1. Beloff, Max, "The Debate on the American Revolution 1761-1783" (*The British Political Tradition*, edited by Alan Bullock and F. W. Deakin), London, 1960 (1st ed. 1949).
2. Birley, Robert, *The English Jacobins from 1789-1802*, Oxford, 1924.
3. Black, E. C., *The Association: British Extraparliamentary Political organization 1769-1793*, Cambridge (Mass.), 1963.
4. Brown, P. A., *The French Revolution in English History*, London, 1965 (1st ed. 1918).
5. Butler, J. R. M., *The Passing of the Great Reform Bill*, London, 1964 (1st ed. 1914).
6. Butterfield, H., *George III, Lord North and the People, 1779-1780*, New York, 1968 (1st ed. 1949).
7. Christie, IAN R., "The End of North's Ministry 1780-1782" (*England in the Age of the American Revolution* edited by Sir Lewis Namier), London, 1958.
8. ———, *Wilkes, Wyvill and Reform, The Parliament Reform Movement in British Politics 1760-1785*, London, 1962.
9. Cobban, Alfred, "The Debate on the French Revolution 1789-1800" (*The British Political Tradition*, edited by Alan Bullock and F. W. Deakin), London, 1960 (1st ed. 1950).
10. Cole, G. D. H & Filson, A. W., *British Working Class Movement, Select Documents 1789-1875*, London, 1951.
11. Hall, Walter Phelps, "British Radicalism 1791-179" (*Studies in History, Economics and Political Law*, edited by the Faculty of Political Science of Columbia University, vol. XLIX, No. 1), New York, 1912.
12. Jackson, T. A., *Trials of British Freedom: Being Some Studies in the*

Fight for Democratic Freedom in Britain, London, 1945 (1st ed. 1940).

13. Laprade, William Thomas, *England and the French Revolution 1789-1798* (Johns Hopkins University Studies in Historical and Political Science under the Direction of the Departments of History, Political Economy, and Political Science), Baltimore, 1909.

14. Maccoby, S., *English Radicalism*, 4 vols. (ただし、本プロジェクトに関係するのは、1762-1785を扱ったvol. 1と1786-1832を扱ったvol. 2), London, 1969.

15. Marlow, Joyce, *The Peterloo Massacre*, London, 1969.

16. Meikle, Henry W., *Scotland and the French Revolution*, New York 1969 (1st ed. 1912).

17. Osborn, John W., *John Cartwright* (Conference on British Studies biographical Series), Cambridge, 1972.

18. Robbins, Caroline, *The Eighteenth-Century Commonwealthman: Studies in the Transmission, Development and Circumstance of English Liberal Thought from the Restoration of Charles II until the War with the Thirteen Colonies*, Massachusetts, 1961.

19. Rudè, George, *Wilkes and Liberty: A Social Study of 1763 to 1774*, Oxford, 1962.

20. Thompson, E. P., *The Making of English Working Class*, London, 1963.

21. Veitch, G. S, *The Genesis of Parliamentary Reform*, with an introduction by IAN R. Christie, London, 1964 (1st ed. 1913).

22. Wallas, Graham, *The Life of Francis Place 1771-1854*, London, 1951 (1st ed. 1898).

以上の文献からぬきだしたRadicalsとみられる人物の著作でカード化しえたものは、約2,000タイトルである。そのうち今回入力しえたのは、通信協会運動関係文献195点ほどであるが、しかしこれはKWIC索引その他の索引を打ち出して分析するにはまだ不充分である。1つの問題は、主に頼ったBMのカタログが、

full-title の記載でないため、KWIC 索引分析を有効ならしめるためには、原本ないしそのコピーを入手して full-title に修正する必要があるが、その作業がまだ不充分であることである。にもかかわらず入力にふみきったのは、short-title でも、同定実験によってかなり高い効率で同定可能であることが判明したこと、chronological index 作成による分析など一定の分析が可能であることなどの判断による。もう1つの問題は、文献がどのていど網羅的であるかという網羅性の問題である。この点は、大衆運動の思想的性格を分析するばあいには、ひじょうに重要である。

　文献の網羅性を完全なものに近づけるためには、二次文献だけではなく同時代人の自伝や memoir の検討が必要である。それらにでてくる人物とその著作の調査である。本プロジェクトでも数点の自伝及び memoir の類いをコピーないしマイクロフィルムの形で入手することができた。とくに入力を開始した通信協会運動関係では、ロンドン通信協会を研究しているロンドン大学の H. コリンズが、当時通信協会の一員として活躍したフランシス・プレースの厖大なマニュスクリプトをマイクロフィルム化したが、それを入手し目下解読中である。こうした作業がすすみ、追加調査と追加入力を行ってほぼ網羅されたと判断しうる時点で、いくつかの索引による分析を試みるつもりである[6]。

(3) 残された問題

　以上のように、本研究はなお未完成であるが、本プロジェクトによって、これまでわが国ではほとんど知られていなかった産業革命期の Radicalism にかんする文献の調査を飛躍的にすすめることができた。とくにその過程で、一橋大学、京都大学、神戸大学の図書館、法政大学の大原社会問題研究所等にあるていどの Radicalism 文献が入っていることを知ることができたことも1つの成果である。

　最後に問題として、大衆運動にかんする文献の形の多様性ということがある。単行本、パンフレット、新聞、定期刊行物（雑誌）、ビラといったぐあいである。単行本とパンフレットはほぼ同一の取扱いができるが、新聞、雑誌、ビラをどう処理すべきかが今後の問題の1つである。大衆運動のなかでは、単行本やパンフレットよりも、これら新聞、雑誌、ビラの方が大きな役割を果していることも多

いのである。

【編者追記：本稿は『文部省科学研究費・総合研究（A）昭和51・52年度研究報告、1978年、「経済理論史を中心とした機械可読書誌編纂の技法の研究及びデータベースの作成——計量的学説史のための文献情報データベースの研究——研究代表者　鈴木　亮（昭和53年3月）」』のうち、著者（鈴木亮）が担当した部分の報告である】

1) Caroline Robbins, *The Eighteenth-Century Commonwealthman, Studies in the Transmission, Development and Circumstance of English Liberal Thought from the Restoration of Charles II until the War with the Thirteen Colonies*, Massachusetts, 1961.
2) Marie Peters, "The 'Monitor' on the constitution, 1755-1765: new light on the ideological origins of English radicalism," *The English Historical Review*, vol. 86, No. 341, October 1971.
3) Burton R. Pollin, *Godwin Criticism, A Synoptic Bibliography*. Toronto, 1967. 白井厚『ウイリアム・ゴドウイン研究（増補版）』未来社、1972年、巻末文献目録。水田洋「ウイリアム・ゴドウイン、初期社会主義文献目録Ⅱ」経済科学（名古屋大学）、1961年。
4) 五島茂『ロバート・オウエン著作史』正続、東洋書店、1974年（初版は1932年）。
5) 水田洋・安藤悦子「文献目録・リカード派社会主義」経済科学、第8巻第1号、1960年。鎌田武治『古典経済学と初期社会主義』未来社、1968年、巻末文献目録。
6) すでに納本制度が実施されていたとはいえ、19世紀中葉のパニッツィの改革までは不完全である。したがってBMのカタログだけでは完全な網羅性は期待しえない。その点も念頭においておく必要がある。
7) さしあたり必要な何点かをコピーしてもらうことができた。ここにあげた大学の図書館関係者のご協力に心からお礼を申しあげたいと思う。【この7）に対応する注番号は本文には見られない。ただ、この蒐集作業の結果は、本書第8章の「文献」に反映している。——編者追記】

補論5　Kress文庫におけるラディカルズ文献の機械検索体験メモ

1

　この補論は、Kress文庫における産業革命期イギリスのラディカルズにかんする文献を、端末機を使用して検索[1]した際に気づいた問題点の覚書である。検索の意図は、Kress文庫にはラディカルズにかんするどんな文献がどのていどふくまれているか、といった思想史研究者としての関心にもとづくものであったが、できれば計算機の特性を生かした若干の解析をそれらの文献集合にかんして行ってみたい、ということであった。すなわちまず著者名で検索を行って著者名による文献集合をつくり、ついで出版物のタイトル中にラディカルズの名の含まれているものを検索してもうひとつの集合をつくり、両集合を合わせた集合から出版地、出版社、年次別出版点数などの統計をとってみたい、と考えたのであった。しかし今回は、筆者の時間的都合でこの意図の前段階、つまり著者名による検索とタイトル中にラディカルズの名の含まれている文献の検索にとどまった。しかしそれだけでも、利用者の側から、いくつかの問題を感じざるをえなかった点は、後述するとおりである。ここで母集合たるKress文庫と急進主義文献の範囲についてあらかじめ述べておこう。

　Kress文庫は、若干のincunabulaを含む1848年までの出版物を含んでいる。総文献数は2万8909点で、その80％以上の2万4412点が1701年以降のものである[2]。この中から産業革命期ラディカルズの文献を検索しようというのだが、そのばあいラディカルズの範囲をもっとも広くとったJoseph O. Baylen and Norbert J. Gossman, *Biographical Dictionary of Modern British Radicals*, Vol. I: 1770-1830, Harvester Press, Sussex & Humanities Press, New Jersey, 1979. によった。こ

の『イギリス近代急進主義者伝記辞典』には、1770年前後から1830年前後までの諸改革運動に関係した214名のラディカルズの小伝が収録されている。その範囲は、アメリカ独立革命期のウィルクス事件やヨークシァ連合運動、フランス革命期の通信協会運動、団結禁止法下（1800-1825年）のピータールー事件など、各種大衆運動や事件に関係した人びと、T. ペイン、R. プライスなどの小市民的急進主義者といわれる人びと、T. スペンス、R. オーエン、リカード派社会主義者などの社会主義者たち、さらにJ. ベンサムを中心とするブルジョア的な哲学的急進主義者たち、ときわめて広範囲なのである。とはいえ必ずしも網羅的でないことは、例えば、W. ブレイクやR. サウジイが入っているのにP. B. シェリやW. ワーズワスが入っていなかったり、哲学的急進主義ではD. リカードウが入っているのにふつうその代表的人物とされるJ. ミルが入っていなかったりすることから、あきらかである。しかもその採録基準はあきらかではない。したがって網羅的な検索を行うばあいには、既刊の研究者の総点検をしてそれらの欠落を補わなければならないが、今回は、そうした余裕をもつことができなかった。つまりKress文庫2万8909点のなかに、この辞典に収録された214人のラディカルズに関係した文献がどのていど含まれているか、という検索にかぎられたのである。

2

　まず著者名による検索である。その結果は、末尾の付表にあるように文献数292点とでて内52がいわゆるノイズであった。さしひくと240点で、それらの著者は58人である。ただしT. ペインについては、リスト点検の際に命令の入れ方の誤りで0とでたことがわかったので、再検索を行うと文献点数が若干ふえてその著者は59人となる可能性があるが、『イギリス近代急進主義者伝記辞典』に収録されている214人のラディカルズのうちKress文庫には58人（あるいは59人）の著作しか含まれていないことがはっきりした。
　ノイズの出方を調べてみると2通りあるようである。ひとつは同姓同名のばあいで、これは、Kressのオリジナル・データに生きた時代が記されているばあい、あるいは出版物の年代がかけはなれているばあいには判定が容易である。もっと

も死後出版ということもあるから、後者のばあいには充分な注意が必要であるが。生きた時代が記されておらず、出版物の出版年もあまりはなれていないばあいには、実際に文献を読み研究を深める以外に判定のしょうがない。ノイズのでるもうひとつのばあいは、例えば Robert Owen と Robert Dale Owen のようなばあいである。つまり Robert Owen の著作を出そうとすると、Robert Dale Owen の著作もいっしょにでてしまうのである。これは、名前が2語以上からなる人のばあいつねにおこりうることで、計算機による情報検索システムにおける命令の与え方に原因がある。このシステムでは、著者名による検索のばあい FIND AU: Owen AND AU: Robert というふうに、つまり著者名のなかに Owen と Robert という2語のあるものを探し出せ、という形で命令を与えるからである。この点の問題は、刊行物のタイトル中に人名のあるものを選びだすばあいに、いっそう拡大される。

タイトル中に人名のあるものを検索するばあいは、例えば、FIND TI: Owen AND TI: Robert という命令、つまりタイトル中に Owen と Robert という2語のあるものを選びだせ、という命令を与える。このばあいのノイズにもいくつかの型が見出される。

まず第1は、例1や例2のようにタイトル中に著者名が入っているばあいの重複である。

例1．Bentham, Jeremy（1748-1832）, Defence of Usury; shewing the impolicy of the present legal restraints on the terms of pecuniary bargains. In a series of Letters to a friend. To which is added, opposed by the above restraints to the progress of inventive industry. By Jeremy Bentham……..

例2．Bentham, Jeremy（1748-1832）, A test proposed for parliamentary candidates. Reprinted from the works of the Late Jeremy Bentham: with a preliminary notes, by Thomas Atkinson…….

例1の by に導かれた人名は、データ・ファイルから省くことができるが、例2でははずすわけにはいかない。このことから by に導かれた人名を一般に省くことにすると、H. Stemman, The poor man's friend, or companion for the working classes; giving them useful information and advice: being the system of moral and political philosophy laid down and exemplified, by William Cobbett.......のような文献をおとしてしまうことになり、まずい、といわねばならない。このように、重複の問題は、著者名で検索した文献集合とタイトル中人名で検索した文献集合の2集合をまずつくり、そのなかから重複を除け、という命令を与えることを可能にすることで解決するしかない。

　第2の型は、例3、例4のようにタイトルの単語から名前が合成されてしまうばあいである。

　例3．Adair, James（？1743-1798）の名がタイトル中にある文献を検索するために FIND TI: Adair AND TI: James という命令を与えると、Fox, Charles James, The Letter of Honourable Charles James Fox to the *electors* of Westminster, dated January 23, 1793, With an application of its principles to subsequent events by Robert Adair.......という文献が出てきてしまった。Charles James Fox と Robert Adair という2人の人物の名前からそれぞれ James と Adair をとり出して James Adair が合成されてしまったのである。

　例4．Day, Thomas（1748-1789）を検索すると Dew, Thomas Roderich, the great question of the day. Letter from President Thomas R. Dew, of William and Mary college, Virginia, to a representative in Congress from that state; on the subject of the financial policy of the administration.......といった文献がでてきてしまった。President Thomas R. Dew の Thomas と The great question of the day の day とで Thomas Day が合成されてしまったのである。この種のノイズは、人名によっては非常に多く、例えば England, John（1786-1842）のばあいは、60点でてきた文献のうち59点までがこの種のノイズであった。

　この第2の型のノイズを防ぐには、FIND TI: Day AND TI: Thomas のように人名を分解して命令を与えるシステムを、FIND TI: Thomas Day AND T. Day のように人名をひとつづきにして命令を与えるシステムに変換する必要がある。これが可能になれば、この種のノイズは大巾に減少するであろうし、著者名による検索のばあいに例にあげた Robert Owen と Robert Dale Owen のようなノイズもなくなるであろう。

　第3の型としては同姓同名のばあいが考えられるが、今回は、その例がなかっ

た。

　第4の型のノイズは、同一文献のタイトル中に複数のラディカルズの名がでていて、その人名の数だけ何度もでてくるばあいである。例えば Thistlewood, Arthur (1774-1820), The trials of Arthur Thistlewood, James Ings, John Thomas Brunt, Richard Tidd, William Davidson, and others, for high treason. At the sessions house in the Old Bailey...... April, 1820: with the antecedent proceeding........ といった文献である。ここにでてくる人名はすべてラディカルズで、これは、5回でてくることになる。

　こうした重複は、同一の文献集合——このばあいは、タイトル中の人名で検索したばあいにでてきた文献の集合——内の重複文献を除け、という命令が可能であれば防ぐことができるであろう。

　以上のようなさまざまなノイズをふくめて FIND TI: A AND TI: B ででてきた総点数は、288タイトルであった。結果表に表示されているノイズは151で、これをひくと137タイトルになる。しかしこれは、第4の型のノイズが除去されておらず、目で確認したこの種の重複分11点をさしひくと126点となる。著者名による検索ででてきた240点と合計して366点が Kress 文庫に含まれるラディカルズ関係文献といってよさそうにみえるが、さきにふれた命令ミスによる T. ペインの著作を別としても、そう簡単にはいかない。

3

　まずタイトルにラディカルズの名がみえる文献がすべてラディカルズによって書かれているとはかぎらない。ラディカルズを批判する保守主義の立場で書かれているものも多いからである。どの著者が保守主義者であるかは、すでに研究があるていどすすんでいる著名な人物をのぞけば、その著書を読んでみるしか判定のしようがない。FIND TI: A AND TI: B で検索した文献リストをみながら強く感じた点である。

　さらに著者名による検索とタイトル中人名による検索でもれてしまったラディカルズ文献の捕捉の問題がある。今回は、時間の関係でできなかったが、すでに

コンテンツやノーツに含まれる人名での検索も可能になっている。またタイトル中に人名が入っているばあい必ずしもフルネームが入っているとはかぎらず、例えば、Mr. Owen's proposed arrangements for the distressed working classes, shown to be consistent with sound principles of political economy: In three letters addressed to David Ricardo……. のような文献は、FIND TI: Owen AND TI: Robert という命令ではおちてしまう。またタイトル中に Owen と Robert という２語がなければ、Owenism という語があってもでてこないのである。さらに、いうまでもないことであるが、ラディカルズにかんする文献の大部分がそのタイトル中にラディカルズの名を含んでいるというわけでもない。したがってタイトル中に人名のないラディカルズ文献を捕捉するには、ラディカルズのとりあげた問題や主張のキーワード、例えば、parliamentary Reform, Rights, Freedom 等とで検索してみることが必要である。

　ところで、ここまでくるとすでに名前の知られているラディカルズの文献を検索することから、いまだ知られていないラディカルズの発見の領域にふみこむことになる。その点で一橋大学の松田芳郎教授が示唆してくれた出版社を媒介とする方法は興味深い。この方法は、まずすでに知られているラディカルズにかんする文献の集合──今回の検索のばあいでいえば、著者名で検索した文献の集合とタイトル中にある人名で検索した文献の集合をあわせたもの──をつくり、その文献集合を形づくる文献の出版社一覧を打ちださせる。ついで母集合、つまり Kress 文庫からそれらの出版社でだしている出版物を検索する。そうすることで、出版社の性格を判定する。つまりラディカルズのものを多くだしている出版社か、それとも商売としていろいろなものを出版している出版社か、といったことである。ラディカルズのものを多くだしている出版社の出版物のなかにまだ知られていない著者のものがあるとすれば、それもラディカルズのものである可能性は高い、というわけである。最終的には読んでみなければわからないことはいうまでもないが、見当をつけるには有効な方法であろう。こうした実験は、今後の課題としておきたい。

4

　すでにみたように今回検索できたKressにおけるラディカルズ文献は366点である。この数は、Kress文庫の1.3％弱——1771-1830年間の刊行物1万1587点との比では3.2％弱——にすぎないが、関係する人物は78人にのぼり——その内58人の著作が含まれる——、ラディカルズ研究の現状からすれば、やはりかなり使える資料の宝庫といえるだろう。ベンサムやリカードウ、それにコベットやオーエンなど、有名人のものを127点さしひいても239点になる。それらの大部分は、いまだほとんど研究されたことのないラディカルズにかんするものである。特徴としては、奴隷貿易反対の論陣をはったT. クラークスンやT. クーパーのものがやや多いのがめだつていどで、特定の事件や運動、あるいは潮流への偏りは認められない。薄く全体にわたっている、といっていいであろう。したがって、特定の事件、運動、潮流などを掘りさげようとするばあいには、きわめて不充分なコレクションでしかないこともまた事実である。その点で、Kress文庫と兄弟関係にあるGoldsmith文庫をドッキングさせたばあいどうなのかが興味あるところであろう。

1）　端末機とデータは、図書館情報大学の松井幸子助教授のところのものを使用させていただいた。その際、同助教授からていねいなご指導をいただいた。心から御礼を申しあげる。もちろん本稿に含まれる誤りの責任はすべて筆者のものであることは、いうまでもない（本稿で使用されたKressデータベースの作成については、本報告書収録の松井・長谷川「遡及的書誌情報検索システムの設計——クレス文庫目録のオンライン・データベース化」を参照）。
2）　Kress文庫の出版年次による統計については、松田寛「数量的経済学史の試み」早稲田大学教育学部、学術研究、第29号、1980年、参照。

【編者注】
Kress Library Catalogue DatabaseはKress Libraryのキュレーターであった Kenneth E. Carpenter氏の支持と協力で進められ、BASS: Bibliographical Archives for Social Sciencesとして公開された。その成果の一部は *Italian Economic Literature in the Kress*

Library 1475-1850（comp. by P. Barucci and K. Carpenter）の編集に活用されている。原著者の言及している Kress 文庫と Goldsmith 文庫の統合したデータベースは単なる書誌記述だけでなく全文を取り込んだマイクロ・フィルムに基づいた *The Making of Modern World: the Goldsmithes'-Kress Library of Economic Literature 1460-1850* が、オンラインデータベースとして利用可能になっている（詳細は http://www.yushodo.co.jp/y_mome/）

付　表

	NAME			AU	TI		
○	Adair,	James	(?1743-1798)	0	1 (1)	1*	0
	Almon,	John	(1737-1805)	2	0		0
○	Baird,	John	(?1789-1820)	0	1 (1)	1*	0
	Bamford,	Samuel	(1788-1872)	1	1		1
	Barlow,	Joel	(1754-1812)	4	4 (3)	3**	1
○	Beckford,	William	(1709-1770)	2 (2)	0		0
	Benbow,	William	(1784-1841)	1	0		0
	Bentham,	Jeremy	(1748-1841)	24	10 (4)	4**	6
○	Blake,	William	(1757-1827)	3 (3)	0		0
	Bone,	John	(fl.1790s-1808)	0	1		1
	Bowring,	Sir John	(1792-1872)	1	3		3
	Brandreth,	Jeremiah	(1790-1817)	1	2 (1)	1**	1
	Bray,	Charles	(1811-1884)	1	0		0
	Brunt,	John Thomas	(c.1790-1820)	0	1		1
	Bull,	Frederick	(1715-1784)	0	1		1
	Burdett,	Sir Francis	(1770-1844)	1	3		3
○	Burns,	Robert	(1759-1796)	2 (2)	0		0
	Carlile,	Richard	(1790-1843)	1	0		0
	Cartwright,	John	(1740-1824)	3	1 (1)	1*	0
	Clarkson,	Thomas	(1760-1846)	10	3		3
	Cobbett,	William	(1763-1835)	23	10		10
	Cochrane,	Thomas	(1774-1860)	4	2 (1)	1**	1
	Combe,	Abram	(1785-1827)	3	0		0
	Cooper,	Thomas	(1759-1839)	14 (1)	2		2
	Curwen,	John Christian	(1756-1828)	5	0		0
	Davenport,	Allen	(1775-1846)	1	0		0
	Davidson,	William	(c.1781-1820)	0	1		1
	Day,	Thomas	(1748-1789)	4	9 (8)	9*	1
○	Emmet,	Robert	(1778-1803)	0	1 (1)	1*	0
	Emmet,	Thomas Addis	(1764-1827)	1	0		0
	England,	John	(1786-1842)	1	60 (59)	59*	1
	Evans,	Thomas	(1763-?)	2	1 (1)	1*	0
	Foster,	John	(1776-1843)	3 (3)	3		3
	Fox,	Charles James	(1749-1806)	4	11 (4)	4**	7
	Frend,	William	(1757-1841)	5	1		1
	Glynn,	John	(1722-1779)	0	1		1
	Godwin,	William	(1756-1836)	9	0		0

	Hall,	Charles	(c.1738-1825)	1	1 (1)	1*	0
	Hamilton,	Lord Archibald	(1770-1827)	0	2		2
	Henson,	Gravener	(1785-1852)	1	0		0
	Hobhouse,	John Cam	(1786-1869)	0	2		2
	Hodgskin,	Thomas	(1787-1869)	3	0		0
	Hume,	Joseph	(1777-1855)	9	6 (4)	4**	2
	Hunt,	Henry	(1773-1835)	4 (1)	4 (2)	2**	2
	Ings,	James	(c.1785-1820)	0	1		1
○	Jackson,	William	(? 1737-1795)	5 (5)	5 (5)	5*	0
	Jebb,	John	(1736-1786)	1	0		0
○	Johnson,	Joseph	(1739-1809)	1 (1)	0		0
	Jones,	Sir William "Oriental"	(1746-1794)	2 (2)	3 (3)	3*	0
	Joyce,	Jeremiah	(1763-1816)	0	3		3
	Knight,	John	(1763-1838)	2	7 (7)	7*	0
○	Lovett,	John	(1777-1816 ?)	0	2 (2)	2*	0
	Macaulay,	Catharine	(1731-1791)	1	1 (1)	1**	0
	Mackintosh,	Sir James	(1765-1832)	1	2 (1)	1*	1
	Margarot,	Maurice	(1745-1815)	0	1		1
	Millar,	John	(1735-1801)	5 (1)	0		0
	Montgomery,	James	(1771-1854)	7 (3)	5 (4)	4**	1
	Oliver,	Richard	(1735-1784)	0	2 (1)	1*	1
	Owen,	Robert	(1771-1858)	24 (7)	30 (2)	2**	28
	Paine,	Thomas	(1737-1809)	? *	6 (1)	1*	5
	Phillips,	Sir Richard	(1767-1840)	2	0		0
	Place,	Francis	(1771-1854)	1	2 (2)	2*	0
	Pownall,	Thomas	(1722--1805)	0	1		1
	Preston,	Thomas	(1768-1850)	0	3		3
	Price,	Richard	(1723-1791)	18	5 (2)	2*	3
	Priestley,	Joseph	(1733-1804)	3	2 (1)	1*	1
○	Reynolds,	John	(1728- ? 1809)	0	1 (1)	1*	0
	Ricardo,	David	(1772-1832)	12	8 (1)	1**	7
○	Ridgway,	James	(fl.1782-1817)	1 (1)	0		0
	Roscoe,	William	(1753-1831)	1	0		0
	Russell,	Thomas	(1767-1803)	0	2 (1)	1*	1
	Sawbridge,	John	(1732-1795)	0	1		1
	Sharp,	Granville	(1735-1813)	8	3		3
	Smith,	William	(1756-1835)	5 (4)	10 (7)	7*	3
	Southey,	Robert	(1774-1843)	3	0		0
	Spence,	Thomas	(1750-1814)	2	3 (1)	1**	2

	Spencer,	John	(1782-1845)	2 (?)	0		0
	Taylor,	Robert	(1784-1844)	1	1 (1)	1*	0
	Thislewood,	Arthur	(1774-1820)	2	4 (2)	2**	2
	Thompson,	William	(1775-1833)	4 (2)	1		1
	Tidd,	Richard	(c.1775-1820)	0	1		1
	Tone,	Theobald Wolfe	(1763-1797)	0	1		1
	Tooke,	John Horne	(1736-1812)	1	0		0
○	Towers,	Joseph	(1737-1799)	1 (1)	0		0
	Wade,	John	(1788-1875)	2	1 (1)	1*	0
	Waitman,	Robert	(1764-1833)	2	0		0
○	Walker,	Thomas	(1749-1817)	3 (3)	1 (1?)		(1?)
	Watson,	James	(1766-1838)	1	3 (1)	1**	2
	Watson,	Richard	(1737-1816)	5 (1)	0		0
○	Watt,	Robert	(?-1794)	1 (1)	0		0
	West,	James	(1703-72)	0	5 (5)	5*	0
	Whitbread,	Samuel	(1764-1815)	0	5		5
	Wilkes,	John	(1725-1797)	1	3		3
○	Williams,	John	(fl.1760-1774)	4 (4)	5 (5)	5*	0
	Winterbotham,	William	(1763-1829)	3	0		0
				292 (52)	288 (151)		137

付表注：1．AU は、著者名で検索したばあい。
2．TI は、タイトル中にラディカルズ名を含むものを検索したばあい。
3．（ ）内の数字は、ノイズ。
4．TI のコラムの右側の数字でアステリスクを1個つけた数字は、ノイズの内容がまったく別人であることを示す。アステリスク2個の数字は、著者名で検索した場合との重複。
5．右端のコラムは、TI のコラムの数字から（ ）内のノイズを示す数を指しひいた数字である。
6．人名の頭の○印は、でたものはすべてノイズで、その人に関する文献は検索できなかったことを示す。

【編者注記】
検索結果の判定技法としては、人工知能技術が発達しても、著者の行ったような人力による判定以外の方法は現在も開発されていない。将来考えられるのは全文データベースの解析であるかもしれないが、それは著者の意図とはまた別個の問題である。
なお、検索に使用した AU, TI 等の用語は、Kress 文庫目録オンライン・データベースの検索システムで使用していた検索用語である。

業績目録

[編著書]

　『現代資本主義の理論』（三上礼次と共編著、青木書店）1978年3月

　『アダム・スミス　人と思想』（浜林正夫と共著、清水書院）1989年12月、Century Books　人と思想84）

[学術論文]

* 「ゴドウインの〈政治的正義〉の構造」(1)(2) 小樽商科大学『商学討究』第11巻2号、1960年12月、第11巻3・4号、1961年3月
* 「ウイリアム・ゴドウインのイギリス革命観――その『イギリス共和制の歴史』を中心として――」小樽商科大学『商学討究』第12巻3号、1960年11月
* 「ダニエル・デフォウの旅行記から見た18世紀初頭におけるヨークシャーの経済状態」『札幌短期大学論集』第10号、1962年12月

　「北海道における土着資本の展開例――小樽の場合――」（研究ノート）『札幌短期大学論集』第11号、1964年3月
* 「スミスの利潤論に関する一考察」名古屋大学『経済科学』第15巻3号、1968年2月
* 「アダム・スミスの地代論にかんする覚書」『佐賀大学教養部研究紀要』第4巻、1972年6月
* 「『国富論』における土地所有」（寄せ書き）（上）（下）『経済研究』（岩波書店）第12巻2号、1973年4月、第14巻1号、1974年1月
* 「18世紀末イギリスにおける資本主義批判の思想の成立――ジョン・セルウォールの場合――」九州経済学会『九州経済学会年報（1975年）』1975年11月
* 「アダム・スミスの時代と学問――『国富論』刊行200年によせて――」『経済』（新日本出版社）No. 146、1976年6月号
* 「アダム・スミスの土地所有論」経済学史学会編『《国富論》の成立』（岩波書店）1976年8月
* 「経済学の成立と発展」『現代資本主義の理論』（青木書店）所収、1978年3月
* 「ジョン・ミラーの《階級区分の起源》について――スミスの時代の〈家族・私有財産・国家の起源〉――」（一）（二）『佐賀大学経済論集』第14巻3号、1982年3月、第16巻2号、1983年9月
* 「ヨークシャ連合運動とクリストファ・ワイヴィル」『市民社会の思想　水田洋教授退

官記念論集』（御茶の水書房）所収、1983年4月
* 「議会改革にかけた夢──トマス・ミュア──」『社会的異端者の系譜──イギリス史上の人々──』（三省堂）所収、1989年10月
* 「クリストファ・ワイヴィルの社会改革運動とその思想」『日本18世紀学会年報』第7号、1992年6月

[翻訳]
　　『原典 イギリス経済史』（共訳書）御茶の水書房、1965年5月
　　R. H. トーニー著『急進主義の伝統』（共訳書）新評論社、1967年6月
　　『原典 イギリス経済史・増補版』（共訳書）御茶の水書房、1972年3月
　　A. L. モートン『イングランド人民の歴史』（共訳書）未来社、1972年12月
　　マイクル・イグナシェフ「ジョン・ミラーと個人主義」『富と徳』（未来社）所収、1990年12月
　　ジョン・ロバートスン「シヴィック的伝統の極限にあるスコットランド啓蒙」『富と徳』（未来社）所収、1990年12月
　　サー・ジェイムズ・ステュアート『経済学原理』（共訳）　1、2、3、4　『現代の眼』現代評論社、1982年7月号から1983年3月号まで

[学会展望・書評]
　　「〈学界展望〉アダム・スミス研究の現状」（天羽康雄と共著）『経済学史学会年報』第15号、1977年11月
　　〈書評〉田中敏弘編著『スコットランド啓蒙と経済学の形成』（日本経済評論社）『社会思想史学会年報：社会思想史研究』14号、1990年

[辞書項目]
　　経済学史学会編『経済思想史辞典』（丸善）2001年4月

[科研費報告書]
* 『経済理論史を中心とした機械可読書誌編纂の技法の研究およびデータベースの作成』（代表：鈴木 亮）1978年3月
　　「総論」（松田芳郎氏との共同執筆）
　　「イギリスのRadicalism文献について」
* 『ヨーロッパ社会運動史全体像把握のための書誌情報の計量化』（代表：佐藤茂行）
　　「Kress文庫におけるラディカルズ文献の機械検索体験メモ」（同氏編『ヨーロッパ社会運動史全体像把握のための書誌情報の計量化』（Regional Information Network Socie-

ty 所収）1983年3月

　『社会科学分野の著者典拠ファイルの構造とその編成』（代表：松井幸子）1991年3月

＊　『イギリス急進主義の運動と思想』（代表：鈴木 亮）1978年3月

　　　　　　　　　　　──以上の報告書の総論・各論の執筆部分──

[その他]

＊　「日本のマルサス研究史における南亮三郎」[未発表]

　「ジョン・ミラーのラディカリズム」（小論）『ヒュームとスミスの会会報』第3号、1983年10月

　「〈シドニィの手紙〉について」（小論）『ヒュームとスミスの会会報』第6号、1985年6月

【編者注】
　① 業績目録は、業績項目ごとの発表年月順に配置した。
　② ＊印は本書に収録した業績を示す。

鈴木亮略歴

1935（昭和10）年1月3日　鈴木敏夫・ツヤの長男として北海道帯広市に生まれる。後両親と共に旧満州国に移る。
1941年4月　旧満州国通遼在満国民学校入学
1945年8月　日本の敗戦後、日本本土に帰国し北海道空知郡赤平町立赤間小学校に編入。
1947年3月　赤間小学校卒業。
1947年4月　北海道石狩郡浦臼村立晩生内中学校入学。
1950年3月　晩生内中学校卒業。
1950年4月　北海道立札幌西高等学校入学。
1953年3月　札幌西高等学校卒業。
1954年4月　小樽商科大学商学部入学。
1958年3月　小樽商科大学商学部卒業（商学士）。
1958年4月　名古屋大学大学院経済学研究科修士課程入学。
1960年3月　名古屋大学大学院経済学研究科修士課程修了（経済学修士）。
1960年5月　小樽商科大学商学部助手。
1961年10月　名古屋大学経済学部助手。
1962年5月　札幌短期大学講師。
1965年12月　札幌短期大学助教授。
1969年4月　札幌商科大学（札幌短期大学が4年制大学になる）助教授。
1970年10月　佐賀大学教養部助教授（経済学・社会思想史担当）。
1978年9月　佐賀大学教養部教授
1980年4月　佐賀大学評議員併任（1982年3月まで）
1983年11月　ロンドン大学とエディンバラ大学で在外研究　（1984年9月まで）
1986年4月　佐賀大学評議員併任（1988年3月まで）
1993（平成5）年4月　佐賀大学教養部長併任（全学教育センター長兼任）（2期1996年9月教養部廃止まで）
1996年10月　教養部廃止により文化教育学部教授に配置換え
1996年10月　佐賀大学評議員併任（2000年3月まで）
1997年4月　佐賀大学大学院教育学研究科担当（経済学特論担当）
2000年3月　佐賀大学定年退職
2000年4月　放送大学客員教授・佐賀学習センター所長
2000年4月　佐賀大学名誉教授
2003年12月30日　逝去　（享年68歳）

編集注記

* 本書の各章・各補論に収めたもとの論文における・注と注番号のつけかたは、各論文における節ごとで番号をあらためる、上・下に分けて掲載された論文のそれぞれにおける通し番号、脚注の場合にページごとで番号をあらためる等、さまざまである。本書における注は章・補論ごとに本文のあとに一括し、注番号については各章・各補論の通し番号とした。

* 著者の各注の末尾や各章の末尾に【　】で囲んで記したものは、編者が加えたものであり、その旨をそれぞれ【……――編者注記】、【編者追記：……】のように示した。

* 縦書きの初出の論文・原稿において漢数字で表記されているもののうち、横書きの本書では、アラビア数字に変えたものがかなりある。例えば、年・月・日、雑誌の巻数・号数を示す場合。「第一に」→「第1に」、「一つには」→「1つには」等。ただし、「ただ一つ」は「唯一」と同義であり、「ただ1つ」とはしなかった。他方で、「二月革命」のような場合には漢数字のままにしてある。さらに、「ルイ十六世」などの国（女）王の場合や、日本の著書・論文からの引用文は、原文が漢数字の場合には、そのままにしてある。

* 送り仮名は、可能な限り現代の一般的な送りかたに統一した。例：「異る」→「異なる」、「少い」→「少ない」。

* 促音（「っ」）が古い論文で「つ」となっているものは、促音の表記にした。例：「なつてしまつた」→「なってしまった」。拗音も同様の扱いにした。

* 外国の固有名詞（地名・人名）は、同一の固有名詞でも、論文によって表記が異なったり、同じ論文でも異なる表記となっている場合がある。例えば「モルサス」と「マルサス」、「ノリッヂ」と「ノリッジ」。これらは本書では統一することに努めた。ただし、第Ⅰ部の「補論：ダニエル・デフォウの旅行記から見た18世紀におけるヨークシャーの経済状況」と第Ⅱ部の「第2章　ヨークシャ連合運動とクリストファ・ワイヴィル」とは、統一しなかった。

＊　欧米の固有名詞や外来語、例えば「フアンド」「シエフィールド」「ハリフアツクス」「バックボーン」は、外国の固有名詞や外来語を表す小字「ァ」「ェ」「ィ」「ッ」を用いて、「ファンド」「シェフィールド」「ハリファックス」「バックボーン」とした。

編集後記

飯塚 正朝

　私が鈴木亮さんとはじめてお会いしたのは、1979年の4月に私が佐賀大学経済学部に赴任したときである。その直前に、スミスにかんする私の論文の抜刷を鈴木さんにお送りした際に、「スミスを語り合える友ができて、楽しみにしています」という趣旨のご返事をいただいた。スミスの農業問題を中心とした論文を発表しておられた大先輩から「友」とよばれて、駆け出しの私は気恥ずかしい思いがしたのをいまも鮮明に覚えている。

　佐賀大学では、鈴木さんが教養部で「社会思想史」と「経済学」を担当しておられた。私は経済学部で「経済学史」を担当していた。あるとき、経済学史の授業の終了直後に2年生の女子学生が、鈴木先生が語るスミスと先生［＝飯塚］のスミスとはずいぶん違いますね。……スミスについて話すとき鈴木先生は、がぜん情熱的になられますよ。……」と私に感想を述べた。「今年の経済学史で僕は、検察官の立場からスミスについて話しているんです。鈴木先生は弁護士の立場に身をおいて話しておられるのでしょう」と、私はその学生に答えた。研究室に戻ってから私は、温厚な鈴木さんの、教室で自らの情熱を受講者に感じさせることができる講義について想像してみた。

　このように私は、鈴木さんと20年余り佐賀大学という同じ職場にいただけでなく、研究と教育の領域においても鈴木さんの近くにいた。このことが機縁で私は本書の編集のお手伝いをすることとなった。当初、小樽商科大学時代の鈴木さんの親友である松田芳郎氏（一橋大学・東京国際大学の名誉教授）が本書の構想を練っておられたが、途中から私が参加することとなったのである。松田氏は、鈴木さんが執筆した論文等の収集と、本書に収録することになった鈴木さんの論文等のデジタル化作業とに多大の尽力をしている。松田氏が本書の編者に名前を連

ねていないのは、鈴木さんの研究領域との関係で同氏が遠慮されたためであることをここに申し添えておく。ただ補論に収録した計量書誌学的手法を経済思想史研究へ応用しようとした諸論考は、松田氏との学生時代を越えての交流の産物である。これらは、鈴木さんと松田氏の、文部省の科学研究費の補助を得て行った一連の共同研究の一部である。その後のデータベースの作成や情報学の発展はめざましいものがあり、鈴木さんが存命だとするとどのような判断をされたかは判らないが、日本ではこのような研究はあまりにも後進的なので、これらの研究の先駆性を考慮に入れてあえて収録した。

【著者略歴】

鈴木　亮（すずき・りょう）
本書450頁参照。

【編者略歴】

浜林　正夫（はまばやし・まさお）
　1925年　北海道に生まれる
　1948年　東京商科大学（現一橋大学）卒、同年小樽経済専門学校（現小樽商科大学）講師、その後、東京教育大学、一橋大学、八千代国際大学（現秀明大学）で教職につき、1998年退職。一橋大学名誉教授（専攻はイギリス近代史）。

飯塚　正朝（いいづか・まさとも）
　1944年　大阪に生まれる
　1977年　大阪市立大学大学院経済学研究科博士課程修了
　1992年　大阪市立大学博士（経済学）
　現　在　佐賀大学経済学部教授

『国富論』とイギリス急進主義

| 2009年8月5日　第1刷発行 | 定価（本体7500円＋税） |

著　者　鈴　木　　　亮
編　者　浜　林　正　夫
　　　　飯　塚　正　朝
発行者　栗　原　哲　也

発行所　株式会社 日本経済評論社
〒101-0051　東京都千代田区神田神保町3-2
電話 03-3230-1661　FAX 03-3265-2993
info8188@nikkeihyo.co.jp
URL：http://www.nikkeihyo.co.jp

装幀＊渡辺美知子　　　　　　　文昇堂印刷・山本製本所

乱丁本落丁はお取替えいたします。
© Suzuki Yasuko & Hamabayashi Masao & Iizuka Masatomo 2009
Printed in Japan　ISBN978-4-8188-2014-2

・本書の複製権・翻訳権・上映権・譲渡権・公衆送信権（送信可能化権を含む）は、㈱日本経済評論社が保有します。

・JCOPY 〈㈳出版者著作権管理機構　委託出版物〉
本書の無断複写は著作権法上での例外を除き禁じられています。複写される場合は、そのつど事前に、㈳出版者著作権管理機構（電話03-3513-6969、FAX03-3513-6979、e-mail: info@jcopy.or.jp）の許諾を得てください。

経済思想　全11巻

◎編集委員
　鈴木信雄（千葉経済大学）　塩沢由典（大阪市立大学）　八木紀一郎（京都大学）
　大田一廣（阪南大学）　　　大森郁夫（早稲田大学）　　坂本達哉（慶應義塾大学）
　吉田雅明（専修大学）　　　橋本　努（北海道大学）

【第Ⅰ部】

第1巻「経済学の現在　1」
編集責任＊塩沢由典

　環境経済学の現在
　複雑系経済学の現在
　社会経済学の現在
　レギュラシオンの経済学
　マルチエージェントベースの経済学
　実験経済学の現在

第2巻「経済学の現在　2」
編集責任＊吉田雅明

　進化経済学の現在
　経済学から歴史学中心の社会科学へ
　社会経済史の現在
　市民社会論の現在
　厚生経済学の系譜

【第Ⅱ部】

第3巻「黎明期の経済学」
編集責任＊坂本達哉

　ペティ
　ロック
　マンデヴィル
　カンティロン
　ヒューム
　ケネー
　ベッカリーア

第4巻「経済学の古典的世界　1」
編集責任＊鈴木信雄

　ステュアート
　スミス
　ベンサム
　リカードウ
　マルサス
　セー
　ミル（J.S.）

第5巻「経済学の古典的世界　2」
編集責任＊大森郁夫

　ジェヴォンズ
　ワルラス
　マーシャル
　シュンペーター
　ケインズ
　ヒックス
　スラッファ

第6巻「社会主義と経済学」
編集責任＊大田一廣

　サン－シモン
　シスモンディ
　マルクス（1）
　マルクス（2）
　ヒルファデング
　レーニン
　ルクセンブルク

第7巻「経済思想のドイツ的伝統」
編集責任＊八木紀一郎

　リスト
　シュモラー
　メンガー
　ベーム－バヴェルク
　ヴェーバー
　ジンメル

第8巻「20世紀の経済学の諸潮流」
編集責任＊橋本　努

　ヴェブレン
　カレツキ
　サミュエルソン
　ガルブレイス
　フリードマン
　ハイエク
　ポランニー

【第Ⅲ部】

第9巻「日本の経済思想　1」
編集責任＊大森郁夫

　福沢諭吉
　田口卯吉
　福田徳三
　柳田国男
　河上　肇
　高田保馬
　石橋湛山
　小泉信三

第10巻「日本の経済思想　2」
編集責任＊鈴木信雄

　山田盛太郎
　宇野弘蔵
　東畑精一
　柴田　敬
　大塚久雄
　内田義彦
　森嶋通夫
　宇沢弘文
　廣松　渉
　左右田喜一郎

第11巻「非西欧圏の経済学
　　　　　―土着・伝統的経済思想とその変容」
編集責任＊八木紀一郎

　土着・伝統的思想と経済学
　西欧経済思想導入以前の日本経済思想（1）
　西欧経済思想導入以前の日本経済思想（2）
　中国の伝統的経済思想
　中国の近代化と経済思想
　イスラムの経済思想
　南アジアの経済思想と経済学

　　　Ａ5判　上製カバー
　　　平均300頁
　　　各巻　2800円〜3200円（本体）